O SETOR
BANCÁRIO
BRASILEIRO
DE 1990
A 2010

O SETOR BANCÁRIO BRASILEIRO DE 1990 A 2010

TALITA DAYANE METZNER

ALBERTO BORGES MATIAS

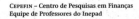
CEPEFIN – Centro de Pesquisas em Finanças
Equipe de Professores do Inepad

Copyright © 2015 Editora Manole Ltda., por meio de contrato de coedição com os autores e o Instituto de Ensino e Pesquisa em Administração (Inepad).

Minha Editora é um selo editorial da Editora Manole.

Logotipo: *Copyright* © Instituto de Ensino e Pesquisa em Administração (Inepad)

Editor gestor: Walter Luiz Coutinho
Editora: Karin Gutz Inglez
Produção Editorial: Janicéia Pereira, Juliana Morais e Cristiana Gonzaga S. Corrêa
Capa: André Stefanini
Projeto gráfico: Daniel Justi
Diagramação: Departamento Editorial da Editora Manole

Dados Internacionais de Catalogação na Publicação (CIP)
(Câmara Brasileira do Livro, SP, Brasil)

Metzner, Talita Dayane
O setor bancário brasileiro de 1990 a 2010 / Talita Dayane Metzner, Alberto Borges Matias. – Barueri, SP : Minha Editora, 2015.

Bibliografia.
ISBN 978-85-7868-167-8

1. Bancos - Brasil 2. Sistema financeiro - Brasil - História I. Matias, Alberto Borges. II. Título.

15-00173

CDD-332.0981

Índices para catálogo sistemático:
1. Brasil : Sistema financeiro : Evolução : Economia   332.0981
2. Sistema financeiro brasileiro : Evolução : Economia   332.0981

Todos os direitos reservados.
Nenhuma parte deste livro poderá ser reproduzida, por qualquer processo, sem a permissão expressa dos editores.

É proibida a reprodução por xerox.
A Editora Manole é filiada à ABDR - Associação Brasileira de Direitos Reprográficos.

1ª edição – 2015

Direitos adquiridos pela:
Editora Manole Ltda.
Avenida Ceci, 672 – Tamboré
06460-120 – Barueri – SP – Brasil
Tel.: (11) 4196-6000 – Fax: (11) 4196-6021
www.manole.com.br | info@manole.com.br
Impresso no Brasil | *Printed in Brazil*

Este livro contempla as regras do Acordo Ortográfico da Língua Portuguesa de 1990, que entrou em vigor no Brasil em 2009.

São de responsabilidade dos autores as informações contidas nesta obra.

Às nossas famílias.

AGRADECIMENTOS

Gostaríamos de agradecer a várias pessoas que apoiaram o desenvolvimento deste livro.

À Universidade de São Paulo, pelo conhecimento e pela formação profissional.

Ao Instituto de Ensino e Pesquisa em Administração (Inepad) e seus colaboradores, pela base de dados do sistema Visionarium, essencial para que este trabalho fosse viabilizado.

Às professoras Sonia Valle Walter Borges de Oliveira e Perla Calil Pongeluppe Wadhy Rebehy, pela ajuda na estruturação deste livro e pela atenção e paciência dispensadas.

Às nossas famílias, cujo incentivo e confiança foram fundamentais para o sucesso desta jornada.

PREFÁCIO **19**

INTRODUÇÃO **21**

CAMINHOS DA PESQUISA **37**

HISTÓRICO DO SETOR
BANCÁRIO BRASILEIRO **59**

O MERCADO BANCÁRIO POR
PORTE E ORIGEM DE CAPITAL **217**

TENDÊNCIAS DO SISTEMA
FINANCEIRO NACIONAL **365**

CONCLUSÕES **447**

APÊNDICES **453**

BIBLIOGRAFIA **469**

ÍNDICE REMISSIVO **493**

LISTA DE SIGLAS

Abbi – Associação Brasileira de Bancos Internacionais
Abrapp – Associação Brasileira das Entidades Fechadas de Previdência Complementar
Aladi – Associação Latino-Americana de Integração
Anbid – Associação Nacional de Bancos de Investimentos
Anbima – Associação Brasileira das Entidades dos Mercados Financeiro e de Capitais
Andima – Associação Nacional das Instituições do Mercado Financeiro
Apimec – Associação dos Analistas e Profissionais de Investimento do Mercado de Capitais
ATM – *Automated teller machine* (caixa eletrônico)
Bacen – Banco Central do Brasil
Bandepe – Banco do Estado de Pernambuco
Baneb – Banco do Estado da Bahia
Banerj – Banco do Estado do Rio de Janeiro
Banespa – Banco do Estado de São Paulo
Banestado – Banco do Estado do Paraná

Banrisul – Banco do Estado do Rio Grande do Sul

Basa – Banco da Amazônia

BB – Banco do Brasil

BBVA – Banco Bilbao Viscaya Argentaria-Brasil

BCN – Banco de Crédito Nacional

BDMG – Banco de Desenvolvimento de Minas Gerais

BEA – Banco do Estado do Amazonas

BEC – Banco do Estado do Ceará

BEG – Banco do Estado de Goiás

BEM – Banco do Estado do Maranhão

Bemge – Banco do Estado de Minas Gerais

Besc – Banco do Estado de Santa Catarina

BI – *Business intelligence*

BIS – Bank for International Settlements

BNB – Banco do Nordeste do Brasil

BNDES – Banco Nacional de Desenvolvimento Econômico e Social

Bovespa – Bolsa de Valores de São Paulo

BM&F – Bolsa de Mercadorias e Futuros

BV – Banco Votorantim

Cade – Conselho Administrativo de Defesa Econômica

Cadinf – Cadastro de Instituições Financeiras do Banco Central

CAR – *Capital adequacy requirement*

CDB – Certificado de depósitos bancários

CDI – Certificado de depósitos interbancários

CEA – Certificado de Especialista em Investimentos

CEF – Caixa Econômica Federal

CEO – *Chief executive officer*

Cepefin – Centro de Pesquisas em Finanças

CFA® – *Chartered financial analyst*

CFO – *Chief financial officer*

CFP® – Certificação de Planejador Financeiro

LISTA DE SIGLAS

CGA – Certificado de Gestores Anbima

CGRPPS – Certificação de Gestores de Regime Próprio de Previdência Social

Cide – Contribuição sobre Intervenção no Domínio Econômico

CIIA – *Certified internacional investment analyst*

CIP – Câmara Interbancária de Pagamentos

CMN – Conselho Monetário Nacional

Cnab – Centro Nacional de Automação Bancária

CNE – Cadastro Nacional de Empresas

CNPC – Conselho Nacional de Previdência Complementar

CNPI – Certificado Nacional do Profissional de Investimento

CNPJ – Cadastro Nacional de Pessoas Jurídicas

CNSP – Conselho Nacional de Seguros Privados

Coaf – Conselho de Controle de Atividades Financeiras

Cofins – Contribuição para Financiamento da Seguridade Social

Copom – Comitê de Política Monetária

Cosif – Plano Contábil das Instituições do Sistema Financeiro Nacional

CP – Curto prazo

CPA 10 – Certificação Profissional Anbima – Série 10

CPA 20 – Certificação Profissional Anbima – Série 20

CPF – Cadastro de Pessoa Física

CPMF – Contribuição Provisória sobre Movimentação Financeira

Credireal – Banco de Crédito Real de Minas Gerais

CVM – Comissão de Valores Mobiliários

DDA – Débito direto autorizado

Debel – Delegacia Regional do Banco Central do Brasil em Belém

Debho – Delegacia Regional do Banco Central do Brasil em Belo Horizonte

Decur – Delegacia Regional do Banco Central do Brasil em Curitiba

Defor – Delegacia Regional do Banco Central do Brasil em Fortaleza

Deorf – Departamento de Organização do Sistema Financeiro

Depal – Delegacia Regional do Banco Central do Brasil em Porto Alegre

Derec – Delegacia Regional do Banco Central do Brasil em Recife

Derja – Delegacia Regional do Banco Central do Brasil no Rio de Janeiro

Desal – Delegacia Regional do Banco Central do Brasil em Salvador

Despa – Delegacia Regional do Banco Central do Brasil em São Paulo

Dieese – Departamento Intersindical de Estatística e Estudos Socioeconômicos

DJSI – *Dow Jones Sustainability Index*

DLSP – Dívida líquida do setor público

DOC – Documento de crédito

EUA – Estados Unidos da América

FBDS – Fundação Brasileira para Desenvolvimento Sustentável

Febraban – Federação Brasileira de Bancos

FCVS – Fundo de Compensação de Variações Salariais

Fed – *Federal Reserve* (Banco Central dos Estados Unidos)

FGC – Fundo Garantidor de Crédito

FGTS – Fundo de Garantia do Tempo de Serviço

FMI – Fundo Monetário Internacional

FPSB – *Financial Planning Standards Board*

F&A – Fusões e aquisições

GC – Governança corporativa

GRI – *Global Reporting Iniciative*

IBCPF – Instituto Brasileiro de Certificação de Profissionais Financeiros

IBGE – Instituto Brasileiro de Geografia e Estatística

IBGC – Instituto Brasileiro de Governança Corporativa

IED – Investimento estrangeiro direto

IF – Intermediação financeira

IFC – *Internacional finance corporation*

IHH – Índice Herfindahl-Hirschman

Inepad – Instituto de Ensino e Pesquisa em Administração

INPC – Índice Nacional de Preços ao Consumidor

LISTA DE SIGLAS

IOF – Imposto sobre Operações Financeiras

IPCA – Índice de Preços ao Consumidor Amplo

IPI – Imposto sobre Produtos Industrializados

IPO – *Inicial public offering* (oferta pública inicial de ações)

IR – Imposto de Renda

ISE – Índice de Sustentabilidade Empresarial

LCR – *Liquidity coverage ratio*

LP – Longo prazo

LOA – Lei Orçamentária Anual

Mercosul – Mercado Comum do Sul

MP – Medida provisória

MTE – Ministério do Trabalho e Emprego

NSFR – *Net stable funding ratio*

OCDE – Organização para Cooperação e Desenvolvimento Econômico

ON – Ações ordinárias nominativas

ONG – Organização não governamental

Opep – Organização dos Países Exportadores de Petróleo

PAA – Posto avançado de atendimento

PAB – Posto de atendimento bancário

Parafe – Programa de Ajuste Fiscal e Reestruturação Financeira dos Estados

Paraiban – Banco do Estado da Paraíba

PDCF – *Primary dealer credit facility*

PEA – População economicamente ativa

PEF – Programa de Estabilidade Fiscal

PF – Pessoa física

PFL – Partido da Frente Liberal (atual Democratas – DEM)

PIB – Produto interno bruto

PJ – Pessoa jurídica

PL – Patrimônio líquido

PME – Pequenas e médias empresas

PN – Ações preferenciais nominativas

Poupex – Associação de Poupança e Empréstimo do Exército

PQO – Programa de Qualificação Operacional

PR – Patrimônio de referência

Previc – Superintendência Nacional de Previdência Complementar

Proer – Programa de Estímulo à Reestruturação e ao Fortalecimento do Sistema Financeiro Nacional

Proes – Programa de Incentivo à Redução do Setor Público Estadual na Atividade Bancária

Raet – Regime de Administração Especial Temporária

Raroc – Retorno ajustado ao risco do capital

RBS – *Royal Bank of Scotland*

RDB – Recibo de depósitos bancários

RIF – Relatório de inteligência financeira

ROE – *Return on equity* (retorno sobre o capital próprio)

RSF – *Required stable funding*

RWA – *Risk-weighted assets* (ativos ponderados pelo risco)

SBP – Sistema de Pagamentos Brasileiro

SBPE – Sistema Brasileiro de Poupança e Empréstimo

SDE – Secretaria de Direito Econômico do Ministério da Justiça

Seade – Fundação Sistema Estadual de Análise de Dados

Seae – Secretaria de Acompanhamento Econômico do Ministério da Fazenda

SEC – *Securities and exchange commission*

SEI – Sistema Eletrônico de Intercâmbio

SFH – Sistema Financeiro de Habitação

SFN – Sistema Financeiro Nacional

SIR – Sistema de Informações Rurais

Siscoaf – Sistema de Informações do Coaf

Susep – Superintendência de Seguros Privados

Tarp – *Troubled asset relief program*

Tban – Taxa de Assistência do Banco Central
TBC – Taxa Básica do Banco Central
TED – Transferência eletrônica disponível
TI – Tecnologia da informação
TR – Taxa referencial de juros
TSE – Tribunal Superior Eleitoral
TSLF – *Term securities lending facility*
TVM – Títulos e Valores Mobiliários e Instrumentos Financeiros Derivativos
UF – Unidade da Federação
UIF – Unidade de inteligência financeira
URV – Unidade Real de Valor
USP – Universidade de São Paulo

PREFÁCIO

O setor bancário brasileiro passou, no período de 1990 a 2010, por mudanças muito importantes do ponto de vista estratégico. A competição entre os *players* é global e decisões econômicas, fiscais e de regulamentação possuem elevado potencial de influenciar os resultados financeiros e as perspectivas no curto e longo prazo.

Como o ambiente das instituições bancárias é muito dinâmico e competitivo, não há margens para escolhas equivocadas. Assim, o planejamento e a resposta rápida às mudanças no mercado são essenciais para a longevidade das instituições financeiras.

Este livro tem como objetivo analisar as mudanças que ocorreram no Sistema Financeiro Nacional (SFN) durante o período de 1990 a 2010, sob a ótica do modelo E2S Bancos, e apontar de que modo as medidas governamentais e econômicas influenciaram as instituições financeiras bancárias do Brasil.

O tema deste livro é imprescindível para a compreensão do desenvolvimento econômico e social do Brasil, pois as instituições financeiras bancárias são os principais fornecedores de recursos para o sistema produtivo.

ESTRUTURA

A estrutura deste livro foi elaborada para facilitar a compreensão do tema; inicialmente, é feito um breve histórico do SFN para embasar as análises posteriores e proporcionar ao leitor um contato inicial com a dinâmica das instituições financeiras bancárias. Além desta introdução e das conclusões finais, o livro contém os seguintes capítulos:

- O Capítulo 1, "Caminhos da pesquisa", explana o método de pesquisa selecionado para o desenvolvimento do estudo, as etapas da pesquisa, as fontes de dados, a coleta e tratamento dos dados e os indicadores financeiros utilizados para a análise das instituições bancárias.
- O Capítulo 2, "Histórico do setor bancário brasileiro", apresenta conceitos gerais do SFN, por meio de autores relevantes na literatura. Analisam-se também a economia brasileira de 1990 a 2010, as principais políticas econômicas do período, os impactos de programas do governo e da internacionalização pós-Plano Real.
- O Capítulo 3, "O mercado bancário por porte e origem de capital", expõe os resultados da pesquisa por meio da evolução dos indicadores financeiros selecionados do modelo E2S Bancos.
- No Capítulo 4, "Tendências do Sistema Financeiro Nacional", compilam-se as principais tendências para o setor bancário brasileiro, como sustentabilidade socioambiental, Acordo de Basileia III, expansão do mercado de crédito, *compliance*, tecnologia, segmento *premium* de clientes e perspectivas de carreira do profissional do mercado financeiro.

Boa leitura!

INTRODUÇÃO

O setor bancário brasileiro passou por grandes transformações institucionais e legais, principalmente durante o século XX, quando evoluiu até a estrutura que conhecemos atualmente. Todavia, para que isso fosse possível, o Estado e a sociedade brasileira tiveram um papel decisivo para regular e consolidar o sistema financeiro, de modo a torná-lo sólido e competitivo na esfera internacional.

Os estudos referentes ao sistema bancário nacional demonstram que ele sofreu grandes mudanças, principalmente na década de 1990, relacionadas à entrada de instituições financeiras estrangeiras, sobretudo a partir de 1995, e à internacionalização dos bancos brasileiros, que buscaram melhorar a captação de recursos no exterior, reduzindo os custos de transação e diminuindo o pagamento de intermediários para essas operações.

O Plano Real promoveu forte queda dos índices inflacionários e maior abertura do Sistema Financeiro Nacional (SFN), levando a um quadro institucional mais estável, o que acelerou os processos de fusões e aquisições tanto de bancos estrangeiros, como forma de entrada, quanto de bancos nacionais, buscando responder ao fortalecimento dos estrangeiros no Brasil e conquistar participação de mercado.

A consolidação do sistema financeiro foi consequência de diversos fatores, como a desregulamentação dos serviços bancários, maior desenvolvimento de tecnologia da informação, pautado principalmente nas telecomunicações e na informática, e mudanças na estratégia gerencial. Deve-se destacar também que a privatização dos bancos estaduais e a adesão ao Acordo de Basileia alavancaram esse processo, levando a uma nova configuração do SFN, mais enxuto e formado por grandes *holdings* financeiras.

BREVE HISTÓRICO DO SISTEMA FINANCEIRO NACIONAL

Para entender a evolução do SFN, é necessário analisar os momentos de transformações políticas, econômicas e sociais que tornaram possível a configuração atual. Segundo Fortuna (2010), o modelo bancário trazido ao Brasil pelo Império foi o europeu, e entendiam-se como atividades básicas de um banco comercial as operações de depósitos e empréstimos, já que outros serviços nesse período praticamente inexistiam. Esse modelo estendeu-se até a metade do século XX, quando começaram as grandes transformações provocadas pelo progresso e pela euforia do pós-guerra.

Até o início dos anos 1960, prevaleceu o acesso livre de bancos estrangeiros ao sistema bancário brasileiro, sobretudo com a Constituição de 1946, que eliminou a distinção entre bancos nacionais e estrangeiros e permitiu que a propriedade do capital das instituições financeiras pudesse estar sob o controle exclusivo de bancos estrangeiros. Mudanças mais significativas ocorreram com a reforma bancária de 1964, que promoveu a distinção entre o capital bancário doméstico e externo e permitiu a um banco estrangeiro ter controle total sobre um banco no Brasil (CORAZZA; OLIVEIRA, 2007).

INTRODUÇÃO

A reforma bancária de 1964, instituída pela Lei n. 4.595, de 31 de dezembro de 1964 (BRASIL, 1964), e a reforma do mercado de capitais, de acordo com a Lei n. 4.728, de 14 de julho de 1965 (BRASIL, 1965), definiram a adoção do modelo americano, no qual predominava a especialização (FORTUNA, 2010). A partir dessa reforma institucional do biênio 1964-1965, foram criados o Conselho Monetário Nacional (CMN) – órgão normativo – e o Banco Central do Brasil – órgão executivo central do sistema financeiro.

Pode-se segmentar o SFN em sete fases distintas: especialização por produtos, generalização por produtos, abertura interna com *floating*, abertura interna com *spread*, globalização, estagnação do setor bancário brasileiro e expansão do mercado bancário.

Fase 1: especialização por produtos (1964-1975)

A Lei de Mercado de Capitais de 1965 (BRASIL, 1965) inspirou-se na ideia de segmentação e especialização ao estilo norte-americano da época. Às instituições foram atribuídos nichos de mercado a serem atendidos, com foco nos prazos das operações realizadas. Assim, criaram-se instituições especializadas no crédito imobiliário, bancos comerciais especializados em crédito de curto prazo, bancos de investimentos especializados em créditos de médio e longo prazos, e bancos de desenvolvimento voltados a projetos de fomento, geralmente estatais (YOSHINO[1], 1994 apud MATIAS; PEIXOTO, 2000). Os motivos que levaram à especialização do SFN foram:

- proteger o sistema bancário e monetário dos riscos do mercado de capitais;
- reduzir o risco da descontinuidade, priorizando o casamento de prazos das operações ativas e passivas;

---

[1] YOSHINO, Joe Akira. *Reforma do Sistema Financeiro Nacional.* FIPE-USP, 1994.

- maximizar a eficiência, tendo como base a especialização e a divisão de trabalho;
- diminuir os conflitos de interesse, proporcionando maior segmentação entre os intermediários financeiros.

Contudo, esse modelo de especialização não atendia às necessidades do país em relação ao espaço geográfico e tamanho do mercado. Isso incentivou as instituições a realizar várias atividades distintas e serem controladas por uma mesma *holding*.

A diversificação de atividades promoveu maiores ganhos às instituições financeiras em razão do menor risco e da vulnerabilidade aos choques setoriais. Um fato que deve ser destacado é que, mesmo no mercado norte-americano, o modelo de especialização não funcionou, demonstrando que as economias de escopo são mais importantes, já que as instituições atuam simultaneamente em diversos mercados e obtêm, consequentemente, menores custos marginais operacionais (MATIAS; PEIXOTO, 2000).

O Quadro 1 mostra os dez maiores bancos brasileiros em 1970, em relação a depósitos e empréstimos efetuados. Nota-se a predominância de bancos públicos nesse período.

QUADRO 1. Os dez maiores bancos do Brasil em 1970

Posição no *ranking*	Depósitos	Empréstimos
1º	Banco do Brasil	Banco do Brasil
2º	Banespa	Banespa
3º	Brasileiro de Descontos	Banco do Nordeste do Brasil
4º	Banco do Estado da Amazônia	Brasileiro de Descontos
5º	Real	Bancos do Estado da Guanabara

(continua)

INTRODUÇÃO

QUADRO 1. Os dez maiores bancos do Brasil em 1970 (*continuação*)

Posição no *ranking*	Depósitos	Empréstimos
6º	União de Bancos Brasileiros	Real
7º	Itaú América	Itaú América
8º	Banco do Nordeste do Brasil	União de Bancos Brasileiros
9º	Bancos do Estado da Guanabara	Comind de São Paulo
10º	Comind de São Paulo	Banco do Estado da Amazônia

Fonte: Matias e Peixoto (2000).

Fase 2: generalização por produtos (1976-1987)

Como o modelo de bancos especializados não funcionou na prática, a alternativa para os bancos foi atuar em vários segmentos do mercado como estratégia de diversificação e rentabilidade. Além disso, o mercado de capitais ainda não era desenvolvido para permitir que um banco comercial fosse também um banco de investimento.

Na década de 1970, o modelo bancário novamente teve que se ajustar à realidade do mercado em função do desenvolvimento da política industrial voltada para a utilização da capacidade ociosa das empresas, que demandavam recursos para garantir suas operações. Nesse período, havia um número excedente de bancos em relação aos recursos disponíveis, proporcionado pelo desenvolvimento do mercado financeiro e pelo crescimento do mercado de capitais. Assim, o acirramento da concorrência foi a principal característica do setor, levando o governo a adotar medidas com o objetivo de incentivar fusões e incorporações, visando a um maior controle do sistema (CORAZZA; OLIVEIRA, 2007).

A década de 1980 foi um período bastante conturbado para o SFN, pois este foi afetado por três grandes problemas: segundo choque dos preços do petróleo (1979); excessivo aumento das taxas de juros nos

25

mercados financeiros internacionais, acompanhado de uma grande recessão mundial; aumento da dívida externa do país a partir do segundo semestre de 1979 até o início de 1981, para cobrir os déficits do setor público e atender ao elevado dispêndio com o pagamento de juros da dívida externa. Esse quadro institucional turbulento afetou as finanças públicas, em decorrência do aumento da inflação a partir de 1980, aliado à estagnação do crescimento econômico brasileiro (MATIAS; PEIXOTO, 2000).

Na área financeira, houve uma expressiva redução do volume de empréstimos ao setor privado, com intensa drenagem de recursos para o setor público, de modo a socorrer os desequilíbrios fiscais e a política monetária empreendida no período.

Segundo Matias e Peixoto (2000, p. 8),

> [...] era notória a necessidade de reformar o SFN, para que o mesmo voltasse a desempenhar seu papel mais importante: o da intermediação eficiente e competitiva entre poupança e investimento produtivo, com vistas a promover o desenvolvimento, a modernização e o crescimento da economia brasileira.

Os lucros inflacionários só foram seriamente afetados em 1986, com o congelamento de preços, que reduziu a inflação durante alguns meses a níveis baixos. Essa diminuição temporária foi por conta do Plano Cruzado,

> [...] que introduziu uma nova moeda, substituindo o cruzeiro pelo cruzado, e definiu regras de conversão de salários de modo que evitasse efeitos redistributivos, ou seja, buscou promover um choque neutro que mantivesse sob o cruzado o mesmo padrão de distribuição de renda do cruzeiro (GREMAUD; VASCONCELLOS; TONETO JÚNIOR, 2010, p. 422).

No entanto, esse quadro de baixa inflação levou à redução dos *spreads*, com a maioria dos grandes bancos reduzindo despesas e o número de empregados e acelerando a automação dos serviços, com maior desenvolvimento da tecnologia da informação. Assim, para compensar a redução dos ganhos com o *floating*, o governo autorizou a cobrança de muitos serviços bancários que, até então, eram gratuitos (YOSHINO, 1994 apud MATIAS; PEIXOTO, 2000). Entretanto, logo os índices de inflação voltaram a subir, tornando necessário que os bancos se preparassem com antecedência para uma decisão mais definitiva para a inflação, o que só ocorreu com o advento do Plano Real em 1994.

O Quadro 2 mostra os maiores bancos brasileiros em 1980. Observa-se que o Banco do Brasil continua na liderança do *ranking* de depósitos e empréstimos, embora também se destaquem os grupos privados que apresentaram melhor posicionamento, fato configurado mais fortemente após 1994, com as fusões e aquisições empreendidas no período.

QUADRO 2. Os dez maiores bancos do Brasil em 1980

Posição no *ranking*	Depósitos	Empréstimos
1º	Banco do Brasil	Banco do Brasil
2º	Bradesco	Bradesco
3º	Itaú	Itaú
4º	Banespa	Banespa
5º	Real	Real
6º	Nacional	Nacional
7º	Unibanco	Unibanco
8º	Banerj	Banerj
9º	Bamerindus	Bamerindus
10º	Econômico	Econômico

Fonte: Matias e Peixoto (2000).

Fase 3: abertura interna com *floating* (1988-1993)

Em 1988, promulgou-se a Constituição Federal (BRASIL, 1988a), e, por meio da reforma bancária, foram extintas as cartas patentes, permitindo a criação dos bancos múltiplos. Entretanto, a entrada de capital estrangeiro no setor bancário brasileiro foi virtualmente proibida, mas o artigo 52 do Ato das Disposições Constitucionais Transitórias (BRASIL, 1988b) deixou aberta a possibilidade de acesso em três casos: interesse nacional, por reciprocidade a outro país ou em função de acordos internacionais. Por meio dessa medida, o governo flexibilizou o ingresso de bancos estrangeiros a partir de 1994, argumentando que tal decisão traria muitos benefícios ao mercado financeiro nacional, em razão da escassez de capitais nacionais e da necessidade de introdução de novas tecnologias ao sistema, de modo a resultar em maior eficiência operacional e serviços a preços competitivos para a população (CORAZZA; OLIVEIRA, 2007).

No início da década de 1990, os bancos brasileiros conviviam em uma economia relativamente fechada e com fontes cativas de receitas formadas pelos ganhos com *floating*, em detrimento da perda do valor real dos depósitos à vista. Contudo, esse período de elevados ganhos também trouxe riscos por causa da instabilidade econômica e das dificuldades no controle da inflação.

Em 1990, a receita inflacionária auferida pelos bancos representava aproximadamente 4% do Produto Interno Bruto (PIB), fato que só se modificou após o Plano Real, quando caiu para apenas 0,1%. Assim, essa mesma receita que, em 1993, representava 87,3% das receitas totais do sistema bancário teve, dois anos depois, uma redução para apenas 1,6% (CARVALHO[2], 2002 apud CORAZZA; OLIVEIRA, 2007).

Essa redução de receitas com *floating* eliminou os bancos ineficientes com o início do Plano Real, já que, para conseguir um bom

---

2　CARVALHO, C. E. Fragilização de grandes bancos no início do Plano Real. *Revista Nova Economia*, Belo Horizonte, v.12, n.l. p.69-84. jan./jun. 2002.

nível de receitas, não havia necessidade de muito esforço, tendo como principal medida uma elevada capilaridade da rede bancária.

Assim, o período de 1988 a 1993 caracterizou-se pelas operações de curtíssimo prazo, com a rentabilidade dos bancos sendo gerada, majoritariamente, a partir dos ganhos com *floating* garantidos pela aplicação em títulos e valores mobiliários governamentais (*open market*) remunerados pela alta inflação. Essas operações de curtíssimo prazo marcadas por juros elevados acirraram a animosidade da sociedade contra o setor financeiro, cujos lucros cresceram de forma desproporcional. Assim, em 1989, os bancos atingiram uma de suas maiores taxas históricas de rentabilidade média, sendo as receitas com títulos quatro vezes superiores às de empréstimos, em alguns casos (YOSHINO, 1994 apud MATIAS; PEIXOTO, 2000).

O Quadro 3 apresenta os dez maiores bancos brasileiros em 1990 em relação a depósitos e empréstimos. Observa-se que os bancos públicos continuaram a ser bem representativos, com o Banespa tendo destaque entre os grandes bancos nacionais.

QUADRO 3. Os dez maiores bancos do Brasil em 1990

Posição no *ranking*	Depósitos	Empréstimos
1º	Banespa	Banco do Brasil
2º	Banco do Brasil	Banespa
3º	Bradesco	Bradesco
4º	Itaú	Itaú
5º	Bamerindus	ABN Amro
6º	ABN Amro	Econômico
7º	Nacional	Unibanco

(*continua*)

QUADRO 3. Os dez maiores bancos do Brasil em 1990 (*continuação*)

Posição no *ranking*	Depósitos	Empréstimos
8º	Unibanco	Nacional
9º	Econômico	Bamerindus
10º	BCN	Banestado

Fonte: Matias e Peixoto (2000).

Fase 4: abertura interna com *spread* (1994-1996)

O início do Plano Real, em julho de 1994, após vários planos econômicos fracassados, modificou todo o SFN. Gremaud, Vasconcellos e Toneto Júnior (2010) destacam que, nesse período, o contexto econômico do país era muito diferente dos anos anteriores, já que o Brasil havia reingressado no fluxo voluntário de recursos externos, acumulando reservas. Além disso, a economia estava mais exposta à concorrência com o processo de abertura comercial, o que limitava a capacidade de os agentes repassarem os choques para os preços.

Desse modo, o Plano Real dividiu-se em três fases para conter o processo inflacionário da economia brasileira: ajuste fiscal; indexação completa da economia, com a criação da Unidade Real de Valor (URV); e reforma monetária, pautada na transformação da URV em reais – R$ (ibidem).

A perda das receitas de *floating* impulsionou os bancos brasileiros a racionalizar suas estruturas administrativas e expandir sua carteira de crédito. O estudo desenvolvido por Matias (2004) mostra que, logo após o Plano Real, os bancos tiveram uma redução brusca de suas receitas de *floating*, passando de um ganho de R$ 9,6 bilhões em 1994, com apenas meio ano de inflação, para menos de R$ 1 bilhão em 1995, sendo estimada uma perda de R$ 8,7 bilhões causada pela mudança na forma de financiamento do déficit público implantada no período. A Tabela 1 expressa os ganhos com *floating* dos grandes bancos brasileiros em 1994 e 1995.

TABELA 1. Ganhos com *floating* dos bancos de macro e grande porte (em R$ milhões)

Instituição	Dez./1994	Dez./1995
ABN Amro Real S/A	11.077	0
Bamerindus S/A	506.876	53.224
Banorte S/A	39.574	966
BCN S/A	47.342	8.534
Bradesco S/A	1.208.881	0
Banco do Brasil S/A	3.157.462	411.051
Banco do Estado do Rio de Janeiro S/A (liquidação extrajudicial)	344.370	53.898
Banco do Nordeste do Brasil S/A	58.053	13.938
Econômico S/A	160.751	0
Itaú S/A	851.133	68.811
Nacional S/A	456.759	58.455
Nossa Caixa S/A	141.469	33.635
Pontual S/A	9.228	0
Real S/A	285.295	90.879
Safra S/A	35.349	11.348
Santander Brasil S/A	24.768	-4.063
Santander Noroeste S/A	29.936	5.525
Sudameris Brasil S/A	57.906	24.597
Votorantim S/A	4.000	2.075
Caixa Econômica Federal	1.974.748	39.884
Unibanco	213.763	14.907
TOTAL	9.618.740	887.664

Fonte: Matias (2004).

A alteração na forma de financiamento do déficit público conduziria o setor bancário à falência, razão destacada por Matias (2004) como causa das elevadas taxas de juros pagas aos títulos públicos e, em consequência, das operações de crédito para compensar a perda de *floating*. O autor ressalta que as receitas de operações de crédito dos bancos de macro e grande porte em 1994 e 1995 tiveram um significativo aumento de R$ 23,9 bilhões, uma variação de 55% em apenas um ano. Além disso, as despesas de intermediação financeira, excluindo a provisão para créditos de liquidação duvidosa, obtiveram um aumento de R$ 15,3 bilhões, ou seja, 49% em um ano. A Tabela 2 exemplifica esse conteúdo.

TABELA 2. Comparação da receita de *floating*, receita de crédito e dos títulos e valores mobiliários e instrumentos financeiros derivativos (TVM), e despesas de intermediação financeira (IF)

Contas da demonstração do resultado do exercício (DRE)	1994	1995	Variação
Receita de *floating*	9.618.740.000	887.664.000	-8.731.076.000
Receita de crédito e dos TVM	43.754.043.000	67.653.373.000	23.899.330.000
Despesas de intermediação financeira	-31.391.237.000	-46.744.888.000	-15.353.651.000
TOTAL	21.981.546.000	21.796.149.000	-185.397.000

Fonte: Matias (2004).

A partir dessa explanação, observa-se que os bancos tiveram um acréscimo líquido de R$ 8,6 bilhões, o que corresponde à perda de receitas de *floating*.

Uma outra forma de aumentar a rentabilidade das operações bancárias foi a cobrança de tarifas de serviços, que até então não eram praticadas, mesmo sendo autorizadas desde dezembro de 1967. A partir desse período, essas receitas conquistaram importância para os bancos, de modo que cobriam, em 2010, todos os custos de pessoal e parte do administrativo das grandes instituições bancárias.

Fase 5: globalização (1997-2001)

Essa fase é marcada por vários fatos, como a entrada mais efetiva dos bancos estrangeiros no Brasil; a internacionalização de bancos brasileiros (Banco do Brasil, Itaú, Bradesco e Real); a interferência de crises globais no mercado financeiro local com grande velocidade, como a crise do México de 1995, marcada por um quadro político conturbado e grande especulação contra a moeda mexicana, o que levou o país a deixar a moeda desvalorizar-se e a recorrer a um pacote de ajuda internacional do Fundo Monetário Internacional (FMI) para reduzir a fuga de capitais; a crise russa e a crise cambial brasileira, com o fim das fronteiras para transações internacionais.

A ocorrência desses fatos elevou a competição entre as nações e acirrou a concorrência em quase todos os setores produtivos, tornando necessário que os empresários brasileiros mudassem de mentalidade, promovessem a melhoria em seus produtos e processos para atender com qualidade ao mercado interno e cogitassem uma possível expansão internacional.

Fase 6: estagnação do setor bancário brasileiro (2002-2004)

Nessa fase, o setor bancário ficou estagnado em ativos totais, e o mercado de crédito obteve pouco dinamismo em suas operações. Isso ocorreu em razão do ambiente tumultuado pelas eleições presidenciais, além de escândalos corporativos de grandes empresas norte-americanas, que afetaram significativamente a confiança dos investidores no mercado de capitais. Esse momento de baixo crescimento dos ativos pode ser observado na Tabela 3.

TABELA 3. Evolução do ativo total dos cinco maiores bancos brasileiros, de 2002 a 2004 (em R$ mil)

Instituições financeiras	2002	2003	2004
Banco do Brasil	204.594.608	230.144.447	239.014.143
Caixa Econômica Federal	128.417.934	150.495.476	147.786.559
Bradesco	118.954.184	147.163.871	148.207.637
Itaú	107.716.519	109.959.314	123.443.368
Unibanco	70.902.473	63.631.576	72.928.818

Fonte: modificada de Banco Central do Brasil (2011d).

O mercado cambial também se apresentou volátil, com as taxas de câmbio alcançando 3 R$/U$ em 2002. A crise da Argentina agravou-se ainda mais no plano econômico e político, com a renúncia do presidente e de ministros importantes do governo, o que provocou grande insatisfação popular e a queda do *rating* do país no mercado internacional.

Esse quadro turbulento se estendeu em 2003, com a entrada de um governo de esquerda no Brasil, causando grande receio nos investidores e empresários, que optaram por um comportamento mais conservador na alocação de seus recursos.

O início de uma aceleração inflacionária levou ao aumento das taxas de juros e, consequentemente, à redução do consumo das famílias, diminuindo o dinamismo da economia no período. Em 2004, iniciou-se o processo de recuperação da economia brasileira, com aumento substancial das exportações e bons indicadores no mercado de trabalho.

Fase 7: expansão do mercado bancário (2005-2010)

A partir de 2005, observa-se um novo ciclo de expansão do mercado bancário brasileiro, favorecido pelo ambiente macroeconômico mais estável. Nesse período, o país teve seu crescimento pautado na demanda interna, alavancando as decisões de consumo e investimento. Expectativas otimistas dos empresários e investidores, impulsionadas pelo aumento do preço das *commodities* no comércio internacional, elevaram os investimentos produtivos e a geração de empregos. As condições de crédito também eram convenientes para os consumidores e as empresas, graças às reduções graduais das taxas de juros e ao alongamento dos prazos de empréstimos e financiamentos, com destaque para o crescimento do crédito consignado.

Entretanto, esse clima de confiança foi prejudicado em 2008 pela crise financeira dos mercados *subprime* dos Estados Unidos, que imprimiu grande volatilidade ao mercado internacional, proporcionando um ambiente de baixa liquidez e incerteza em relação ao futuro.

O mercado bancário foi fortemente abalado por essa crise, na medida em que muitas instituições financeiras norte-americanas e europeias foram à falência ou tiveram dificuldades de superar um ambiente desfavorável às suas operações. Para salvar seu sistema financeiro do colapso, o governo norte-americano desenvolveu programas de assistência à liquidez para reduzir o clima de desconfiança dos investidores em instituições até então fortes e consolidadas do sistema bancário.

No Brasil, o governo reduziu as taxas de juros e dos depósitos compulsórios, além de empreender uma renúncia fiscal para incentivar o consumo e não interromper bruscamente a trajetória de crescimento econômico.

A Tabela 4 mostra a evolução do ativo total dos principais bancos brasileiros no período de 2005 a 2010.

TABELA 4. Evolução do ativo total dos dez maiores bancos brasileiros, de 2005 a 2010 (em R$ mil)

Instituições financeiras	2005	2006	2007	2008	2009	2010
Banco do Brasil	252.976.988	296.356.419	357.750.243	507.348.206	691.968.417	779.303.944
Caixa Econômica Federal	188.677.661	209.532.835	249.636.819	295.920.330	341.831.823	401.412.490
Bradesco	165.760.079	213.302.930	284.446.796	397.343.348	444.396.778	562.601.430
Itaú	146.041.753	205.156.179	288.768.338	631.326.674	585.603.098	720.313.868
Unibanco	84.499.471	97.785.134	147.952.401			
Santander	85.015.023	102.125.938	116.326.739	344.681.912	334.069.363	376.062.156
ABN Amro	74.598.240	119.160.302	158.662.545			
Safra	51.356.407	61.820.338	67.280.626	66.482.014	71.059.510	76.297.016
HSBC	47.523.816	58.265.728	70.755.777	112.100.299	100.104.481	124.686.081
Votorantim	46.068.088	56.707.483	66.425.920	73.036.668	86.940.569	110.741.218

Fonte: modificada de Banco Central do Brasil (2011d).

Observa-se que, apesar do ambiente turbulento, os grandes bancos não tiveram redução em seus ativos totais, exceto o Santander. O destaque vai para o Banco do Brasil, que expandiu substancialmente sua carteira de crédito no período de crise, além do crescimento por meio da aquisição da Nossa Caixa e do controle do Banco Votorantim.

CAMINHOS DA PESQUISA

INTRODUÇÃO

Gil[3] (2002, p. 17) define pesquisa como "um procedimento racional e sistemático que tem como objetivo proporcionar respostas aos problemas que são propostos". Assim, por meio das pesquisas, podem-se analisar diversas informações, buscar autores que estão discutindo o tema e sistematizar os processos de coleta de dados e posterior interpretação.

Dessa forma, o livro é considerado uma pesquisa descritiva por expor as características de determinada população ou fenômeno, estabelecendo relacionamentos entre as variáveis do estudo. Esse tipo de pesquisa possui uma atuação mais prática, tendo como característica significativa a utilização de técnicas padronizadas de coleta de dados (GIL, 2002).

Além disso, trata-se de uma pesquisa quantitativa por apresentar procedimentos sistemáticos na descrição e explicação dos fenôme-

---

3   GIL, Antonio Carlos. *Como elaborar projetos de pesquisa.* 4. ed. São Paulo: Atlas, 2002. 175 p.

nos. Ademais, são pesquisas estruturadas, que utilizam métodos estatísticos e quantificam dados, de modo que os resultados encontrados na amostra podem ser generalizados para a população-alvo do estudo (BAUER; GASKELL; ALLUM, 2002)[4].

ETAPAS DA PESQUISA

A primeira etapa da pesquisa foi o levantamento bibliográfico de temas relevantes, como organização do SFN, classificação das instituições financeiras, riscos de intermediação financeira, processo de privatização, fusões e aquisições e consolidação bancária.

Na segunda etapa, realizaram-se estudos sobre a economia brasileira nas décadas de 1990 e 2000 e sobre os impactos no setor bancário, com o objetivo de analisar o PIB e as quatro políticas econômicas principais: monetária, fiscal, cambial e de rendas. Além disso, foram observados os desdobramentos econômicos no período pós-Plano Real que impactaram substancialmente nas instituições financeiras bancárias.

Na terceira etapa, foram utilizados indicadores financeiros patrimoniais e de resultado das instituições financeiras bancárias brasileiras para compreender sua evolução por porte e origem de capital.

A quarta etapa envolveu o tratamento dos dados coletados por meio do desenvolvimento de planilhas e da construção de gráficos e tabelas, de modo a facilitar a análise das variáveis do estudo e o possível relacionamento entre elas.

Já na quinta etapa, foi feito um estudo sobre as tendências do setor bancário no Brasil e as perspectivas para os próximos anos.

---

4 BAUER, Martin W.; GASKELL, George; ALLUM, Nicolas C. Qualidade, quantidade e interesses do conhecimento: evitando confusões. In: BAUER, M. W.; GASKELL, N. C. (Orgs.). *Pesquisa qualitativa com texto, imagem e som: um manual prático.* Petrópolis: Vozes, 2002.

FONTES DE DADOS

O conhecimento mais aprofundado do tema e o desenvolvimento das análises iniciaram-se com a leitura de artigos, livros, dissertações e teses que tinham como temática as instituições financeiras bancárias. Foram selecionadas algumas bases de dados, como teses e dissertações do Sistema Integrado de Bibliotecas da Universidade de São Paulo (SIBiUSP), Scientific Eletronic Library Online (SciELO), Google Acadêmico, Centro de Pesquisas em Finanças (Cepefin), Federação Brasileira de Bancos (Febraban), Banco Central do Brasil (Bacen) e Portal da Pesquisa.

Na busca, utilizaram-se os termos "*banking*", "sistema bancário", "indústria bancária" e "instituições financeiras"; em algumas bases de dados, a data foi delimitada a partir de 2000. Jornais e revistas mais especializados também serviram de fonte de pesquisa, como Globo.com e UOL, nos quais foram localizadas notícias relativas aos bancos brasileiros e às políticas econômicas.

Na análise da economia brasileira do período de 1990 a 2010, utilizaram-se os relatórios anuais disponíveis no *site* do Bacen, nos quais há informações macroeconômicas do país desde 1996. Para os anos anteriores, foram selecionados alguns artigos e livros de economia e finanças.

As demonstrações financeiras e contábeis dos bancos brasileiros e seus respectivos indicadores foram coletados no Visionarium, um sistema de gestão e análise de risco de crédito.

Além disso, foram consultadas as bases de dados do Bacen, que estão na área de "Informações cadastrais e contábeis" de seu *site*, onde é possível acessar as informações das instituições financeiras em funcionamento no país, os 50 maiores bancos, seus balancetes, informações financeiras trimestrais e o Plano Contábil das Instituições do Sistema Financeiro Nacional (Cosif).

COLETA E TRATAMENTO DOS DADOS

O processo de análise do mercado bancário por porte e por origem de capital iniciou-se com a seleção de algumas contas patrimoniais e de resultado, prospectadas nas demonstrações financeiras dos bancos múltiplos, comerciais e caixas econômicas do Brasil no período selecionado.

Esse filtro ocorreu em razão das grandes diferenças em relação ao porte, à captação e à aplicação de recursos entre as instituições financeiras bancárias, sendo excluídos os bancos de investimento e de desenvolvimento para uma análise mais consistente.

Para caracterizar melhor as instituições bancárias presentes no livro, o Quadro 1 descreve as principais atividades e especialidades desenvolvidas por elas, segundo o Bacen.

QUADRO 1. Descrição das instituições financeiras bancárias utilizadas na pesquisa

Bancos comerciais	Resolução CMN n. 2.099, de 1994: "Os bancos comerciais são instituições financeiras privadas ou públicas que têm como objetivo principal proporcionar suprimento de recursos necessários para financiar, a curto e a médio prazos, o comércio, a indústria, as empresas prestadoras de serviços, as pessoas físicas e terceiros em geral. A captação de depósitos à vista, livremente movimentáveis, é atividade típica do banco comercial, o qual pode também captar depósitos a prazo. Deve ser constituído sob a forma de sociedade anônima e na sua denominação social deve constar a expressão 'Banco'."
Bancos múltiplos	Resolução CMN n. 2.099, de 1994: "Os bancos múltiplos são instituições financeiras privadas ou públicas que realizam as operações ativas, passivas e acessórias das diversas instituições financeiras, por intermédio das seguintes carteiras: comercial, de investimento e/ou de desenvolvimento, de crédito imobiliário, de arrendamento mercantil e de crédito, financiamento e investimento. Essas operações estão sujeitas às mesmas normas legais e regulamentares

(continua)

QUADRO 1. Descrição das instituições financeiras bancárias utilizadas na pesquisa (*continuação*)

Bancos múltiplos	aplicáveis às instituições singulares correspondentes às suas carteiras. A carteira de desenvolvimento somente poderá ser operada por banco público. O banco múltiplo deve ser constituído com, no mínimo, duas carteiras, sendo uma delas, obrigatoriamente, comercial ou de investimento, e ser organizado sob a forma de sociedade anônima. As instituições com carteira comercial podem captar depósitos à vista. Na sua denominação social, deve constar a expressão 'Banco'".
Caixa Econômica Federal	A Caixa Econômica Federal (CEF), criada em 1861, está regulada pelo Decreto-lei n. 759, de 12 de agosto de 1969, como empresa pública vinculada ao Ministério da Fazenda. Trata-se de instituição assemelhada aos bancos comerciais, podendo captar depósitos à vista, realizar operações ativas e efetuar prestação de serviços. Uma característica distintiva da Caixa é que ela prioriza a concessão de empréstimos e financiamentos a programas e projetos nas áreas de assistência social, saúde, educação, trabalho, transportes urbanos e esporte. Pode operar com crédito direto ao consumidor, financiando bens de consumo duráveis, emprestar sob garantia de penhor industrial e caução de títulos, bem como tem o monopólio do empréstimo sob penhor de bens pessoais e sob consignação e o monopólio da venda de bilhetes de loteria federal. Além de centralizar o recolhimento e posterior aplicação de todos os recursos oriundos do Fundo de Garantia por Tempo de Serviço (FGTS), integra o Sistema Brasileiro de Poupança e Empréstimo (SBPE) e o Sistema Financeiro da Habitação (SFH).

Fonte: Banco Central do Brasil (2011b).

A coleta de dados foi realizada no Instituto de Ensino e Pesquisa em Administração (Inepad) com o auxílio de seus colaboradores, que possuem um elevado conhecimento do sistema, principalmente por terem contribuído na sua construção. A coleta começou em agosto de 2011, e os *outputs* foram organizados em planilhas Excel (Microsoft®) para posterior tratamento e análise.

Os resultados do mercado bancário por porte e por origem de capital iniciam-se a partir de 1994, em razão da grande dificuldade de obter informações contábeis anteriores a esse período. Cada ano analisado tem um número de instituições financeiras diferentes, de acordo com a disponibilidade de informações do Visionarium.

A amostra varia para acompanhar a mudança no número de instituições financeiras e representar melhor as características e peculiaridades destas durante o período selecionado. No Capítulo 3, é apresentada uma amostra de cada ano para a análise de ativo total, depósitos, patrimônio líquido e indicadores financeiros.

Demonstrações contábeis consolidadas são informações de um grupo de empresas sob controle acionário comum, refletindo as operações da controladora e das controladas no país e no exterior. Essas informações são agregadas depois que se eliminam os saldos e as transações entre as companhias e faz-se uma provisão para os interesses de minoritários nas controladoras. A Lei das Sociedades por Ações, Lei n. 6.404, de 15 de dezembro de 1976 (BRASIL, 1976), estabelece a obrigatoriedade da consolidação apenas para companhias abertas e, mesmo assim, quando os investimentos nas controladas atingem ou excedem 30% do patrimônio líquido da controladora (PORTAL DE CONTABILIDADE, 2011).

Já as demonstrações contábeis da controladora permitem a visualização dos negócios de uma unidade econômica, podendo ser uma sociedade de capitais, uma sociedade de pessoas ou uma firma individual.

Pelo fato de o número de demonstrações contábeis consolidadas disponíveis no Visionarium não ser representativo do SFN, foram utilizadas as informações consolidadas dos dez maiores bancos em todos os anos pesquisados, já que estes possuem muitas empresas controladas e participações em outros negócios. No restante da amostra, utilizaram-se as informações da controladora.

A técnica estatística usada para o tratamento dos indicadores financeiros foi a mediana. Segundo a teoria da probabilidade, a mediana é uma medida de tendência central e pode ser calculada para um conjunto de observações ou para funções de distribuição de probabilidade (MURTEIRA; BLACK, 1983)[5].

Em um conjunto de valores dispostos segundo uma ordem (crescente ou decrescente), a mediana é o valor no conjunto que separa dois subconjuntos de mesmo número de elementos, ou seja, metade dos dados é superior à mediana, e a outra metade, inferior (TAVARES, 2007)[6]. Essa técnica foi escolhida por não ser tão sensível como a média, em que as observações são muito maiores ou muito menores do que as restantes (*outliers*), o que pode distorcer os resultados da pesquisa.

Indicadores financeiros

Os indicadores selecionados são do modelo E2S Bancos, desenvolvido pelo Inepad. Esse modelo é dividido em três grandes áreas: estratégia, eficiência e solvência.

Estratégia refere-se à maneira como uma empresa administra seus recursos e obrigações. Pode ser subdivida em captação e aplicação de recursos.

A captação engloba as operações que captam recursos por meio da realização de operações de crédito. Os indicadores selecionados são:

• **Capitalização:** quantifica o capital próprio em relação ao de terceiros pertencente ao banco. Quanto maior, melhor.

---

5   MURTEIRA, Bento José F.; BLACK, George H. J. *Estatística descritiva.* Lisboa: McGraw-Hill, 1983. 329 p.

6   TAVARES, Marcelo. Estatística aplicada à administração. 2007. Disponível em:

http://www.ufpi.br/uapi/conteudo/disciplinas/estatistica/download/Estatistica_completo_revisado.pdf. Acesso em: 05 set. 2011.

$$\text{Capitalização} = \frac{\text{Patrimônio líquido}}{\text{Capital de terceiros}}$$

- **Alavancagem:** quantifica o capital de terceiros em relação ao próprio de um banco. Quanto menor, melhor.

$$\text{Alavancagem} = \frac{\text{Capital de terceiros}}{\text{Patrimônio líquido}}$$

- **Captação de curto prazo ajustada:** mensura quanto do passivo circulante ajustado compõe o capital de terceiros ajustado. Quanto maior, melhor.

$$\text{Captação de CP ajustado} = \frac{\text{Passivo circulante ajustado}}{\text{Capital de terceiros ajustado}}$$

- **Captação de longo prazo ajustada:** mensura o quanto de exigível a longo prazo ajustado compõe o capital de terceiros ajustado. Quanto maior, melhor.

$$\text{Captação de LP ajustado} = \frac{\text{Exigível a LP ajustado}}{\text{Capital de terceiros ajustado}}$$

- **Captação por depósitos à vista e poupança:** verifica a participação dos depósitos à vista e de poupança em relação ao capital de terceiros ajustado. Quanto maior, melhor.

$$\frac{\text{Cap. por dep. à}}{\text{vista e poupança}} = \frac{\text{(Depósitos à vista de CP + depósitos de poupança CP)}}{\text{Capital de terceiros ajustado}}$$

- **Captação por depósitos a prazo:** verifica a participação dos depósitos a prazo em relação ao capital de terceiros ajustado. Quanto maior, melhor.

$$\text{Captação por depósitos a prazo} = \frac{\text{(Depósitos a prazo de CP + depósitos a prazo de LP)}}{\text{Capital de terceiros ajustado}}$$

- **Captação em moeda estrangeira ajustada:** analisa o quanto de capital de terceiros ajustado é composto por moeda estrangeira. Quanto maior, melhor.

$$\text{Captação em moeda estrangeira ajustada} = \frac{\text{Passivo em moeda estrangeira}}{\text{Capital de terceiros ajustado}}$$

- **Captação por *floating*:** analisa o quanto o capital de terceiros é constituído por passivos sem encargos (depósitos à vista, correspondentes e cobrança e arrecadação de tributos a curto e longo prazo). Quanto maior, melhor.

$$\text{Captação por } floating = \frac{\text{Passivo sem encargos}}{\text{Capital de terceiros ajustado}}$$

- **Exigibilidades tributárias e trabalhistas:** avalia a participação de encargos trabalhistas e tributários em relação ao capital de terceiros ajustado. Quanto menor, melhor.

$$\text{Exigibilidades tributárias e trabalhistas} = \frac{\text{Exigências tributárias e trabalhistas}}{\text{Capital de terceiros ajustado}}$$

A aplicação é formada pelos investimentos de recursos financeiros. Os indicadores selecionados são:

- **Imobilização**: mensura a proporção do ativo permanente em relação ao capital próprio. Quanto menor, melhor.

$$\text{Imobilização} = \frac{\text{Ativo permanente}}{\text{Patrimônio líquido}}$$

- **Recursos de longo prazo em giro**: mensura o percentual de capital de longo prazo que está aplicado em giro (atividades diárias de pagamentos). Quanto maior, melhor.

$$\text{Recursos de LP em giro} = \frac{\text{(PL + Exigível a LP - Ativo permanente - Realizável a LP)}}{\text{(PL + Exigível a LP)}}$$

- **Recursos próprios em giro**: mensura o percentual de capital próprio que está aplicado em giro. Quanto maior, melhor.

$$\text{Recursos próprios em giro} = \frac{\text{(PL - Ativo permanente - Realizável a LP)}}{\text{Patrimônio líquido}}$$

- **Aplicações em operações de crédito**: analisa o percentual aplicado em ativo de crédito (operações de crédito, operações de arrendamento mercantil e carteira de câmbio de curto e longo prazo) em relação ao ativo operacional (operações correntes de uma instituição). Quanto maior, melhor.

$$\text{Aplicações em operações} = \frac{\text{Ativo de crédito}}{\text{Ativo operacional}}$$

- **Aplicações em tesouraria:** quantifica o total aplicado em operações de tesouraria (derivativos) em relação às operações correntes da instituição. Quanto maior, melhor.

$$\text{Aplicações em tesouraria} = \frac{\text{Aplicações em tesouraria}}{\text{Ativo operacional}}$$

A eficiência relaciona as despesas de uma instituição com suas receitas. Pode ser subdividida em *inputs* e *outputs*.

Os *inputs* são os elementos necessários para a realização das operações correntes de uma instituição. Os indicadores selecionados são:

- **Cobertura com serviços:** mensura se as receitas de prestação de serviços são suficientes para cobrir as despesas estruturais (outras despesas administrativas e despesas de pessoal). Quanto maior, melhor.

$$\text{Cobertura com serviços} = \frac{\text{Receitas de prestação de serviços}}{\text{Despesas estruturais}}$$

- **Custo de captação:** mensura os custos do banco para a captação de recursos no mercado em relação às operações correntes da instituição. Quanto menor, melhor.

$$\text{Custo de captação} = \frac{\text{(Despesas de intermediação financeira - Provisões para crédito de liquidação duvidosa)}}{\text{Ativo operacional}}$$

- **Custo de pessoal:** mensura a participação das despesas de pessoal do banco em relação ao ativo operacional. Quanto menor, melhor.

$$\text{Custo de pessoal} = \frac{\text{Despesas de pessoal}}{\text{Ativo operacional}}$$

- **Custo administrativo:** mensura a participação das outras despesas administrativas (água, aluguéis, comunicação, material e manutenção e conservação de bens). Quanto menor, melhor.

$$\text{Custo administrativo} = \frac{\text{Outras despesas administrativas}}{\text{Ativo operacional}}$$

- **Custo estrutural:** mensura a participação das despesas estruturais em relação às atividades correntes da instituição. Quanto menor, melhor.

$$\text{Custo estrutural} = \frac{\text{Despesas estruturais}}{\text{Ativo operacional}}$$

- *Overhead ratio:* total das despesas estruturais em relação às receitas totais. Quanto menor, melhor.

$$\textit{Overhead ratio} = \frac{\text{Despesas estruturais}}{\begin{array}{c}\text{(Resultado bruto da intermediação financeira -} \\ \text{Provisões para crédito de liquidação} \\ \text{duvidosa + Receita de prestação de serviços)}\end{array}}$$

Os *outputs* são indicadores oriundos das operações correntes de uma instituição. Os indicadores selecionados são:

- **Rentabilidade líquida do patrimônio líquido final:** analisa quanto o resultado líquido representa do patrimônio líquido do banco. Quanto maior, melhor.

$$\text{Rentabilidade líquida do PL final} = \frac{\text{Resultado líquido}}{\text{Patrimônio líquido}}$$

- **Rentabilidade do ativo:** analisa quanto o resultado líquido representa do ativo operacional. Quanto maior, melhor.

$$\text{Rentabilidade do ativo} = \frac{\text{Resultado líquido}}{\text{Ativo operacional}}$$

- **Rentabilidade da atividade bancária:** mensura o retorno da atividade bancária sobre o ativo operacional. Quanto maior, melhor.

$$\text{Rentabilidade da atividade bancária} = \frac{\text{Resultado da atividade bancária}}{\text{Ativo operacional}}$$

- **Rentabilidade de câmbio:** mensura o retorno das aplicações em câmbio. Quanto maior, melhor.

$$\text{Rentabilidade de câmbio} = \frac{\text{(Resultado de câmbio da receita de IF - Resultado de câmbio da despesa de IF)}}{\text{(Carteira de câmbio de CP + Carteira de câmbio de LP)}}$$

- **Rentabilidade de tesouraria:** quantifica o retorno das aplicações em tesouraria. Quanto maior, melhor.

$$\text{Rentabilidade de tesouraria} = \frac{\text{(Rendas de aplicações interfinanceiras de liquidez} + \text{Resultados de títulos e valores mobiliários} + \text{Resultado das aplicações compulsórias)}}{\text{Aplicações em tesouraria}}$$

- **Rentabilidade do crédito:** analisa o retorno das aplicações de crédito para pessoas físicas e jurídicas. Quanto maior, melhor.

$$\text{Rentabilidade do crédito} = \frac{\text{(Receitas de operações de crédito} + \text{Resultado de arrendamento mercantil} + \text{Resultado de câmbio da receita de IF} - \text{Resultado de câmbio da despesa de IF)}}{\text{Ativo de crédito}}$$

- **Participação das receitas de operação de crédito e arrendamento mercantil:** mensura o quanto das receitas totais são compostas por receitas de operações de crédito e resultado das operações de arrendamento mercantil (*leasing*). Quanto maior, melhor.

$$\text{Partic. das receitas de op. de crédito e arrendamento mercantil} = \frac{\text{(Receitas de op. de crédito} + \text{Resultado de op. de arrendamento mercantil} + \text{Resultado de câmbio da receita de IF} - \text{Resultado de câmbio da despesa de IF)}}{\text{Receitas totais}}$$

- **Participação de resultado de tesouraria:** quantifica quanto das receitas totais é composto por resultado da tesouraria. Quanto maior, melhor.

$$\text{Partic. de resultado de tesouraria} = \frac{\text{(Rendas de aplic. interfinanceiras de liquidez + Resultado de títulos e valores mobiliários + Receitas de aplicações compulsórias)}}{\text{Receitas totais}}$$

- **Participação de resultado de câmbio:** quantifica quanto das receitas totais é composto por resultado de câmbio. Quanto maior, melhor.

$$\text{Partic. de resultado de câmbio} = \frac{\text{(Resultado de câmbio da receita de IF - Resultado de câmbio da despesa de IF)}}{\text{Receitas totais}}$$

- **Participação de receita de serviços:** mensura quanto das receitas totais é composto pela receita de prestação de serviços (conta corrente, cheques, depósitos). Quanto maior, melhor.

$$\text{Participação de receita de serviços} = \frac{\text{Receitas de prestação de serviços}}{\text{Receitas totais}}$$

- **Geração operacional de rendas:** analisa a capacidade de geração de receitas de uma instituição. Quanto maior, melhor.

$$\text{Geração operacional de rendas} = \frac{\text{(Receita de IF + Receita de prestação de serviços)}}{\text{Ativo operacional}}$$

• **Eficiência operacional:** é o inverso do *overhead ratio*. Quanto maior, melhor.

$$\text{Eficiência operacional} = \frac{\substack{\text{(Resultado bruto da IF - Provisões} \\ \text{para crédito de liquidação duvidosa +} \\ \text{Receita de prestação de serviços)}}}{\text{Despesas estruturais}}$$

• **Margem bruta:** mensura a contribuição do resultado bruto da IF em relação às receitas totais da instituição. Quanto maior, melhor.

$$\text{Margem bruta} = \frac{\text{Resultado bruto de IF}}{\text{Receitas totais}}$$

• **Margem da atividade bancária:** mensura a contribuição do resultado da atividade bancária em relação às receitas totais da instituição. Quanto maior, melhor.

$$\text{Margem da atividade bancária} = \frac{\text{Resultado da atividade bancária}}{\text{Receitas totais}}$$

• **Margem operacional:** mensura a contribuição do resultado operacional (operações correntes de uma instituição) em relação às receitas totais. Quanto maior, melhor.

$$\text{Margem operacional} = \frac{\text{Resultado operacional}}{\text{Receitas totais}}$$

- **Margem líquida:** mensura o total do resultado líquido em relação às receitas totais. Quanto maior, melhor.

$$\text{Margem líquida} = \frac{\text{Resultado líquido}}{\text{Receitas totais}}$$

- *Spread*: indica a diferença entre a taxa de empréstimo cobrada pelos bancos dos tomadores de crédito e a taxa de captação paga aos clientes. Quanto maior, melhor.

$$\textit{Spread} = \text{Geração operacional de renda - Custo de captação}$$

A solvência refere-se à capacidade de uma instituição pagar e liquidar suas obrigações. Os indicadores dessa área são basicamente de liquidez, que é a habilidade de uma empresa em converter um investimento em dinheiro. Os indicadores selecionados são:

- **Liquidez geral:** quantifica a relação entre o quanto uma instituição tem para o que ela deve. Quanto maior, melhor.

$$\text{Liquidez geral} = \frac{(\text{Ativo circulante + Realizável a LP})}{\text{Capital de terceiros}}$$

- **Dependência interbancária:** verifica a dependência da instituição em relação à troca de reservas entre as demais instituições financeiras. Quanto menor, melhor.

$$\text{Dependência interbancária} = \frac{(\text{Depósitos interfinanceiros de CP - Depósitos interfinanceiros de LP})}{\text{Capital de terceiros ajustado}}$$

• **Créditos não problemáticos:** analisa o total da carteira de crédito que não apresenta inadimplência nem insolvência. Quanto maior, melhor.

$$\text{Créditos não problemáticos} = \frac{\text{Faixas AA, A}}{\text{Total da carteira de crédito}}$$

• **Inadimplência:** verifica a participação dos clientes inadimplentes em relação ao total da carteira de crédito. Quanto menor, melhor.

$$\text{Inadimplência} = \frac{\text{Faixas B, C e D}}{\text{Total da carteira de crédito}}$$

• **Insolvência:** analisa a participação dos clientes insolventes em relação ao total da carteira de crédito. Quanto menor, melhor.

$$\text{Insolvência} = \frac{\text{Faixas E, F, G e H}}{\text{Total da carteira de crédito}}$$

• **Provisionamento:** quantifica o total de provisões para crédito de liquidação duvidosa sobre as operações. Quanto menor, melhor.

$$\text{Provisionamento} = \frac{\text{Provisão para créditos de liquidação duvidosa}}{\text{Ativo de crédito}}$$

• **Comprometimento do patrimônio líquido ajustado:** verifica o quanto o patrimônio líquido está comprometido com operações insolventes. Quanto menor, melhor.

$$\text{Comprometimento do PL ajustado} = \frac{\text{Faixas F, G e H}}{\text{PL ajustado}}$$

- **Cobertura com provisão**: analisa o total de provisões para créditos de liquidação duvidosa em relação aos clientes insolventes. Quanto maior, melhor.

$$\text{Cobertura com provisão} = \frac{\text{Provisão para créditos de liquidação duvidosa}}{\text{Faixas F, G e H}}$$

- **Encaixe**: quantifica os recursos para a cobertura de depósitos. Quanto maior, melhor.

$$\text{Encaixe} = \frac{\text{Disponibilidades}}{\text{Depósitos à vista}}$$

Para melhor compreensão de alguns termos financeiros presentes nos indicadores do Modelo E2S Bancos, temos:

- **Ativo circulante ajustado:**
  Fórmula: Ativo circulante - Recebimentos e pagamentos a liquidar - Relações de interdependências - Carteira de terceiros de curto prazo.

- **Realizável a longo prazo ajustado:**
  Fórmula: Realizável a longo prazo - Relações interfinanceiras de longo prazo - Carteira de terceiros de longo prazo.

- **Ativo de crédito:**
  Fórmula: Operações de crédito de curto prazo + Operações de crédito de longo prazo + Operações de arrendamento mercantil de curto prazo + Operações de arrendamento mercantil de longo prazo + Carteira de câmbio de curto prazo + Carteira de câmbio de longo prazo.

- **Ativo operacional:** ativo referente às operações correntes de uma instituição.
  Fórmula: Ativo total - Relações de interdependências - Recebimentos e pagamentos a liquidar - Ativo permanente.

- **Aplicações em tesouraria:**
  Fórmula: Aplicações interfinanceiras de liquidez de curto prazo + Títulos e valores mobiliários e instrumentos financeiros derivativos de curto prazo + Aplicações interfinanceiras de liquidez de longo prazo + Títulos e valores mobiliários e instrumentos financeiros derivativos de longo prazo.

- **Passivo circulante ajustado:**
  Fórmula: Passivo circulante - Recebimentos e pagamentos a liquidar - Relações de interdependências - Carteira de terceiros de curto prazo.

- **Exigível a longo prazo ajustado:**
  Fórmula: Exigível a longo prazo - Relações interfinanceiras de longo prazo - Carteira de terceiros de longo prazo.

- **Passivo total ajustado:**
Fórmula: Passivo total - Recebimentos e pagamentos a liquidar - Carteira de terceiros - Relações de interdependências - Reservas de reavaliação - Diferido.

- **Passivo em moeda estrangeira:**
Fórmula: Obrigações por títulos e valores mobiliários no exterior de curto prazo + Empréstimos no exterior de curto prazo + Repasses no exterior de curto prazo + Obrigações por títulos e valores mobiliários no exterior de longo prazo + Empréstimos no exterior de longo prazo + Repasses no exterior no longo prazo.

- **Passivo sem encargos:**
Fórmula: Depósitos à vista + Correspondentes + Cobrança e arrecadação de tributos e assemelhados no curto prazo + Cobrança e arrecadação de tributos e assemelhados no longo prazo.

- **Patrimônio líquido ajustado:**
Fórmula: Patrimônio líquido - Reservas de reavaliação - Diferido.

- **Capital de terceiros:**
Fórmula: Passivo circulante + Exigível a longo prazo.

- **Capital de terceiros ajustado:**
Fórmula: Passivo circulante + Exigível a longo prazo - Recebimentos e pagamentos a liquidar - Relações de interdependências - Carteira de terceiros de curto prazo - Relações interfinanceiras de longo prazo - Carteira de terceiros de longo prazo.

- **Exigências tributárias e trabalhistas:**
  Fórmula: Sociais e estatutárias de curto prazo + Fiscais e previdenciárias de curto prazo + Sociais e estatutárias de longo prazo + Fiscais e previdenciárias de longo prazo.

- **Despesas estruturais:**
  Fórmula: Outras despesas administrativas + Despesas de pessoal.

- **Resultado bruto sem provisão:**
  Fórmula: Receita da intermediação financeira - Despesa da intermediação financeira - Provisões para crédito de liquidação duvidosa.

- **Atividade bancária:**
  Fórmula: Resultado bruto da intermediação financeira + Receitas de prestação de serviços - Despesas estruturais - Despesas tributárias.

- **Receitas totais:**
  Fórmula: Receita da intermediação financeira + Receitas de prestação de serviços + Resultado de participação coligada e controlada + Resultado de outras receitas operacionais.

HISTÓRICO DO SETOR BANCÁRIO BRASILEIRO

Este capítulo está dividido em duas grandes seções, de modo a permitir uma análise mais completa dos temas propostos neste livro. A primeira seção apresenta os tópicos gerais do Sistema Financeiro Nacional (SFN), e a segunda analisa a economia brasileira de 1990 a 2010 e seus impactos nas instituições financeiras bancárias.

TÓPICOS GERAIS DO SISTEMA FINANCEIRO NACIONAL

Nesta seção, analisam-se alguns temas importantes que dão suporte ao SFN, como histórico e estrutura, riscos de intermediação financeira, privatização, fusões e aquisições, e consolidação bancária.

Sistema Financeiro Nacional

Segundo Fortuna (2010, p. 16), o sistema financeiro é "um conjunto de instituições que se dedicam, de alguma forma, ao trabalho de propiciar condições satisfatórias para a manutenção de um fluxo de recursos entre poupadores e investidores". Já o mercado financeiro é o lugar em que se processam essas transações, sendo um elemento dinâmico no processo de crescimento econômico, uma vez que permite a elevação das taxas de poupança e investimento.

A Lei n. 4.595/64 (BRASIL, 1964), conhecida como Lei do Sistema Financeiro Nacional, traz sua estrutura no início do artigo 1:

> Art. 1º O Sistema Financeiro Nacional, estruturado e regulado pela presente Lei, será constituído:
> I – do Conselho Monetário Nacional;
> II – do Banco Central do Brasil;
> III – do Banco do Brasil S.A.;
> IV – do Banco Nacional de Desenvolvimento Econômico e Social;
> V – das demais instituições financeiras públicas e privadas.

Assaf Neto (2003) também define o SFN como o conjunto de instituições financeiras e instrumentos financeiros que visam, em última análise, a transferir recursos dos agentes econômicos (pessoas, empresas e governo) superavitários para os deficitários. Observa-se que a abordagem dos dois autores enfatiza a importância do SFN na alocação eficiente de recursos na economia.

O Bacen organiza o SFN em órgãos normativos, entidades supervisoras e operadores, como mostra a Tabela 1.

TABELA 1. Estrutura do SFN

Órgãos normativos	Entidades supervisoras	Operadores			
Conselho Monetário Nacional (CMN)	Banco Central do Brasil (Bacen)	Instituições financeiras captadoras de depósitos à vista	Demais instituições financeiras Bancos de câmbio	Outros intermédios financeiros e administradores de recursos de terceiros	
	Comissão de Valores Mobiliários (CVM)	Bolsas de mercadorias e futuros	Bolsas de valores		
Conselho Nacional de Seguros Privados (CNSP)	Superintendência de Seguros Privados (Susep)	Resseguradores	Sociedades seguradoras	Sociedades de capitalização	Entidades abertas de previdência complementar
Conselho Nacional de Previdência Complementar (CNPC)	Superintendência Nacional de Previdência Complementar (Previc)	Entidades fechadas de previdência complementar (fundos de pensão)			

Fonte: Banco Central do Brasil (2011b).

A Lei da Reforma Bancária (BRASIL, 1964), em seu artigo 17, considera as instituições financeiras:

> [...] as pessoas jurídicas públicas e privadas, que tenham como atividade principal ou acessória a coleta, a intermediação ou a aplicação de recursos financeiros próprios ou de terceiros, em moeda nacional ou estrangeira, e a custódia de valor de propriedade de terceiros (FORTUNA, 2010, p. 17).

As instituições financeiras bancárias são caracterizadas como captadoras de poupança diretamente do público por sua própria iniciativa e responsabilidade, e, posteriormente, aplicadoras de recursos às empresas e às pessoas físicas por meio de empréstimos e financiamentos.

Desse modo, pode-se dizer que os bancos têm um papel importante para o desenvolvimento econômico, já que:

> [...] atuam fundamentalmente como agentes intermediários e estão sempre buscando oportunidades de ganhos financeiros provenientes de um suposto diferencial entre as remunerações que pagam a poupadores, que têm recursos para emprestar, e os ganhos que auferem no oferecimento de créditos a pessoas físicas ou jurídicas que necessitam de recursos para gastar ou fazer investimentos de produção (CAMARGO JÚNIOR; MATIAS; MERLO, 2005, p. 1).

De acordo com Fortuna (2010), as instituições financeiras podem ser classificadas como monetárias, não monetárias e auxiliares. As instituições financeiras monetárias ou bancárias são aquelas que possuem depósitos à vista e, portanto, multiplicam a moeda. Exemplos desse tipo de instituição são os bancos comerciais, bancos múltiplos com carteira comercial, caixas econômicas, bancos cooperativos e cooperativas de crédito.

Já as instituições financeiras não monetárias são aquelas que captam recursos para empréstimo por meio da emissão de títulos e, portanto, intermedeiam a moeda. Como exemplos temos os bancos de desenvolvimento, bancos de investimento, sociedades de crédito, financiamento e investimento, sociedades de crédito ao microempreendedor e à empresa de pequeno porte, companhias hipotecárias, sociedades de crédito imobiliário, associações de poupança e empréstimo e bancos de câmbio.

As instituições financeiras auxiliares são as sociedades corretoras de títulos e valores mobiliários, as sociedades distribuidoras de títulos e valores imobiliários, as sociedades de arrendamento mercantil (*leasing*) e as agências de fomento ou desenvolvimento.

Também é possível agrupar as instituições financeiras em segmentos, segundo a peculiaridade de suas funções de crédito (Tabela 2).

TABELA 2. Agrupamento das instituições financeiras de acordo com a função de crédito

Instituições de crédito de curto prazo	Bancos comerciais, caixas econômicas, bancos cooperativos/cooperativas de crédito e bancos múltiplos com carteira comercial
Instituições de crédito de médio e longo prazos	Bancos de desenvolvimento, bancos de investimento, caixas econômicas, bancos múltiplos com carteira de investimento e desenvolvimento, sociedades de crédito ao microempreendedor e agências de fomento
Instituições de crédito e financiamento de bens de consumo duráveis	Sociedades de crédito, financiamento e investimento – financeiras, caixas econômicas e bancos múltiplos com carteira de aceite
Instituições de crédito imobiliário	Caixa Econômica Federal, associações de poupança e empréstimo, sociedades de crédito imobiliário, companhias hipotecárias e bancos múltiplos com carteira imobiliária

(*continua*)

TABELA 2. Agrupamento das instituições financeiras de acordo com a função de crédito (*continuação*)

Instituições de intermediação no mercado de capitais	Sociedades corretoras de TVM, sociedades distribuidoras de TVM, bancos de investimento, bancos múltiplos com carteira de investimento e agentes autônomos de investimento
Instituições de seguros e capitalização	Seguradoras, corretoras de seguros, entidades abertas de previdência complementar, entidades fechadas de previdência complementar e sociedades de capitalização
Instituições de arrendamento mercantil – *leasing*	Sociedades de arrendamento mercantil e bancos múltiplos com carteira de arrendamento mercantil

Fonte: Fortuna (2010; p. 27).

Por sua abrangência, os bancos comerciais e múltiplos são as instituições financeiras mais populares, pois disponibilizam agências e pontos de atendimento para a realização de operações de pagamento de contas, saques de dinheiro e arrecadação de tributos e taxas. Por isso, existem várias classificações informais desses bancos, de acordo com a segmentação de mercado (ibidem):

- bancos de negócio: dedicam-se à intermediação de grandes operações, sendo as mais conhecidas as de engenharia financeira;
- bancos de atacado: trabalham com poucos mas grandes clientes, movimentando elevados volumes de recursos financeiros;
- bancos de varejo: atendem o grande público, formado por muitos clientes, independentemente do tamanho;
- bancos de nicho: trabalham com segmentos específicos de mercado.

Quando se divide a atuação dos bancos em grupos de atendimento específicos, têm-se (ibidem):

HISTÓRICO DO SETOR BANCÁRIO BRASILEIRO

- *corporate bank*: fornece atendimento a grandes empresas e também aos bancos de menor porte. Fazem parte desse grupo as empresas de porte médio, de acordo com o conceito de *middle market*;
- *private bank*: oferece atendimento a clientes como pessoas físicas de altíssima renda e/ou com patrimônio pessoal elevado;
- *personal bank*: presta atendimento a pessoas físicas de alta renda e também a pequenas e médias empresas.

Segundo Sampaio (2007), o funcionamento de um banco pressupõe a captação de recursos por meio da emissão (venda) de passivos com vistas à aquisição de ativos geradores de receitas. Os passivos dos bancos são fontes de recursos, e os ativos, aplicações realizadas pelo banco.

Os passivos bancários são formados principalmente por depósitos à vista, a prazo, de poupança e interfinanceiros, além de captações no mercado aberto, obrigações por empréstimos, repasses de instituições oficiais, capital social e reservas. Já os ativos são as disponibilidades, aplicações no mercado aberto, em títulos e valores mobiliários e instrumentos financeiros derivados, operações de crédito, operações de arrendamento mercantil, investimentos no imobilizado, etc.

Assim, a administração bancária contempla (MISHKIN[7], 2000 apud SAMPAIO, 2007):

- administração de liquidez: o banco deve ter dinheiro à mão em volume suficiente para fazer frente aos saques de depósitos efetuados por seus clientes, no momento em que estes solicitarem. Também deve adquirir ativos devidamente líquidos para atender às necessidades de seus depositantes;

---

7   MISHKIN, F. S. *Moedas, bancos e mercados financeiros.* 5. ed. Rio de Janeiro: LTC – Livros Técnicos e Científicos, 2000.

- administração de ativos: o banco deve buscar riscos reduzidos quando comprar ativos, procurando baixos níveis de inadimplência e elevada diversificação de seu portfólio;
- administração de passivos: a venda de passivos deve ter como objetivo a captação de recursos com baixos custos transacionais e financeiros;
- administração de proporcionalidade de capital: o banco precisa balancear os recursos captados com a quantia de recursos próprios, respeitando as exigências das agências reguladoras.

Sampaio (2007) apresenta vários modelos sobre a firma bancária para explicar suas peculiaridades. De acordo com o modelo geral desenvolvido por Oreiro[8] (2005), um aumento da taxa básica de juros leva os bancos a reduzir a oferta de crédito às empresas, pois eles passam a canalizar seus recursos para os ativos defensivos (títulos públicos, por exemplo) que oferecem maior rentabilidade e menor risco, se comparados à oferta de crédito.

Outro modelo abordado por Sampaio (2007), desenvolvido por Klein[9] (1971), afirma que os bancos são como empresas em busca de maximização de lucros, procurando atender tanto os tomadores quanto os fornecedores de recursos até o momento em que o *spread* marginal das operações seja nulo. Assim, os bancos se confrontam com a decisão de adequar o volume de recursos para operações de crédito e em reservas monetárias, buscando balancear a relação rentabilidade (empréstimos) e liquidez (reservas monetárias).

---

8 OREIRO, J. L. Preferência pela liquidez, racionamento de crédito e concentração bancária: uma nova teoria pós-keynesiana da firma bancária. *Revista Estudos Econômicos*, São Paulo, v. 35, jan./mar. 2005.

9 KLEIN, M. A. A theory of the banking firm. *Journal of Money*, Credit and Banking, v. 3, may 1971.

Uma teoria alternativa abordada pelo autor foi a de Paula[10] (2003), que analisa os bancos em uma economia empresarial, caracterizando--os como capazes de criar crédito de forma ativa mesmo não tendo captado depósitos para esse fim. Desse modo, as firmas bancárias são consideradas firmas capitalistas, que visam ao lucro e possuem preferência pela liquidez, podendo influenciar diretamente nas decisões de investimento dos agentes. Nesse enfoque, os bancos são "instituições ativas, com expectativas e motivações próprias, e administram dinamicamente seus ativos e passivos, dadas suas expectativas de risco e retorno, em condições de incerteza" (SAMPAIO, 2007, p. 39).

Saunders (2007) afirma que, dentre todas as empresas privadas, os intermediários financeiros recebem regulamentação especial em razão do exercício de funções e da prestação de serviços especiais. Perturbações ou interferências importantes com essas funções podem produzir efeitos prejudiciais ao restante da economia, ou as chamadas externalidades negativas.

Os intermediários financeiros são importantes para os fluxos de fundos entre poupadores e empresas e/ou pessoas físicas, pois eles intermedeiam esses recursos reduzindo diversos custos de transação. De acordo com a teoria do fluxo de fundos, existem três razões principais para a crença de que esses intermediários sejam especiais: custos de informação/monitoramento, liquidez e risco de variação de preço (ibidem).

Os custos de informação são referentes à necessidade de elevado dispêndio por parte dos poupadores para conseguir monitorar as atividades das empresas, de maneira oportuna e completa, após a aquisição de seus títulos. Se não o fizerem, os investidores ficarão expostos

---

10   PAULA, L. F. R. Teoria Horizontalista da moeda e do crédito: crítica da crítica. *Revista Estudos Econômicos*, São Paulo, v. 33, abr./jun. 2003.

a custos de *agency*, ou seja, "o risco de que os proprietários ou administradores da empresa usem o dinheiro do poupador de maneira contrária às promessas contidas nas cláusulas dos contratos de emissão dos títulos" (ibidem, p. 82). Para solucionar esse problema, os poupadores devem aplicar seus fundos em uma instituição financeira, já que ela agrupa os recursos de diversos poupadores e tem um incentivo maior para coletar informações e monitorar as atividades da empresa.

Os intermediários financeiros também oferecem instrumentos aos poupadores individuais que possuem atributos superiores em termos de liquidez em comparação com títulos primários, como ações e obrigações emitidas por empresas. Tal fato é consequência da grande capacidade de diversificação dos riscos, mas não a sua totalidade. Assim, "à medida que o número de títulos na carteira de ativos de um intermediário financeiro aumenta, o risco da carteira diminui, embora a um ritmo decrescente" (ibidem, p. 83). Desse modo, os intermediários financeiros tiram proveito da lei dos números grandes, o que lhes permite predizer com maior precisão o retorno esperado da carteira.

Portanto, um intermediário financeiro diversificado pode ser capaz de gerar um retorno praticamente livre de risco em seus ativos, adquirindo capacidade e credibilidade para cumprir sua promessa de instrumentos de elevada liquidez e risco reduzido de variação de preço.

Saunders (2007) destaca outras razões para a natureza especial das instituições financeiras:

- transmissão da política monetária: os passivos das instituições depositárias representam um componente significativo da oferta de moeda e, por isso, influenciam a taxa de inflação. Assim, os bancos são considerados condutores da política monetária desenvolvida pelo governo, já que a disponibilidade de seus recursos afeta a economia inteira;

- alocação de crédito: os intermediários financeiros constituem a principal e, às vezes, a única fonte de financiamento para um determinado setor da economia. Algumas áreas são selecionadas como merecedoras de financiamento especial, como o setor imobiliário e a agricultura;
- transferência de riqueza entre gerações: por meio do recolhimento de poupança, as instituições transferem riqueza de uma fase da vida para outra e de uma geração para outra, o que é importante para o bem-estar social de um país;
- serviços de pagamento: os serviços mais importantes oferecidos são a compensação de cheques, transferência de fundos, cobrança de títulos e depósitos bancários, beneficiando diretamente toda a economia;
- intermediação de denominações: os poupadores podem comprar quotas de fundos com denominações mínimas elevadas. O acesso indireto a esses ativos possibilita a obtenção de retornos mais elevados em suas carteiras.

Minella (2007) faz uma avaliação crítica do papel das instituições financeiras e de seu poder na esfera econômica e governamental, principalmente referente a definição de políticas públicas e decisões sobre o fluxo de capitais, de maneira a assegurar sua expressiva lucratividade. De acordo com o autor, o setor financeiro tem sido um dos grandes beneficiados pelas conjunturas e políticas econômicas adotadas nos últimos anos, situação que sustenta e legitima o setor. Além disso, Minella (2007, p. 3) declara que

> [...] as instituições financeiras, e aqui estão incluídos os investidores institucionais, ao controlarem um fluxo significativo de capitais, possuem a capacidade de definir algumas linhas gerais da economia nas quais as corporações não-financeiras operam, uma vez que podem impulsionar

o desenvolvimento de certas áreas em detrimento de outras e também restringir o compromisso com um determinado setor, empresa ou país.

Assim, por essa análise, observa-se o amplo poder que as instituições financeiras têm sobre o desenvolvimento setorial, que pode ser fomentado por meio de maior alocação de crédito empreendida pelos bancos, juntamente com o governo.

Riscos de intermediação financeira

Os modernos intermediários financeiros enfrentam diversos riscos que podem comprometer a gestão eficiente dos ativos e passivos bancários e causar grandes perdas se não administrados corretamente. A seguir, apresenta-se a classificação de riscos elaborada por Saunders (2007):

- risco de variação da taxa de juros: a transformação de ativos envolve a compra de títulos primários e a emissão de títulos secundários. Características de prazo e liquidez distintas dos títulos secundários que são vendidos expõem os intermediários financeiros à possibilidade de risco de variação da taxa de juros. Entre os riscos inerentes ao descasamento de prazos entre ativos e passivos, estão os riscos de refinanciamento (quando o custo de renovação ou recontratação de recursos é superior à taxa de retorno de investimento em ativos), de reinvestimento (ocorre quando os ativos possuem prazos mais curtos que os passivos, gerando incertezas quanto à taxa de reaplicação dos fundos captados por um prazo mais longo) e do valor de mercado (um aumento das taxas de juros eleva a taxa de desconto aplicável aos fluxos de caixa, reduzindo o valor de mercado do ativo ou passivo);
- risco de mercado: ocorre quando um intermediário financeiro "assume uma posição a descoberto, comprada ou vendida, em tí-

tulos de renda fixa, ações, mercadorias e derivativos, e os preços variam de maneira oposta ao esperado" (ibidem, p. 101). Assim, quanto mais voláteis forem os preços de ativos, maiores serão os riscos de mercado enfrentados pelos intermediários financeiros que fazem operações sem cobertura;

- risco de crédito: ocorre quando o principal e/ou o pagamento de juros dos instrumentos financeiros oferecidos não são pagos no seu vencimento, levando a perdas integrais ou parciais de recursos investidos;

- risco de operações fora do balanço: "as atividades fora do balanço afetam a forma futura do balanço de um intermediário financeiro, visto que envolvem a criação de ativos e passivos condicionais" (ibidem, p. 103). Eis alguns exemplos dessas operações: cartas de fiança, contratos futuros, *swaps*, opções e outros derivativos. Mesmo que essas atividades sejam usadas para reduzir a exposição do intermediário financeiro a riscos de crédito, variação da taxa de juros ou câmbio, a gestão inadequada desses instrumentos pode resultar em prejuízos substanciais e até mesmo na "quebra" de um banco;

- risco tecnológico e operacional: os intermediários financeiros realizam grandes investimentos em sistemas de comunicação interna e externa, computadores e infraestrutura tecnológica, buscando o aproveitamento de economias de escala e escopo. As economias de escala "se referem à capacidade de um IF reduzir seus custos médios operacionais, ampliando a disponibilidade de serviços financeiros", e as economias de escopo "se referem à capacidade de geração de sinergias de custo, produzindo mais de um serviço com os mesmos recursos disponíveis da empresa" (ibidem, p. 104). Entretanto, o risco operacional está ligado ao tecnológico e acontece, principalmente, quando os investimentos em tecnologia não produzem as reduções esperadas de custos;

- risco de câmbio: os investimentos em títulos no exterior podem ampliar os benefícios operacionais e financeiros quando comparados a investimentos restritos ao mercado doméstico. Entretanto, a expansão não diversificada com operações em um único país expõe o intermediário financeiro aos riscos de câmbio, de variação da taxa de juros e de inadimplência. Assim, é importante, para um intermediário financeiro, igualar tanto os volumes quanto os prazos de suas exposições em ativos e passivos em uma moeda, de modo a estar imune aos riscos cambial e de variação da taxa de juros;
- risco soberano: tipo mais sério de risco de crédito, pois depende da capacidade das empresas do país que solicitou o empréstimo ou comprou obrigações futuras de pagamento do principal e dos juros de sua dívida. A situação institucional do país de origem pode comprometer o recebimento da dívida, por causa da legislação ou mesmo das limitações do governo por motivos políticos ou insuficiência de reservas;
- risco de liquidez: ocorre em casos de falta de confiança dos agentes no intermediário financeiro ou quando há alguma necessidade imprevista de numerário, levando os titulares de passivos a exigir retiradas superiores ao que seria normal. Quando todos ou muitos intermediários financeiros enfrentam exigências extraordinárias semelhantes, os custos de fundos adicionais elevam-se por causa da oferta limitada ou mesmo nula. Desse modo, os intermediários financeiros podem ser obrigados a vender alguns ativos menos líquidos, o que poderá resultar em perda de dinheiro nessas transações. A liquidação de alguns ativos a preço baixo pode ameaçar a solvência de um intermediário financeiro, levando a corridas bancárias e aumentando as chances de insolvência e até de sua eventual falência;
- risco de insolvência: "é uma decorrência ou conseqüência de riscos excessivos de variação da taxa de juros, preços de mercado,

crédito, operações fora do balanço, riscos tecnológicos, cambiais, soberanos e de liquidez" (ibidem, p. 108). A insolvência ocorre quando os recursos próprios são insuficientes para cobrir as perdas incorridas no período. Assim, quanto maior for o endividamento, menor será a capacidade de suportar perdas decorrentes dos diversos riscos descritos. A preocupação das autoridades reguladoras e dos administradores é a gestão eficiente de seu capital para aumentar a capacidade do intermediário de permanecer solvente e crescer.

Em um quadro dinâmico, os bancos comerciais competem por clientes por meio da criação de critérios para a concessão de empréstimos, levando em consideração os requisitos regulatórios. Entretanto, ao facilitar a concessão de empréstimos, o banco possui um *trade-off* entre a atração de maior número de empréstimos, aumentando consequentemente seus lucros, e a deterioração da qualidade de sua carteira de crédito, tolerando um risco maior de *default* (BOLT; TIEMAN, 2004)[11]. Assim, observa-se que os bancos precisam desenvolver estratégias que administrem esse *trade-off* de modo a conquistar maior *market share* no curto prazo e garantir a continuidade de suas operações a longo prazo.

Em seu estudo, Bolt e Tieman (2004) destacam que o objetivo principal da regulação bancária é limitar a probabilidade de falência dos bancos. Desse modo, as autoridades reguladoras podem usar o *capital adequacy requirement* (CAR) como instrumento. Na criação de um critério para atrair empréstimos, os bancos têm que adequar o CAR imposto pela regulação em sua conta de passivos. Dada essa re-

---

11   BOLT, Wilko; TIEMAN, Alexander. Banking competition, risk and regulation. *The Scandinavian Journal of Economics*, v. 106, n. 4, p. 783-804, dez. 2004.

gulamentação, a administração bancária procura maximizar o fluxo descontado de seus lucros futuros. Desse modo, quanto maior for o CAR, menor será a possibilidade de perdas.

Em vista disso, o Acordo de Basileia II procura alinhar o CAR mais estreitamente com os riscos subjacentes, fornecendo aos bancos um menu de opções de CAR e reforçando os incentivos para melhor administração do risco. Assim, o modelo desenvolvido por Bolt e Tieman (2004) confirma que a implementação dessa regra é efetiva na concretização do objetivo do regulador de alcançar uma taxa de perda admissível.

Privatização

A privatização é a "venda de uma empresa que é propriedade do Estado a investidores privados" (BREALEY; MYERS; ALLEN, 2008, p. 813). A partir da década de 1990, ocorreram vários programas de privatização em governos de diversos países. De acordo com Brealey, Myers e Allen (2008), os motivos da privatização são:

- aumento da eficiência: pela privatização, a empresa é exposta à disciplina da concorrência e isolada da influência da política sobre as decisões de investimento e operacionais (BREALEY; COOPER; HABIB[12], 1997 apud BREALEY; MYERS; ALLEN, 2008). Também se podem dar incentivos mais fortes aos gestores e aos funcionários para cortar custos e acrescentar valor ao novo negócio;
- posse de ações: as privatizações incentivam a posse de ações e promovem algumas condições especiais (mais favoráveis) para funcionários e pequenos investidores;

---

12 BREALEY, R. A.; COOPER, I. A.; HABIB, M. A. Investment Appraisal in the Public Sector. *Oxford Review of Economic Policy.* v. 13, p. 12-28, 1997.

- receitas para o Estado: considerada a última vantagem, mesmo que, por vezes, não seja a mais importante.

Há um grande receio de que as privatizações levem à perda de empregos, mas nem sempre isso acontece, pois as empresas privatizadas funcionam mais eficientemente. Apesar de, em um primeiro momento, levarem a demissões em busca de reestruturação, com sua maior consolidação, aumentam a necessidade de mão de obra especializada, tornando o saldo positivo se agregado o período pós--privatização (BREALEY; MYERS; ALLEN, 2008).

Segundo Pinheiro (1996), os programas de privatização implementados em todo o mundo tiveram duas motivações principais: aumentar a eficiência da economia e colaborar para o ajuste das contas públicas. De maneira geral, observa-se que a motivação fiscal tem prevalecido na prática, e a privatização tem sido adotada por governos com dificuldades para fechar suas contas. No entanto, a busca por maior eficiência é a principal justificativa para a implementação de programas de desestatização, já que os ganhos fiscais da privatização são, em certa medida, transitórios, prevalecendo o aumento da eficiência como fonte de crescimento da renda.

Pinheiro e Schneider (1995 apud PINHEIRO, 1996, p. 1)[13] acreditam que, mesmo no curto prazo, possa existir um *trade-off* entre esses dois objetivos, mas, no longo prazo, eles são convergentes, pois o aumento da eficiência garante o crescimento dos lucros, da renda e das receitas fiscais.

Outros motivos apontados por Pinheiro (1996) para o aumento da eficiência da economia com a privatização são relativos às mudanças de incentivos dados a gerentes e trabalhadores. Assim,

---

13 PINHEIRO, A. C.; SCHNEIDER, B. The fiscal impacts of privatization in Latin America. *Journal of Development Studies*, v. 31, n. 5, jun. 1995.

espera-se que a eficiência da empresa aumente conforme se tenha maior clareza de objetivos, menor importância de problemas de agência (supervisão sobre os gerentes e destes sobre os empregados) e maior disciplina de mercado, ou seja, ausência de orçamentos flexíveis e de barreiras à saída.

Por serem compostas por uma face privada e outra pública, nota-se que, de um lado, as estatais têm um objetivo comercial relacionado à produção e à comercialização de um bem ou serviço, e, de outro, possuem objetivos políticos, como o desenvolvimento de setores da cadeia produtiva, o atendimento a populações carentes, a integração do território nacional, a manutenção do nível de emprego, o controle da inflação, etc. Entretanto, essa dupla finalidade tem um impacto negativo sobre a eficiência econômica, pois os gerentes das estatais nem sempre têm clareza dos objetivos, muitas vezes conflitantes, do acionista e do setor público, o que dificulta a tomada de decisão e a alocação eficiente de recursos materiais e humanos. Também existe a ideia de que os objetivos sociais são alcançados, às vezes, com o sacrifício dos objetivos comerciais e da rentabilidade da empresa para atender às demandas da população (ibidem).

Contudo, para que o efeito da privatização sobre a eficiência seja máximo, é fundamental combinar as vendas das empresas com liberalização comercial, medidas de estímulo à competição e fechamento do caixa do Tesouro a empresas mal administradas. A competição deve ser estimulada, e, quando seu papel for limitado por motivos tecnológicos ou de mercado, deverão ser definidos mecanismos eficientes de regulação (ibidem).

Com base nesse raciocínio, observa-se que a privatização implica abrir mão dos objetivos sociais, permitindo alocação eficiente de recursos e gerando valor essencialmente da atividade comercial.

HISTÓRICO DO SETOR BANCÁRIO BRASILEIRO

Fusões e aquisições e consolidação bancária

A consolidação bancária é

> [...] o processo resultante de uma fusão ou uma aquisição, seja dentro de um setor da indústria financeira ou entre setores, que em geral reduz o número de instituições e aumenta o tamanho destas, assim como o grau de concentração de mercado (DE PAULA; MARQUES, 2006, p. 3).

Esse é um fenômeno que vem ocorrendo em diversas partes do mundo, sobretudo na década de 1990, nos países desenvolvidos e emergentes.

De Paula e Marques (2006) apresentam alguns fatores que aceleraram o processo de consolidação bancária, como desregulamentação dos serviços financeiros, maior abertura do setor bancário à competição internacional, desenvolvimento tecnológico nas áreas de informática e telecomunicações e mudanças nas estratégias gerenciais das instituições financeiras.

Aronovich[14] (1999 apud CARVALHO; STUDART; ALVES JÚNIOR, 2002) também destaca alguns fatores de estímulo ao processo de fusões e aquisições no setor bancário: desintermediação financeira e ampliação da concorrência de instituições não bancárias, o que leva os bancos a uma postura mais agressiva em busca de novos tipos de aplicação e de maiores fatias de mercado; crescimento dos mercados de capitais, levando à facilidade de captação de recursos com o objetivo de aumentar seu valor acionário pelo menos no curto prazo; aumento da capacidade de alavancagem, proporcionando maior habilidade de expansão dos bancos e implantação de estratégias mais agressivas; desenvolvimento tecnológico na área de informatização bancária e de engenharia finan-

---

14   ARONOVICH, A. Reestruturação Bancária Internacional: experiência recente e possíveis desdobramentos. *Revista do BNDES*, Rio de Janeiro, v. 6, n. 12, p. 195-226, 1999.

ceira, ampliando as possibilidades de economias de escala na produção de serviços financeiros; e ausência de reguladores mais rígidos.

No Brasil, esse processo foi mais intenso a partir de 1995, período marcado pelas consequências do Plano Real, como estabilidade de preços, abertura para a entrada de bancos estrangeiros e início da privatização dos bancos estaduais.

Segundo o European Central Bank[15] (2000 apud DE PAULA; MARQUES, 2006), as fusões e aquisições bancárias (F&A) podem ser divididas em:

- F&A bancárias domésticas: operações entre instituições bancárias de um mesmo país, cujo objetivo principal é buscar economias de escala, no caso de instituições de pequeno e médio portes, ou reposicionar e aumentar o poder de mercado para instituições maiores;
- F&A bancárias internacionais: operações realizadas entre instituições bancárias de países diferentes. Seus principais objetivos são: formar uma instituição financeira maior, oferecer serviços aos clientes no exterior e diversificar os produtos para mercados mais atraentes e lucrativos;
- conglomerações financeiras domésticas: operações que geram conglomerados financeiros que abrangem diferentes setores da indústria bancária. Podem ser instituições bancárias e não bancárias. As principais motivações são a busca de economias de escopo e diversificação de risco;
- conglomerações financeiras internacionais: possuem as mesmas motivações das conglomerações financeiras domésticas, contudo são realizadas entre instituições financeiras de diferentes países, gerando conglomerados internacionais mais diversificados.

---

15 EUROPEAN CENTRAL BANK. *Annual Report.* Basel: Bank of International Settlements, 2000.

Uma divisão utilizada para a consolidação bancária, sugerida por Hawkins e Mihaljek[16] (2001 apud DE PAULA; MARQUES, 2006, p. 5), é a identificação do padrão e da causa da consolidação:

- consolidação dirigida pelo mercado: é formada pelas consolidações que ocorreram após a desregulamentação dos mercados domésticos, a abertura comercial e os avanços tecnológicos na indústria bancária, o que resultou em maior competitividade no setor e redução das margens líquidas dos bancos. Nesse tipo de consolidação, o setor bancário responde às pressões competitivas procurando diminuir seus custos operacionais, de modo a obter ganhos de escala e rendas, e diversificar as atividades e riscos, tendo como resultado economias de escopo substanciais. Esse tipo de consolidação é encontrado em países de economia madura;
- consolidação bancária como resposta a estruturas bancárias ineficientes ou frágeis: característica de países da América Latina nos anos 1990. As consolidações podem ser dirigidas ou não pelo governo, sendo resposta à ineficiência do setor ou da existência de estruturas bancárias fragilizadas pelas crises resultantes do "Efeito Tequila" (crise do México) em 1995. Entre as ineficiências mais comuns, estão baixa competitividade dos mercados e atrasos tecnológicos, tanto de produtos quanto de comunicação;
- consolidação bancária dirigida pelo governo: ocorreu majoritariamente nos países asiáticos. É conhecida pela interferência direta das autoridades, estimulando as fusões e aquisições, de modo a facilitar a entrada de bancos estrangeiros no país. Suas principais motivações foram necessidade de fortalecimento do

---

16 HAWKINS, J.; MIHALJEK, D. The banking industry in the emerging market economies: competition, consolidation and systemic stability. *BIS Papers*, n. 4, 2001.

setor, adequação de capital dos bancos e aumento da viabilidade financeira dos bancos menores, muitos deles familiares, afetados pela crise de 1997-1998.

No Brasil, no final da década de 1990, a maioria das fusões e aquisições do sistema financeiro foi resultado de esforços do governo para a redução das ineficiências do setor e também para a esterilização das instituições financeiras com problemas de solvência e liquidez. Assim, no período pós-Plano Real, as consolidações bancárias foram uma resposta a estruturas ineficientes.

Entretanto, com o aumento da competição causada pela desregulamentação, privatização e entrada dos bancos estrangeiros no país, o processo de consolidação foi dirigido mais pelo mercado, já que, para conquistarem *market share*, posicionamento agressivo, melhor atendimento das demandas do cliente e fidelidade destes, os bancos nacionais e estrangeiros procuraram se fortalecer por meio de compras de instituições financeiras competitivas, retirando *players* importantes do mercado brasileiro.

O grande número de fusões e aquisições observadas no mercado financeiro tem como objetivo alcançar vantagens competitivas e poder de mercado. A globalização financeira também gera um movimento nas instituições do setor, impulsionando para que estas cresçam ou sejam adquiridas. Santomero[17] (1999 apud NAKANE; ALENCAR, 2004) afirma que a consolidação bancária decorre de uma mudança de atividade, passando as instituiçõs financeiras da intermediação e monitoramento para serviços de assessoramento financeiro e comércio de risco. Isso mostra maior agregação de valor

---

17 SANTOMERO, A. Bank mergers: what's a policymaker to do? *Journal of Banking and Finance*, v. 23, p. 637-643, 1999.

às atividades do setor e tendências mais fortes de desintermediação bancária.

O órgão responsável pelo julgamento das fusões e aquisições bancárias no Brasil é o Banco Central, que analisa os atos de concentração horizontal e atos anticompetitivos no setor. Existem teorias que afirmam que a concentração bancária pode causar problemas de estabilidade setorial, reduzindo as margens dos bancos e incentivando empreendimentos de maior risco para a manutenção da competitividade (NAKANE; ALENCAR, 2004). Contudo, não existe consenso na literatura econômica no que diz respeito à relação entre concentração bancária e estabilidade.

Como medida de concentração, existe o índice Herfindahl-Hirschman (IHH), que mensura se uma fusão prejudicaria ou não a competição no setor. Esse índice é utilizado pelo Banco Central para medir a concentração bancária, sendo considerado uma das ferramentas mais importantes de análise pelos órgãos de defesa da concorrência. O critério mais usado é o adotado pelo Departamento de Justiça dos Estados Unidos (U. S. Departament of Justice and Federal Trade Comission), que considera mercados com IHH de até 0,1 pouco concentrados; de 0,1 a 0,18, de concentração moderada; e, acima de 0,18, o mercado é considerado altamente concentrado e sujeito a práticas anticompetitivas entre os bancos. Pelo critério de ativos administrados pelos bancos, esse indicador subiu de 0,0903 para 0,1263 entre junho e dezembro de 2008, em uma métrica de quanto maior o número, maior a concentração. Assim, o mercado bancário brasileiro passou a ser considerado um mercado com concentração moderada (FORTUNA, 2010).

A análise de casos antitruste possui um método estruturado pelo Departamento de Justiça norte-americano, que verifica cinco etapas para dar um parecer ao processo de fusão: determinação do mercado relevante e mensuração da concentração; identificação dos efeitos potenciais adversos sobre a concorrência, decorrentes da fusão;

análise da facilidade de entrada nos mercados envolvidos; estimativa das eficiências resultantes da operação; exame das empresas que estão em iminência de falir; e adoção de medidas corretivas que preservem a concorrência (NAKANE; ALENCAR, 2004). Assim, pela análise, é possível ter uma visão adequada dos impactos que as F&A podem trazer para a concorrência do sistema financeiro.

Um aspecto relevante que precisa ser discutido diz respeito ao processo de integração das instituições financeiras ou empresas após as fusões. Segundo Wood Jr., Vasconcelos e Caldas[18] (2003 apud GOLDNER; ARAÚJO, 2005), o que diferencia as fusões bem-sucedidas das fracassadas é a integração entre as empresas envolvidas. Nos casos bem-sucedidos, houve uma integração menos coercitiva, com melhor comunicação e menor número de demissões, sendo realizadas apenas as estritamente necessárias para evitar duplicidade e desperdício de recursos e competências.

Também é importante levar em consideração as diferenças de métodos, objetivos, estratégias, porte e culturas para evitar conflitos desnecessários, avaliando as práticas da empresa adquirida antes de descartá-las como inadequadas. Um processo de integração realizado com racionalidade torna muito mais fáceis as adaptações necessárias, criando um ambiente organizacional com bom nível de comunicação, focado nos objetivos e com maior agregação de valor no longo prazo.

A ECONOMIA BRASILEIRA DE 1990 A 2010 E SEUS IMPACTOS NO SETOR BANCÁRIO

O estudo da economia brasileira inicia-se com a evolução das principais variáveis macroeconômicas de 1990 a 2010, dando suporte às

---

18 WOOD JR., V.; VASCONCELOS, F. C.; CALDAS, M. P. Fusões e aquisições no Brasil. *Revista de Administração de Empresas* - RAE - Executivo, v. 2, n. 4, p. 41-45, nov. 2003/ Jan. 2004.

análises das políticas econômicas em cinco grandes momentos. Para finalizar, foram verificados os principais impactos no setor bancário após a implantação do Plano Real, pautado em uma nova dinâmica competitiva internacional.

Evolução das principais variáveis macroeconômicas

Nessa etapa, ocorre a análise das políticas econômicas utilizadas pelo governo no período de 1990 a 2010, visando ao crescimento econômico sustentável e como resposta às crises internacionais. Assim, os objetivos das quatro políticas fundamentais (monetária, fiscal, cambial e de rendas) são: promover o desenvolvimento econômico, garantir o pleno emprego e sua estabilidade, equilibrar o volume financeiro das transações econômicas com o exterior, garantir a estabilidade de preços e o controle da inflação e promover melhor distribuição da riqueza e das rendas (FORTUNA, 2010).

As principais informações das políticas econômicas do período foram pesquisadas nos relatórios anuais do Bacen e notícias de *sites* especializados, de modo a garantir a consistência dos dados.

A economia de 1990 a 1993

A década de 1990 tem início com o país vivendo novamente em um ambiente democrático e com a recente Constituição de 1988 (BRASIL, 1988a) fornecendo as principais diretrizes para o Brasil. Os planos econômicos anteriores de combate à inflação – Cruzado (1986), Bresser (1987) e Verão (1989) – não alcançaram êxito, com o congelamento de preços sendo elemento essencial deles.

Quando Fernando Collor de Mello foi eleito presidente em 1990, sua principal preocupação era a elevada inflação do país, e os fracassos dos planos anteriores serviram de aprendizado para novos diagnósticos sobre a natureza da inflação brasileira.

Para evitar a especulação, o governo manteve as taxas de juros altas, levando a uma política monetária passiva, o que impedia o controle dos agregados monetários. Nesse período, como a demanda por crédito era pouco representativa, a utilização do aumento das reservas compulsórias como instrumento monetário era pouco eficiente. Desse modo, o governo contava apenas com as operações de mercado aberto e a colocação de títulos públicos, que, em virtude da elevada incerteza, levava o Banco Central a formar taxas diárias no *overnight*, com base em expectativas da inflação corrente, tornando as indexações de preços sem limites (GREMAUD; VASCONCELLOS; TONETO JÚNIOR, 2010).

As principais medidas adotadas no governo Collor foram:

- reforma monetária: o propósito era reduzir a liquidez da economia por meio do bloqueio de metade dos depósitos à vista, 80% das aplicações de *overnight* e fundos de curto prazo e cerca de 1/3 dos depósitos de poupança, o que gerou um bloqueio em torno de 70% do M4 da economia (total de títulos e moeda emitido pelo Sistema Financeiro);
- reforma administrativa e fiscal: o objetivo dessa reforma era promover ajuste fiscal da ordem de 10% do PIB, de modo a eliminar um déficit projetado de 8% e gerar um superávit de 2% (ibidem).

O Plano Collor I manteve os mecanismos de indexação dos ativos financeiros e contratos. O confisco de liquidez trouxe grande desestruturação no sistema produtivo, levando a cortes nas encomendas, demissões, redução das jornadas de trabalho e dos salários, atrasos nos pagamentos das dívidas, etc. Entretanto, esse confisco foi sendo deturpado antes dos 18 meses inicialmente estabelecidos, com a devolução de liquidez para alguns setores antes do previsto.

O ajuste fiscal foi conquistado com superávit de 1,2% do PIB, mas a reforma administrativa não foi posta em prática em razão dos muitos empecilhos que vetavam a demissão de funcionários públicos sem votação no Congresso Nacional.

Em 1990, iniciou-se o processo de abertura comercial com redução de tarifas, eliminação de incentivos à exportação e adoção do câmbio flutuante. No segundo semestre, com a aceleração inflacionária, houve uma forte valorização na taxa de câmbio real, combinada com o início da Guerra do Golfo, que elevou substancialmente o preço do barril de petróleo, deteriorando o saldo da balança comercial brasileira.

Segundo Gremaud, Vasconcellos e Toneto Júnior (2010), a persistência da aceleração inflacionária em 1991, associada à crescente necessidade de financiamento do governo, levou a uma nova tentativa heterodoxa de estabilização: o Plano Collor II. Pautado na reforma financeira, esse plano visava à eliminação do *overnight* e de outras formas de indexação e a um congelamento de preços e salários.

Assim, naquele ano, a política econômica ficou restrita ao controle do fluxo de caixa, com significativa redução das despesas, sobretudo de gastos com funcionários públicos. Também foi enviada ao Congresso uma proposta de reforma fiscal, que lançava um programa anti-inflacionário com forte restrição ao crédito.

O impacto desse plano foi a recessão do país em 1992, sem êxito na redução da inflação e com o resultado fiscal comprometido, decorrente da baixa arrecadação de impostos e das elevadas taxas de juros, além de um ambiente político conturbado por causa do *impeachment* do presidente Fernando Collor (ibidem).

Ao assumir o governo, o vice-presidente Itamar Franco demorou para dar um rumo à política econômica. Além disso, tratava-se de um período de grande rotatividade de ministros no comando da economia. Assim, o último plano de estabilização implantado no país foi na gestão de Fernando Henrique Cardoso, que assumiu o Ministério da Fazenda em maio de 1993. O ministro deu contornos ao futuro Plano Real, implantado em julho de 1994, que, segundo Gremaud,

Vasconcellos e Toneto Júnior (2010), foi beneficiado por um quadro econômico muito diferente do primeiro (Plano Cruzado), já que, no período, havia melhor situação fiscal, maior nível de reservas, fluxo voluntário de recursos externos e maior abertura comercial.

A economia em 1994

O processo de abertura econômica iniciado em 1990 ajudou o desenvolvimento de um novo plano econômico de combate à inflação. O Plano Real partiu do diagnóstico de que a inflação brasileira possuía um forte caráter inercial.

Quando Fernando Henrique Cardoso assumiu o Ministério da Fazenda, começou a preparar um novo plano de estabilização, com características bem diferentes dos anteriores: o plano não seria adotado de surpresa, mas, sim, gradualmente, e não iria recorrer a congelamentos, mas a uma substituição natural de moeda. Além disso, haveria maior preocupação com a correção dos desequilíbrios econômicos (ibidem).

Inicialmente, houve uma rápida expansão da demanda interna por causa da forte redução do imposto inflacionário e da valorização da taxa de câmbio (R$ 1 = US$ 1). Nesse momento, ocorreu um rápido crescimento das importações, com a abertura comercial e demanda por produtos e serviços. Para controlar essa demanda, foram implantadas restrições ao crédito e houve aumento da taxa de juros; contudo, essas medidas não conseguiram segurar a expansão do nível da atividade econômica, e a balança comercial passou a incorrer em déficits.

A transição foi facilitada pela introdução da URV como precursora da nova moeda (o real foi lançado em 1º de julho de 1994) e pelo alto nível de reservas internacionais, permitindo a liberalização das importações como uma forma de controlar os preços domésticos e desestimular a especulação contra a nova moeda (MATIAS; PEIXOTO, 2000).

Nesse período, a inflação caiu e os investimentos estrangeiros aumentaram tanto de forma especulativa no mercado acionário como por emissões internacionais, que eram destinadas a investimentos na produção.

Mudanças significativas ocorreram no sistema financeiro com a perda da receita inflacionária, o que impulsionou os bancos a buscar alternativas para suas receitas, como negociação de títulos do governo e maior oferta de crédito. O aumento da concorrência tornou necessária uma gestão mais eficiente dos recursos, reduzindo o número de instituições financeiras no país pela dificuldade de adaptação a um ambiente mais competitivo e pelas falhas estruturais e de gestão ao longo dos anos.

Desse modo, com a valorização cambial, a abertura comercial e o volume significativo de reservas, criou-se uma conjuntura favorável ao desenvolvimento do Plano Real, levando a um grande controle dos preços internos, chamado, no período, de "superâncora cambial" (GREMAUD; VASCONCELLOS; TONETO JÚNIOR, 2010).

A economia em 1995

A crise do México em dezembro de 1994 levou a uma reversão brusca dos fluxos de capitais externos, colocando em xeque a estratégia inicial de estabilização do Plano Real, já que a rápida redução das reservas externas poderia sinalizar, aos agentes econômicos, mudanças nas regras cambiais para evitar o colapso das contas externas (SILBER, 2002).

Assim, foram realizados, em 1995, alguns ajustes no Plano Real para garantir o equilíbrio externo e interno no curto prazo: aumento das taxas de juros (de modo a restringir a concessão de crédito), utilização da banda cambial (sistema de minidesvalorizações) e controles tarifários e não tarifários sobre as importações (ibidem).

Com essas mudanças, foi possível reduzir a pressão da demanda interna, o que gerou uma grande retração na economia e crise de liquidez, além de afetar consumidores, comerciantes, agricultura e setor bancário (MATIAS; PEIXOTO, 2000). Entretanto, essas medidas não foram suficientes para equilibrar as contas públicas e diminuir o desequilíbrio da balança comercial.

Segundo o Banco Central do Brasil (1996), a deterioração do resultado fiscal foi provocada por aumento das despesas mais que proporcional em relação às receitas, com a manutenção do valor real dos gastos, notadamente com pessoal e encargos, em um cenário de baixa inflação; esterilização do ingresso de divisas, produzindo a expansão da dívida mobiliária e resultando em crescimento das despesas com juros; retração do processo de monetização após o Plano Real, implicando queda da receita de senhoriagem; diminuição real das tarifas públicas; e aumento da dívida mobiliária e contratual dos Estados.

Contudo, no terceiro trimestre de 1995, foram reduzidas as restrições ao crédito, e os juros foram diminuindo, chegando ao valor de 33,4% ao ano, o que levou a um crescimento do produto agregado de 4,3% (ibidem).

A economia em 1996

Segundo o Instituto Brasileiro de Geografia e Estatística (IBGE), o PIB cresceu 2,9% em 1996, e o produto *per capita*, 1,5%. O resultado de 1996, mesmo inferior aos observados em 1994 e 1995 (crescimentos de 6 e 4,3%, respectivamente), correspondeu ao quarto ano consecutivo de taxas positivas. Com esse desempenho, a taxa média de crescimento, a partir de 1990, passou de 1,5 para 1,7% até 1995. Influenciaram positivamente os desempenhos dos setores da agropecuária e de serviços, com crescimentos de 3,1 e 3,3%, respectivamente, e do setor industrial, com crescimento de 1,4% (BANCO CENTRAL DO BRASIL, 1996a).

A política monetária foi conduzida pelo Bacen, com o propósito de adequar o nível de atividade ao equilíbrio externo, viabilizando o crescimento econômico sem que pressões de demanda agregada comprometessem o processo de estabilização e a meta de saldo em transações correntes do balanço de pagamentos. Nesse contexto, inseriu-se a política de liberação do crédito, que incluiu a redução gradual, mas expressiva, da taxa de juros básica, a diminuição das taxas de recolhimento compulsório sobre os recursos à vista e a redefinição das regras para o recolhimento compulsório sobre depósitos a prazo.

Em 1996, a evolução dos preços manteve a tendência de desaceleração pelo terceiro ano consecutivo. A inflação medida pelo Índice Nacional de Preços ao Consumidor (INPC) foi de 9,12%, menor taxa anual desde o início do cálculo em 1979 (ibidem).

Para proporcionar maior transparência às decisões de política monetária e viabilizar o redesenho de seus instrumentos, como a revitalização das operações de redesconto, instituíram-se o Comitê de Política Monetária (Copom), a Taxa Básica do Banco Central (TBC) e a Taxa de Assistência do Banco Central (TBAN). O fortalecimento do uso do redesconto, como mecanismo de adequação da liquidez monetária, permitiu maior estabilidade na definição da taxa de juros e conferiu ao mercado maior participação em sua determinação. Nesse contexto, as operações de mercado aberto passaram a limitar-se ao ajuste da liquidez no curtíssimo prazo.

As metas das contas públicas foram o foco de diversas medidas adotadas pelo governo ao longo do ano. Contribuíram para isso a criação do Fundo de Estabilização Fiscal (FEF) e da Contribuição Provisória sobre Movimentação Financeira (CPMF), a redução das taxas de juros reais, a não concessão de reajuste salarial aos funcionários públicos e a implementação do Programa de Apoio à Reestruturação e ao Ajuste Fiscal dos Estados (Parafe).

O Parafe foi instituído em um contexto de desequilíbrio estrutural das finanças dos Estados, propondo o apoio financeiro do governo federal àqueles que se dispusessem a promover ajustes fiscais e financeiros no sentido de restaurar seu equilíbrio orçamentário. Os compromissos assumidos pelos Estados incluíam o controle e a redução da despesa de pessoal, a adoção de programas de privatização e de concessão dos serviços públicos, o controle das estatais, compromissos de resultado fiscal e a redução e o controle do endividamento estadual (ibidem).

Foram propostas emendas constitucionais relativas à previdência social e às reformas administrativa e tributária, porém elas permaneceram um longo período no Congresso Nacional e, quando aprovadas, foram bastante distorcidas em relação ao inicialmente proposto. Em 1996, também foi desenvolvido o Programa de Desestatização, com privatizações na área de telecomunicações, energia e sistema financeiro.

O resultado dessas ações contribuiu para que o déficit operacional global correspondesse a 3,85% do PIB, número inferior ao ocorrido em 1995, de 4,78%. A dívida líquida do setor público (DLSP) totalizou R$ 269 bilhões em dezembro de 1996, equivalente a 34,4% do PIB. A dívida externa líquida situou-se em R$ 32 bilhões (4% do PIB), enquanto a dívida interna líquida atingiu R$ 237 bilhões (30,3% do PIB) (ibidem).

A política cambial foi conduzida de modo a promover pequenas desvalorizações nominais, evitando especulações com a moeda doméstica. Nesse sentido, em janeiro foi estabelecido, pela Resolução n. 2.234 (Brasil, 1996b), que os limites da banda cambial seriam definidos periodicamente pela autoridade monetária, ocorrendo, nesse mês, a alteração do intervalo em vigor desde junho de 1995. No restante do ano, esse intervalo não foi mais alterado, sendo a política cambial exercida por meio do deslizamento das minibandas. Esses deslizamentos continuaram a ser realizados mediante leilões de *spread*, sem periodicidade prefixada, atingindo 6,9% em 1996. Nesse ano, a moeda nacional acumulou desvalorização de 6,8% ante o dólar dos Estados Unidos, em termos nominais (BANCO CENTRAL DO BRASIL, 1996).

O mercado de trabalho caracterizou-se por redução do nível de emprego em todos os ramos de atividade econômica, mas com maior ênfase na indústria de transformação, questão diretamente associada ao processo de abertura da economia a partir de 1990, que trouxe a necessidade de reestruturação dos setores produtivos. A globalização progressiva, a quebra de reservas de mercado, a redução das tarifas de importação e as mudanças de padrões tecnológicos tiveram consequências diretas sobre a liberação de mão de obra na indústria de transformação.

A taxa média de desemprego aberto, calculada pelo IBGE em seis regiões metropolitanas, atingiu 3,82% em dezembro de 1996, patamar inferior ao de dezembro de 1995, 4,44%. Por posição na ocupação, houve redução do emprego entre os trabalhadores com carteira assinada, mas elevação nas demais categorias (sem carteira assinada, por conta própria e empregadores) (ibidem).

Os indicadores de salários e rendimentos continuaram a registrar ganhos reais em 1996, mesmo com a desindexação gradativa dos salários, a partir da implementação do programa de estabilização. De acordo com pesquisa do IBGE em seis regiões metropolitanas, o rendimento médio real das pessoas ocupadas aumentou 7,4% em 1996 (ibidem).

A economia em 1997

Em 1997, a evolução da economia brasileira esteve condicionada ao enfrentamento dos desequilíbrios provocados pela crise financeira originada nos mercados do Sudeste Asiático. No entanto, mesmo com esse quadro econômico adverso, o PIB do Brasil cresceu 3%, alavancado pela produção industrial, em especial pela categoria de bens de capital e de bens intermediários (BANCO CENTRAL DO BRASIL, 1997).

A política monetária continuou sendo conduzida no sentido de preservar a consistência macroeconômica do programa de estabilização diante dos diversos cenários apresentados pela economia mundial no decorrer do ano, na ausência de equilíbrio fiscal e na expectativa de que este viesse a ser alcançado a partir das reformas constitucionais que estavam em curso no período.

O primeiro trimestre de 1997 assistiu à continuidade do processo de redução nas taxas de juros básicas, as quais se mantiveram estáveis entre abril e outubro. Ao final de outubro, com a intensificação da crise asiática, quando as pressões sobre o mercado de câmbio levaram a uma significativa perda de reservas, as taxas de juros foram elevadas de forma a onerar a manutenção de posições em moedas estrangeiras, enquanto a adoção de medidas fiscais restritivas evidenciou o esforço de curto prazo no que se refere ao ajuste do setor público.

A inflação manteve trajetória descendente em 1997, apesar de eventuais oscilações nos preços agrícolas e da recomposição das tarifas públicas, ratificando a maturidade do processo de desindexação da economia.

O país acumulou déficit de R$ 54,4 bilhões, o que correspondia a 6,1% do PIB, contra R$ 47,2 bilhões do ano anterior (5,9%). No conceito operacional que exclui a correção monetária incidente sobre o estoque da dívida pública, o resultado acusou deterioração de 0,6% do PIB, com o déficit subindo de R$ 30,1 bilhões, em 1996, para R$ 38,2 bilhões, em 1997. Do total de R$ 38,2 bilhões do déficit operacional de 1997, R$ 19,6 bilhões (51,3%) foram financiados por endividamento interno, R$ 6,4 bilhões (16,7%) por endividamento externo e os restantes R$ 12,2 bilhões (32%) por emissão de moeda (ibidem).

Os programas de desestatização desenvolvidos em 1997 alcançaram resultados significativos. Os recursos arrecadados no ano atingiram US$ 18,9 bilhões, dos quais US$ 11,2 bilhões foram obtidos com a venda de empresas controladas pelos governos estaduais. As privatizações estaduais concentraram-se principalmente no setor elétrico, responsável por 88,6% da receita (ibidem).

A condução da política cambial em 1997 foi pautada pela preservação do mecanismo de desvalorizações graduais da taxa de câmbio. O Bacen definiu os novos parâmetros da banda cambial em fevereiro e realizou leilões de *spread*, que resultaram em desvalorização cambial média de 0,6% ao mês ao longo do ano.

Apesar de a balança comercial ter registrado déficit de US$ 8,4 bilhões em 1997, ressalta-se a evolução positiva do perfil do comércio exterior, tendo em vista a recuperação observada nas taxas de crescimento das exportações, com a expansão das vendas agrícolas e maior dinamismo dos bens manufaturados de alto valor agregado. Já nas importações, a tendência de desaceleração esteve associada ao maior dinamismo de setores da economia menos dependentes de insumos importados, bem como à efetividade das medidas governamentais destinadas a eliminar distorções tributárias e financeiras que favoreciam a competitividade dos produtos estrangeiros (ibidem).

Os indicadores de emprego registraram queda em 1997 em decorrência dos processos de estabilização e de integração competitiva do Brasil à economia internacional (avanços tecnológicos na produção e substituição de insumos internos por importados) e do custo elevado dos encargos sociais gerados pela mão de obra, em virtude do gradativo processo de terceirização. Esse movimento refletiu-se de forma mais intensa na indústria.

De acordo com o levantamento realizado pelo Ministério do Trabalho, o nível de emprego formal do país decresceu 0,4% em 1997, com o fechamento de 121,9 mil postos de trabalho. A taxa média de desemprego aberto, calculada pelo IBGE em seis regiões metropolitanas, elevou-se no período, atingindo 4,8%, e os indicadores de salários e rendimentos registraram ganhos reais, em parte explicados pela menor variação nos índices de preços no período (ibidem).

A economia em 1998

Em 1998, a trajetória do PIB foi afetada pelas medidas restritivas de política monetária do último trimestre de 1997 e de setembro de 1998, em resposta às crises asiática e russa. Assim, o PIB brasileiro cresceu 0,2%, com significativa redução do dinamismo econômico (BANCO CENTRAL DO BRASIL, 1998a).

A instabilidade da Rússia, após o pedido de moratória da dívida do país, causou grande incerteza nos mercados emergentes. Tal fato foi comprovado com a grande fuga de capitais do Brasil para mercados de menor risco, reduzindo o acesso do país à poupança externa.

Nesse cenário, a formação de expectativas desfavoráveis quanto à evolução dos fundamentos da economia doméstica induziu à adoção de medidas fiscais severas e à condução conservadora da política monetária. Adicionalmente, ao final de 1998, o país recorreu ao suporte da comunidade financeira internacional por meio de acordo coordenado pelo FMI, com vistas à recomposição progressiva das reservas internacionais e à preservação da política cambial.

A inflação atingiu o mais baixo patamar desde 1939, ano em que se elaborou o primeiro indicador sistemático de inflação (IPC-Fipe). Os principais índices de preços variaram entre queda de 1,79% e elevação de 2,49% (ibidem).

Vários fatores motivaram a desaceleração dos preços no período. Entre eles, estão: manutenção da taxa de juros em patamar elevado, o que contribuiu para reduzir a demanda e inibir o crescimento dos preços; retração das cotações das *commodities* agrícolas e minerais no mercado internacional, com reflexos no mercado interno; redução dos preços dos combustíveis, possibilitada pela desregulamentação de sua comercialização.

Em setembro, o Copom suspendeu as operações vinculadas à TBC e elevou a TBAN de 29,75% para 49,75% ao ano. Além disso, retomou a gestão da liquidez diária do mercado monetário por meio de operações no mercado aberto. Diante disso, a taxa *over*/Selic apresentou média de 28,8%, em 1998, contra 24,8% em 1997 e 27,4% em 1996 (ibidem).

O elevado receio dos mercados internacionais em relação às economias emergentes causou a retração da liquidez externa e, particularmente, a perda de US$ 24 bilhões em reservas internacionais, entre agosto e setembro. Nesse quadro conturbado, o governo brasileiro foi induzido a elaborar um programa de ajustamento fiscal, com medidas emergenciais e reformas estruturais, buscando o apoio qualificado da comunidade financeira internacional.

Também em 1998 o Congresso Nacional aprovou as reformas administrativas e da previdência social, ambas de extrema relevância para o ajuste estrutural das contas públicas.

A dívida líquida do setor público alcançou, em dezembro de 1998, R$ 389 bilhões (42,7% do PIB), contra R$ 308 bilhões (34,5% do PIB) em dezembro de 1997 (ibidem).

Com percepções negativas sobre os fundamentos da economia brasileira, principalmente em relação às finanças públicas, foi elaborado um programa de ajuste para o triênio 1999/2001, denominado Programa de Estabilidade Fiscal (PEF), que englobou ações de cunho estrutural, como a redução das despesas correntes e de capital, ajuste das contas da previdência social e elevação das receitas.

O resultado da balança comercial refletiu os efeitos da crise econômica internacional, acusando redução no volume das vendas externas, a partir do segundo semestre, em função da desaceleração econômica dos parceiros comerciais, especialmente da Associação Latino-Americana de Integração (Aladi), Ásia e Europa Oriental, e da dificuldade em elevar a competitividade por meio da redução de custos.

A tendência de queda dos preços das *commodities* e de contração da oferta de crédito para financiamento de exportações provocou redução nas vendas externas. Ao mesmo tempo, as importações mantiveram trajetória de declínio no acumulado de 12 meses, movimento favorecido pela redução da demanda interna.

Os indicadores de emprego apresentaram queda em decorrência da desaceleração do nível de atividade, que, além de provocar a eliminação de postos de trabalho, reduziu a capacidade do mercado de trabalho em absorver o aumento da população economicamente ativa (PEA). Houve redução de 2,7% do emprego formal do país, com a eliminação de 581 mil postos, de acordo com levantamento do Ministério do Trabalho. Em 1998, a taxa média de desemprego aberto, calculada pelo IBGE em seis regiões metropolitanas, alcançou 7,6% (ibidem).

Nesse ano, o comportamento dos indicadores disponíveis de salários e rendimentos não foi homogêneo, com ganhos e perdas entre os setores e as categorias. Em relação aos anos anteriores, observou-se generalizada tendência de queda da renda, resultado compatível com o menor dinamismo da atividade econômica.

A economia em 1999

Em 1999, o PIB brasileiro cresceu 0,8%, apesar das expectativas pessimistas dos agentes econômicos que superestimaram as mudanças no regime cambial e os efeitos da alta nas taxas de juros. O setor que mais impulsionou esse crescimento foi a agropecuária, que se mostrou menos sensível às alterações observadas na economia (BANCO CENTRAL DO BRASIL, 1999a).

No início do ano, o governo promoveu aperfeiçoamentos em sua política monetária com a extinção da faixa de flutuação para a taxa de juros, delimitada pelos níveis da TBC e TBAN, além de extinguir a fixação da meta para a taxa de juros Selic. Já com relação à operacionalização, a autoridade monetária retomou a sistemática de adequação diária da liquidez bancária por meio de operações no mercado aberto.

Para garantir a consistência da política econômica, o governo brasileiro introduziu a sistemática de metas para a inflação como diretriz de sua política monetária. Nessa nova estratégia, o Bacen precisou imprimir medidas necessárias ao cumprimento das metas definidas pelo Ministério da Fazenda, utilizando, como referência, o Índice de Preços ao Consumidor Amplo (IPCA).

Para estimular o volume de crédito ao consumidor, o governo reduziu as alíquotas do compulsório sobre os depósitos à vista e sobre os recursos a prazo. Essa nova sistemática para o atendimento da meta da inflação levou a expectativas positivas em relação aos agentes econômicos, além de recompor a confiança da comunidade financeira internacional, aumentando o ingresso de investimentos diretos no país.

Com relação à política fiscal, a arrecadação de tributos a cargo da União somou R$ 151,5 bilhões, representando um incremento de 13,8% em relação a 1998. Essa arrecadação foi influenciada positivamente pela extensão da tributação sobre aplicações financeiras em renda fixa e pela elevação no volume de remessas ao exterior, possibilitando um crescimento real do Imposto de Renda (IR) sobre remessas ao exterior (ibidem).

Já os desembolsos da administração federal (pessoal e encargos e despesas com custeio e capital) somaram R$ 96,1 bilhões, equivalentes a 50,8% das despesas, crescendo 1,3% em comparação a 1998. A dívida líquida do setor público alcançou R$ 516,6 bilhões, 46,9% do PIB de 1999, aumentando 4,5% em relação a 1998 (ibidem).

No início de 1999, o governo também adotou o regime de câmbio flutuante como forma de enfrentamento do cenário de instabilidade, associado a sucessivos choques externos advindos da elevação do preço do petróleo e ao declínio de preços dos principais produtos primários de exportação.

As expectativas de intensificação do nível de atividade econômica não se confirmaram, em razão do recrudescimento da inflação e do aumento da volatilidade da taxa de câmbio. O setor que mais sofreu com a desvalorização cambial foi a indústria, que apresentou redução de 0,7% no seu nível de produção. Essa redução ocorreu principalmente nas indústrias do complexo metal-mecânico, dependentes das importações de matérias-primas e peças (ibidem).

A elevação das taxas de juros realizada pelo Bacen para estabilizar a economia nacional afetou a demanda por produtos pelas famílias. Contudo, no decorrer do ano, a taxa Selic foi reduzida para evitar uma queda do PIB mais intensa, o que favoreceu o consumo das famílias e o investimento das empresas. A forte desvalorização do câmbio também contribuiu para uma redução da demanda por importados, incentivando a produção nacional.

Os indicadores do trabalho refletiram o modesto crescimento do PIB, o que não permitiu a geração de empregos em número suficiente para reduzir a taxa de desemprego, que se manteve mais elevada desde 1998.

A economia em 2000

O PIB brasileiro, ratificando as expectativas favoráveis, cresceu 4,5% em 2000, após dois anos de resultados pouco significativos. Esse crescimento ocorreu em um cenário com taxas de inflação decrescentes, elevação do nível de emprego formal e informal, evolução das operações de crédito, melhora das contas externas e resultados fiscais favoráveis. Além disso, o cumprimento das metas de inflação ajudou a economia, mesmo com a elevação do preço do petróleo. Todos os setores apresentaram resultados positivos, com destaque para a agropecuária, que continuou com um crescimento sustentável, e para o setor secundário, que cresceu 5,5% no período (BANCO CENTRAL DO BRASIL, 2000).

Em 2000, houve o declínio das taxas de juros com medidas de política monetária que visavam a aumentar a oferta de crédito e a reduzir seus custos vinculados. O percentual de recolhimento do compulsório sobre os recursos à vista passou de 65%, no início do ano, para 45%, a partir de junho. Já a taxa Selic declinou de 19% ao ano para 15,25% (ibidem).

A inflação, influenciada principalmente pelo preço dos alimentos e dos bens administrados, teve uma tendência declinante, convergindo para a meta de 6% referenciada pelo regime de metas de inflação.

Na política fiscal, o Congresso Nacional aprovou a Lei Complementar n. 101 – Lei da Responsabilidade Fiscal (BRASIL, 2000) –, que constituiu um mecanismo determinante de controle do endividamento público e das despesas públicas, consolidando um conjunto de normas que impõem austeridade e transparência na gestão das finanças públicas nos três níveis do governo. Nesse ano, o governo continuou sua política de controle fiscal, evidenciada pela obtenção de superávits primários, ratificando a capacidade de geração de poupança do setor público.

A arrecadação de impostos e contribuições atingiu o valor recorde de R$ 176 bilhões, em virtude das alterações na legislação tributária em 1999 e do expressivo aumento dos depósitos judiciais e da recuperação da atividade econômica (BANCO CENTRAL DO BRASIL, 2000).

Em 2000, sob o regime de câmbio flutuante, a taxa de câmbio apresentou desvalorização nominal de 9,3%. Alguns fatores foram marcantes para a evolução da taxa de câmbio em 2000, com destaque para as dificuldades apresentadas pela Argentina, que sofreu um agravamento de sua situação política e econômica. Além disso, no ambiente externo, também houve apreensão com mudanças de expectativas em relação a empresas ligadas ao setor de tecnologia e à alta volatilidade dos preços do petróleo, com ameaças de cortes de produção pelos membros da Organização dos Países Exportadores de Petróleo (Opep).

Após sucessivos superávits, a balança comercial inverteu seus resultados, que passaram a ser negativos a partir de setembro. O aumento das importações ante as exportações levou a um déficit de US$ 749 milhões, contrariando as expectativas oficiais.

A atividade no comércio foi sustentada pelo crescimento das vendas de bens de consumo e do segmento automotivo, com evolução positiva no mercado de trabalho. Segundo o IBGE, a taxa média anual de desemprego aberto atingiu 7,1%, ante 7,6% em 1999. Com relação aos salários e rendimentos, houve progresso ao longo do ano em virtude da recuperação de diversos setores produtivos, com destaque para a indústria, que expandiu seus salários médios em 2,6%. Esse momento favorável aumentou o poder de compra das famílias e estimulou o consumo interno (ibidem).

A economia em 2001

No início de 2001, existiam muitas expectativas favoráveis ao Brasil, principalmente relacionadas à expansão do PIB no ano anterior. Contudo, no decorrer do exercício, observou-se a deterioração das condições econômicas externas, resultando em um baixo crescimento de 1,5% do PIB. Essa expansão decorreu fundamentalmente do desempenho da agropecuária, bem como do crescimento dos serviços. Já a contração do produto ocorreu na indústria de construção civil e dos serviços de utilidade pública, apesar da expansão nos setores extrativo-mineral e de transformação (BANCO CENTRAL DO BRASIL, 2001).

O ano de 2001 sofreu muitos choques, com a intensificação da crise na Argentina, o racionamento de energia elétrica e o aprofundamento da recessão econômica norte-americana após os atentados de 11 de setembro. Nesse cenário conturbado, a política monetária foi conduzida de modo a atender às metas de inflação, com a taxa Selic aumentando novamente para 19% ao ano. Para desestimular a retenção de moeda estrangeira por investidores internos, o Bacen elevou a alíquota sobre os recolhimentos compulsórios na tentativa de reduzir a liquidez da economia, além de elevar as exigibilidades médias sobre os recursos à vista.

No âmbito fiscal, o total de impostos e contribuições arrecadados alcançou o montante de R$ 196,8 bilhões, com um aumento real de 0,9% em relação ao ano anterior. As receitas administradas, constituídas por impostos e contribuições federais, totalizaram R$ 188,8 bilhões no período. Essa arrecadação recorde de tributos foi atribuída à maior solidez dos fundamentos da economia brasileira, mesmo em um ambiente tumultuado por crise energética, desaceleração da atividade e choques externos (ibidem).

No período, foi consolidado um superávit primário de R$ 43,7 bilhões, com contribuições dos diversos níveis governamentais, demonstrando a continuidade do esforço fiscal dos anos anteriores. O aumento da dívida líquida do setor público alcançou 53,4% do PIB, comparativamente a 49,4% em 2000, e foi atribuído à desvalorização cambial, ao aumento no volume dos juros apropriados e à maior saída de divisas (ibidem).

A recessão econômica dos Estados Unidos, a redução do crescimento na Zona do Euro e a estagnação da economia japonesa prejudicaram o comércio internacional. Assim, a taxa de câmbio no Brasil sofreu ao longo do ano muitas pressões, com forte desvalorização. No entanto, com o intuito de impedir essa excessiva volatilidade, a autoridade monetária realizou intervenções no mercado de câmbio.

Assim, mesmo com expectativas negativas sobre as principais variáveis do balanço de pagamentos, o saldo da balança comercial apresentou significativa melhora, passando de déficit, no ano anterior, para superávit de US$ 2,6 bilhões, com o aumento de 6% das exportações e a estabilidade das importações (ibidem).

Com relação à política de rendas, o ano não se apresentou muito favorável ao consumidor, pois a autoridade monetária elevou as taxas de juros para que fossem cumpridas as metas de inflação. Isso resultou em condições mais restritas de crédito, redução dos rendimentos reais dos trabalhadores e deterioração da confiança do consumidor na economia brasileira.

Mesmo nesse cenário adverso, os indicadores de emprego apresentaram um comportamento estável, refletindo, com menor intensidade, os efeitos da crise. A taxa média de desemprego aberto calculada pelo IBGE contraiu para 6,2%, melhor resultado dos últimos quatro anos. Já os salários e rendimentos apresentaram queda de 3,8% em 2001, segundo o IBGE. Essa redução do poder aquisitivo se deu basicamente pela perda do dinamismo da economia brasileira, bem como pelas taxas de inflação mais altas. Com relação aos setores de atividade, a queda se mostrou generalizada, sendo mais elevada no comércio e na construção civil (ibidem).

A economia em 2002

O PIB cresceu 1,5% em 2002. As principais causas desse crescimento relativamente modesto foram as incertezas em relação ao período eleitoral e o fato de a economia norte-americana não ter se recuperado como esperado, com diversos escândalos corporativos e perspectivas de um conflito armado entre os Estados Unidos e o Iraque.

A agropecuária continuou sendo o setor impulsionador da economia, com crescimento de 5,8%. A produção industrial cresceu 1,5%, com destaque para o segmento extrativo-mineral. A evolução das exportações e o recuo das importações também contribuíram para a expansão do produto (BANCO CENTRAL DO BRASIL, 2002).

O primeiro trimestre de 2002 foi marcado por eventos favoráveis, com destaque para os baixos níveis de inflação e a relativa estabilidade dos preços do petróleo e das taxas de câmbio, o que levou o Bacen a reduzir a taxa Selic do período.

Entretanto, a política monetária no final do ano foi caracterizada como conservadora, pois implantou medidas que visavam a equilibrar a liquidez da economia. Entre essas medidas, estavam a elevação do recolhimento compulsório sobre os depósitos a prazo e a poupança e o aumento consecutivo da taxa Selic em três ocasiões (indo de 18% para 22% e, depois, para 25% ao ano em dezembro), com o intuito de conter as pressões inflacionárias decorrentes da depreciação cambial.

A arrecadação de impostos e contribuições de competência da União atingiu o valor de R$ 243 bilhões, obtendo um crescimento real de 9% (ibidem). Uma parte considerável desse aumento foi propiciada por fatores atípicos, como a cobrança da Contribuição sobre Intervenção no Domínio Econômico (Cide), maior arrecadação da CPMF, que foi estendida até 2004, mudança das alíquotas e pagamentos de débitos em atraso pelos fundos de pensão.

A arrecadação do IR totalizou R$ 85,8 bilhões, com crescimento real de 17%, refletindo a expansão de 78,8% dos pagamentos efetuados pelas pessoas jurídicas. A dívida líquida do setor público totalizou R$ 881,1 bilhões, correspondendo a 56,53% do PIB em 2002, comparativamente a 52,57% do PIB em 2001. Esse aumento ocorreu em virtude da desvalorização cambial de 52,3% no ano (ibidem).

O mercado cambial apresentou certa volatilidade, com as taxas de câmbio alcançando 3 R$/U$. Essa desvalorização aconteceu em um ambiente de forte instabilidade financeira, marcado por incertezas em relação à sucessão presidencial brasileira, aprofundamento da crise argentina, rebaixamento da classificação do país pelas agências de risco internacionais e mercado acionário em crise, decorrentes dos escândalos contábeis de grandes empresas norte-americanas. Mesmo assim, o Brasil conseguiu atingir um superávit comercial de US$ 13,1 bilhões, com aumento de 3,7% das exportações e redução de 15% nas importações (ibidem).

A principal medida de política cambial implementada pelo Bacen no período foi a redução do recolhimento compulsório e do encaixe obrigatório sobre depósitos a prazo, debêntures e títulos de emissão própria vinculados a operações realizadas no exterior. Além disso, o governo promoveu alterações na legislação cambial com o objetivo de reduzir a exposição cambial líquida das instituições.

Como a economia brasileira obteve expansão relativamente modesta, os indicadores de salário e rendimentos demonstraram queda no poder aquisitivo da população. Embora a redução dos rendimentos tenha sido generalizada, as maiores perdas aconteceram nos setores de serviços e construção civil.

Segundo o IBGE, o desemprego aberto aumentou em 2002 e atingiu 7,1%, refletindo um aumento da PEA superior ao número de ocupações disponíveis no mercado. Contudo, o ano foi caracterizado pelo crescimento recorde de vagas criadas no setor formal da economia, segundo o Ministério do Trabalho e Emprego (MTE) (ibidem).

A economia em 2003

Em 2003, o PIB cresceu 1,3%. As incertezas em relação à transição do governo federal contribuíram para o baixo crescimento. Além disso, o aumento das taxas de juros e da inflação no período colaborou para o recuo do consumo das famílias e da contração do rendimento real. O setor agropecuário continuou tendo relevância, com um crescimento de 5% vinculado, principalmente, ao aumento da produtividade e da rentabilidade da atividade agrícola, favorecendo as exportações (BANCO CENTRAL DO BRASIL, 2003).

A política monetária foi pautada em preservar a estabilidade de preços da economia. No começo do ano, o país passou por um processo de aceleração inflacionária ligada diretamente à deterioração das expectativas dos agentes econômicos, provocando uma medida firme e austera da autoridade monetária. Assim, houve aumento da taxa de juros Selic e do recolhimento do compulsório sobre os depósitos à vista.

Em meados do ano, as taxas de inflação começaram a ceder, facilitando o cumprimento das metas estabelecidas pela autoridade mo-

HISTÓRICO DO SETOR BANCÁRIO BRASILEIRO

netária e evitando a restituição de mecanismos formais de indexação. Desse modo, ao final do ano, a política monetária passou a ser flexibilizada, e o Copom iniciou um processo de gradativa redução do recolhimento do compulsório e da taxa Selic, com esta alcançando o patamar de 16,5% ao ano.

A queda da taxa de juros favoreceu as expectativas dos empresários e consumidores, gerando reflexos positivos na produção nacional, especialmente nos bens de consumo duráveis e bens de capital, altamente sensíveis às condições do mercado de crédito.

A dívida líquida do setor público totalizou R$ 913,1 bilhões, ou 58,74% do PIB, em dezembro de 2003. As receitas do governo apresentaram um crescimento real negativo, e os fatores que determinaram essa redução foram a desaceleração do nível de atividade econômica e a reestruturação de alíquotas de impostos. A despesa total líquida sofreu aumentos decorrentes dos maiores gastos previdenciários e dos dispêndios do Tesouro Nacional (pessoal e encargos sociais) (ibidem).

Com uma política monetária e fiscal mais austera, marcada pela elevação da taxa de juros Selic, as taxas de câmbio entraram em forte declínio no início de 2003. Nesse período, houve um aumento significativo da liquidez internacional, com reflexos nas principais bolsas de valores dos países emergentes, aliado também à baixa taxa de juros norte-americana. A valorização do real em relação ao dólar foi de 18%, com o Bacen não interferindo no mercado de câmbio.

O superávit comercial no ano atingiu o montante de US$ 24,8 bilhões, com um aumento das exportações em decorrência da expansão do comércio mundial e consequente elevação dos preços das *commodities*, além do crescimento vertiginoso da China e da recuperação da economia argentina (ibidem).

Os salários e rendimentos contraíram 12,3% em relação a 2002, e a perda do poder aquisitivo ocorreu em todas as categorias de ocupação. Ao final do ano, a concessão de crédito – voltada especialmente

105

para o financiamento do consumo – foi influenciada pela redução do custo das operações.

A taxa de desemprego aberto calculado pelo IBGE foi de 12,3%, mantendo a trajetória de crescimento do ano anterior, com a geração de empregos em nível insuficiente para atender toda a PEA disponível no período. Já o emprego formal continuou sua evolução, mas em menor intensidade se comparado aos anos anteriores (ibidem).

A economia em 2004

De acordo com o IBGE, o PIB brasileiro em 2004 cresceu 5,2%, maior alta desde 1994. Esse crescimento foi causado, sobretudo, pela expansão do mercado interno e do setor externo. O consumo das famílias e dos investimentos registrou crescimentos de 4,3% e 10,9%, respectivamente, com a ampliação do crédito e expectativas positivas da economia mundial. Setorialmente, houve um crescimento generalizado, com destaque para a indústria, que cresceu 6,2%. O setor de serviços cresceu 3,7%, e a agropecuária, 5,3% (BANCO CENTRAL DO BRASIL, 2004b).

O controle dos instrumentos de política monetária exercido pelo Copom levou a expressivos resultados da economia brasileira em 2004. No início do ano, o governo praticou uma política mais conservadora, com a manutenção da meta da taxa Selic acompanhando o comportamento da inflação. Contudo, em setembro, o Copom iniciou um processo de ajuste gradual da taxa de juros, o que levou a um aumento nos meses subsequentes.

Já a arrecadação de impostos e contribuições federais atingiu o montante de R$ 322,6 bilhões em 2004, representando um aumento real de 10,6%. Parcela expressiva dessa arrecadação ocorreu pelas alterações na legislação da Contribuição para Financiamento da Seguridade Social (Cofins) e do IR. Além disso, houve uma redução da dívida líquida do setor público, interrompendo uma trajetória crescente desde 1994. Esse desempenho positivo só foi possível por causa de uma combinação de fatores, como continuidade do equilíbrio fiscal, menor apropriação de juros e estabilidade cambial (ibidem).

Em 2004, o Bacen continuou o processo de apreciação cambial. A evolução do câmbio, juntamente com a desaceleração dos índices de preços, contribuiu de forma preponderante para a redução dos preços de bens comercializáveis internacionais.

O saldo da balança comercial alcançou novo recorde, com a manutenção do dinamismo das exportações e a recuperação do mercado interno. Ressalta-se ainda a implementação de medidas voltadas à simplificação e à desburocratização do processo de exportação, com novas estratégias de ação comercial, além da diversificação e ampliação do destino para os produtos das empresas brasileiras.

O maior dinamismo da economia refletiu nos indicadores do mercado de trabalho, principalmente no emprego. A taxa média de desemprego formal foi de 11,5% ante 12,3% em 2003, segundo o IBGE. A geração de novos postos de trabalho ocorreu de forma generalizada, com destaque para a indústria de transformação e o setor de serviços. Os salários e rendimentos acompanharam o crescimento do país, com aumentos reais de 1,9%, segundo dados do Departamento Intersindical de Estatística e Estudos Socioeconômicos (Dieese) e da Fundação Sistema Estadual de Análise de Dados (Seade) (ibidem).

A economia em 2005

A economia brasileira apresentou resultados expressivos em 2005, mesmo com um crescimento do PIB de 2,3%. Esse resultado refletiu aumento da demanda interna, condições melhores de crédito, recuperação do emprego e bom desempenho do comércio exterior. A indústria, a agropecuária e os serviços apresentaram taxas de crescimento positivas, apesar das adversidades naturais nas safras (BANCO CENTRAL DO BRASIL, 2005).

O bom desempenho da economia brasileira fez com que o Copom sustentasse a estratégia de elevação gradual das taxas de juros, visando a adequar o ritmo de expansão da demanda à meta anual de inflação. Essa postura cautelosa esteve associada à resistência de queda da inflação e às incertezas na economia mundial relacionadas ao aumento do preço dos combustíveis, com destaque para o petróleo.

Em setembro, porém, iniciou-se o processo de distensão da política monetária, levando a cortes na taxa Selic, que alcançou o patamar de 18% ao ano. Essa medida propiciou um aumento dos investimentos e da demanda interna por produtos e serviços.

A arrecadação tributária continuou sua trajetória ascendente, alcançando o valor de R$ 360,8 bilhões (ibidem). A política fiscal foi conduzida de maneira austera, buscando a sustentabilidade da dívida pública. Essa política propiciou um aumento dos superávits e das receitas do governo, por causa da elevação do lucro das empresas brasileiras, o que gerou maior arrecadação de IR de pessoas físicas e jurídicas, além do aumento do emprego formal, favorecendo o crescimento da receita previdenciária.

Em 2005, manteve-se o processo de apreciação cambial do real em relação ao dólar norte-americano. A evolução positiva da balança comercial permaneceu como fator de sustentabilidade dos bons resultados do balanço de pagamentos. O superávit comercial também manteve sua trajetória de crescimento, com o ingresso consistente de investimento estrangeiro direto (IED) em um ambiente de financiamento estável. As exportações mantiveram um bom ritmo, mesmo com a apreciação cambial, contribuindo para o saldo positivo do balanço de pagamentos.

Os indicadores do trabalho, com destaque para as taxas de desemprego, foram favoráveis no período, alcançando o patamar de 9,8%, ante 11,5% em 2004, com melhorias acentuadas na qualidade da geração de empregos. Também houve evolução de 2% nos rendimentos reais das famílias brasileiras, favorecendo o setor produtivo, que, para atender à maior demanda por produtos e serviços, recorreu à contratação de novos trabalhadores (ibidem).

A economia em 2006

Em 2006, a economia brasileira obteve um bom crescimento, impulsionada por sua demanda interna e por produtos para investimento e consumo. O PIB cresceu 3,7%, e os setores que mais contribuíram para esse aumento foram indústria (2,8%), serviços (3,7%) e agropecuária (4,1%) (BANCO CENTRAL DO BRASIL, 2006).

O crescimento econômico manteve-se consistente em 2006, evidenciando uma política monetária preocupada em promover a estabilidade dos preços. Assim, o Copom reduziu a taxa de juros Selic, fixando-a no final do ano em 13,25%. Essa política mais flexível só foi possível graças ao cenário externo mais favorável, com trajetória ascendente da atividade econômica e níveis de oferta adequados, reduzindo a possibilidade de pressões inflacionárias.

Para o exercício de 2006, a Lei Orçamentária Anual (LOA) (BRASIL, 1988a) ensejou a adoção de medidas preventivas com o propósito de assegurar o cumprimento da meta de superávit primário para o setor público. Desse modo, a administração fiscal propiciou aumentos sucessivos dos superávits, melhorando a qualidade de alocação de despesas e reduzindo a exposição das contas públicas ao risco do mercado.

A arrecadação de impostos e contribuições alcançou o patamar de R$ 392,5 bilhões, as receitas do governo atingiram R$ 543,3 bilhões, e as despesas, R$ 493,5 bilhões, com crescimentos anuais de 11,2% e 13,3% respectivamente (BANCO CENTRAL DO BRASIL, 2006).

No período, registrou-se também maior fortalecimento do balanço de pagamentos brasileiro, em um ambiente de intensa atividade econômica e consolidação do mercado doméstico, impulsionado pelo crescimento da economia norte-americana e de países emergentes. Destaca-se a ampliação do saldo comercial, mesmo em um contexto de elevação das importações. A apreciação cambial contribuiu também para a desaceleração de preços dos produtos comercializáveis no exterior e redução do custo de insumos importados para a cadeia produtiva.

Com uma política monetária menos restritiva, aumentou-se a demanda por empréstimos em modalidades de crédito pessoal para a aquisição de bens duráveis, traduzindo em condições mais favoráveis de renda e emprego.

O nível de emprego continuou a crescer, mas não o suficiente para atender à demanda do período. Assim, a taxa de desemprego aberto ficou em 10% no ano. Já o rendimento real das famílias aumentou 4,3% em relação a 2005, registrando, no período, aumento do poder de compra em todas as categorias de ocupação (ibidem).

A economia em 2007

Em um ambiente marcado pela manutenção dos ganhos do processo de estabilidade econômica e elevado dinamismo da demanda interna e dos investimentos, o PIB cresceu 5,4%, o terceiro melhor resultado em 20 anos (BANCO CENTRAL DO BRASIL, 2007).

O desempenho positivo decorreu da expansão generalizada de seus principais setores, entre eles, a agropecuária (5,3%), a indústria (4,9%) e os serviços (4,7%), que se beneficiaram da estabilidade econômica e das melhores condições nos mercados de crédito e de trabalho.

Em 2007, o governo continuou com a estratégia de flexibilização da política monetária, promovendo cortes sucessivos nas taxas de juros. O cenário mundial estava favorável com o aumento do preço das *commodities*, a despeito da consolidação de um ambiente de menor liquidez global, em virtude do aumento das taxas de juros nas economias industrializadas e da volatilidade no mercado externo.

No final do ano, as medidas de política monetária absorveram, sem grandes problemas, um mercado internacional turbulento, além de não reduzirem as expectativas internas, mesmo com a deterioração dos preços agrícolas. Assim, o país continuou atendendo às suas metas de inflação e afastou as inseguranças referentes à elevação da demanda doméstica.

As arrecadações de impostos e contribuições federais continuaram em ritmo positivo, totalizando R$ 448,9 bilhões, com aumento real de 11%, em razão de fatores como maior dinamismo da economia no período e aumento da eficiência na recuperação de débitos em atraso, mesmo com o ambiente fiscal tendo preservado as alíquotas e a base de incidência dos tributos (ibidem).

O balanço de pagamentos continuou apresentando resultados superavitários, permitindo uma política consistente para a administração do passivo externo, a manutenção da estratégia de redução da exposição cambial do setor público e a recomposição de reservas. Esses resultados favoráveis beneficiaram uma política de aumento das reservas internacionais e redução do estoque da dívida externa.

No auge da crise do mercado *subprime* americano, o governo decidiu não comprar divisas no mercado à vista de câmbio, tendo como objetivo não adicionar volatilidade ao mercado cambial nem assumir compromisso rigoroso com o nível da taxa de câmbio do período.

A manutenção de um bom ritmo de crescimento, pautado, principalmente, na demanda interna, alavancou decisões de consumo e investimento. Essas decisões foram fundamentadas por excelentes expectativas de consumidores e empresários, estimuladas por melhores condições de crédito em virtude de reduções das taxas de juros e alongamento dos prazos de empréstimos e financiamentos.

Segundo o IBGE, a taxa média de desemprego foi de 9,5% em 2007, com aumento dos empregos formais em diversos setores da economia, como indústria e comércio (ibidem). Contudo, já apareceram, no período, sinais de escassez de mão de obra qualificada em setores mais específicos, indicando a formação deficitária de profissionais especializados.

O rendimento médio anual elevou-se em 3,2%, refletindo o momento favorável da economia. Esse crescimento aumentou as possibilidades de consumo das famílias e o interesse das empresas em realizar investimentos produtivos para atender à demanda crescente.

A economia em 2008

No ano de 2008, a atividade econômica registrou dois períodos distintos. Nos três primeiros trimestres, o Brasil cresceu a taxas elevadas, sustentadas pelo consumo e por investimentos privados. Contudo, no último trimestre, o país sofreu o impacto da crise financeira internacional, o que gerou escassez de crédito e expectativas pessimistas dos agentes econômicos.

Mesmo assim o produto agregado cresceu 5,1%, puxado por expansões generalizadas dos principais setores da economia, com destaque para a agropecuária (5,8%), a atividade industrial (4,3%) e o setor de serviços (4,8%). O último trimestre ratificou as expectativas pessimistas, com recuo do PIB em 3,6% e decréscimo de 7,4% na indústria (BANCO CENTRAL DO BRASIL, 2008).

As medidas de política monetária absorveram com êxito um mercado internacional turbulento, além de não reduzirem as expectativas internas mesmo com a deterioração dos preços agrícolas. Assim, o país continuou atendendo às suas metas de inflação e afastou as inseguranças referentes à elevação da demanda doméstica.

O governo brasileiro, em um ambiente afetado substancialmente pela crise do mercado *subprime* dos Estados Unidos, optou por interromper uma trajetória restritiva de sua política monetária em 2008, mantendo a taxa Selic inalterada no início do ano.

No entanto, com o agravamento da crise, houve pressões de diversos setores da economia para a redução das taxas de juros, de modo a acompanhar a tendência mundial de queda nos principais países desenvolvidos, além da redução do compulsório para elevar as reservas bancárias e favorecer o mercado de crédito.

Em resposta ao impacto no nível de atividade interna decorrente do acirramento da crise financeira internacional, o governo federal anunciou três medidas de redução de impostos, de modo a estimular o consumo doméstico e os investimentos empresariais, com impacto projetado de R$ 8,4 bilhões. As medidas foram a criação das alíquotas intermediárias (7,5% e 22,5%) na tabela do Imposto sobre a Renda da Pessoa Física (IRPF), representando uma renúncia fiscal de R$ 4,9 bilhões; a redução do Imposto sobre Produtos Industrializados (IPI) incidente sobre carros e caminhões novos, estimulando a demanda; e a redução de alíquotas de Imposto sobre Operações Financeiras (IOF) de 3% para 1,5% sobre empréstimos para pessoas físicas (ibidem).

A DLSP continuou com sua trajetória de retração anual desde 2004, representando 36% do PIB, ante 52,4% nos anos anteriores. Esse recuo foi reflexo de impactos associados ao superávit primário, de ajustes decorrentes da depreciação cambial e da paridade da cesta de moedas que compõem a dívida externa líquida (ibidem).

Em 2008, com a reversão do cenário econômico internacional, o Bacen realizou intervenções no mercado de câmbio com a compra de dólares norte-americanos. O real continuou com sua valorização em relação ao dólar, incentivando as importações em detrimento das exportações. Nessa conjuntura, observou-se um desequilíbrio na balança comercial, que vinha apresentando, nos últimos anos, aumentos expressivos das importações, facilitando a entrada de maior variedade de produtos estrangeiros, com destaque para automóveis e medicamentos.

Entretanto, no último trimestre do ano, ocorreu uma forte desvalorização cambial, prejudicando grandes empresas e consumidores que haviam realizado compras no exterior com taxas de câmbio mais favoráveis.

O mercado de trabalho seguiu registrando resultados positivos, com taxa de desemprego de 7,8%. O rendimento médio anual aumentou 3,4%, porém, com o agravamento da crise mundial a partir de setembro, houve redução da demanda interna de diversos produtos em função do receio de uma latente recessão (ibidem).

A economia em 2009

Em 2009, o PIB obteve uma retração de 0,2%, segundo o IBGE (BANCO CENTRAL DO BRASIL, 2009). Esse resultado reflete dois períodos distintos da economia brasileira após a intensificação da crise ao longo do exercício. No início do ano, houve, com a deterioração das expectativas, um breve período recessivo do mercado de crédito, e, por isso, o setor industrial obteve as maiores perdas. A partir do segundo semestre, a economia passou a registrar uma recuperação progressiva, em decorrência da retomada da demanda interna, da intensificação dos investimentos e da renúncia fiscal do governo.

O cenário recessivo observado levou o Copom a adotar uma postura menos restritiva e realizar cortes maiores nas taxas de juros ao longo do ano.

As taxas de inflação, embora registrassem um recuo anual em 2009, foram maiores no último trimestre, com o aumento dos custos associados a educação e transporte público. A variação do IPCA atingiu 4,31%, segundo dados do IBGE, situando-se no intervalo estipulado pelo regime de metas para a inflação (ibidem).

A arrecadação de impostos e contribuições de competência da União alcançou R$ 497,6 bilhões (15,8% do PIB), ante R$ 505,2 bilhões (16,8%) em 2008. Essa redução ocorreu por causa da crise econômica que se prolongou até o final do terceiro trimestre, além de a arrecadação ter ocorrido em um ambiente desaquecido, associado a um programa abrangente de desoneração tributária (ibidem).

A DLSP aumentou após anos de contração, representando 42,8% do PIB, ante 38,4% em 2008. Uma variável relevante para esse aumento foi a evolução da taxa de câmbio no período.

A forte entrada de dólares no país levou a um superávit cambial de US$ 28,732 bilhões. Esse resultado foi muito positivo, principalmente se comparado ao déficit de US$ 983 milhões registrado em 2008, quando o banco americano Lehman Brothers entrou em colapso, agravando ainda mais a crise e provocando a saída de mais de US$ 18 bilhões do Brasil em um período de três meses (ibidem).

O dinamismo da demanda interna continuou sendo um fator preponderante para o crescimento do PIB, com a melhora das condições do mercado de crédito e das expectativas dos agentes econômicos.

O consumo das famílias foi favorecido pela sustentação da renda inerente aos programas de transferência do governo federal e pela relativa estabilidade no mercado de trabalho. Com um período mais favorável no final do ano, os consumidores se dispuseram a comprometer sua renda futura com o consumo presente, e o comportamento dos investimentos refletiu melhores expectativas dos empresários em relação à economia brasileira.

A taxa de desemprego aumentou para 8,1%, refletindo um início de ano recessivo. Já o rendimento médio anual cresceu 3,2%, sustentando a demanda por produtos e serviços ao longo do ano (ibidem).

A economia em 2010

De acordo com o IBGE, a economia brasileira cresceu 7,5% em 2010, superando as expectativas dos agentes econômicos. Em valores correntes, a soma de todas as riquezas produzidas no país alcançou R$ 3,675 trilhões, com o PIB *per capita* atingindo o valor de R$ 19,016. Em comparação com as outras economias do mundo, o ritmo de crescimento do Brasil só perdeu para a China (10,3%) e a Índia (8,6%), superando inclusive economias centrais como Estados Unidos (2,8%), Japão (3,9%) e Zona do Euro (1,7%) (G1ECONOMIA, 2011a).

Os setores da economia que mais se destacaram foram a indústria, com crescimento de 10,1%, agropecuária (6,5%) e serviços (5,4%). As despesas de consumo das famílias também apresentaram uma elevação significativa de 7%. Os gastos governamentais aumentaram 3,3%, e o investimento em capacidade da indústria, medido pela formação bruta de capital, aumentou 21,8% (ibidem).

Com relação à balança comercial, as exportações cresceram 13,5%, e as importações de bens e serviços, 27,2%, em razão do câmbio valorizado que diminuiu a competitividade dos produtos brasileiros no exterior.

O IBGE também informou a taxa de investimento em 2010, que foi de 18,4% do PIB, superior a 2009, que ficou em 16,9%. Essa taxa de investimento é muito pequena em comparação aos países centrais e de economia emergente, e ainda não havia recuperado os níveis alcançados antes da crise de 2008, que chegaram ao patamar de 19,1%. Já a taxa de poupança atingiu 16,5% do PIB, contra 14,7% em 2009 (ibidem).

A taxa de juros Selic terminou o ano em 10,75%, mantendo-se no mesmo patamar na última reunião do Copom, realizada em 7 e 8 de dezembro de 2010, para avaliar se as medidas para conter o crédito em 2011 teriam o efeito esperado.

Segundo o IBGE, a inflação brasileira medida pelo IPCA fechou 2010 com valor de 5,91%, ficando acima do centro da meta estipulada pelo Bacen para o ano, de 4,5%. O grupo dos alimentos foi o que mais pressionou o índice no período, afetado pelo aumento de preço das *commodities*, pois muitos produtores mundiais tiveram problemas em sua safra, com destaque para Rússia e Índia (ibidem).

A arrecadação de impostos e contribuições federais alcançou o montante de R$ 826,065 bilhões em 2010, com crescimento real de 9,85%. Em termos percentuais, os impostos que mais ajudaram para esse crescimento recorde foram o IPI para automóveis, que aumentou 163,45%, o CIDE (53,51%) e o IOF (31,62%). Já a DLSP avançou para R$ 1,475 trilhão, ou seja, 40,4% do PIB (REUTERS, 2011).

As taxas de câmbio ficaram valorizadas no período, alcançando R$ 1,70/US$ e afetando a competitividade das exportações brasileiras.

A taxa de desemprego anual foi de 6,7%, ante uma taxa de 8,1% em 2009, a menor taxa em oito anos. O rendimento médio real dos trabalhadores em 2010 foi de R$ 1.490,61, com aumento de 3,8% em relação a 2009, segundo o IBGE (VEJA, 2011).

Análise das políticas econômicas
Nesta seção, analisam-se as principais mudanças que impactaram o país, sob o ponto de vista dos grandes momentos da economia brasileira.

Período de elevada inflação (1990-1994)
No início de 1990, o país vivia com taxas de inflação mensais elevadas, chegando a 82,39% em março daquele ano. Esse quadro estava se agravando após vários planos de combate à inflação fracassados.

A implementação do Plano Collor I levou a uma reforma monetária, fiscal e administrativa, reduzindo a inflação momentaneamente no período, sem, contudo, fornecer uma solução definitiva. Com a crescente necessidade de financiamento do governo e a aceleração inflacionária, em 1991 foi criado um novo plano, o Collor II, que também não foi eficaz em sua tentativa. Pode-se visualizar esse período na Figura 1, que mostra o IPCA mensal de 1990 a 1994.

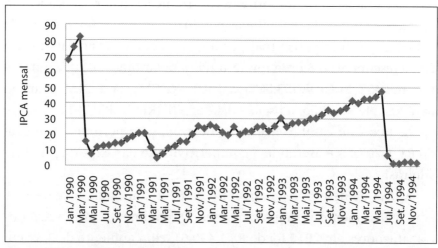

FIGURA 1. IPCA mensal (%) de 1990 a 1994.
Fonte: adaptada do Ipeadata (2011).

As taxas de juros também eram bem altas para suportar a inflação e evitar a especulação. A venda de títulos públicos com as operações de mercado aberto levava o Bacen a formar taxas no *overnight* que refletiam as expectativas da inflação corrente, tornando as indexações de preços sem limites. A Figura 2 mostra a *over*/Selic mensal durante o período analisado.

Pode-se perceber um comportamento bastante similar entre as variáveis, demonstrando a forte correlação no período entre taxa de juros e inflação.

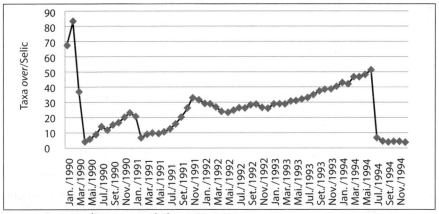

FIGURA 2. Taxa *over*/Selic mensal (%) de 1990 a 1994.
Fonte: adaptada do Ipeadata (2011).

Os meios de pagamento foram muito influenciados pelas medidas adotadas no governo Collor de confisco de liquidez, com redução em torno de 70% do M4 da economia (compreende o papel moeda em poder do público, depósitos à vista e de poupança dos bancos, títulos emitidos no mercado primário, cotas de fundo de renda fixa e operações compromissadas com títulos federais). Assim, o controle do M4, que envolve os ativos monetários, tem como objetivo dominar a oferta total de moeda na economia, que está ligada diretamente aos preços, buscando manter o valor da moeda no país. Essa dinâmica pode ser observada na Tabela 3.

TABELA 3. Agregados monetários de 1990 a 1994

PERÍODO	M1*	M2*	M3*	M4*
Dez./90	2.510.247	7.762.055	7.762.055	10.410.520
Dez./91	10.811.561	53.191.330	60.745.124	67.579.703
Dez./92	104.575.000	915.033.719	1.072.160.412	1.230.853.284

(continua)

TABELA 3. Agregados monetários de 1990 a 1994 (*continuação*)

PERÍODO	M1*	M2*	M3*	M4*
Dez./93	2.331.395	28.113.219	32.338.101	38.328.292
Dez./94	22.773	132.561	154.544	176.450

*Milhões de unidades monetárias.
Fonte: Banco Central do Brasil (2011g).

A base monetária é composta pelo papel moeda emitido e pelas reservas bancárias em depósito no Bacen. Na Figura 3, observa-se que, no período de elevada inflação, houve redução do papel-moeda em poder do público, em razão da perda de seu valor em curto período. Com a ascensão do Plano Real em 1994, a base monetária elevou-se substancialmente, já que o país estava em processo de emitir sua nova moeda em um ambiente de inflação reduzida.

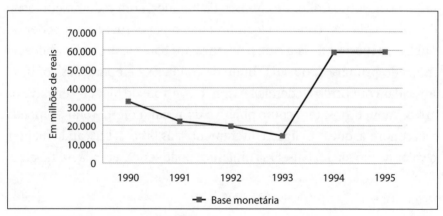

FIGURA 3. Evolução da base monetária (em milhões de reais) de 1990 a 1995 corrigida pelo IPCA (valores de 2011).
Fonte: adaptada do Ipeadata (2011).

O multiplicador monetário é a capacidade que os bancos têm de ampliar a base monetária, emprestando dinheiro ao público e cobrando juros. Gremaud, Vasconcellos e Toneto Júnior (2010) destacam que a multiplicação dos meios de pagamento pelos bancos só ocorre na parcela de recursos direcionados a eles na forma de depósitos à vista. Assim, o multiplicador não depende apenas da taxa de reservas compulsórias determinada pelo Bacen, mas também da política de reservas dos bancos e da preferência do público entre papel-moeda e depósitos à vista.

Observa-se que o multiplicador monetário é maior no período anterior ao Plano Real, em função do menor nível de reservas bancárias em relação aos depósitos, já que o público tinha maior preferência pela liquidez, ou seja, menor propensão em manter depósitos à vista em um ambiente caracterizado pela alta inflação (Figura 4).

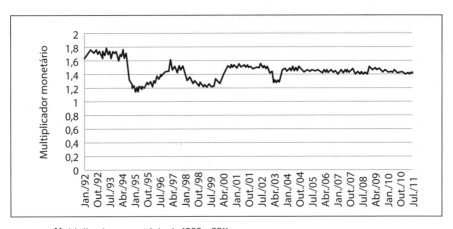

FIGURA 4. Multiplicador monetário de 1992 a 2011.
Fonte: adaptada do Ipeadata (2011).

O M1, que representa o volume de recursos disponíveis para o pagamento de bens e serviços, é formado pelo papel-moeda em poder do público mais os depósitos à vista. Com a redução da inflação a partir de 1994, ocorreu forte crescimento dos meios de pagamento, resultando na recuperação da credibilidade da moeda nacional (Figura 5).

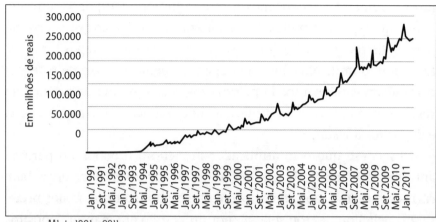

FIGURA 5. M1 de 1991 a 2011.
Fonte: adaptada de Ipeadata (2011).

A reforma fiscal era uma das bandeiras do governo para combater a elevada inflação. Em 1990, o objetivo era eliminar o déficit fiscal na ordem de 10%, a fim de gerar, ao final do período, um superávit real de 1,2% do PIB. Pode-se observar essa tentativa de reforma fiscal na Tabela 4.

TABELA 4. Superávit ou déficit da execução orçamentária do governo federal em R$, corrigido pelo IPCA (preços de 2011)

Ano	Superávit/déficit
1990	25.211,11
1991	67.117,80
1992	10.653.589,24
1993	693.095.706,55
1994	5.304.504.000,00

Fonte: adaptada de Ipeadata (2011).

Com o início do processo de abertura comercial, houve a adoção do câmbio flutuante na economia brasileira. Esse câmbio teve forte valorização com o início da Guerra do Golfo, que aumentou a volatilidade dos preços do petróleo no mundo. Essa mudança de regimes cambiais pode ser observada na Figura 6.

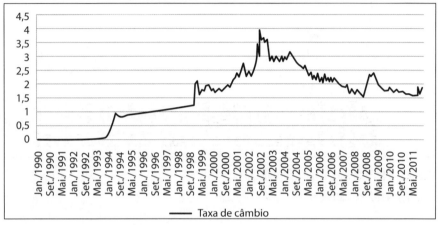

FIGURA 6. Taxa de câmbio R$/US$ de 1990 a 2011.
Fonte: adaptada de Ipeadata (2011).

Plano Real (1994-1999)

O advento do Plano Real em 1994 reduziu substancialmente as taxas de inflação, que voltaram a possuir uma natureza inercial. A partir de julho de 1994, a inflação caiu para patamares bem reduzidos em relação à década de 1980 e ao início dos anos 1990. Esse comportamento pode ser visto na Figura 7.

Como medida de comparação, em junho de 1994, a inflação foi de 47,43% e, imediatamente após o início do plano, caiu para 6,84%. Houve a manutenção desse patamar com forte incentivo às importações, de modo a evitar que os produtores repassassem aumentos de preços aos produtos no mercado interno.

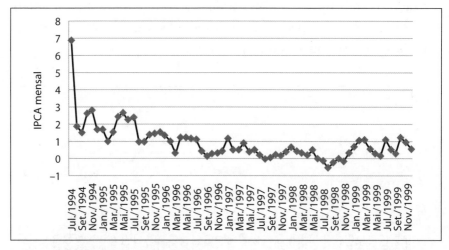

FIGURA 7. IPCA mensal (%) de 1994 a 1999.
Fonte: adaptada de Ipeadata (2011).

As taxas de juros acompanharam essa queda da inflação, que foi reduzida bruscamente. Para exemplificar, tem-se a *over*/Selic de junho de 1994, que era de 50,6%, comparada à de julho, que caiu para 6,87% (Figura 8). Essa redução substancial nas taxas de juros elevou a demanda por crédito, que até então era pouco desenvolvida no país. Os bancos começaram a fornecer recursos aos consumidores e às indústrias sem grandes análises da capacidade de pagamento, o que levou, nos períodos seguintes, a um aumento substancial das taxas de inadimplência.

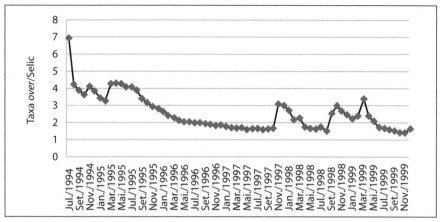

FIGURA 8. Taxa *over*/Selic mensal (%) de 1994 a 1999.
Fonte: adaptada de Ipeadata (2011).

A Figura 9 comprova essa maior disponibilidade de crédito na economia após o Plano Real. Nota-se o aumento substancial da oferta de crédito na economia, destinado principalmente ao consumo das famílias. Contudo, pela falta de um planejamento financeiro adequado das famílias, que não conseguiram suportar o pagamento de juros e dos empréstimos e financiamentos contratados, os níveis de inadimplência aumentaram significativamente. Na análise dos bancos por porte e origem de capital, é possível analisar o impacto que essa política mais flexível de crédito teve nas instituições financeiras bancárias e o quanto a elevada inadimplência as prejudicou.

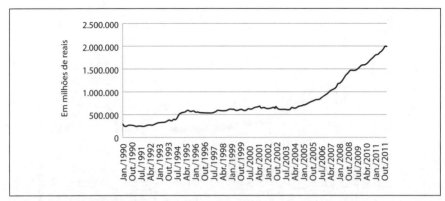

FIGURA 9. Operações de crédito ao setor privado em R$ milhões de 1990 a 2011, corrigidas pelo IPCA (preços de 2011).
Fonte: adaptada de Ipeadata (2011).

Com o advento do Plano Real, a base monetária aumentou substancialmente, pois, com a queda brusca da inflação, a população passou a demandar mais moeda em suas transações diárias (Figura 10). As reservas mantidas pelos bancos também contribuíram para isso, representadas por dinheiro dos caixas, depósitos voluntários e compulsórios no Bacen.

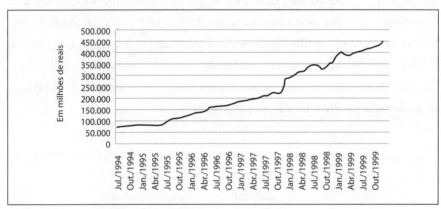

FIGURA 10. Base monetária em R$ milhões de 1994 a 1999.
Fonte: adaptada de Ipeadata (2011).

Na análise econômica, é possível relacionar a dívida pública com a emissão de moeda. Assim, quanto maior for a dívida pública, maior será a emissão de papel-moeda. Por isso, observa-se que a elevação da dívida pública brasileira (Figura 11) tem reflexos na chamada base monetária M1.

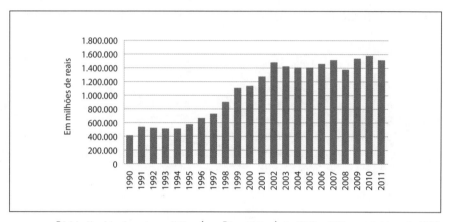

FIGURA 11. Dívida líquida do setor público (em R$ milhões) de 1990 a 2011, corrigida pelo IPCA (preços de 2011).
Fonte: adaptada de Ipeadata (2011).

Crise cambial de 1999

O sucesso do programa de estabilização econômica foi contrabalanceado por problemas de natureza fiscal do setor público, pelo aumento do desemprego e pela deterioração das transações correntes. Tais problemas, por sua vez, acabaram por levar à ruptura do regime cambial vigente e à substituição da presidência do Bacen em janeiro de 1999.

A deterioração dos fundamentos macroeconômicos evidenciou a fragilidade do regime cambial do período, levando ao seu colapso em 1999. Contudo, eventos externos também colaboraram para esse momento, como a crise do México, em 1995, a crise asiática, em 1997, e a crise russa, em 1998.

A crise russa foi a que mais prejudicou a economia brasileira, já que a moratória das obrigações públicas e privadas do país gerou uma forte crise de confiança no mercado em relação à credibilidade dos países emergentes, levando a uma fuga maciça de capitais do Brasil. Esse evento acabou reduzindo a capacidade do governo de sustentar o regime cambial fixo e provocou a crise de janeiro de 1999. Esse período de ruptura cambial pode ser visto na Figura 12.

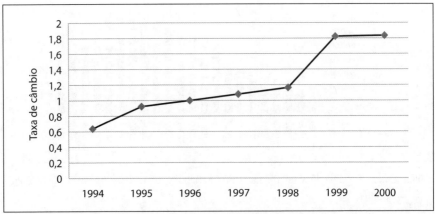

FIGURA 12. Taxa de câmbio comercial para venda: real (R$)/dólar americano (US$) - média.
Fonte: adaptada de Ipeadata (2011).

A grande saída de investimentos estrangeiros diretos do país gerou turbulência na economia brasileira, como pode ser visto na Figura 13. Esses capitais foram destinados aos países desenvolvidos com menor risco de *default*.

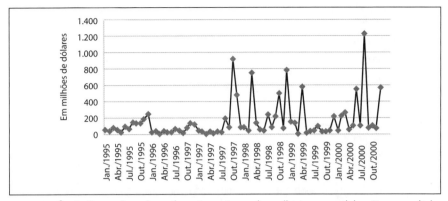

FIGURA 13. Conta financeira - investimentos estrangeiros diretos - participação no capital - saídas de 1995 a 2000.
Fonte: adaptada de Ipeadata (2011).

A grande diferença entre os juros interno e externo fornecia altas taxas de retorno para os investidores, garantindo a entrada de recursos estrangeiros (Figura 14). Entretanto, essa política trouxe significativos custos fiscais para o setor público, que, para estancar a crise e diminuir a saída dos capitais estrangeiros, teve que aumentar as taxas de juros, o que provocou um rápido crescimento da dívida pública (Figura 15).

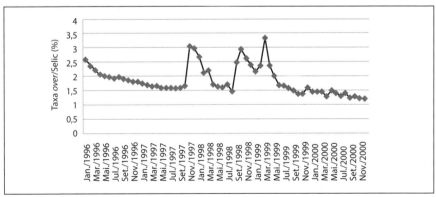

FIGURA 14. Taxa *over*/Selic mensal (%) de 1996 a 2000.
Fonte: adaptada de Ipeadata (2011).

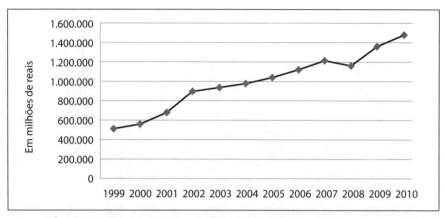

FIGURA 15. Dívida líquida do setor público de 1999 a 2010, em R$ milhões.
Fonte: adaptada de Ipeadata (2011).

Corroborando o quadro turbulento, as taxas de desemprego no período aumentaram, levando a pressões sociais por melhores condições de trabalho e renda. O baixo crescimento do PIB em 1998 afetou a capacidade dos setores produtivos de absorver toda a PEA disponível, aumentando a insatisfação da população. Esse quadro de elevação das taxas de desemprego pode ser observado na Figura 16.

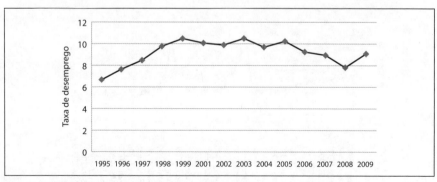

FIGURA 16. Taxa de desemprego anual (%) de 1995 a 2009.
Fonte: adaptada de Ipeadata (2011).

Crise política de 2002 e intervenção no Banco Santos em 2004

O desempenho da economia brasileira em 2002 foi considerado modesto, por causa das incertezas em relação ao período eleitoral e da baixa recuperação da economia norte-americana, referente aos atentados terroristas e escândalos corporativos, além de perspectivas mais concretas da Guerra do Iraque.

A crise política ocorreu em função das maiores chances de vitória do então candidato Luiz Inácio Lula da Silva, que era o representante da esquerda brasileira. Como Lula sempre demonstrava posicionamento agressivo em relação ao não pagamento da dívida externa e às mudanças radicais nas políticas econômicas, criou-se um ambiente de elevada incerteza em relação ao futuro do país, afastando os investidores.

O mercado cambial foi o mais afetado pelo ambiente turbulento, e as taxas de câmbio brasileiras chegaram a 3 R$/U$, como pode ser visto na Figura 17.

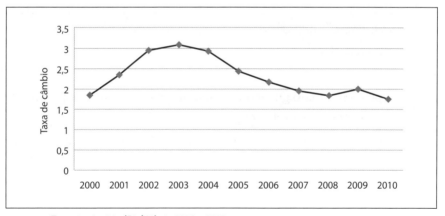

FIGURA 17. Taxa de câmbio (R$/U$) de 2000 a 2010.
Fonte: adaptada de Ipeadata (2011).

Hutchison e Noy (2005) destacam que a forte desvalorização da moeda, como observado anteriormente, tem um efeito contracionista sobre a produção, com a diminuição do crédito causada pela deterioração do balanço das empresas e instituições financeiras que possuem passivos em moeda estrangeira e influxo de capital.

As taxas de inflação estavam em trajetória crescente em 2002, coerente com o quadro institucional conturbado (Figura 18).

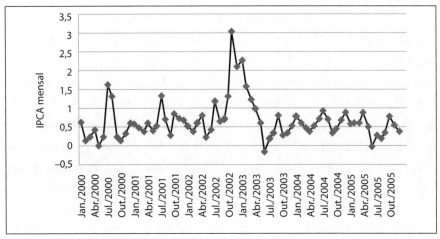

FIGURA 18. IPCA mensal (%) de 2000 a 2005.
Fonte: adaptada de Ipeadata (2011).

Mesmo após o início do governo Lula, a inflação se manteve persistente, ligada à deterioração das expectativas dos agentes econômicos, o que provocou uma medida austera da autoridade monetária, aumentando a taxa de juros Selic e o recolhimento compulsório (Figura 19).

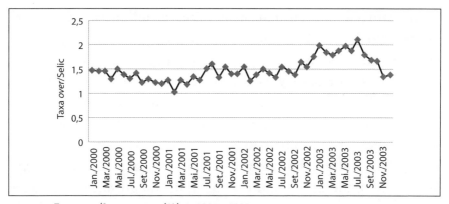

FIGURA 19. Taxa *over*/Selic mensal (%) de 2000 a 2003.
Fonte: adaptada de Ipeadata (2011).

Nesse ambiente de transição, ocorreu a intervenção no Banco Santos e na Santos Corretora de Câmbio e Valores em 12 de novembro de 2004. De acordo com o comunicado divulgado pelo Bacen, a intervenção ocorreu por causa do comprometimento da situação econômico-financeira da instituição, que alegou problemas de liquidez. Entre os sinais de deficiência, o Bacen constatou irregularidades como a falta de recolhimento de depósitos a prazo (FOLHA ONLINE, 2004).

Esse foi o primeiro caso de intervenção do Bacen em um banco privado desde 1998, o que causou grande temor nos investidores. O Bacen também confirmou que a falta de liquidez poderia comprometer os correntistas, além de infringir as normas que disciplinam a atividade bancária.

No período da intervenção, o Banco Santos, presidido por Edemar Cid Ferreira, era considerado o 21º maior banco brasileiro, com cerca de R$ 6 bilhões em ativos, R$ 2 bilhões em depósitos e 303 funcionários (FOLHA ONLINE, 2004).

Um fato que agravou ainda mais a situação foi a notícia de que um importante político brasileiro havia feito um volumoso saque antes da intervenção. Descobriu-se que esse político era o então presidente do Senado José Sarney, que sacou, um dia antes da intervenção, R$ 2,2 milhões do Banco Santos, alegando que havia retirado esse dinheiro com base em rumores sobre a saúde financeira do banco. Esse fato demonstra a possibilidade de Sarney ter recebido informações privilegiadas sobre a intervenção, fato agravado pelos fortes laços de amizade do senador com a família do presidente do banco (COLON, 2010).

O prejuízo estimado, na época da intervenção, era de apenas R$ 700 milhões, e os correntistas tinham saques limitados a R$ 20 mil para contas à vista e cadernetas de poupança. Em março de 2005, a intervenção foi transformada em liquidação extrajudicial; em 29 de setembro do mesmo ano, um juiz decretou a falência da instituição e estimou que o banco precisava de um aporte de R$ 2,45 bilhões para voltar à condição de funcional. Entretanto, em vista das irregularidades descobertas, optou-se pela falência (MARTELLO, 2007).

Ao longo da intervenção, apurou-se que o passivo a descoberto (diferença entre a dívida e a capacidade de pagamento da instituição) do banco somava R$ 2,236 bilhões, e não os R$ 700 milhões divulgados inicialmente. Os credores do banco perderam cerca de US$ 1 bilhão aplicados em bancos controlados por Edemar Cid Ferreira ou ligados a ele (G1ECONOMIA, 2006).

Pelos dados da base monetária (Figura 20), observa-se que esta subiu durante o período de intervenção, com a liberação de R$ 7 bilhões do compulsório pelo Bacen para pequenos e médios bancos, na tentativa de evitar, em razão do escândalo do Banco Santos, a quebra dessas instituições. Isso pode ser visto também pelo saldo do compulsório desses bancos, que se reduziu no período.

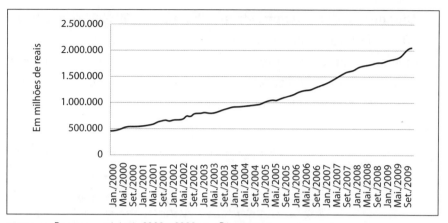

FIGURA 20. Base monetária de 2000 a 2009, em R$ milhões.
Fonte: adaptada de Ipeadata (2011).

Outro fato interessante foi que esse recurso liberado pelo Bacen para os pequenos e médios bancos fez com que estes dominassem o mercado de crédito consignado, provocando a expansão do crédito e do PIB. Apesar de ter causado um ambiente de instabilidade, o Brasil só começou mesmo a aumentar a disponibilidade de crédito com a quebra de um banco, demonstrando as peculiaridades do nosso sistema financeiro.

Em 2010, o governo brasileiro recebeu dos Estados Unidos obras de arte que pertenciam à coleção do ex-banqueiro Edemar Cid Ferreira, avaliadas em US$ 4 milhões. Ferreira foi condenado a 21 anos de prisão por lavagem de dinheiro, formação de quadrilha e gestão fraudulenta, além de manter contas ilegais no exterior, com seus bens fazendo parte da massa falida do Banco Santos (ESTADÃO, 2010).

Crise do mercado *subprime* americano em 2008

Como a crise de 2008 nos Estados Unidos teve características muito peculiares, é essencial retornar a períodos anteriores à crise para entender os fatores que propiciaram esse ambiente de grande instabilidade.

Durante o governo do presidente Bill Clinton (1993-2001), a *Fed Fund Rate* (taxa de juros) manteve-se estável ao redor de 6% ao ano. Com a entrada do governo de George W. Bush, essa taxa caiu para 1% ao ano, diminuindo o custo de captação e favorecendo, consequentemente, a expansão do crédito, sobretudo do imobiliário, como pode ser observado na Figura 21.

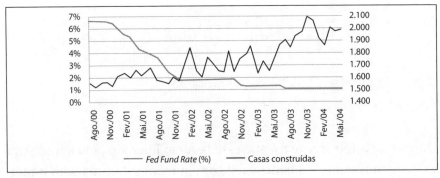

FIGURA 21. *Fed Fund Rate* (%) e o setor imobiliário de 2000 a 2004.
Fonte: adaptada de Inepad (2011b).

Nesse período, observou-se um aumento da demanda imobiliária e do valor dos imóveis residenciais, favorecendo a expansão das hipotecas como garantia para aquisição de empréstimos. O mercado acionário também cresceu, beneficiado pelo maior volume financeiro disponível para aplicações. Além disso, o desempenho das bolsas norte-americanas foi fortemente influenciado pela taxa de juros do país, com migrações de aplicações entre o mercado acionário e os fundos de renda fixa, de acordo com o momento mais favorável.

Contudo, o *Federal Reserve* (Fed), o Banco Central dos Estados Unidos, elevou a taxa de juros a partir de 2004, a qual alcançou o patamar de 5,25% ao ano, como pode ser visto na Figura 22. Essa medida trouxe grandes impactos no setor imobiliário, como encarecimento do crédito, redução da demanda imobiliária e queda do valor dos imóveis e das garantias dos empréstimos adquiridos. Isso prejudicou muito os bancos, de modo que as instituições financeiras começaram a incorrer em prejuízos, principalmente as atuantes no mercado de capitais, como bancos de investimento, corretoras, distribuidoras, fundos de investimento, fundos de pensão e seguradoras, que viram o valor de seus títulos se esvair pela incapacidade de pagamento das pessoas com dívidas nessas instituições (Figura 23).

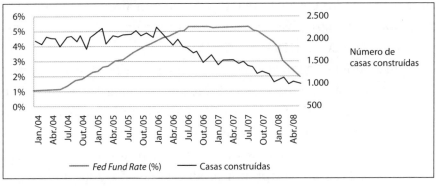

FIGURA 22. *Fed Fund Rate* (%) e o setor imobiliário de 2004 a 2008.
Fonte: adaptada de Inepad (2011b).

FIGURA 23. Crise financeira de 2008.
Fonte: adaptada de Inepad (2011b), elaborada por Folha Online.

No entanto, as consequências dessa crise foram globais, pois diversos investidores ao redor do mundo, como fundos de pensão, seguradoras e fundos de investimentos, sofreram com a desvalorização dos títulos lastreados nesses ativos comprados das instituições financeiras norte-americanas.

Em 2008, a economia dos Estados Unidos apresentou um cenário de reduzida inflação e agravamento da crise nos mercados financeiros, de modo que o Fed, além de reduzir a taxa de juros de 3% para uma banda de flutuação entre 0 e 0,25% ao ano, promoveu uma política monetária agressiva, denominada afrouxamento creditício (*credit easing*) (BANCO CENTRAL DO BRASIL, 2008).

Nesse período, o governo norte-americano criou dois programas de assistência à liquidez – Term Securities Lending Facility (TSLF) e Primary Dealer Credit Facility (PDCF) –, que ampliaram o volume, o prazo e a lista de garantias para os títulos hipotecários.

O Congresso dos Estados Unidos também aprovou o Troubled Asset Relief Program (Tarp), um programa de US$ 700 bilhões que permitiu ao Tesouro comprar "ativos podres" para recapitalizar o sistema bancário. Grandes instituições foram beneficiadas pelo programa, como Goldman Sachs Group, Morgan Stanley, J.P. Morgan e Bank of America (ibidem).

Com o objetivo de estimular a atividade econômica, o Congresso norte-americano aprovou, em 2009, mais um pacote de recursos envolvendo US$ 787 bilhões, o qual incluía gastos diretos do governo, reduções tributárias e transferências de capitais, além de um novo plano de estabilidade destinado às instituições financeiras (ibidem).

O colapso do banco Lehman Brothers teve início com suas ações despencando mais de 95% desde o começo da crise, em vista dos temores de que sua carteira de ativos, em grande parte baseada em valores hipotecários, valia muito menos do que o estimado pelo banco, reduzindo a confiança na instituição de 158 anos. A situação foi agravada pelo fato de o banco ter investido fortemente em títulos ligados ao mercado *subprime* (crédito imobiliário para pessoas com elevado risco de inadimplência), além da quebra do banco Bear Stearns no início de 2008 (BBC BRASIL, 2008).

No período de junho a agosto de 2008, o banco anunciou baixa contábil de US$ 700 milhões, revisando os valores de seus investimentos em hipotecas para imóveis residenciais e comerciais, além de incorrer em prejuízo de US$ 7,8 bilhões (BBC BRASIL, 2008). A quebra desse banco afetou muitos investidores, principalmente bancos e fundos de pensão que tinham negócios com a instituição.

Ao rejeitar fornecer garantias para uma operação de compra do Lehman Brothers pelo banco britânico Barclays, o Tesouro norte-americano evitou usar dinheiro público no resgate a bancos que tomaram decisões equivocadas, contudo teve que fornecer medidas aos demais bancos e às companhias financeiras que começaram a expressar dificuldades, oferecendo créditos de emergência por meio de programas de assistência à liquidez. Outras companhias enfrentaram problemas no período, como o banco de investimento Merrill Lynch, comprado pelo Bank of America em uma negociação de cerca de US$ 50 bilhões, e a seguradora AIG, que pediu ao Fed um empréstimo de curto prazo da ordem de US$ 40 bilhões (BBC BRASIL, 2008; FOLHA ONLINE, 2008b). O governo norte-americano também nacionalizou as firmas de hipoteca Fannie Mae e Freddie Mac, que possuíam cerca de metade do mercado de hipotecas dos Estados Unidos, avaliado em US$ 12 trilhões. Além disso, o Tesouro norte-americano ajudou o J.P. Morgan Chase a comprar o Bears Stearn, quando este estava com graves problemas em sua carteira de títulos.

O mercado acionário foi fortemente afetado pela crise, com as bolsas de valores do mundo sofrendo com a fuga de aplicações de investidores externos (Figura 24). Além disso, esse ambiente de grande desconfiança nas instituições financeiras levou a uma falta de liquidez internacional, propiciando uma redução substancial na oferta de crédito.

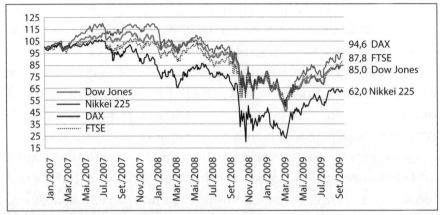

FIGURA 24. Índices das bolsas de valores do mundo durante a crise de 2008.
Fonte: adaptada de Inepad (2011b).

MEDIDAS DO GOVERNO BRASILEIRO PARA A CRISE DE 2008

O governo brasileiro, para reduzir os efeitos da crise no país, interrompeu a trajetória restritiva de sua política monetária, reduzindo as taxas de juros e o compulsório da economia, o que elevou as reservas bancárias e favoreceu o crédito. Além disso, foi empreendida uma renúncia fiscal para incentivar o consumo. Essa mudança na política monetária pode ser observada pelo movimento das taxas de juros, de acordo com a Figura 25.

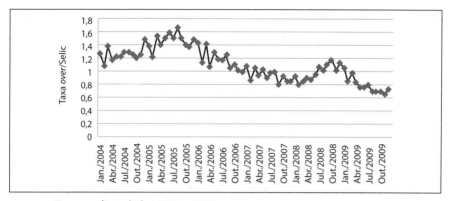

FIGURA 25. Taxa *over*/Selic (%) de 2004 a 2009.
Fonte: adaptada de Ipeadata (2011).

Mesmo com a crise, o governo continuou a atender às metas de inflação. Em 2009, a inflação obteve patamares baixos, seguindo a tendência do ano anterior. Já nos primeiros meses de 2010, esteve próxima da deflação, porém, nos últimos períodos do ano, aumentou substancialmente, em virtude da elevação dos preços das *commodities* no mercado internacional, pressionando as metas de inflação de 2011 (Figura 26).

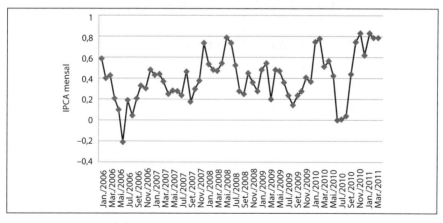

FIGURA 26. IPCA mensal (%) de 2006 a 2011.
Fonte: adaptada de Ipeadata (2011).

Apesar da redução das taxas de juros, os bancos privados não estavam dispostos a emprestar recursos nesse ambiente de instabilidade, com receio de incorrer em perdas com inadimplência. Esse quadro fez com que o Banco do Brasil fosse o maior agente de crédito da economia, aumentando a participação de um banco público no oferecimento de crédito aos consumidores.

Na Figura 27, pode-se observar que, em 2008 e 2009, houve uma estagnação das operações de crédito no país, que poderia ter sido pior se não fosse a intervenção do governo no mercado de crédito.

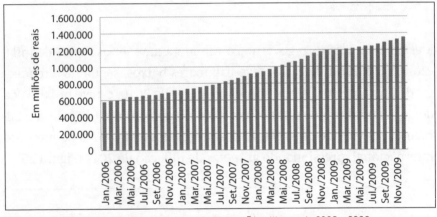

FIGURA 27. Operações de crédito ao setor privado em R$ milhões, de 2006 a 2009.
Fonte: adaptada de Ipeadata (2011).

Como mostra a Figura 28, uma boa parte dos recursos dos bancos públicos foi destinada à agricultura, de modo a manter a competitividade dos produtores na atividade, tendo em vista a crescente valorização do preço das *commodities*.

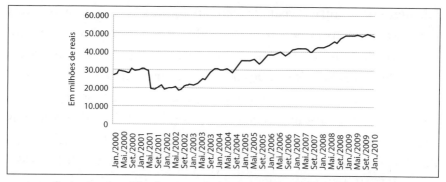

FIGURA 28. Operações de crédito do setor público para a agricultura em R$ milhões, corrigidas pelo IPCA (valores de 2011).
Fonte: adaptada de Ipeadata (2011).

O governo também empreendeu medidas de ordem tributária para superar a crise: criou alíquotas intermediárias na tabela do IRPF, reduziu o IPI incidente sobre carros e caminhões novos e para a linha branca e reduziu as alíquotas de IOF de 3% para 1,5% sobre empréstimos para pessoas físicas. O resultado dessas medidas pode ser observado na Figura 29, com uma queda nas receitas federais brutas referentes ao exercício de 2009.

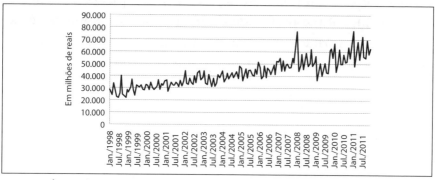

FIGURA 29. Arrecadação das receitas federais - receita bruta em R$ milhões, corrigida pelo IPCA (preços de 2011).
Fonte: adaptada de Ipeadata (2011).

Por meio da análise e visualização das figuras, tem-se que as crises bancárias podem provocar efeitos adversos na produção e dificultar o processo de intermediação do crédito. Assim, choques externos podem reduzir o valor dos ativos e levar a corridas bancárias. A transmissão desses fatores para a economia real pode levar a restrições de crédito, diminuição dos valores de garantia, interrupção nos sistemas de pagamentos e falências (BERNANKE; GERTLER[19], 1989; BERANKE; GERTLER; GILCHRIST[20], 1996; KIYOTAKI; MOORE[21], 1997 apud HITCHISON; NOY, 2005).

Hutchison e Noy (2005) também destacam alguns fatores que provocam crises bancárias e monetárias frequentemente citados na literatura, como a liberalização financeira combinada com o risco moral, que induz os bancos a assumirem carteiras particularmente arriscadas, incluindo passivos em moeda estrangeira sem *hedge*.

Um estudo desenvolvido por Olivero, Li e Jeon (2011) ressalta que a concorrência bancária afeta a transmissão da política monetária por meio do canal de crédito bancário. Assim, um aumento da competição causado pela elevação da participação de mercado detida por alguns bancos provavelmente deve enfraquecer o canal de empréstimos bancários na transmissão da política monetária, pois os grandes bancos competitivos desfrutam de melhor acesso às fontes adicionais de fundos para neutralizar quedas em suas reservas, causadas por uma política monetária mais restritiva.

---

19 BERNANKE, B.; GERTLER, M. Agency costs, net worth, and business fluctuations. *American Economic Review*, n. 79, p. 14-31, 1989.

20 BERNANKE, B.; GERTLER, M.; GILCHRIST, S. The Financial Accelerator and the Flight to Quality. *Review of Economics and Statistics*, n. 78, p. 1-15, 1996.

21 KIYOTAKI, N.; MOORE, J. Credit Cycles. *Journal of Political Economy*, n. 105, p. 211-248, 1997.

As conclusões do estudo de Olivero, Li e Jeon (2011), que envolveu dez bancos asiáticos e dez bancos latino-americanos durante o período de 1996 a 2006, destacam que os setores bancários da América Latina e Ásia são caracterizados como de concorrência monopolista e que a concorrência bancária é maior na América Latina do que na Ásia. Assim, os resultados revelam a importância de medidas reguladoras apropriadas que podem compensar o efeito negativo do aumento da concorrência bancária sobre a eficácia do mecanismo de transmissão da política monetária no setor bancário global.

Impactos no setor bancário brasileiro pós-Plano Real

Nesta seção, serão abordados os principais impactos no setor bancário brasileiro da implementação do Plano Real, já que este desenvolve uma dinâmica de mercado muito mais promissora à internacionalização dos bancos. Além disso, a utilização das normas da Basileia no país foi um marco, imprimindo modificações estruturais nos bancos para a adequação do país às boas práticas internacionais de controle e regulação.

O socorro de liquidez compreende os programas do governo que tiveram grande importância na reestruturação do SFN, tornando possível um novo momento de fusões e aquisições. Após a apresentação do processo de concentração bancária, será abordada a desintermediação financeira, movimento vinculado ao desenvolvimento do mercado de capitais brasileiro.

Globalização

A globalização dos mercados voltada à atividade bancária é um processo em curso desde os anos 1960, a partir do desenvolvimento do mercado de eurodólares, bem como da alocação dos petrodólares e dos financiamentos bancários para as economias em desenvolvimento. Contudo, pode-se observar que esse processo se intensificou na década de 1980, resultado da desregulamentação dos mercados financeiro e de capitais e da internacionalização das transações econômicas, facilitada pela informatização e pelo avanço das telecomunicações. A partir desse raciocínio, Yoshino (1994 apud MATIAS; PEIXOTO, 2000) afirma o quão importante são os bancos na globalização da economia, principalmente nas áreas de comércio exterior e câmbio, que só se processam por meio das instituições financeiras.

Após anos de severas barreiras à entrada de novos participantes no mercado brasileiro, a regulamentação dos bancos múltiplos criou condições para o surgimento de instituições locais. Já a flexibilização da entrada dos bancos estrangeiros no país proporcionou uma reestruturação no sistema financeiro. Assim, no Brasil, a globalização afirmou-se com a entrada de novos participantes, sejam eles competidores ou clientes.

A partir desse momento, bancos, corretoras e seguradoras internacionais adentraram no país com mais força, já que, antes desse processo de abertura, essas instituições tinham atuação discreta, realizando funções de bancos de investimento e de prospecção e intermediação de negócios para suas matrizes.

Com a entrada de novos *players* no mercado, os bancos nacionais passaram a empreender uma postura mais agressiva, reorientando seus esforços estratégicos e minimizando riscos para se tornarem agentes mais presentes no processo de internacionalização, já que os bancos estrangeiros tinham algumas vantagens no quesito de maior acesso ao *funding* internacional e a tecnologias mais desenvolvidas. Assim, o Banco do Brasil e o Banco Real foram os grandes pioneiros de negócios no exterior, pois tornaram-se os representantes brasileiros na dinâmica internacional.

A Tabela 5 mostra a relação dos dez maiores bancos com dependências e/ou participações no exterior em 1998, demonstrando a influência positiva da maior abertura econômica do país para o desenvolvimento de empreendimentos no exterior.

146

TABELA 5. Os dez maiores bancos brasileiros com dependências e/ou participações no exterior em 1998

Instituições	Agências	Escritórios	Participações	Total
Banco do Brasil	26	5	11	42
Itaú	2	1	25	28
Real	13		10	23
Unibanco	3	3	16	22
Banespa	11	1	2	14
Boavista Inter-Atlântico	2	3	3	9
BBA Creditanstalt	1	3	4	8
Bandeirantes	2	4	1	7
Rural			7	7
Bradesco	2	1	3	6
TOTAL	93	27	158	278

Fonte: Banco Central do Brasil (1998b).

Na Figura 30, podem-se visualizar as cidades no exterior em que esses bancos tinham maior participação em 1998.

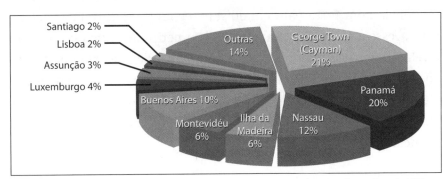

FIGURA 30. Participação societária de bancos brasileiros no exterior, em dezembro de 1998.
Fonte: adaptada de Banco Central do Brasil (1998b).

O Banco do Brasil foi o primeiro banco brasileiro a abrir uma agência no exterior, em Buenos Aires, em 1922. No exercício de 2000, o banco atuava com 37 agências localizadas em 26 países, além de cinco subsidiárias no exterior. Em 2009, o banco estava voltado ao suporte do intercâmbio comercial, estimulando o investimento estrangeiro no Brasil e contando com 45 pontos de atendimento em 23 países, além de uma rede formada por mais de 1,4 mil bancos correspondentes em 144 países para a viabilização de negócios em todo o mundo (BANCO DO BRASIL, 2009).

O Banco Real também foi pioneiro do setor privado no processo de internacionalização. Segundo Matias e Peixoto (2000), o banco contava com 37 agências em 14 países, em 2000, sendo o único nesse período a possuir agências em todos os países do Mercado Comum do Sul (Mercosul). Sua expansão também ocorreu no mercado europeu, com agências na Espanha, Alemanha e Inglaterra. Em 2007, o Real foi incorporado pelo Banco Santander, banco espanhol com presença internacional.

Os grandes bancos privados brasileiros, como o Itaú Unibanco e o Bradesco, também se inseriram no mercado internacional, uma tendência bem forte para conquistar reconhecimento, novos clientes e acesso a recursos e prazos mais competitivos. A Tabela 6 mostra a relação dos dez maiores bancos com dependências e/ou participações no exterior em 2010. Segundo dados do Banco Central do Brasil (2010), Ilhas Cayman, Bahamas (países considerados paraísos fiscais), Nova York e Londres concentram o maior número de escritórios ou agências de bancos brasileiros.

HISTÓRICO DO SETOR BANCÁRIO BRASILEIRO

TABELA 6. Os dez maiores bancos brasileiros com dependências e/ou participações no exterior em 2010

Instituições	Agências	Escritórios	Participações	Total
Banco do Brasil	23	11	11	45
Itaú Unibanco	5	1	23	29
Bradesco	4		8	12
Votorantim	1	1	3	5
Itaú BBA	2	2		4
Boavista Interatlantico		3		3
Rural			3	3
Safra	1		1	2
Caixa Econômica Federal	2			2
BTG Pactual			2	2
TOTAL	54	21	66	141

Fonte: Banco Central do Brasil (2010).

Quando se comparam os dados de 1998 e 2010, observa-se que o número de bancos brasileiros que tinham algum escritório, agência ou participação no exterior caiu aproximadamente 51% em 12 anos, pois, inicialmente, bancos tanto de grande como de pequeno porte resolveram realizar empreendimentos no exterior, vistos como uma grande oportunidade. Contudo, após 12 anos, somente bancos maiores tinham custos operacionais viáveis e incentivos para continuar com seus escritórios e agências estabelecidos ou aumentar sua participação.

Chen e Liao (2011) destacam que a globalização do sistema bancário levou a melhorias institucionais e regulamentares, beneficiando os bancos locais e estrangeiros. Além disso, os autores ressaltam que todos os bancos procuram aumentar a rentabilidade, porém a capacidade de fazê-lo depende de determinantes internos e externos. Os determinantes internos abrangem a tomada de decisão de cada banco em relação ao nível de liquidez, à política de provisionamento, ao porte do banco, à adequação de capital e ao gerenciamento de despesas. Já os determinantes externos englobam os fatores macroeconômicos que estão fora do controle do banco, como o ambiente jurídico, o estado da economia em que uma instituição financeira opera, mudanças governamentais e impactos da globalização.

Nas conclusões de sua pesquisa sobre a rentabilidade dos bancos nacionais e estrangeiros, Chen e Liao (2011) afirmam que identificar os fatores-chave que influenciam a rentabilidade dos bancos tem um papel importante na melhoria da gestão interna e das políticas desenvolvidas por essas instituições financeiras. Os autores destacam que, até então, a literatura sobre a globalização dos bancos havia dado pouca atenção às influências do mercado doméstico na estrutura bancária, nas condições macroeconômicas, na governança e supervisão bancária, e na rentabilidade dos bancos estrangeiros. Assim, o trabalho desenvolvido pelos autores, utilizando os dados bancários de 70 países durante o período de 1992 a 2006, foi importante para investigar a relação de longo prazo entre a rentabilidade dos bancos e a estrutura do mercado bancário por meio de medidas estruturais e estatísticas de excelente qualidade.

A pesquisa de Chen e Liao (2011) também constatou que os bancos estrangeiros são mais rentáveis que os domésticos quando aqueles operam em um país cuja competitividade bancária é menor e quando, no país de origem, o banco sede é altamente rentável. Entretanto, quando o país de origem do banco estrangeiro possui elevados riscos econômicos, ofertas de capital restritivas e estruturas de mercado menos competitivas, é provável que essa instituição financeira experimente uma diminuição significativa da margem líquida, em comparação com os bancos nacionais. Também se constatou que os bancos estrangeiros, quando entram em um novo mercado com condições menos competitivas, baixo crescimento do PIB, taxas de juros e inflação elevadas, e políticas regulatórias em conformidade com a Basileia, tendem a aumentar suas margens de lucro.

Com base nessas análises, percebe-se que o processo de globalização trouxe diversos impactos para o mercado brasileiro, como a elevada interdependência entre as economias centrais e emergentes, alta velocidade das informações que trafegam entre as mesas de operações, negociação no mercado de capitais em tempo real e acesso facilitado ao *funding* internacional.

Entretanto, esse forte inter-relacionamento também traz impactos negativos, como no caso em que informações do mercado elevam a desconfiança dos investidores e provocam quedas nas principais bolsas de valores (como a norte-americana, as europeias e as asiáticas), chegando ao país de maneira intensa. Como exemplo, podem ser citadas as crises mexicana, asiática, russa, argentina e do mercado *subprime* norte-americano, cujos efeitos afetaram intensamente toda a dinâmica competitiva no país e no mundo.

Acordos de Basileia I e II

O Comitê da Basileia foi estabelecido, inicialmente, por um grupo de dez países no final de 1974. Em 2011, os países-membros da comissão eram os seguintes: África do Sul, Alemanha, Arábia Saudita, Argentina, Austrália, Bélgica, Brasil, Canadá, China, Cingapura, Coreia do Sul, Espanha, Estados Unidos, França, Holanda, Hong Kong, Índia, Indonésia, Itália, Japão, Luxemburgo, México, Reino Unido, Rússia, Suécia, Suíça e Turquia. Os países são representados pelos respectivos bancos centrais e também pela autoridade com responsabilidade formal pela supervisão prudencial da atividade bancária nos casos em que o banco central não possa assumir essa representação. Em 2014, o presidente do Comitê da Basileia era Stefan Ingves, também presidente do Banco Central da Suécia.[22]

A preocupação com a solvência e a estabilidade do sistema bancário internacional fez com que o Bank for International Settlements (BIS), também conhecido como o "Banco Central dos Bancos Centrais", por fornecer aporte financeiro emergencial em caso de crises que ameacem o sistema financeiro internacional como um todo, estabelecesse, em 1988, normas gerais para medir a capacidade dos bancos de realizar empréstimos, as quais ficaram conhecidas como Acordo de Basileia I.

O primeiro acordo de capital da Basileia, oficialmente denominado *International Convergence of Capital Measurement and Capital Standards*, teve como objetivo criar exigências mínimas de capital para as instituições financeiras, buscando fazer face ao risco de crédito. Desse modo, ficou estabelecido que cada país teria autonomia para classificar as rubricas dentro desses percentuais, e as autoridades monetárias se comprometeram a aplicar esses critérios a partir de 1992. No Brasil, esse acordo de 1988 foi implementado pela Resolução n. 2.099, de 17 de agosto de 1994 (BANCO CENTRAL DO BRASIL, 1994), que introduziu no país a exigência de capital mínimo para as instituições financeiras; esse capital variava em função do grau de risco das operações ativas de cada instituição. Também foi estabelecido um percentual de 8% do patrimônio líquido como proporção do ativo ponderado pelo risco das instituições financeiras.

O Comitê da Basileia inicialmente procurou atingir dois objetivos principais: estabelecer mecanismo de supervisão dos bancos internacionais, de modo a reforçar sua solvência e estabilidade, e uniformi-

---

22 Disponível em: https://www.bis.org/bcbs/about.htm; acesso em 07 abr. 2014.

HISTÓRICO DO SETOR BANCÁRIO BRASILEIRO

zar as regras de funcionamento dos sistemas financeiros, reduzindo a competição desigual entre os bancos (LUNDBERG, 1999).

Até a adoção das exigências de capital e de patrimônio do Acordo de Basileia, o Bacen exigia das instituições financeiras outros requisitos prudenciais, como capital e patrimônio líquido mínimos, limite de diversificação de riscos, limite de imobilizações (90% do patrimônio líquido) e limite de endividamento (até 15 vezes o patrimônio líquido).

Entretanto, após o Acordo, ocorreram três alterações principais, destacadas por Lundberg (1999): aumento da exigência de capital e patrimônio líquido mínimos para o funcionamento das instituições financeiras; acompanhamento dos limites de alavancagem operacional, os quais foram substituídos por uma limitação às operações ativas ponderadas pelo risco; e exigência de demonstrações financeiras consolidadas dos conglomerados financeiros, inclusive de subsidiárias e dependências no exterior.

Para efeito de cálculo das operações ativas, foram consideradas as seguintes ponderações (ibidem):

- risco nulo para disponibilidade de caixa, depósitos no Bacen e aplicações em títulos públicos federais;
- risco reduzido (20%) para depósitos bancários, ouro e disponibilidade em moeda estrangeira;
- risco reduzido (50%) para aplicações em moeda estrangeira no exterior, títulos estaduais e municipais, títulos de outras instituições financeiras e créditos habitacionais em situação normal;
- risco normal (100%) para empréstimos e financiamentos, debêntures, operações de arrendamento mercantil, câmbio, ações e investimentos, bem como todas as operações de avais e garantias prestadas.

Assim, a principal mudança em relação às regras vigentes na época foi a transferência do cálculo da capacidade de alavancagem do passivo para o ativo, sendo o risco operacional de uma instituição financeira medido sobre o tipo de aplicações feitas e não mais sobre o volume de recursos captados de terceiros (MATIAS; PEIXOTO, 2000).

Em 1997, o Conselho Monetário Nacional (CMN) aumentou a exigência de capital mínimo para 10%, dando aos bancos seis meses para se adaptar às novas regras. Um ano depois, esse percentual foi elevado novamente e atingiu o patamar de 11%.

Em julho de 1999, o Comitê da Basileia apresentou uma proposta para substituir o acordo em vigor com conceitos mais apurados de sensibilidade ao risco. Assim, em 2001, o comitê divulgou o Acordo de Basileia II, que tinha como objetivo dar maior solidez ao sistema financeiro internacional. Segundo o RiskBank™ (2002), as principais mudanças foram o fim da padronização generalizada por um enfoque mais flexível, enfatizando metodologias de gerenciamento de riscos dos bancos, supervisão das autoridades bancárias e fortalecimento da disciplina de mercado.

O Acordo de Basileia II foi direcionado aos grandes bancos, tendo como base, além dos princípios essenciais para uma supervisão bancária eficaz (Princípios de Basileia), três pilares para garantir a segurança e a confiabilidade do sistema financeiro internacional.

O primeiro pilar é o "requerimento mínimo de capital", que, segundo a taxa adequada do BIS, seria de 8% dos ativos ponderados ao risco (DELOITTE, 2004). A revisão do acordo trouxe nova metodologia de mensuração, análise e administração de risco de crédito (risco de alguém não pagar o banco) e operacional (riscos de perdas provocadas por erros de funcionários, falha nos computadores ou fraude), enquanto o risco de mercado permaneceu inalterado (RISKBANK, 2002).

O segundo pilar é a "revisão no processo de supervisão", com a nova proposta destacando a importância de os administradores dos bancos desenvolverem um eficiente gerenciamento de riscos e um processo interno de mensuração de capital de acordo com o perfil de risco e controle da instituição (ibidem). As autoridades de fiscalização também examinariam os sistemas internos de mensuração de risco de taxa de juros dos bancos e controlariam se as instituições estivessem mantendo capital correspondente ao nível de risco das taxas de juros.

O terceiro pilar é a "disciplina de mercado", cujo objetivo é aumentar a transparência dos bancos para que os agentes de mercado sejam bem informados e possam entender melhor o perfil de risco dos bancos. Entre as exigências de abertura dos bancos em diversas áreas, estavam a forma como o banco calcula sua adequação às necessidades de capital e seus métodos de avaliação de risco (ibidem).

A implementação do Acordo de Basileia II no Brasil foi feita gradualmente, com a primeira manifestação formal do Bacen para sua adoção no Comunicado n. 12.746, de 9 de dezembro de 2004, por meio de um cronograma simplificado com as principais fases a serem seguidas pelas instituições financeiras (BANCO CENTRAL DO BRASIL, 2004a).

Os principais benefícios desse acordo foram: formação de uma estratégia clara de gestão de riscos, de modo a maximizar o valor para o acionista; aumento da expectativa de lucratividade; alocação mais eficiente de recursos; redução de custos com maior sinergia entre as iniciativas; e eliminação de controles desnecessários (DELOITTE, 2004).

Socorro de liquidez

Pelo fato de os bancos fazerem parte do sistema de pagamentos do país, bem como intermediarem a moeda e o crédito no sistema econômico em que são formadas as taxas de juros, existe uma elevada correlação entre a estabilidade macroeconômica e a saúde dos sistemas financeiros. A vulnerabilidade dos bancos é uma preocupação das políticas públicas em razão das externalidades negativas causadas pelas falências bancárias. Entre elas, estão corridas bancárias, quebras de bancos e prejuízos ao sistema de pagamentos (LUNDBERG, 2000).

As principais causas das insolvências bancárias estão vinculadas a mau gerenciamento dos recursos, riscos excessivos, fraudes ou alterações inesperadas na conjuntura econômica que podem afetar negativamente os retornos de empréstimos e outras aplicações. Os bancos possuem uma das funções mais nobres de um sistema financeiro: captam poupança e a canalizam para projetos com elevado potencial, o que contribui para o crescimento econômico e desenvolvimento social.

Um sistema financeiro debilitado, com a presença de bancos insolventes, não cumpre eficientemente seu papel, já que esses bancos não respondem mais aos estímulos normais de mercado nem são locais confiáveis para realizar as principais opções de investimento. Assim, a tendência é que os bancos insolventes, para reduzir seus prejuízos, captem recursos para aplicar em operações de elevado risco e duvidoso retorno, deixando de cumprir sua função social de alocação eficiente de recursos na economia (LUNDBERG, 1999).

Além disso, um sistema financeiro frágil é prejudicial à condução da política econômica, com impactos fiscais e monetários nas quebras de bancos. A política cambial também pode ser seriamente afetada, pois os bancos são os mais ativos e importantes corretores das empresas nacionais em suas operações internacionais, promovendo a liquidez das operações de empréstimos e financiamentos no exterior.

Os efeitos perversos de um sistema bancário ineficiente têm ganhado destaque nas preocupações das autoridades governamentais em todo o mundo, por causa do aumento substancial das transações econômicas e financeiras internacionais. Com a interdependência econômica e financeira entre os diversos mercados, aumentou o risco de contágio de problemas até então localizados em determinadas regiões. Assim, com a crescente participação de instituições financeiras transnacionais em mercados de diferentes países, a preocupação com a solvência e estabilidade deixou de ser isolada para se tornar uma preocupação internacional (ibidem).

Em mercados globalizados, pode ser interessante, para as agências de supervisão e os formuladores de políticas, extrair informações sobre as expectativas do mercado em relação à probabilidade de inadimplência a curto e longo prazos, de modo a evidenciar os bancos que enfrentam problemas. Isso ajuda as agências de supervisão a decidir quais instrumentos utilizar para salvar bancos vulneráveis, fazendo distinção entre a qualidade e o prazo das dívidas. Assim, por exemplo, quando um banco sofre problemas de curto prazo, financiamentos temporários são necessários para solucionar problemas de liquidez. Entretanto, um aumento da probabilidade de inadimplência no longo prazo aponta para problemas de solvência, o que significa que são necessários instrumentos diferentes e análise dos sinais de mercado para evitar uma crise que contamine todo o sistema financeiro (EICHLER; KARMANN; MALTRITZ, 2011).

Eichler, Karmann e Maltritz (2011) também ressaltam que, instrumentos de política monetária, como redução da taxa de juros ou expansão da oferta de moeda, podem melhorar o financiamento de curto prazo e as condições de liquidez dos bancos. Já o aumento de dívidas no longo prazo indica problemas estruturais que só podem ser resolvidos com capital, reestruturação ou, como último recurso, nacionalização dos bancos.

Para melhor compreensão das mudanças que ocorreram no SFN, foram analisados os três programas do governo federal criados para melhorar a eficiência dos bancos e reduzir a participação dos Estados no sistema financeiro.

PROGRAMA DE ESTÍMULO À REESTRUTURAÇÃO E AO FORTALECIMENTO DO SISTEMA FINANCEIRO NACIONAL

O Programa de Estímulo à Reestruturação e ao Fortalecimento do Sistema Financeiro Nacional (Proer), implantado pelo conjunto da Medida Provisória n. 1.179 (BRASIL, 1995a) e da Resolução n. 2.208 (BANCO CENTRAL DO BRASIL, 1995), ambas de 3 de novembro de 1995, veio para ordenar a fusão e incorporação de bancos a partir de regras ditadas pelo Bacen. O desenvolvimento do programa, logo após a crise do Econômico, o 22º banco sob intervenção/liquidação desde o Plano Real, não deixou de ser uma forma de o governo antecipar-se a outros problemas e facilitar o processo de ajuste do SFN (BANCO CENTRAL DO BRASIL, 2011f). Assim, o Proer teve como objetivo assegurar a liquidez e solvência do sistema financeiro e garantir os interesses dos depositantes e investidores.

A Medida Provisória n. 1.182, de 17 de novembro de 1995 (BRASIL, 1995b), deu ao Bacen o aparato legal para conduzir o sistema financeiro a um novo modelo, dando-lhe o poder de deixar no mercado somente instituições que tivessem saúde, liquidez e solidez (BRASIL, 1995b). O fortalecimento dos poderes do Bacen para a implantação dos regimes especiais viabilizou a adoção do modelo de cisão (*good bank/bad bank*) e a criação de uma instituição privada de seguro de depósito, o Fundo Garantidor de Crédito (FGC) (LUNDBERG, 2000).

No caso de insuficiência patrimonial ou financeira, o Bacen poderia determinar o nível de capitalização da empresa financeira necessário para seu soerguimento, podendo utilizar-se de instrumentos como transferência de controle acionário, fusão, incorporação ou cisão. A não implementação das medidas fixadas pela autoridade monetária poderia acarretar a decretação do regime especial que fosse adequado ao caso, como o Regime de Administração Especial Temporária (Raet), intervenção ou liquidação extrajudicial.

Assim, a medida provisória forneceu ao Bacen autonomia para autorizar o interventor, liquidante ou conselho diretor a alienar ou ceder bens e direitos a terceiros, bem como transferir direitos e obrigações para outra sociedade e proceder à reorganização societária (BANCO CENTRAL DO BRASIL, 2011f). Para exemplificar a necessidade desse programa, a Tabela 7 mostra o número de ações de intervenções e liquidações do Bacen antes do Proer.

TABELA 7. Números de ações do Bacen entre 13 de abril de 1974 e 4 de dezembro de 1995

Regimes de atuação do Bacen	Número de instituições
Sob regime de intervenção	7
Sob Raet	13
Sob regime de liquidação extrajudicial	108
Subtotal: entidades submetidas a regime especial	128
Encerradas por decisão judicial	6
Regimes especiais encerrados	296
Liquidações ordinárias	72
Falências	84
Regimes suspensos por decisão judicial	3
Subtotal: regimes especiais já encerrados	461
Overall total	589

Fonte: Banco Central do Brasil (2011f).

A medida provisória que criou o Proer concedeu tratamento tributário favorecendo as incorporações de instituições financeiras, com diferimento de perdas e gastos com saneamento e concessão de financiamentos para a reorganização administrativa das instituições objeto de transferência de controle ou modificação do objeto social. Contudo, para a concessão desses financiamentos, eram exigidas garantias reais na forma de títulos da dívida pública federal e cobrança de custos financeiros equivalentes a 2% ao ano, superiores ao rendimento das garantias oferecidas (LUNDBERG, 2000).

O acesso às linhas de crédito do Proer esteve condicionada à expressa autorização do Bacen, que analisava caso a caso, tendo como pré-requisito a mudança do controlador. Assim, os vultosos financiamentos concedidos aos bancos insolventes eram destinados a viabilizar a proteção de seus depositantes, de modo que essas operações não trouxeram prejuízos ao Bacen, pois tiveram a garantia real de títulos públicos, e também não beneficiaram os ex-controladores, pois não alteraram o patrimônio líquido negativo das instituições insolventes.

O poder de determinar a capitalização de uma instituição financeira facilitou o trabalho do Bacen em promover "soluções de mercado" antes da caracterização da insolvência, ou seja, a negociação de bancos descapitalizados sem o uso de recursos públicos ou do FGC. Além disso, para promover a política de saneamento do mercado financeiro, o governo flexibilizou a participação de capital estrangeiro no país.

Para justificar essa atitude, que até então era vedada pela Constituição de 1988 (BRASIL, 1988a), o governo utilizou-se de acordos internacionais, alegando reciprocidade e interesse nacional para a entrada dessas instituições. Essas mudanças ocorreram em 1995, com interesse governamental de ter a participação de capital estrangeiro no processo de privatização dos bancos estaduais.

Uma das decisões mais importantes do Bacen, em meio à crise bancária de 1995, foi a criação do FGC, o instrumento que aumentou a transparência das políticas de saneamento do SFN, até então muito questionadas. O FGC é uma associação civil sem fins lucrativos, com prazo indeterminado de duração e constituída sob a forma de sociedade de direito privado, tendo como objetivo dar cobertura a depósitos e aplicações nas hipóteses de decretação de intervenção, liquidação extrajudicial ou falência de uma instituição que participe do fundo, ou, ainda, na possibilidade de reconhecimento pelo Bacen de estado de insolvência da instituição (LUNDBERG, 2000).

São objetos de garantia depósitos à vista, poupança, letras de câmbio, imobiliárias e hipotecárias de emissão ou aceite de instituição financeira, ou associação de poupança e empréstimo em funcionamento no país. Em 2011, a proteção dos depositantes era de até R$ 70 mil, e participavam do FGC todas as instituições financeiras, exceto as cooperativas de crédito. A contribuição das instituições participantes era de 0,0125% sobre o montante dos saldos das contas correspondentes às obrigações objeto de garantia (FUNDO GARANTIDOR DE CRÉDITO, 2011). Em 2014, o valor máximo de proteção aos depositantes é de R$ 250.000.

A seguir, analisam-se os principais casos de instituições financeiras que utilizaram recursos do Proer em seu processo de reestruturação. A Tabela 8 mostra os bancos que tiveram seus ativos adquiridos com recursos do Proer.

TABELA 8. Principais bancos que tiveram ativos adquiridos com recursos do Proer

Instituição	Comprador	Data de publicação no *Diário Oficial*
Banco Nacional S/A	Unibanco S/A	18/11/1996
Banco Econômico S/A	Banco Excel S/A	30/4/1996
Banco Mercantil S/A	Banco Rural S/A	31/5/1996
Banco Banorte S/A	Banco Bandeirantes S/A	17/6/1996
Banco Bamerindus do Brasil S/A	Grupo HSBC	1/4/1997

Fonte: Banco Central do Brasil (2011f).

Banco Nacional

O primeiro caso em que foram aplicados os recursos do Proer foi o Banco Nacional. Buscou-se, assim, poupar os clientes das consequências de uma intervenção semelhante à do Econômico por meio da absorção dos ativos e melhores passivos do Nacional pelo Unibanco, enquanto os passivos problemáticos foram assumidos pelo Bacen.

Em setembro de 1995, foi noticiada pela primeira vez a possibilidade de fusão entre o Banco Nacional, cujas dificuldades já eram conhecidas, e o Unibanco. Entretanto, as instituições negaram o acordo até novembro de 1995, quando a situação do Nacional tornou-se insustentável. O Bacen concordou com as condições exigidas pelo Unibanco, de modo a evitar assumir toda a responsabilidade por um problema ainda mais grave que o do Econômico (MATIAS; PEIXOTO, 2000).

Nessa transação, o governo utilizou o modelo de cisão (*good bank/ bad bank*) permitido pela nova legislação. Assim, o Unibanco assumiu R$ 9,2 bilhões de ativos e passivos de boa qualidade, sendo R$ 2 bilhões em créditos e R$ 3,6 bilhões em depósitos. O montante não absorvido (desequilíbrio patrimonial estimado em R$ 5 bilhões) continuou sob a administração do Bacen, que liberou para o Nacional R$ 2,4 bilhões de recursos do Proer, com oito anos de prazo e custo de taxa referencial de juros (TR) + 12% ao ano (ibidem).

Banco Econômico

Inicialmente, o Proer liberou cerca de R$ 750 milhões para a reabertura do Banco Econômico, melhorando o quadro de liquidez do sistema financeiro. No entanto, isso não foi suficiente para salvar o banco, e o seu fechamento ocasionou uma grave crise política do governo FHC com o governo do Estado da Bahia e o Partido da Frente Liberal (PFL), que até então era a base de apoio do governo federal no período.

Assim, em 1996, deu-se solução definitiva ao Banco Econômico, e sua parte saudável foi vendida ao Grupo Excel, que ficou com uma instituição nova e equilibrada, resultando no Banco Excel-Econômico, além de uma corretora, distribuidora de valores e todas as agências (ibidem).

O Bacen também utilizou-se da cisão e concedeu aos bancos em regime especial (*bad bank*) financiamento do Proer mediante garantias em "moedas podres", formadas por créditos contra o Fundo de Compensação de Variações Salariais (FCVS) das próprias instituições financeiras (LUNDBERG, 2000).

O antigo Econômico continuou sendo administrado pelo Bacen, onde ficaram os créditos do próprio Bacen (R$ 3,5 bilhões) e ativos não bancários, incluindo participações em 34 empresas não financeiras, títulos do governo, imóveis e garantias. A CEF ficou com a carteira imobiliária do banco, avaliada em R$ 1 bilhão (MATIAS; PEIXOTO, 2000).

Banco Bamerindus

O Bamerindus, assim como o Econômico, era um banco tradicional e aparentemente sólido, porém, no final de 1995, passou a perder posições no *ranking* de operações de crédito. Uma empresa do grupo, a Ipacel, estava com sérias dificuldades financeiras (endividada em R$ 750 milhões), e havia o risco de intervenção do Bacen (ibidem).

Em março de 1997, o Bacen anunciou a venda do Bamerindus e de mais três empresas do grupo – Fundação Bamerindus de Assistência Social, Bamerindus Participações e Empreendimentos e Bastec Tecnologia e Serviços Ltda. – para o grupo inglês HSBC, que já possuía uma participação de 6% na instituição e ficou com o *good bank*, dando origem ao HSBC-Bamerindus. A transação foi viabilizada pelos recursos do Proer, no montante de R$ 5,7 bilhões, e por capital injetado do HSBC de R$ 1 bilhão (ibidem).

O lastro dessa operação foi do FGC, mesmo este não tendo o dinheiro necessário para cobrir todos os depositantes. Em novembro de 1998, foram concluídas as negociações para a liquidação do débito do FGC com o Bamerindus. O valor inicial do débito era de aproximadamente R$ 2,8 bilhões, referentes aos R$ 3,1 bilhões de depósitos segurados menos R$ 300 milhões que foram entregues pelo FGC ao Bamerindus na ocasião. Assim, o FGC pagou à vista R$ 1,75 bilhão da dívida atualizada financeiramente, mediante a utilização de recursos em caixa e de um adiantamento voluntário de 24 contribuições das instituições financeiras, valor dedutível dos recolhimentos compulsórios (Circular n. 2.846, de 30 de outubro de 1998) (BANCO CENTRAL DO BRASIL, 1998c). Os restantes R$ 1,9 bilhão foram parcelados para pagamento atualizado pela TR em 48 meses, com carência de 24 meses (período do adiantamento dos bancos), completando-se o pagamento em dezembro de 2004 (LUNDBERG, 2000).

Bancos Banorte e Bandeirantes

Em dezembro de 1995, foi anunciado que o Banorte (com forte presença no Nordeste) seria fundido com o Banco Bandeirantes (concentrado nas regiões Sul e Sudeste). A intervenção do Bacen foi consumada em maio de 1996, e o Bandeirantes assumiu R$ 900 milhões em ativos, dos quais R$ 700 milhões em operações de crédito (MATIAS; PEIXOTO, 2000).

Desse modo, o Bandeirantes comprou a parte saudável do Banorte, e a viabilização do negócio aconteceu basicamente com recursos do FGC, que assumiu a proteção dos pequenos depositantes. No dia da intervenção, foram despendidos R$ 540 milhões de recursos do Proer.

Bancos Mercantil de Pernambuco e Rural

O caso do Banco Econômico fragilizou a autoridade do governo federal e motivou outros governos estaduais a pressionar por soluções especiais para seus bancos sob intervenção do Bacen. Assim, o Banco

Rural formalizou, junto ao Bacen, uma proposta para a aquisição do Banco Mercantil de Pernambuco, investindo US$ 50 milhões no banco pernambucano. Para as agências do banco voltarem a operar, foram utilizados US$ 150 milhões de recursos do Proer (ibidem).

Bancos United e Antônio de Queiroz

Em 18 de março de 1996, foi anunciada a fusão do Banco United com o Banco Antônio de Queiroz, formando um novo banco chamado Antônio de Queiroz. Nesse caso, o Proer foi utilizado para reorganização do grupo, com recursos da ordem de R$ 111 milhões (ibidem).

Bancos Pontual e Martinelli

O Banco Pontual não estava com problemas financeiros na época de sua inclusão no programa, mas recebeu recursos do Proer para adquirir o Banco Martinelli. Esses recursos serviram para reorganizações, e o Bacen emprestou ao Pontual cerca de R$ 125 milhões em setembro de 1996. Esses recursos foram totalmente devolvidos com juros e correções, voltando R$ 180 milhões aos cofres do Bacen (ibidem).

Críticas ao Proer

O Proer, apesar de ter conseguido proteger os depositantes e promover a estabilidade do sistema financeiro, foi um programa mal recebido pela opinião pública brasileira. Essa recepção negativa decorreu das políticas anteriores de saneamento do SFN pós-1974, que utilizou recursos do governo para socorrer os bancos com problemas financeiros no período.

É importante destacar que muitas dessas críticas não são procedentes, já que o governo teve o cuidado de só utilizar recursos do próprio sistema financeiro, evitando os recursos do Tesouro Nacional. No entanto, as autoridades governamentais não foram felizes em defender seu programa e fornecer grande transparência às operações do Proer.

A Constituição de 1988 (BRASIL, 1988a) vetou o desvio de recursos da saúde e da educação para operações de saneamento do SFN. Entretanto, apesar das críticas, o governo não pôde ficar omisso aos problemas nessa área, pois sua função é proteger a poupança popular e garantir a estabilidade e a integridade do sistema financeiro, devendo utilizar recursos coletados junto aos demais bancos para resolver desequilíbrios (LUNDBERG, 2000).

A utilização do modelo de cisão na reestruturação de grandes bancos inadimplentes reduziu os prejuízos do governo, pois este conseguiu ressarcir-se parcialmente com base no patrimônio pessoal de ex-controladores e ex-administradores, conforme previsto na Lei n. 6.024/74 (BRASIL, 1974) e em suas modificações. Assim, desde a criação do FGC, uma grande parte desses dispêndios passou a ser de responsabilidade de uma instituição privada (LUNDBERG, 2000).

Desse modo, a criação de um fundo privado formado por recursos das próprias instituições financeiras aumentou a transparência das operações de liquidação e de "salvamento" dos bancos, atendendo às demandas de informação e acompanhamento da opinião pública e das instituições que fazem parte do fundo.

Situação do Proer em 2011

Respondendo a uma solicitação dos autores desta obra, o Bacen forneceu uma lista das instituições que obtiveram empréstimo do Proer, cujas dívidas estão pendentes na autarquia, bem como os respectivos saldos devedores em 31 de março de 2011, como pode ser observado na Tabela 9.

HISTÓRICO DO SETOR BANCÁRIO BRASILEIRO

TABELA 9. Saldos devedores do Proer em 2011

Instituição financeira	Valor nominal A (custo amortizado)	Ajuste a valor justo B	Valor contábil A - B
Banco Econômico	23.969.378.446,92	-11.891.266.438,72	12.078.112.008,20
Banco Nacional	21.880.575.357,56	-5.700.106.015,84	16.180.469.341,71
Banco Mercantil	1.978.540.038,65	–	1.978.540.038,65
Banorte	141.476.421,26	-141.476.421,26	–
TOTAL	47.969.970.264,39	-17.732.848.875,83	30.237.121.388,56

Fonte: Banco Central do Brasil (mensagem recebida de faleconosco.comun.secre@bcb.gov.br em 6 de junho de 2011).

As quatro instituições financeiras citadas na Tabela 9 permaneceram, em 2011, em processo de liquidação extrajudicial, previsto na Lei n. 6.024/1974 (BRASIL, 1974). Além desses bancos, o Banco Crefisul teve seu saldo devedor do Proer – no valor de R$ 26.249.299,23 – inscrito em dívida ativa na data de 25 de novembro de 2003. O montante devido ainda está sendo cobrado pelo Bacen por meio de ação de execução fiscal. Os Bancos Bamerindus e Pontual quitaram suas dívidas oriundas do Proer em novembro de 1998.

A Lei n. 12.249 (BRASIL, 2010) alterou a dinâmica das dívidas do Proer, modificando a forma de pagamento e parcelamento dos débitos de pessoas físicas ou jurídicas com autarquias e fundações públicas federais, que poderiam quitá-los utilizando duas opções: pagando à vista ou pedindo o seu parcelamento.

Essa legislação facilitou o pagamento do débito à vista, com descontos que poderiam chegar a 100% das multas de mora e de ofício, 40% das isoladas, 45% dos juros de mora e 100% sobre o valor do encargo legal. Contudo, essa opção pelo pagamento à vista com descontos ou parcelamento dos débitos deveria ser efetivada até 31 de dezembro de 2010. A seguir, apresenta-se o artigo 65 da Lei n. 12.249/2010 (ADVOCACIA GERAL DA UNIÃO, 2011):

Art. 65. Poderão ser pagos ou parcelados, em até 180 (cento e oitenta) meses, nas condições desta Lei, os débitos administrados pelas autarquias e fundações públicas federais e os débitos de qualquer natureza, tributários ou não tributários, com a Procuradoria-Geral Federal.

§ 1º O disposto neste artigo aplica-se aos créditos constituídos ou não, inscritos ou não como dívida ativa das autarquias e fundações, mesmo em fase de execução fiscal já ajuizada.

§ 2º Para os fins do disposto no caput deste artigo, poderão ser pagas ou parceladas as dívidas vencidas até 30 de novembro de 2008, de pessoas físicas ou jurídicas, consolidadas pelo sujeito passivo, com exigibilidade suspensa ou não, inscritas ou não em dívida ativa, consideradas isoladamente, mesmo em fase de execução fiscal já ajuizada, assim considerados:

I – os débitos de qualquer natureza, tributários ou não, inscritos em dívida ativa no âmbito da Procuradoria-Geral Federal e os que não estejam inscritos em dívida ativa perante as autarquias e fundações públicas federais;

II – os demais débitos de qualquer natureza, tributários ou não, com as autarquias e fundações.

Os banqueiros elogiaram essa medida adotada pelo Bacen para viabilizar o pagamento das dívidas das instituições financeiras socorridas com os recursos do Proer na década de 1990. Em entrevista ao *Valor Online* (2011a), o empresário Armando Monteiro Filho, ex-controlador do Banco Mercantil de Pernambuco, afirmou que a possibilidade de financiamento em 180 meses "é uma forma inteligente das autarquias e instituições federais recuperarem dívidas complicadas e anti-

HISTÓRICO DO SETOR BANCÁRIO BRASILEIRO

gas". Além disso, o empresário estima que o Bacen conseguirá reaver aproximadamente R$ 60 bilhões provenientes de bancos devedores, já que estes abririam mão de todas as contestações judiciais vinculadas ao processo.

Com base nessa nova possibilidade jurídica, o Banco Mercantil de Pernambuco optou pelo parcelamento da maior parte do passivo. Outros bancos também apresentaram propostas de parcelamento de suas dívidas, como os bancos Nacional (R$ 28 bilhões), Econômico (R$ 23 bilhões), Banorte (R$ 716 milhões) e Bamerindus (2,6 bilhões com o FGC) (VALOR ONLINE, 2011a).[1]

Em novembro de 2010, no auge da fraude do Panamericano, o empréstimo do FGC ao empresário Silvio Santos foi uma solução privada inovadora, já que não houve intervenção seguida de liquidação como nos casos anteriores, além de evitar perdas de depositantes e garantir a preservação do sistema financeiro (BORGES; QUEIROZ, 2010).

PROGRAMA DE INCENTIVO À REDUÇÃO DO SETOR PÚBLICO ESTADUAL NA ATIVIDADE BANCÁRIA

A seguir, será analisado o Programa de Incentivo à Redução do Setor Público Estadual na Atividade Bancária (Proes), com a apresentação do quadro institucional dos bancos estaduais antes do programa. Após essa breve análise, serão delineadas as ações do Proes e as instituições que dele participaram.

I Em 2013, os bancos devedores do Proer foram: Econômico, Nacional, Mercantil e Banorte, que refinanciaram suas dívidas pelo "Refis das Autarquias". Em valores de junho de 2013, a dívida dos quatro bancos com o Proer era de R$ 57,4 bilhões; com o desconto concedido, esse débito caiu para R$ 42,679 bilhões. Pela negociação, R$ 14,496 bilhões foram pagos entre 2011 e 2013, restando R$ 28,182 bilhões parcelados em 15 anos. Disponível em: http://www.valor.com.br/financas/3179904/bc-vai-receber-r-282-bi-em-dividas-do-proer; acesso em: 07 abr. 2014.

Quadro institucional

O sistema de instituições financeiras controladas pelos Estados foi constituído ao longo do século XX, seguindo a tendência crescente de intervenção do governo na economia. Outro fator importante foi a conjuntura econômica inflacionária do pós-guerra, com juros legalmente limitados e ausência de correção monetária, desestimulando a canalização da poupança para o sistema financeiro (SALVIANO JUNIOR, 2004).

A escassez de oferta de crédito de longo prazo por parte do sistema financeiro privado era um forte argumento para a criação dos bancos estatais, pois estes atuariam seletivamente, privilegiando o financiamento local e sendo um dos principais propulsores do desenvolvimento de seus respectivos estados.

Nesse contexto, as instituições estaduais tiveram um importante papel em canalizar a poupança privada para projetos de desenvolvimento. O processo de aceleração inflacionária também foi um fator de incentivo à sua constituição, já que os estados, por meio de seus bancos, poderiam apropriar-se do imposto inflacionário. Os depósitos e as tarifas públicas eram recursos a custo zero, também chamados de *float*, que eram emprestados a elevadas taxas nominais, gerando os lucros inflacionários.

Grande parte dos bancos estaduais foi criada entre 1920 e 1970, por meio da estatização ou absorção de bancos privados preexistentes. Somente três bancos foram instituídos após esse período, com a transformação dos territórios federais em estados (Rondônia, Roraima e Amapá), porém, os estados de Mato Grosso do Sul e Tocantins não chegaram a constituir bancos próprios (ibidem).

Segundo Salviano Junior (2004), os dados de 1988 demonstram que os bancos estaduais e as caixas econômicas estaduais respondiam por 10% dos ativos e dos depósitos do sistema financeiro, com 17% das operações de crédito e 6% do patrimônio líquido.

Antes do Proes, existiam 25 bancos comerciais e múltiplos estaduais, duas caixas econômicas e cinco bancos de desenvolvimento, além de 32 empresas financeiras de outras naturezas (ibidem). As instituições de grande porte eram o Banespa, Nossa Caixa, Banrisul, Credireal, Banerj e Banestado, que vigoraram entre os 20 maiores bancos brasileiros.

Em 1996, os bancos estaduais somavam ativos com valor contábil na ordem de R$ 123 bilhões, equivalentes a 17,6% do total de ativos do SFN. Uma característica mais distintiva desses bancos em relação aos demais era sua dependência de recursos de natureza oficial, como depósitos de governos e repasses de instituições oficiais. Além disso, os bancos estaduais, assim como as empresas públicas, perseguiam múltiplos objetivos, o que dificultava sua gestão.

Salviano Junior (2004) destaca as principais características estruturais dos bancos estaduais:

- ambiguidade de objetivos: maior possibilidade de risco moral e de dificuldades na profissionalização da administração, levando a uma elevada ingerência política;
- horizonte de decisão limitado: em razão da dependência dos mandatos políticos, principalmente do governador, promovendo grande descontinuidade administrativa no início de cada mandato;
- sujeição às regras próprias do setor público: como a compra de bens e contratação de serviços públicos por meio de licitação e contratação de mão de obra por meio de concursos públicos, o que nem sempre levava à contratação de recursos humanos com habilidades específicas;
- garantia política de solvência: os bancos possuíam proteção do governo estadual, que, em caso de insolvência, mobilizava diversos meios para suportar os depositantes e demais credores;
- práticas administrativas inadequadas: serão vistas a seguir de forma mais aprofundada.

Uma das práticas administrativas mais condenáveis foram os empréstimos aos controladores, o que criava um grande conflito de interesse dentro da instituição, pois dificultava a avaliação isenta do risco de crédito e da cobrança plena e imediata dos contratos. Além disso, esse endividamento não estava sujeito a nenhum controle, sendo visível ao contribuinte somente quando a instituição quebrava. Mesmo com a restrição imposta pela Lei n. 4.595 (BRASIL, 1964), a interpretação jurídica era bem elástica, permitindo que os créditos dessa natureza se acumulassem até o limite da capacidade de endividamento dos Estados.

Para exemplificar essa prática, Salviano Junior (2004) mostra que, do total de dívidas dos 20 maiores devedores do Banespa em 1989, 89,34% advinham do governo do Estado de São Paulo e de suas empresas, e 7,4% destas eram representadas apenas por três prefeituras paulistas. Assim, os créditos junto aos 20 maiores devedores representavam, na época, 4,5 vezes o patrimônio líquido do banco, demonstrando sua extrema vulnerabilidade à inadimplência de alguns de seus devedores.

A concessão de crédito dos bancos estaduais também não respeitava as boas práticas bancárias. Alguns dos problemas mais comuns eram concessão de crédito acima dos limites cadastrais das empresas, garantias insuficientes, liberação de recursos a empresas com nítidos sinais de incapacidade de pagamento e novos empréstimos apenas para liquidar operações já vencidas (ibidem).

O agravamento da situação dos bancos estaduais, mesmo após algumas resoluções do Bacen, levou, em 1987, à instituição do Regime de Administração Especial Temporária (Raet), que permitia à autoridade monetária assumir a administração de instituições problemáticas, tanto públicas como privadas.

Ações do Proes

O processo de privatização dos bancos públicos estaduais foi resultado de um conjunto de ações, que incluiu pressões do Banco Mundial e do FMI sobre os governos latino-americanos para reduzir a presença do Estado na economia, seguindo os princípios do Consenso de Washington. Todavia, o agravamento da situação dos bancos estaduais, em razão da excessiva concentração de créditos com elevado grau de inadimplência e do grande volume de títulos públicos emitidos pelos próprios estados, tornava a situação ainda mais insustentável (DIAS; LENZI, 2009).

Em dezembro de 1994, a situação financeira do Banco do Estado de São Paulo (Banespa) e do Banco do Estado do Rio de Janeiro (Banerj) chegou ao limite, de modo que o Bacen suspendeu as operações de empréstimo de liquidez e financiamento via certificados de depósitos interbancários (CDI), declarando o Raet para os dois bancos.

Diante desse quadro turbulento, foi criado o Proes e proposto o refinanciamento da dívida pública dos Estados que estavam em nível de difícil controle e administração, como mostra a Figura 31.

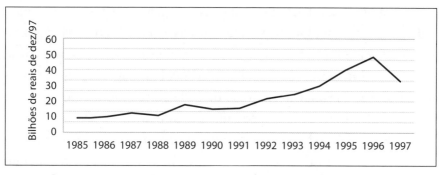

FIGURA 31. Dívida mobiliária dos Estados de 1985 a 1997 (preços de 1997).
Fonte: adaptada de Salviano Junior (2004).

O Proes foi criado em 7 de agosto de 1996 pela Medida Provisória n. 1.514 (BRASIL, 1996), buscando induzir os governadores a optar pela privatização de seus bancos estaduais. A proposta fundamental do Proes era, após vários programas de ajustamento frustrados, reduzir ao mínimo a presença de instituições financeiras controladas pelos governos estaduais. Uma característica importante do programa era sua adesão voluntária, diferentemente da solução de liquidação, podendo também cada estado escolher a modalidade de participação.

O principal instrumento do programa eram as linhas de financiamento do governo federal aos estados, os quais poderiam adotar as seguintes alternativas às suas instituições financeiras: extinção, privatização, transformação em instituição não financeira (agência de fomento), aquisição do controle do governo federal, que poderia privatizar ou extinguir a instituição, ou saneamento (SALVIANO JUNIOR, 2004).

Para garantir a maior adesão possível ao programa, foram alterados prazos, o que permitiu um prolongamento exagerado do Proes em relação ao proposto inicialmente. Além disso, os governadores adiavam suas decisões em busca de maiores vantagens, mesmo que essa estratégia agravasse ainda mais a situação financeira de seus bancos.

Entre as dificuldades de gestão do programa, estavam um reduzido grupo de trabalho disponível para as atividades de análise da situação dos bancos estaduais e a lentidão de sua execução, por causa do caráter inédito do programa, que envolvia negociações políticas desgastantes e avaliação rigorosa de cada conglomerado, de modo a definir a alternativa mais adequada a cada banco.

O Banerj foi o primeiro banco a receber uma solução ao ter uma de suas distribuidoras transformada em banco múltiplo, recebendo o nome de Banerj S/A. Assim, o Banerj continuou com os débitos junto ao Bacen e, após várias tentativas de privatização, sem um acordo definitivo sobre os ativos do banco, o Bacen decretou o regime de liquidação extrajudicial do banco, nomeando o Banco Bozano Simonsen como liquidante. Por fim, o Banerj foi vendido em leilão em 1997 ao Itaú, o único banco a apresentar proposta, por um valor de R$ 311 milhões (ibidem).

O Banespa, após várias negociações, foi federalizado pelo valor de R$ 343,3 milhões, com 51% das ações para a União. A demora de três anos para resolver a situação teve um preço bem elevado para o Estado de São Paulo, pois, em 1995, a dívida do banco era de R$ 28 bilhões, passando em 1997 ao montante de R$ 52,1 bilhões (ibidem).

O Estado de Minas Gerais não demorou para resolver seus problemas, comprometendo-se a privatizar seus dois bancos comerciais – Credireal e Bemge –, transformar o banco de desenvolvimento BDMG em agência de fomento e encerrar a liquidação da MinasCaixa, que estava correndo desde 1991. Em 1997, ocorreu o leilão do Credireal, que foi arrematado pelo Banco de Crédito Nacional (BCN) por R$ 127,3 milhões; em 1999, aconteceu o leilão do Bemge, que foi comprado pelo Itaú por R$ 583 milhões (ibidem).

O Estado do Rio Grande do Sul também sofreu reestruturação de seu sistema financeiro, com o saneamento do Banrisul e a transformação da Caixa Econômica Estadual em agência de fomento. O Estado de Pernambuco também optou pelo saneamento de sua instituição financeira, o Bandepe, contudo, por não conseguir aportar a contrapartida exigida (50% do valor) para a reestruturação, foi decidido pela privatização do banco. O leilão, em 1998, teve um único ofertante, o holandês ABN Amro, que pagou o preço mínimo de R$ 183 milhões (ibidem).

Apesar da ideia inicial de federalização para o Banco do Estado da Bahia (Baneb), foi concedida autorização para o financiamento das dívidas do banco com recursos do Proes e para sua privatização. A compra do Baneb ocorreu em 1999 pelo Bradesco, único ofertante do leilão, pelo valor de R$ 260 milhões (ibidem).

O Paraná teve uma negociação bem difícil, e, enquanto não se colocava uma situação definitiva ao Banestado, que estava com forte desequilíbrio patrimonial, em razão das altas taxas de juros cobradas no mercado interbancário, sua situação se agravava ainda mais. Em 2000, foi realizada a privatização do Banestado, que foi comprado pelo Itaú por R$ 1,625 bilhão (ibidem).

Em 1998, enquanto corria o processo de privatização do Banespa, os Estados de Goiás (Banco do Estado do Goiás – BEG), Ceará (Banco do Estado do Ceará – BEC) e Amazonas (Banco do Estado do Amazonas – BEA) solicitaram também a federalização de seus bancos. O Estado de Santa Catarina inicialmente queria realizar saneamento no Banco do Estado de Santa Catarina (Besc), porém, pela falta de recursos do Estado para essa operação, o banco foi federalizado. O Banco do Estado do Maranhão (BEM) também seguiu esse caminho.

Os bancos federalizados tiveram que esperar para que a privatização ocorresse, de modo que seus gestores, durante esse período, praticaram uma administração passiva, a fim de evitar perdas imediatas de recursos e preparar as instituições para a venda, sem traçar novas estratégias para os bancos, já que esta seria a função dos gestores pós-privatização.

Quando foi estabelecida a data do leilão do Banespa em maio de 2000, empreenderam-se várias ações judiciais para evitar o processo de privatização. Os pré-qualificados para participar do leilão eram cinco grupos estrangeiros (Banco Bilbao Vizcaya Argentaria S/A, Banco Santander Central Hispano S/A, Citibank Overseas Investment Corporation, Fleet National Bank e HSBC Holdings BV), além de quatro bancos nacionais (Banco Bradesco S/A, Banco Itaú S/A, Banco Safra S/A e Unibanco S/A) (ibidem).

Com a demora na realização do leilão, muitos grupos estrangeiros desistiram de participar, o que aumentou a insegurança em relação ao preço de venda do banco. Entretanto, em 20 de novembro de 2000, o Banco Santander liquidou a fatura com um ágio de 281% em relação ao preço mínimo, oferecendo o montante de R$ 7,05 bilhões (ibidem).

Resultados do Proes

Com exceção do Mato Grosso do Sul e de Tocantins, que não tinham instituições financeiras, e da Paraíba e do Distrito Federal, que não manifestaram interesse nos recursos do Proes, todos os demais Estados brasileiros formalizaram sua adesão ao programa, que se encerrou em 30 de junho de 2000.

Das 64 instituições financeiras estaduais que existiam em 1996, 41 foram extintas, privatizadas ou transformadas em agências de fomento durante a vigência do Proes (ibidem).

A Figura 32 mostra a redução da participação das instituições financeiras estaduais com o advento do Proes, evidenciando uma queda de participação no mercado financeiro em aproximadamente 2/3, independentemente do indicador selecionado.

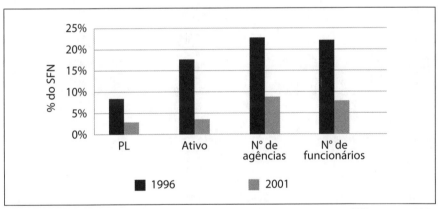

FIGURA 32. Indicadores das instituições financeiras estaduais em relação ao SFN de 1996 e 2001.
Fonte: Salviano Junior (2004).

Salviano Junior (2004) afirma que o Proes exigiu da União uma emissão de títulos no valor de R$ 61,4 bilhões, que foram utilizados para sanear bancos estaduais. Desse modo, o programa resultou na privatização de nove instituições bancárias estaduais. O Banco do Estado da Paraíba (Paraiban) foi privatizado pelo próprio Estado sem os recursos do Proes. O valor histórico arrecadado total foi de R$ 11,4 bilhões, considerando o valor dos leilões, a venda de ações oferecidas aos funcionários e eventuais sobras, como mostra a Tabela 10.

TABELA 10. Privatização dos bancos estaduais: datas e valores

Instituição	Data do leilão	Comprador	Valor (R$ milhões)
Banerj	26/06/1997	Itaú	311,1
Credireal	07/08/1997	BCN	134,2
Bemge	14/09/1998	Itaú	603,06
Bandepe	17/11/1998	ABN Amro	182,9
Baneb	22/06/1999	Bradesco	267,8
Banestado	17/10/2000	Itaú	1.799,26
Banespa	20/11/2000	Santander	7.160,92
Paraiban	08/11/2001	Real ABN Amro	70,14
BEG	04/12/2001	Itaú	680,84
BEA	24/01/2002	Bradesco	192,54
TOTAL			11.411,76

Fonte: Salviano Junior (2004).

Essas transações mudaram substancialmente o sistema financeiro, na medida em que os maiores bancos privados nacionais (Itaú e Bradesco) participaram ativamente dos leilões. A compra do Banespa pelo Santander, que até então tinha baixa presença no mercado brasileiro, alavancou o Santander para a lista dos bancos de grande porte presentes no país, modificando a dinâmica competitiva do setor financeiro.

Críticas ao Proes

Desde que foi criado, em 1996, o Proes foi duramente criticado na imprensa e no Congresso Nacional, por causa da desnacionalização e concentração na indústria bancária e da perda de um importante instrumento de investimento regional. Percebe-se, pela análise inicial, que os bancos estaduais exerceram um papel importante para seus estados quando o sistema financeiro era pouco desenvolvido e mal estruturado. Entretanto, com as crises econômicas da década de 1980 e o processo de estabilização pós-Plano Real, ficou evidente que sua administração era deficiente e que as perdas com os lucros inflacionários tinham deteriorado bastante seus resultados. O crescente endividamento também era uma característica negativa, fazendo com que esses bancos passassem a ser um fardo para seus Estados, que não tinham recursos para sanear as suas dívidas.

Um argumento bastante utilizado na mídia foi a de que as receitas de privatização não foram suficientes para cobrir os empréstimos federais aos estados para saneamento de seus bancos, de modo que estes foram lesados com essas privatizações. É preciso ressaltar que, apesar de a privatização ser uma opção, o pagamento dos passivos a descoberto era uma obrigação legal e moral dos estados, independentemente da venda de seus bancos (ibidem).

A opção de fechamento e liquidação de todos os bancos estaduais também era uma alternativa, mas que acarretaria elevados custos econômicos e sociais, incorrendo em perdas dos depositantes e credores e perda de empregos, bem como levaria a uma onda de desconfiança a todo sistema financeiro, com elevada probabilidade de uma crise generalizada.

O saneamento representava uma opção melhor que a liquidação dos bancos, já que permitiria aos estados recuperar um instrumento de fomento. Entretanto, a recuperação dessas instituições financeiras com a manutenção de suas características estruturais e má gestão dos recursos poderia levar, no futuro, a novos programas para socorrer esses bancos, aumentando os gastos fiscais tanto para os estados como para a União.

Assim, dentre as alternativas disponíveis, a utilizada pelo governo foi a mais adequada para resolver os problemas fiscais e administrativos do período, minimizando perdas sociais, financeiras e econômicas, mesmo que tenha levado a um desgaste político do então governo vigente.

PROGRAMA DE FORTALECIMENTO DAS INSTITUIÇÕES FINANCEIRAS FEDERAIS

O Programa de Fortalecimento das Instituições Financeiras Federais (Proef) foi criado pela Medida Provisória n. 2.155, de 22 de junho de 2001 (BRASIL, 2001b), e modificado posteriormente pela Medida Provisória n. 2.196, de 24 de agosto de 2001 (BRASIL, 2001c).

O Proef promoveu a reestruturação dos bancos federais, dentre eles o Banco do Brasil S/A (BB), Banco do Nordeste S/A (BNB), Banco da Amazônia S/A (Basa) e Caixa Econômica Federal (CEF), por meio da troca de ativos de pouca liquidez e baixa remuneração por títulos públicos federais, além da criação da Empresa Gestora de Ativos (Emgea) (BACEN, 2001).

Os instrumentos utilizados foram a transferência do risco de crédito para o Tesouro Nacional ou cessão de crédito para a Emgea, a troca de ativos de pouca liquidez e baixa remuneração por ativos líquidos remunerados à taxa de mercado e o aumento de capital em CEF, BNB e Basa (NASSER, 2008). O BB foi capitalizado pelo Tesouro Nacional em 1995.

O fortalecimento dos bancos públicos federais ampliou as perspectivas de atuação competitiva ao sanear desequilíbrios passados e promover maior transparência entre as atividades das faces privadas e pública desses bancos.

O impacto do Proef sobre a dívida líquida do setor público foi de R$ 12,55 bilhões, e o montante da emissão líquida do setor público foi de R$ 29,84 bilhões, dos quais 70% foram destinados para a CEF por meio da Emgea (SENADO FEDERAL, 2008).[II]

FUSÕES E AQUISIÇÕES

Em novembro de 1995, foram anunciadas medidas que dificultavam a abertura de novos bancos e incentivavam as fusões e aquisições das instituições financeiras vigentes. Percebe-se que essas medidas foram aplicadas em vista do processo de reorganização do SFN com os programas Proer, Proes e Proef com o propósito de evitar instituições frágeis e problemáticas.

Entretanto, com essas novas medidas, a abertura de novos bancos tornou-se praticamente proibitiva, com a exigência de que o patrimônio líquido de novas instituições fosse de 32%, comparado aos 8% exigidos para os bancos estabelecidos. No âmbito do Proer, foi criada uma linha de crédito subsidiada para financiar as fusões e aquisições de bancos, de modo a sanear o sistema financeiro.

Para corroborar essa iniciativa do governo, os bancos estrangeiros, que até então necessitavam de R$ 16 milhões para a abertura de uma carteira financeira, contra R$ 8 milhões de um banco de capital nacional, foram equiparados aos nacionais em relação aos requisitos patrimoniais, inclusive para que pudessem participar de operações de fusão (MATIAS; PEIXOTO, 2000).

Assim, o mercado brasileiro passou por um processo de adaptação aos novos tempos de economia globalizada e ambiente de baixa inflação no final da década de 1990, com a ampliação do movimento de fusões e incorporações entre bancos nacionais e estrangeiros e de

---

II   Segundo o Bacen (2013), foram utilizados R$ 24 bilhões de recursos públicos no Proef, com custo estimado de 2,1% do PIB. Disponível em: http://www.bcb.gov.br/secre/apres/Dawilson_Sacramento-Seminário_Internacional_Resolução_20130506.pdf; acesso em: 11 abr. 2014.

instituições menores pelas maiores, buscando solidificar a posição de mercado em razão da crescente concorrência interna e externa.

Esse processo se intensificou a partir de 1996, seguindo o movimento do Proes, de modo a alterar o perfil do setor bancário brasileiro, tornando-o mais concentrado. Um dos destaques foi a entrada dos bancos europeus no Brasil, principalmente os espanhóis em 1997 e 1998, além da aquisição do Banco Real pelo grupo holandês ABN Amro.

As vantagens dos bancos estrangeiros em relação aos nacionais eram: maior acesso ao *funding* internacional, conhecimento de vários mercados e entrada facilitada, principalmente com a compra de bancos com ampla rede de agências, que reduziriam os potenciais custos de expansão no país.

A seguir, serão analisados os principais casos de fusões e aquisições bancárias no Brasil, os quais causaram grandes impactos no sistema financeiro ao modificarem a dinâmica competitiva e alavancarem mudanças no quadro das principais instituições financeiras bancárias do país.

Banco Santander: aquisição do Banco Noroeste, Banco Geral do Comércio, Meridional, Bozano Simonsen e Banespa

O Grupo Santander entrou no Brasil em meados da década de 1970, com a instalação de um escritório de representação comercial em São Paulo. Em 1982, inaugurou sua primeira agência, mas, no início da década de 1990, optou por atuar no Brasil apenas como banco de investimento, encerrando sua atividade comercial e denominando--se Banco Santander Investment.

Buscando estabelecer uma forte presença na América Latina, particularmente no Brasil, o Banco Santander utilizou uma estratégia de crescimento orgânico por meio de aquisições. Em janeiro de 1997, o Santander adquiriu o Banco Geral do Comércio S/A, um banco de varejo de médio porte, por R$ 220 milhões para o controle de 50% de suas ações. Nessa transação, mudou o nome para Banco Santander S/A. Ainda em agosto de 1997, por R$ 258 milhões, comprou o controle de 51% das ações do Banco Noroeste, que tinha 94 agências e 331 mil clientes. A partir dessas transações, o Santander procurou fortalecer sua posição como banco de varejo no Brasil, apesar de ainda ser bem pequeno (BANCO SANTANDER, 2011a).

Em janeiro de 2000, o Grupo Santander adquiriu o Banco Meridional S/A, um banco atuante em serviços bancários de varejo e atacado, com forte presença no Sudeste do país. Nesse processo, houve um aporte de R$ 1,3 bilhão e a compra do Banco Bozano Simonsen, banco de investimento que havia adquirido, em 1997, o Banco Meridional. Essa aquisição tornou o Santander o maior banco estrangeiro da América Latina naquele período.

Em novembro de 2000, ocorreu o leilão do Banespa, que representou a aquisição mais importante do grupo para consolidar sua presença no Brasil e expandir suas operações, principalmente na região Sudeste. Essa transação contou com um montante de R$ 7,05 bilhões, com ágio de 281%, na qual se adquiriram 570 agências e quase três milhões de clientes, formados, principalmente, por servidores públicos do Estado de São Paulo (BANCO SANTANDER, 2011a).

Essa aquisição tornou o banco um dos maiores grupos financeiros do Brasil, com sólidas operações em serviços bancários de varejo e atacado e com atuação mais direcionada às regiões Sul e Sudeste.

Esse processo inicial de aquisições do Santander foi muito importante para fortalecer a presença do banco espanhol no Brasil, transformando-o em um grande *player* nacional.

ABN Amro Bank: aquisição do Banco Real

O ABN Amro Bank é um banco de origem holandesa que ocupa uma posição de destaque nos mercados financeiros do mundo, atuando em mais de 60 países e com forte presença na Europa e nos Estados Unidos. Em julho de 1998, o ABN Amro Bank adquiriu 40% das ações do Banco Real por cerca de R$ 2,1 bilhões, tornando o Brasil o terceiro país de maior atuação do grupo. Posteriormente, foi adquirido o controle de 100% das ações do Banco Real (HRYNIEWICZ, 2000).

Assim, o ABN Amro Bank e o Real formavam uma das maiores instituições privadas do país, com 1.500 postos de atendimento e 22 mil funcionários em dezembro de 2000. A integração das instituições foi facilitada por ambas apresentarem características complementares e uma postura similar na condução dos seus negócios.

Antes do processo de integração, o Banco Real era o líder de mercado no financiamento de veículos usados, contando com cerca de 50 escritórios em todo o país e uma excelente reputação de banco de atacado, especializado na formação de complexas operações financeiras para grandes empresas nacionais e multinacionais.

Em 2001, o ABN Amro Real garantiu uma participação de aproximadamente 14% nos lucros líquidos realizados pelo grupo holandês. Já no primeiro semestre de 2002, segundo o presidente Fábio Barbosa, o país foi responsável por 22% do lucro líquido e 24,5% do lucro global do grupo holandês no mundo (OBSERVATÓRIO SOCIAL, 2002).

Até dezembro de 2007, o Banco ABN Amro Real ocupava a quinta posição no *ranking* do Bacen dos maiores bancos brasileiros em ativos, com R$ 158,6 bilhões (BANCO CENTRAL DO BRASIL, 2001d).

Banco Bradesco: aquisição do Banco Bilbao Viscaya Argentaria

O Banco Bradesco adquiriu a filial brasileira do Banco Bilbao Vizcaya Argentaria (BBVA), em janeiro de 2003, por R$ 2,7 bilhões, sendo R$ 2 bilhões em dinheiro e 4,5% das ações do Bradesco para o banco espanhol. O BBVA, na época da negociação, possuía 438 agências e R$ 16,8 bilhões em ativos, ocupando o nono lugar entre as maiores instituições financeiras do país. A rede de agências do BBVA era bem distribuída entre os estados do Sudeste e Nordeste, sendo esta uma grande vantagem em relação ao Banespa (FOLHA ONLINE, 2003).

O grupo espanhol BBVA desembarcou no Brasil em 1998 com a promessa de ser um dos maiores bancos do país. Inicialmente, comprou o falido Banco Excel-Econômico e investiu cerca de R$ 1 bilhão no Brasil, mas detinha apenas 1% do mercado local.

Segundo os analistas da época, o banco, para concorrer com as grandes instituições financeiras do país, deveria empreender uma nova aquisição. Chegou-se a especular a compra do Unibanco, porém o negócio não se configurou. O colapso da economia argentina, em que o banco tinha grandes investimentos, provocou muitas perdas nos negócios da América Latina, e o BBVA passou de potencial comprador a alvo de aquisição (ibidem).

A aquisição do Bradesco incluiu também as empresas controladas direta e indiretamente pelo BBVA Brasil, com destaque para BBVA Gestão de Recursos e Banco de Investimento S/A, BBVA Cartões, Crédito, Financiamento e Investimento S/A, BBVA Corretora de Câmbio e Valores Mobiliários Ltda. e BBVA Leasing Brasil S/A Arrendamento Mercantil. O Bradesco também ganhou com o negócio: além de uma carteira de clientes corporativos espanhóis, celebrou um acordo de acionistas que contemplava o direito do BBVA de nomear um membro do conselho de administração do Bradesco, além da criação de uma *spanish desk* para responder pelo relacionamento com as empresas espanholas no Brasil, bem como possibilitar a análise, a implementação e a ampliação de negócios entre o BBVA e o Bradesco (REVISTA ÉPOCA, 2003).

O Grupo BBVA (2011) ampliou suas operações no país como banco de investimento, concentrando-se nas áreas de mercado de capitais (bônus, empréstimos sindicalizados, financiamentos estruturados e de projetos, *corporate finance* e *trade finance*, *cash management* regional e apoio à empresa brasileira que cresce no exterior).

Essa ampliação foi feita com os recursos da venda das ações ordinárias do Bradesco pertencentes ao banco, que conferiu ganho de capital de US$ 1,2 bilhão.

Banco Santander: aquisição do ABN Amro Real

Em outubro de 2007, o Banco Santander participou de um dos maiores negócios da história da indústria bancária: a compra, por € 71 bilhões (aproximadamente US$ 181 bilhões), do banco holandês ABN Amro pelo consórcio formado pelo espanhol Santander, pelo britânico Royal Bank of Scotland (RBS) e pelo belga-holandês Fortis. Com isso, o Santander assumiu os bancos Antonveneta, da Itália (vendido meses depois), e Real. A aquisição do Banco Real representou um salto estratégico nas operações do Santander na América Latina: em 2010, o Brasil foi responsável por 25% dos resultados do Grupo Santander no mundo (BANCO SANTANDER, 2010).

Os ativos do Banco Real custaram ao Grupo Santander US$ 17 bilhões, equivalentes a R$ 30,6 bilhões. Em 2007, o patrimônio líquido do ABN Real era de R$ 10,7 bilhões, com um múltiplo preço da ação sobre o valor patrimonial por ação (P/VPA) de 2,9, em linha com os preços das aquisições mais recentes do setor financeiro (ibidem).

Essa negociação permitiu ao Santander maior expansão para estados em que sua presença não era tão forte, como nos outros estados da região Sudeste. A aquisição colheu frutos, como o atendimento de pequenas e médias empresas, que não tinham a devida atenção do banco desde sua entrada; operações de oferta de ações e emissões de títulos de dívidas, aproveitando um ponto forte do ABN Real; financiamento de veículos por meio da Aymoré Financiamentos; e *private banking* (administração de grandes fortunas) com a maior segmentação das atividades do banco, além da manutenção dos serviços Van Gogh, destinados a clientes de alta renda e atividades de crédito e varejo (O GLOBO, 2007).

As informações financeiras consolidadas do Santander, no exercício findo em 31 de dezembro de 2008, consideraram as informações patrimoniais e de resultado do Banco Real a partir de 29 de agosto de 2008, ou seja, contemplam apenas o resultado apurado pelo Banco Real a partir do mês de setembro de 2008. Assim, o Banco Santander Espanha passou a exercer efetivamente o controle societário indireto das empresas do conglomerado ABN Amro Real no Brasil após o cumprimento de todas as condições para a transferência do controle, especialmente a obtenção da aprovação do Nederlandsche Bank (Banco Central da Holanda), do Bacen e do Conselho Administrativo de Defesa Econômica (Cade) (BANCO SANTANDER, 2010).

A incorporação do Real possuía perspectivas de maior integração dos negócios e atividades bancárias em uma única instituição financeira para todos os fins comerciais, financeiros e jurídicos, além da redução de custos administrativos e da racionalização e simplificação da estrutura societária do Grupo Santander Brasil (VALOR ONLINE, 2009). Assim, em dezembro de 2008, o Banco Santander tornou-se o quarto maior banco brasileiro em ativos totais, contando com R$ 344,69 bilhões, e o terceiro maior banco privado do Brasil. Já em 2009, o Banco Santander foi ultrapassado em ativos por dois bancos públicos: a Caixa Econômica Federal e o Banco Nacional de Desenvolvimento Econômico e Social (BNDES). Em 2010, sua posição permaneceu igual ao ano anterior, com um ativo total estimado em R$ 376,06 bilhões (BANCO CENTRAL DO BRASIL, 2011d).

Banco do Brasil: aquisição da Nossa Caixa e do Banco Votorantim

A Medida Provisória n. 443, de 22 de outubro de 2008, abriu a possibilidade de os bancos públicos comprarem bancos privados, o que até então era proibido (BRASIL, 2008). Essa medida provisória foi sancionada em vista do quadro turbulento resultante da crise do mercado *subprime* americano, como alternativa para aumentar a liquidez do mercado financeiro brasileiro e evitar a interrupção do funcionamento da economia (O GLOBO, 2008).

Em vista desse quadro regulatório mais flexível, em novembro de 2008, o Banco do Brasil anunciou a compra de 71,25% das ações da Nossa Caixa por R$ 5,386 bilhões. O pagamento acordado foi em espécie, dividido em 18 parcelas de R$ 299,250 milhões, a partir de março de 2009, corrigidas pela taxa Selic até o pagamento total das respectivas parcelas. Cada ação foi avaliada em R$ 70,63, e esse valor foi oferecido aos acionistas minoritários para que o Banco do Brasil conquistasse 100% de participação na Nossa Caixa (FOLHA ONLINE, 2008a).

A compra de 50% do capital social do Banco Votorantim (BV), além de 49,9% do capital votante pelo Banco do Brasil em janeiro de 2009, retomou a liderança deste em ativos totais do SFN, que anteriormente havia sido tomada pela fusão Itaú Unibanco. Assim, o Banco do Brasil, em dezembro de 2010, alcançou o montante de R$ 779,3 bilhões em ativos totais, segundo dados do Banco Central do Brasil (2011d).

Essa operação foi fechada por R$ 4,2 bilhões, com a compra de mais de 33 bilhões de ações ordinárias do BV por R$ 2,97 bilhões e de mais de 7 bilhões de ações preferenciais por R$ 1,2 bilhão. A governança do BV e da BV Participações S/A é compartilhada entre a Votorantim Finanças e o Banco do Brasil, cujo conselho de administração paritário e a presidência são alternados anualmente (G1ECONOMIA, 2009).

Essa transação conta também com a BV Financeira e a BV Leasing, empresas líderes em financiamento de veículos do Brasil. Desse modo, o Banco do Brasil ampliou sua atuação no mercado de veículos e em outros produtos ligados a esse ramo.

Fusão do Itaú com o Unibanco

Em novembro de 2008, foi anunciada a fusão do Banco Itaú com o Unibanco. Inicialmente, o banco resultante da fusão contou com um montante de R$ 575 bilhões em ativos e patrimônio líquido de cerca de R$ 51,7 bilhões. Estava previsto que essa fusão alcançasse aproximadamente 4,8 mil agências, representando 18% da rede bancária, e 14,5 milhões de clientes de conta corrente, ou seja, 18% do mercado (G1ECONOMIA, 2008).[III]

Os controladores da Itaúsa e do Unibanco constituíram uma *holding* em modelo de governança compartilhada denominada Itaú Unibanco Holding S/A. O conselho de administração é presidido por Pedro Moreira Salles (Unibanco) e o presidente-executivo é Roberto Egydio Setubal (Itaú). O anúncio foi feito com base em uma negociação de mais de um ano, e a integração das operações do Banco Itaú Unibanco foi finalizada praticamente em novembro de 2010, pouco mais de dois anos após seu anúncio.

Na negociação da fusão, os acionistas da Unibanco Holdings e do Unibanco migraram, mediante incorporação de ações, para a companhia aberta Itaú Unibanco Holding S/A, atual Banco Itaú Holding Financeira S/A, cujo controle é compartilhado entre a Itaúsa e o Unibanco Holdings (família Moreira Salles) por meio da *holding* não financeira, a IU Participações (ibidem).

Somente em agosto de 2010 o Cade aprovou o negócio, sem qualquer restrição, por unanimidade dos seis conselheiros e do presidente do órgão. A aprovação teve como base os pareceres da Secretaria de Acompanhamento Econômico do Ministério da Fazenda (Seae), da Secretaria de Direito Econômico do Ministério da Justiça (SDE) e do Bacen. No entendimento do órgão, a fusão não representava uma ameaça à livre concorrência do setor, mesmo que, em alguns mercados, a unificação das operações trouxesse concentração superior a 20% (UOL, 2010).

III   No quarto trimestre de 2013, o Itaú Unibanco alcançou 4.747 agências e 58,2 milhões de clientes correntistas e não correntistas. Disponível em: <https://www.itau.com.br/_arquivosestaticos/RI/pdf/pt/ITUB_Apresentacao_Institucional_4T13.pdf>; acesso em: 7 abr. 2014.

Assim, quando o negócio foi anunciado em novembro de 2008, a fusão do Itaú com o Unibanco criou a maior instituição privada do país, com ativos de R$ 631,32 bilhões e 57 milhões de clientes (ibidem). Entretanto, em agosto de 2009, o Banco do Brasil, depois de comprar o Banco Votorantim e a Nossa Caixa, tornou-se o maior banco brasileiro em ativos totais, contando com o montante de R$ 691,97 bilhões em dezembro de 2009, segundo dados do Banco Central do Brasil (2011d).

De acordo com o presidente do Itaú, a maior motivação para tornar essa instituição financeira o maior banco do país foi o fortalecimento de um banco estrangeiro, o Santander, após o anúncio da compra do ABN Amro Real. Contudo, essa negociação durou cerca de 15 meses antes do anúncio, que foi antecipado pela crise global de 2008 (REUTERS, 2008).

Segundo o Banco Central do Brasil (2011d), em dezembro de 2010, o Banco Itaú Unibanco S/A possuía um ativo total de R$ 720,31 bilhões, só perdendo para o Banco do Brasil, com R$ 779,30 bilhões.

O presidente do Itaú Unibanco, Roberto Setubal, previa que os resultados positivos da fusão iam aparecer mais em 2011, quando ela estivesse finalizada. Em 2010, esse negócio incorreu em custos de cerca de R$ 800 milhões para a integração da rede de agências. Além disso, o presidente declarou que a estratégia é a expansão internacional com foco na América Latina, sendo esse processo baseado em aquisições (REUTERS, 2010).

Banco Panamericano: CaixaPar e BTG Pactual

A Medida Provisória n. 443 (BRASIL, 2008), que abriu a possibilidade de os bancos públicos comprarem bancos privados, também permitiu à Caixa Econômica Federal constituir um banco de investimento e adquirir participação acionária em outras empresas, independentemente do setor. Assim, em abril de 2009, a CaixaPar, empresa de investimentos da CEF, entrou em funcionamento com patrimônio inicial de R$ 3 bilhões. A CaixaPar foi criada para ter uma estrutura enxuta, com cerca de 15 funcionários, sendo presidida pelo vice-presidente de finanças da CEF Márcio Percival.

Os investimentos da CaixaPar estão voltados para participação em bancos pequenos e médios, empresas prestadoras de serviços ligadas ao setor financeiro, construtoras e outros segmentos da economia em que a empresa tiver interesse.

As propostas de participações são avaliadas em dois aspectos: o interesse do governo, que detém 100% do capital da instituição, e os interesses estratégicos da própria CEF, que pretende crescer em áreas do mercado financeiro, como financiamento de veículos, crédito a médias empresas, *leasing* e empréstimos consignados.

Segundo definição do Banco Central do Brasil (2011b), bancos de investimento são instituições especializadas em participações societárias de caráter temporário, de financiamento da atividade produtiva para suprimento de capital fixo e de giro e de administração de recursos de terceiros. Assim, mesmo que as participações sejam temporárias, a CEF não deixa de fazer acordos com acionistas para garantir influência nas principais decisões estratégicas dos bancos ou empresas adquiridos.

A partir dessa pequena explanação, procura-se entender como foi possível a aquisição de 49% do capital votante, 20,69% das ações preferenciais e 35% do capital total do Banco Panamericano pela CaixaPar, em dezembro de 2009, por R$ 739,3 milhões (FOLHA ONLINE, 2009).

Essa transação permitiu que a CaixaPar participasse das decisões de governança do banco, indicando igual número de membros no conselho de administração e com a presidência do conselho sendo alternada entre a CaixaPar e a *holding* Silvio Santos.

Segundo a CEF, os principais motivos que levaram a essa negociação foram o interesse em ampliar a atuação no mercado bancário, principalmente no segmento de baixa renda, focado em pessoa física, financiamento de veículos e operações de *leasing*, além de aumentar sua participação no segmento de crédito imobiliário (ibidem).

Essa aquisição ocorreu em um momento em que os bancos pequenos e médios estavam tendo problemas em captar recursos, além da elevada incerteza no mercado de crédito. Desse modo, a transação deu maior suporte aos bancos que saíram fragilizados da crise de 2008 e, principalmente, ao Panamericano, que, com a participação da CEF, reduziu seus custos de captação de recursos no mercado.

Em novembro de 2010, o Banco Panamericano protagonizou uma das maiores fraudes contábeis brasileiras, causando prejuízos de cerca de R$ 4 bilhões, e não de R$ 2,5 bilhões como previsto inicialmente, quando estourou a crise. As informações divulgadas ao público afirmam que esse problema surgiu porque o banco teria vendido parte de sua carteira de crédito (cessão de carteiras) a outros bancos sem, contudo, dar baixa em sua contabilidade, de modo que contava com um dinheiro em seu balanço patrimonial que não existia mais (UOL, 2011).

Ainda em novembro de 2010, o Bacen e o FGC organizaram um plano que resultou na injeção de R$ 2,5 bilhões do FGC no Panamericano para reforçar seu balanço e evitar uma corrida bancária. O fundo emprestou ao empresário Silvio Santos esse montante tendo como garantia as empresas do Grupo Silvio Santos, que incluíam 44 empresas subordinadas à *holding* SS Participações, entre elas, o Sistema Brasileiro de Televisão (SBT), a Jequiti Cosméticos, a Liderança Capitalização e o Baú da Felicidade, sendo o valor contábil de todas as empresas estimado em R$ 2,7 bilhões (CUCOLO; D'AMORIN, 2010).

Para resolver o problema, o Panamericano foi comprado em 31 de janeiro de 2011, por 750 milhões, pelo Banco BTG Pactual, que assumiu 51% das ações (com direito a voto), que até então pertenciam ao Grupo Silvio Santos, e uma parcela de papéis preferenciais da instituição. No acordo, também havia o comprometimento do BTG Pactual de não fechar o capital do Panamericano pelo prazo de um ano. Na ocasião da venda, também foi anunciado um repasse adicional de R$ 1,3 bilhão, somando um total de R$ 3,8 bilhões de aporte do FGC (G1ECONOMIA, 2011b).

Nesse caso, o processo de investigação empreendido englobou os operadores do banco e os auditores que avaliavam os balanços (Deloitte) para ver se cumpririam a obrigação de fazer o cruzamento com dados de outros bancos que negociavam com o Panamericano.

Em 4 de maio de 2011, o Cade aprovou, sem restrições, a compra do Panamericano pelo BTG Pactual. O balanço patrimonial do Panamericano divulgado em fevereiro de 2011 confirmou que o rombo total nas contas chegou ao montante de R$ 4,3 bilhões, o qual foi discriminado nas seguintes contas: R$ 1,6 bilhão referentes à carteira de crédito insubsistente; R$ 1,7 bilhão de passivos não registrados de operações de cessão liquidados/referenciados; R$ 500 milhões relativos a irregularidades na constituição de provisões para perdas de crédito; R$ 300 milhões referentes a ajustes de marcação a mercado; e R$ 200 milhões em outros ajustes (ibidem).

A CEF reiterou seu compromisso de manter a parceria estratégica com o Panamericano, além de anunciar que passaria a contar com participantes na diretoria do banco e compor os conselhos fiscal e de administração e o comitê de auditoria da instituição.

Informações financeiras foram divulgadas em maio de 2011 relativas ao primeiro trimestre, com o Panamericano tendo um lucro líquido de R$ 76,1 milhões. A administração do banco não realizou comparação com dados anteriores, já que estes não eram confiáveis. O resultado foi considerado positivo pelo mercado, já que, em dezembro de 2010, o banco havia apresentado um prejuízo de R$ 133,6 milhões com a descoberta da fraude (VALOR ONLINE, 2011b).

Ao final do primeiro trimestre, a carteira total de crédito foi de R$ 10,2 bilhões, contra R$ 13,3 bilhões em 2010. Em nota, a instituição atribuiu essa diminuição à cessão de direitos creditórios no valor de aproximadamente R$ 3,5 bilhões ao FGC, sem coobrigação (ibidem).

Com a nova administração, o banco passou a adotar uma política de redução dos custos de captação e praticar taxas competitivas no mercado por meio da emissão de certificados de depósitos bancários (CDB). O banco também divulgou que o crédito à pessoa física correspondia a 88% da carteira retida.

No segmento mais forte do banco, o de financiamento de veículos, foram concedidos R$ 985,9 milhões em novos financiamentos no primeiro trimestre de 2011. Além disso, a emissão de cartões de crédito também cresceu 7,6% em relação a 2010 (ibidem).

Para confirmar a evolução das contas patrimoniais e de resultado do Panamericano, foi divulgado que seu índice de Basileia, indicador que mensura a relação entre o patrimônio e os ativos de uma instituição financeira, passou de -5,74%, em dezembro de 2010, para 13,45%, ao final de março de 2011, superando o patamar mínimo exigido pelo Bacen de 11% (ibidem).

HISTÓRICO DO SETOR BANCÁRIO BRASILEIRO

A negociação envolvendo o Panamericano ficou conhecida no mercado como "Proer Privado" e, em nenhum momento, envolveu recursos públicos, mas, sim, do FGC, para cobrir as dívidas e preservar o SFN. Assim, por essa transação utilizar fundos do FGC (com patrimônio estimado em R$ 26 bilhões), os próprios banqueiros ficaram com o ônus do negócio, pois, apesar de não estarem satisfeitos com a situação, precisaram evitar a quebra do Panamericano para que não houvesse uma crise de confiança no sistema financeiro (ibidem).

Em vista desses fatos, buscou-se uma solução que não afetasse os acionistas do banco, incluindo a CEF e credores formados por fundos de investimento, fundos de pensão e outros bancos que possuíam depósitos financeiros e obrigações de cessões de crédito. Entretanto, ainda existem muitas dúvidas a respeito dessas inconsistências contábeis e sobre o destino desse elevado montante de recursos desviado do banco, o que torna necessária a continuidade das investigações empreendidas pelo Bacen, além de punição dos gestores culpados pela fraude.[IV]

A Tabela 11 sintetiza as fusões e aquisições de instituições financeiras bancárias de 1998 a 2011, discriminando os compradores, o valor da compra e a data da aquisição.

IV   Em maio de 2013, o Panamericano alterou sua marca para Banco Pan. Essa mudança buscou superar o escândalo financeiro de 2011 e afirmar a solidez e o dinamismo dos novos controladores (CEF e BTG Pactual). Disponível em: http://g1.globo.com/economia/midia-e-marketing/noticia/2013/05/panamericano-muda-identidade-visual-e-vira--banco-pan.html; acesso em: 7 abr. 2014.

O SETOR BANCÁRIO BRASILEIRO DE 1990 A 2010

TABELA 11. Fusões e aquisições bancárias de 1998 a 2011

Instituição adquirida	Instituição compradora	Data do negócio	Patrimônio líquido*	% do capital**	Valor do negócio**
Banco Mappin	General Electric Company	Fev./98	57,3	100	Pedágio pago: R$ 8 milhões
Banco Dibens	Unibanco	Mar./98	179,2	51	Cerca de R$ 60 milhões
Banco América do Sul	Sudameris	Abr./98	179,1	51, posteriormente passando a deter 90	Cerca de R$ 220 milhões
BCR – Crédito Real do RS	Bradesco	Abr./98	9,7	91,8543	ND
Banco Excel--Econômico	Banco Bilbao Vizcaya	Abr./98	585,9	55, posteriormente passando a deter 100	Aportou R$ 1 bilhão
Banco de Investimento Garantia	Credit Suisse First Boston (CSFB)	Jun./98	80,3	100	Cerca de US$ 675 milhões
Banco Real	ABN Amro Bank	Jul./98	1.844,7	40, posteriormente passando a deter 100	Cerca de R$ 2,1 bilhões
Bemge	Itaú	Set./98	238	90,74, e atualmente detém 99,85 via Banerj	R$ 583 milhões
Banco Pontual	BCN (Bradesco)	Nov./98	152,7	Após intervenção, apenas assumiu ativos e passivos	ND
Bandepe	ABN Amro Bank	Nov./98	-766,7	99,97, e atualmente detém 99,99	R$182,9 milhões

(*continua*)

HISTÓRICO DO SETOR BANCÁRIO BRASILEIRO

TABELA 11. Fusões e aquisições bancárias de 1998 a 2011 (*continuação*)

Instituição adquirida	Instituição compradora	Data do negócio	Patrimônio líquido*	% do capital**	Valor do negócio**
Banco Patrimônio	Chase Manhattan	Jan./99	80,3	100	ND
Banco Primus	Banif (Funchal)	Maio/99	21,10	51, e atualmente detém 70	Estimado em US$ 20 milhões
Baneb	Bradesco	Jun./99	139,20	93,95, e atualmente detém 99,97	R$ 260 milhões
Credibanco	Unibanco	Fev./00	197,70	100	ND
Meridional (Bozano Simonsen)	Santander	Fev./00	780,50	Atualmente 96,91	Estimado em R$ 1,3 bilhão
Banco Fleming Graphus	Chase Manhattan	Abr./00	37,50	75, e atualmente detém 100 via J.P. Morgan	US$ 7,73 bilhões
Boavista Interatlantico	Bradesco	Abr./00	445,10	Atualmente 100	Entre R$ 900 milhões e R$ 950 milhões
Banco Bandeirantes	Unibanco	Jul./00	441,50	98, e atualmente detém 100	Cerca de R$ 1 bilhão
Banco Credit Commercial de France (CCF)	HSBC	Jul./00	504,50	100	US$ 10,5 bilhões
Banco das Nações	BCN (Bradesco)	Ago./00	ND	100	ND
J.P. Morgan	Chase Manhattan	Set./00	390,10	100	US$ 35,6 bilhões
Banestado	Itaú	Out./00	474,20	88,04, e atualmente detém 97,40 via Banerj	R$ 1,625 bilhão

(*continua*)

O SETOR BANCÁRIO BRASILEIRO DE 1990 A 2010

TABELA 11. Fusões e aquisições bancárias de 1998 a 2011 (*continuação*)

Instituição adquirida	Instituição compradora	Data do negócio	Patrimônio líquido*	% do capital**	Valor do negócio**
Banespa	Santander	Nov./00	4.796,80	30, e atualmente detém 97,97	R$ 7,05 bilhões
Banco Fininvest	Unibanco	Dez./00	154,00	Atualmente 99,80	Cerca de R$ 480 milhões
Banco Investcred	Unibanco	Ago./01	97,60	50	ND
Paraiban	ABN Amro Bank	Nov./01	ND	100	R$ 50,2 milhões
BEG	Itaú	Dez./01	199,50	84,46	R$ 665 milhões
Mercantil de São Paulo	Bradesco	Jan./02	1.212,30	82,17	Cerca de R$ 1,37 bilhão
BEA	Bradesco	Jan./02	144,10	88,683	R$ 182,9 milhões
Banco Cidade	Bradesco	Fev./02	242,00	100	Cerca de R$ 366 milhões
InterAmerican Express	American Express Bank	Maio/02	132,00	100	ND
BBA Creditanstalt	Itaú	Nov./02	1.578,30	95,75	Cerca de R$ 3,3 bilhões
Banco Fiat	Itaú	Dez./02	859,60	99,99	Cerca de R$ 897 milhões
Banco BBVA Brasil	Bradesco	Jan./03	2.525,10	99,99	Cerca de R$ 2,479 bilhões
Banco Sudameris	ABN Amro Bank	Abr./03	1.384,30	94,57	R$ 527 milhões à vista e R$ 1,663 bilhão em ações do ABN

(*continua*)

198

HISTÓRICO DO SETOR BANCÁRIO BRASILEIRO

TABELA 11. Fusões e aquisições bancárias de 1998 a 2011 (*continuação*)

Instituição adquirida	Instituição compradora	Data do negócio	Patrimônio líquido*	% do capital**	Valor do negócio**
Banco Sul América	Rural	Maio/03	250,30	ND	ND
Lloyds TSB	HSBC	Out./03	859,30	ND	US$ 815 milhões
Banco AGF	Itaú	Out./03	116,60	100	R$ 243 milhões
BankBoston (FleetBoston)	Bank of America (Bofa)	Out./03	2.271,90	100	Cerca de US$ 47 bilhões em ações
Banco Zogbi	Bradesco	Nov./03	273,90	100	R$ 650 milhões
Creditec Financeira	Unibanco	Nov./03	ND	Rede de lojas, excluindo a carteira de crédito	R$ 47 milhões
BEM	Bradesco	Fev./04	37,70	89,95	R$ 78 milhões
Banco Emblema	Grupo Seculus	Maio/04	13,60	100	ND
Banca Nazionale del Lavoro (BNL) do Brasil	Unibanco	Jun./04	197,00	100	R$ 120 milhões
Banco Indusval Multistock (1)	HSBC	Ago./04	...	...	R$ 371 milhões
Banco Matone (2)	HSBC	Nov./04	...	100	R$ 30 milhões
Banco Intercap	Itaú	Dez./04	...	...	R$ 65 milhões
Banco Morada	Bradesco	Abr./05	...	...	R$ 80 milhões

(*continua*)

199

O SETOR BANCÁRIO BRASILEIRO DE 1990 A 2010

TABELA 11. Fusões e aquisições bancárias de 1998 a 2011 (*continuação*)

Instituição adquirida	Instituição compradora	Data do negócio	Patrimônio líquido*	% do capital**	Valor do negócio**
Dibens (3)	Unibanco	Jun./05	222,5	100	R$ 128,25 milhões
BEC	Bradesco	Dez./05	408,9	100	R$ 700 milhões
Amex (4)	Bradesco	Mar./06	167,5	100	US$ 490 milhões
Pecúnia	Societé Generale/ Banco Mais	Mar./06	53,9	100	R$ 100 milhões
BankBoston	Itaú	Maio/06	2.124,40	100	Ações preferenciais avaliadas em R$ 4,5 bilhões (5,8% do capital)
Pactual	UBS	Maio/06	625	100	Cerca de US$ 2,6 bilhões
BMC	Bradesco	Jan./07	277,6	100	Ações do Bradesco (0,94% de seu capital social) + R$ 800 milhões
Cacique	Societé Generale	Fev./07	324,3	100	R$ 850 milhões (à vista)
BGN	BNP Paribas	Jun./07	130,8	100	ND
ABN Amro	RBS, Fortis e Santander	Out./07	10.657,70	100	US$ 101 bilhões
Unibanco	Itaú	Nov./08	15.225,40	IU Participações	R$ 87,9 bilhões
Nossa Caixa	Banco do Brasil	Nov./08	3.185,20	71,25%	R$ 5,386 bilhões
Votorantim	Banco do Brasil	Jan./09	6.461,30	50%	R$ 4,2 bilhões
UBS Pactual	BTG	Abr./09	3.865,20	100	US$ 2,475 bilhões

(*continua*)

HISTÓRICO DO SETOR BANCÁRIO BRASILEIRO

TABELA 11. Fusões e aquisições bancárias de 1998 a 2011 (*continuação*)

Instituição adquirida	Instituição compradora	Data do negócio	Patrimônio líquido*	% do capital**	Valor do negócio**
Ibi	Bradesco	Jun./09	862,7	100	R$ 1,4 bilhão
Concórdia	Rendimento	Out./09	35	65%	R$ 42 milhões
Panamericano	CaixaPar (subsidiária CEF)	Dez./09	1.559,60	49% do capital votante e 35% do capital total	R$ 739,3 milhões
Dresdner Bank	Scotiabank	Set./10	264	100	Aproximadamente US$ 100 milhões
Panamericano	BTG Pactual	Jan./11	1.599,00	37,64%, sendo 51% de ações ordinárias nominativas e 21,97% de ações preferenciais nominativas	R$ 450 milhões
Banco Matone	JBS Frigorífico	Mar./11	230,7	60%	ND
Indusval Multistock	Sertraiding S/A e LUP X Invest.	Mar./11	426,4	...	ND

Notas: **(1)** Nas operações de financiamento ao consumo do Banco Indusval Multistock, incluem-se a financeira Valeu e a carteira de crédito. **(2)** Financeira Credimatone. **(3)** Completando a aquisição inicial em março de 1998, o Unibanco anunciou a compra de 49% do Banco Dibens, que estava nas mãos do grupo Verdi, e assumiu, então, seu capital total. **(4)** Operações brasileiras da American Express, que incluem o direito de exclusividade por dez anos para a emissão de cartões de crédito da linha Centurion no Brasil, as empresas brasileiras da American Express que atuam no ramo de cartões de crédito, corretagem de seguros, de serviços de viagens e de câmbio no varejo e operações de crédito direto ao consumidor, entre elas o American Express Bank (Brasil) S/A, o Banco American Express S/A e a Inter American Express Arrendamento Mercantil S/A. *R$ milhões; **divulgado à época.
Fonte: Riskbank (2011).

201

Concentração

No Brasil, a concentração bancária é um processo que vem se delineando desde o início do Plano Real, com a quebra de muitos bancos com problemas de liquidez e pelos programas como o Proer e o Proes, que ajudaram a reestruturar o SFN, eliminando os bancos privados ineficientes e reduzindo o número de bancos estaduais no país.

Essas medidas, aliadas à dinâmica do mercado internacional, levaram a uma maior concentração no SFN, em que predominam os grandes bancos que centralizam a maior parte dos ativos e do crédito disponível no país. Segundo o Banco Central do Brasil (2010), em 2009 os cinco maiores bancos detinham 65% das operações de crédito e 76% dos depósitos totais.

De acordo com Tavares e Cavalheiro[23] (1985 apud MATIAS; PEIXOTO, 2000), o estudo da concentração bancária justifica-se, entre outros motivos, pela importância econômica que a concentração da riqueza tem em si, já que representa o poder econômico e político de determinados grupos perante a sociedade, pelos poucos estudos desenvolvidos na área e pelo fato de ser comum, no Brasil, o argumento de que a concentração bancária é responsável pelas altas taxas de juros.

O processo de concentração bancária tem como objetivos a busca por economias de escala e eficiência operacional. Contudo, deve-se ressaltar o papel de destaque do Estado como estimulador do processo no setor, principalmente para reduzir as ineficiências e realizar ajustes de acordo com as práticas internacionais.

O tamanho dos bancos também é vinculado à capacidade de sobrevivência, com a absorção por meio de fusões e aquisições como forma de conquistar escala suficiente para reduzir custos operacionais e ganhar eficiência.

---

23 TAVARES, M. A. R.; CAVALHEIRO, N. *O Setor Bancário Brasileiro: alguns aspectos de crescimento e concentração.* IPE USP, p. 51-65, 1985.

Yeyati e Micco (2007) afirmam que, teoricamente, a concorrência pode ter um impacto negativo sobre a estabilidade do sistema financeiro, pois o valor dos bancos pode cair, reduzindo os incentivos para um comportamento de risco prudente. Desse modo, em um sistema concentrado formado por alguns bancos relativamente grandes, considerados *too big to fail* (grandes demais para falir), talvez haja um comportamento de maior exposição ao risco capaz de provocar *bailouts* (injeção de liquidez em uma instituição falida ou próxima da falência para que ela possa cumprir seus compromissos de curto prazo).

O nível de concentração bancária também pode ser observado nas diferentes regiões brasileiras, em relação aos pontos de atendimento que as instituições colocam à disposição da população. Há forte discrepância entre os estados brasileiros, pois alguns ainda são desassistidos pelo sistema bancário. A concentração nas grandes metrópoles e nos estados mais desenvolvidos dificulta o acesso da população mais carente ao sistema de crédito, o que representa uma medida negativa para o país.

Dados do Banco Central do Brasil (1998b) demonstram que, em 1994, algumas regiões brasileiras eram bem desfavorecidas pelo sistema bancário, sendo divididas em departamentos, conforme mostra a Tabela 12. Observa-se que, após o Plano Real, houve um aumento do número de municípios, porém as condições de atendimento não melhoraram substancialmente, conforme previsto pelo processo mais intenso de bancarização.

Em vista dessas informações, verifica-se um aumento da concentração dos bancos nos grandes centros e nas regiões mais desenvolvidas, em detrimento das pequenas cidades e regiões mais carentes. Em 1998, as capitais das regiões Sul e Sudeste detinham 22,06% de todas as agências bancárias do país e quase 40% dos postos de atendimento eletrônicos cadastrados (MATIAS; PEIXOTO, 2000).

Quando se compara o número de agências entre os estados e as regiões, observa-se uma evolução significativa nas condições de acesso a agências e postos de atendimento bancário. Os processos de fusões e aquisições ocorridos durante o período contribuíram para aumentar a eficiência operacional dos bancos, ajudando-os a melhorar o atendimento às regiões deficientes, sem incorrer em grandes investimentos.

Para analisar a década de 2000, serão utilizados dados do Bacen dos anos de 2006 e 2010 (Tabela 13). Observa-se que o número de agências bancárias em todas as regiões aumentou 8,71% em um período de quatro anos, e as maiores propulsoras desse resultado são as regiões Norte (15,38%), Centro-Oeste (10,52%) e Nordeste (9,26%). A região Sudeste também teve um crescimento expressivo (9,20%), com expansão maior para o interior. Já a região Sul obteve as menores taxas de crescimento (4,72%), pois já possuía uma estrutura bancária bem consolidada no período.

Contudo, em 2010, ainda havia disparidades significativas entre as regiões brasileiras, com o Sudeste concentrando uma participação de 54,77% no total das agências bancárias, o Sul de 19,13%, o Nordeste de 14,27%, o Centro-Oeste de 7,63% e o Norte de 4,20%, divisão representativa do desenvolvimento regional e do número de habitantes.

TABELA 12. Atendimento bancário no Brasil em 1994 e 1998

JURISDIÇÃO	N. de municípios	Total de agências	Municípios sem atendimento	N. de municípios	Total de agências	Municípios sem atendimento
	1994			1998		
Delegacia Regional do Banco Central do Brasil em Belém	301	614	135	327	488	196
Acre	23	41	9	23	23	17
Amapá	14	18	10	16	14	12
Amazonas	73	136	42	73	119	44
Pará	139	298	57	144	247	74
Rondônia	44	100	17	56	72	37
Roraima	8	21		15	13	12
Delegacia Regional do Banco Central do Brasil em Belo Horizonte	1.108	2.557	226	1.240	2.376	366
Goiás	233	589	13	243	529	13
Minas Gerais	757	1.878	128	854	1.783	234
Tocantins	118	90	85	143	64	119

(continua)

TABELA 12. Atendimento bancário no Brasil em 1994 e 1998 (*continuação*)

JURISDIÇÃO	N. de municípios	Total de agências	Municípios sem atendimento	N. de municípios	Total de agências	Municípios sem atendimento
	1994			1998		
Dep. de Organização do Sistema Financeiro	**9**	**241**	**0**	**9**	**256**	**0**
Distrito Federal	9	241		9	256	
Dep. de Organização do Sistema Financeiro em Fortaleza	**508**	**799**	**230**	**621**	**683**	**345**
Ceará	184	388	67	185	330	75
Maranhão	137	292	25	192	245	75
Piauí	187	119	138	244	108	195
Dep. de Organização do Sistema Financeiro de Curitiba	**560**	**1.987**	**39**	**614**	**1.647**	**149**
Mato Grosso	97	298	10	127	202	57
Mato Grosso do Sul	77	303		77	213	23
Paraná	386	1.386	29	410	1.232	69

(continua)

TABELA 12. Atendimento bancário no Brasil em 1994 e 1998 (*continuação*)

JURISDIÇÃO	N. de municípios	Total de agências	Municípios sem atendimento	N. de municípios	Total de agências	Municípios sem atendimento
	1994			1998		
Dep. de Organização do Sistema Financeiro em Porto Alegre	600	2.338	75	766	2.131	110
Rio Grande do Sul	338	1.505	31	471	1.350	65
Santa Catarina	262	833	44	295	781	45
Dep. de Organização do Sistema Financeiro em Recife	664	997	336	710	801	406
Alagoas	99	162	41	103	109	48
Paraíba	238	190	158	255	149	182
Pernambuco	175	508	42	185	420	54
Rio Grande do Norte	152	137	95	167	123	122

(*continua*)

TABELA 12. Atendimento bancário no Brasil em 1994 e 1998 (*continuação*)

JURISDIÇÃO	N. de municípios	Total de agências	Municípios sem atendimento	N. de municípios	Total de agências	Municípios sem atendimento
	1994			1998		
Dep. de Organização do Sistema Financeiro no Rio de Janeiro	**147**	**1.785**	**1**	**169**	**1.729**	**22**
Rio de Janeiro	79	1.463	1	91	1.449	4
Espírito Santo	68	322		78	280	18
Dep. de Organização do Sistema Financeiro em Salvador	**494**	**1.061**	**85**	**495**	**876**	**109**
Bahia	418	888	70	419	734	90
Sergipe	76	173	15	76	142	19
Dep. de Organização do Sistema Financeiro em São Paulo	**620**	**5.021**	**10**	**646**	**5.015**	**36**
São Paulo	620	5.021	10	646	5.015	36
TOTAL	5.011	17.400	1.137	5.597	16.002	1.739

Fonte: Banco Central do Brasil (1998b).

TABELA 13. Atendimento bancário no Brasil – dependências por unidade da Federação e região geográfica de 2006 e 2010

Unidade da Federação/ região	N. de municípios	Total de agências	Municípios sem agência e PAB	Total de agências	Municípios sem agência e PAB
		2006		2010	
Alagoas	102	126	59	144	56
Bahia	417	762	153	843	146
Ceará	184	369	77	400	76
Maranhão	217	226	127	263	117
Paraíba	223	173	193	195	158
Pernambuco	185	482	56	519	56
Piauí	224	117	208	125	179
Rio Grande do Norte	167	149	128	166	121
Sergipe	75	162	25	173	25
Nordeste	**1.794**	**2.566**	**1.026**	**2.828**	**934**
Acre	22	35	13	43	8
Amapá	16	27	11	39	9
Amazonas	62	148	40	176	27
Pará	143	299	64	341	59
Rondônia	52	89	26	109	17
Roraima	15	19	11	25	10
Tocantins	139	87	124	99	105
Norte	**449**	**704**	**289**	**832**	**235**

(*continua*)

TABELA 13. Atendimento bancário no Brasil – dependências por unidade da Federação e região geográfica de 2006 e 2010 (*continuação*)

Unidade da Federação/ região	N. de municípios	Total de agências	Municípios sem agência e PAB	Total de agências	Municípios sem agência e PAB
		2006		2010	
Distrito Federal	23	314	3	349	2
Goiás	246	566	121	614	100
Mato Grosso	141	246	63	292	55
Mato Grosso do Sul	78	227	17	257	16
Centro-Oeste	**488**	**1.353**	**204**	**1.512**	**173**
Espírito Santo	78	369	1	402	
Minas Gerais	853	1.860	331	1.962	328
Rio de Janeiro	92	1.709		1.865	
São Paulo	645	5.915	42	6.622	49
Sudeste	**1.668**	**9.853**	**374**	**10.851**	**377**
Paraná	399	1.289	97	1.360	89
Rio Grande do Sul	496	1.467	175	1.542	166
Santa Catarina	293	855	74	888	
Sul	**1.188**	**3.611**	**346**	**3.790**	**255**
TOTAL	**5.587**	**18.087**	**2.239**	**19.813**	**1.974**

Fonte: Banco Central do Brasil (2010).

A Tabela 14 mostra a evolução do número de agências bancárias no Brasil de 2001 a 2010. Nota-se que as cinco maiores instituições possuem milhares de agências espalhadas pelo Brasil, com os demais bancos mais focados em regiões ou setores específicos. Assim, observa-se que a maior capilaridade de agências é um ponto essencial para conquistar participação de mercado e atendimento diferenciado entre os concorrentes.

Como exemplo, há o Banco Santander, que possuía uma rede de agências bem reduzida antes de sua total integração com o Banespa e os bancos adquiridos no final da década de 1990. O Santander empreendeu uma estratégia mais agressiva, multiplicando seus postos de atendimento e o acesso do consumidor ao crédito, além de realizar uma grande oferta de ações na Bovespa e compra do Banco Real, conquistando a terceira posição de maior banco privado do Brasil e quarto maior banco em número de agências.

Apesar da evolução do número de agências em todo o Brasil, ainda existem muitos municípios sem qualquer contato com o sistema bancário. Esse quadro diminui ainda mais a possibilidade de acesso ao crédito e a oportunidades de empreendedorismo. Em 2000, 29,44% dos municípios brasileiros não tinham nenhuma dependência bancária; em 2010, esse número passou para 35,33%, em virtude da redução dos bancos públicos estaduais, que tinham a função de desenvolvimento regional, além de o custo de uma agência ser elevado. Por isso, os cidadãos das pequenas cidades brasileiras são obrigados a se deslocar para cidades vizinhas para realizar alguma transação bancária ou utilizar a internet. Tal fato pode ser visto na Tabela 15.

TABELA 14. Evolução do número de agências bancárias de 2001 a 2010

Posição	Instituição	2001	2002	2003	2004	2005	2006	2007	2008	2009	2010
1	Banco do Brasil	3.068	3.164	3.295	3.781	4.006	4.046	4.079	4.388	4.951	5.087
2	Itaú	1.504	1.670	1.708	2.190	2.300	2.445	2.575	2.699	3.562	3.739
3	Bradesco	2.406	2.508	2.832	3.003	2.921	3.008	3.144	3.339	3.430	3.605
4	Santander	199	199	199	199	199	1.057	1.081	1.096	2.292	2.392
5	CEF	1.689	1.701	1.710	1.770	1.895	1.981	2.051	2.068	2.084	2.208
6	HSBC	989	943	925	923	931	934	933	930	893	865
7	Banrisul	354	368	378	384	399	413	417	425	432	435
8	Banco do Nordeste	174	174	174	180	180	180	180	181	183	185
9	Mercantil do Brasil	201	200	200	201	192	192	167	150	148	153
10	Banestes	93	93	91	97	107	122	124	126	129	133
11	Citibank	51	50	44	52	60	109	121	124	125	126
12	Basa	82	82	85	92	95	101	104	104	104	109
13	Safra	76	78	82	85	90	91	114	112	98	99
14	BRB	53	53	55	55	56	57	59	59	59	62

(continua)

HISTÓRICO DO SETOR BANCÁRIO BRASILEIRO

TABELA 14. Evolução do número de agências bancárias de 2001 a 2010 (*continuação*)

Posição	Instituição	2001	2002	2003	2004	2005	2006	2007	2008	2009	2010
15	Banese	50	52	53	58	58	61	61	61	61	61
16	Triângulo	2	2	2	2	2	2	31	43	47	47
17	Banpará	37	37	37	37	37	37	37	40	42	42
18	BIC	37	37	37	37	27	26	29	31	31	33
19	Daycoval	4	6	6	9	9	14	15	27	27	30
20	Votorantim	3	3	3	3	3	5	11	17	20	27
Subtotal		11.072	11.420	11.916	13.158	13.567	14.881	15.333	16.020	18.718	19.438
Outras instituições bancárias		5.769	5.629	4.913	4.102	4.060	3.206	3.239	3.122	1.328	375
Total geral		**16.841**	**17.049**	**16.829**	**17.260**	**17.627**	**18.087**	**18.572**	**19.142**	**20.046**	**19.813**

Fonte: Banco Central do Brasil (2010).

TABELA 15. Total de municípios atendidos por dependências bancárias

Atendimento	Dez./ 2000	Dez./ 2001	Dez./ 2002	Dez./ 2003	Dez./ 2004	Dez./ 2005	Dez./ 2006	Dez./ 2007	Dez./ 2008	Dez./ 2009	Dez./ 2010
Municípios	5.636	5.654	5.658	5.578	5.578	5.580	5.580	5.580	5.580	5.580	5.587
Municípios sem dependências	1.659	1.681	1.665	1.600	1.743	2.122	2.115	2.271	2.199	1.991	1.974
Municípios com uma dependência	1.972	2.013	2.060	2.066	2.224	1.871	1.906	1.941	2.819	3.204	3.483
Uma agência	1.390	1.394	1.406	1.397	1.590	1.535	1.500	1.465	1.460	1.515	1.505
Com PAA	582	619	654	669	634	336	406	476	1.359	1.689	1.978

PAA: Posto avançado de atendimento.

Fonte: Banco Central do Brasil (2010).

A Tabela 16 informa a participação dos 5, 10 e 20 maiores bancos e CEF em relação aos ativos totais. Corroborando o índice Herfindahl Hirschman (IHH), observa-se que o sistema bancário brasileiro se tornou mais concentrado após o Proer e o Proes. Para efeito de comparação, em 1996, os 20 maiores bancos acumulavam 72% dos ativos totais do sistema, chegando, em 2010, próximo de 90%. Com relação às cinco maiores instituições, esse número alterou-se bruscamente a partir de 2008, com fusões e aquisições de grandes bancos, como o Santander e Real e o Itaú e Unibanco.

HISTÓRICO DO SETOR BANCÁRIO BRASILEIRO

TABELA 16. Participação percentual dos 5, 10 e 20 maiores bancos e CEF nos ativos do segmento bancário - 1996-2010

Ano	5 maiores	10 maiores	20 maiores
1996	48,7	60,1	72,0
1997	50,2	61,3	75,9
1998	50,5	62,7	75,4
1999	50,7	62,7	76,5
2000	50,2	64,1	78,2
2001	47,9	62,4	77,3
2002	50,7	64,1	79,7
2003	53,7	67,2	81,3
2004	53,0	68,0	83,2
2005	52,6	68,8	83,8
2006	53,9	73,0	86,4
2007	54,0	73,3	87,0
2008	55,1	75,3	88,7
2009	69,9	79,5	89,2
2010	67,0	79,7	89,6

Fonte: Banco Central do Brasil (2010).

Desintermediação financeira

Segundo Savoia[24] (1996 apud MATIAS; PEIXOTO, 2000), a desintermediação financeira é um fenômeno que decorreu da prioridade de as empre-

---

24 SAVOIA, J. R. F. *A Globalização do Mercado Financeiro Brasileiro*: Um estudo das implicações sobre a competitividade. São Paulo, 1996.

sas diminuírem seus custos de captação de recursos e da constatação de que os bancos poderiam atender melhor às necessidades de seus clientes desenvolvendo novos instrumentos financeiros. Outro fator importante seria o interesse dos bancos em diminuir ativos de seus balanços.

O maior desenvolvimento do mercado de capitais contribuiu para esse processo, uma vez que as empresas passaram a buscar recursos sob a forma de dívida, emitindo *commercial papers* ou bônus e debêntures, e a lançar, sob a forma de capital, ações e recibos de depósito de ações como alternativa ao sistema de crédito.

Como a tendência é o maior desenvolvimento do mercado de capitais, os bancos deverão procurar alternativas para conquistar receitas, aumentando as atividades de *underwriting* (intermediário financeiro responsável pela colocação e subscrição de ações ou obrigações no mercado), criando novos produtos e aumentando a capacidade de distribuição de títulos das empresas parceiras.

A distribuição de produtos pela internet também incentiva o processo de desintermediação, já que esse meio é caracterizado pela rapidez, segurança e facilidade de acesso.

Os bancos estão investindo também em conhecimento e capacitação técnica, de modo a obter algum controle sobre essas novas atividades e minimizar possíveis perdas. Assim, a atuação dos bancos como agentes de emissão ou colocação de títulos emitidos pelas empresas, instituição de empresas de *factoring* e participação em operadoras de cartão de crédito (instrumento de elevado crescimento e aceitação pelos comerciantes e consumidores) demonstra que estão buscando controlar novas atividades, com o processo de desintermediação financeira não se configurando como grande ameaça aos resultados dessas instituições.

O MERCADO BANCÁRIO POR PORTE E ORIGEM DE CAPITAL

Em seus relatórios sobre o sistema financeiro, o Banco Central do Brasil (Bacen) disponibiliza, por segmentos, informações sobre a evolução do número de instituições presentes no mercado financeiro nas décadas de 1990 e 2000 (Tabela 1). A partir desse panorama geral, é possível analisar profundamente as mudanças que ocorreram no período relativas aos ambientes externo e interno, as quais proporcionaram fortes modificações na dinâmica competitiva e tornaram essenciais uma gestão eficiente e uma visão de futuro bem consolidada para o bom desempenho das instituições financeiras bancárias.

TABELA 1. Quantitativo de instituições autorizadas a funcionar

Segmento	1993	1994	1995	1996	1997	1998	1999	2000	2001	2002	2003	2004	2005	2006	2007	2008	2009	2010
Banco Múltiplo	206	210	205	194	180	174	169	163	153	143	141	139	138	137	135	140	139	137
Banco Comercial	35	34	35	38	36	28	25	28	28	23	23	24	22	21	20	18	18	19
Caixa Econômica	2	2	2	2	2	2	1	1	1	1	1	1	1	1	1	1	1	1
Banco de Desenvolvimento	7	6	6	6	6	6	5	5	4	4	4	4	4	4	4	4	4	4
Banco de Investimento	17	17	17	23	22	22	21	19	20	23	21	21	20	18	17	17	16	15
Banco de Câmbio	-	-	-	-	-	-	-	-	-	-	-	-	-	-	-	-	-	2
Sociedade de Arrenda-mento Mercantil	67	77	80	75	80	83	81	78	72	65	58	51	45	41	38	36	33	32
Sociedade de Crédito, Financiamento e Investimento (CFI)	41	42	43	48	49	44	42	43	42	46	47	46	50	51	52	55	59	61
Sociedade de Crédito Imobiliário/ Associação de Poupança e Empréstimo	27	27	23	22	22	21	19	18	18	18	18	18	18	18	18	16	16	14
Sociedade Corretora de TVM	240	240	227	219	202	194	193	187	177	161	147	139	133	116	107	107	105	103

(continua)

TABELA 1. Quantitativo de instituições autorizadas a funcionar (*continuação*)

Segmento	1993	1994	1995	1996	1997	1998	1999	2000	2001	2002	2003	2004	2005	2006	2007	2008	2009	2010
Sociedade Corretora de Câmbio	45	47	48	39	37	39	39	41	43	42	43	47	45	48	46	45	45	44
Sociedade Distribuidora de TVM	378	376	333	283	238	210	190	177	159	151	146	138	134	133	135	135	125	125
Agência de Fomento	-	-	-	-	-	3	5	8	9	10	11	12	12	12	12	12	14	15
Companhia Hipotecária	-	-	-	3	3	4	6	7	7	6	6	6	6	6	6	6	6	7
Subtotal 1	**1.065**	**1.078**	**1.019**	**952**	**877**	**830**	**796**	**775**	**733**	**693**	**666**	**646**	**628**	**606**	**591**	**592**	**581**	**579**
Cooperativa de Crédito	877	946	980	1.018	1.120	1.198	1.253	1.311	1.379	1.430	1.454	1.436	1.439	1.452	1.465	1.453	1.405	1.370
Sociedade de Crédito ao Microempreendedor	-	-	-	-	-	-	4	11	23	37	49	51	55	56	52	47	45	45
Subtotal 2	**1.942**	**2.024**	**1.999**	**1.970**	**1.997**	**2.028**	**2.053**	**2.097**	**2.135**	**2.160**	**2.169**	**2.133**	**2.122**	**2.114**	**2.108**	**2.092**	**2.031**	**1.994**
Consórcio	485	490	462	446	433	422	406	407	399	376	365	364	342	333	329	317	308	300
TOTAL	**2.427**	**2.514**	**2.461**	**2.416**	**2.430**	**2.450**	**2.459**	**2.504**	**2.534**	**2.536**	**2.534**	**2.497**	**2.464**	**2.447**	**2.437**	**2.409**	**2.339**	**2.294**

Fonte: Banco Central do Brasil (2010b).

A análise de dados consolidados do Sistema Financeiro Nacional (SFN) permite melhor entendimento de suas características e tendências. As Figuras 1 a 3 mostram a evolução dos ativos totais, dos depósitos e do patrimônio líquido do sistema bancário, permitindo a visualização do seu crescimento, principalmente após 2004, quando o país entrou em um novo ciclo de expansão do crédito e de crescimento da economia.

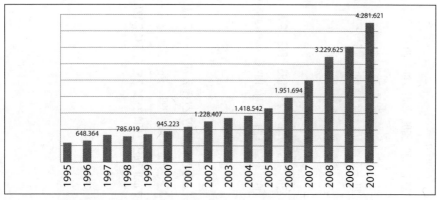

FIGURA 1. Evolução dos ativos do sistema bancário em R$ mil.
Fonte: Febraban (2011e).

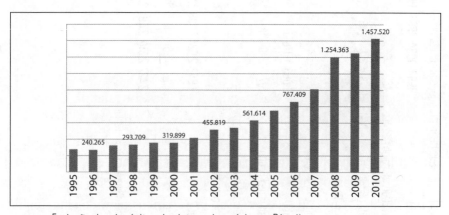

FIGURA 2. Evolução dos depósitos do sistema bancário em R$ mil.
Fonte: Febraban (2011e).

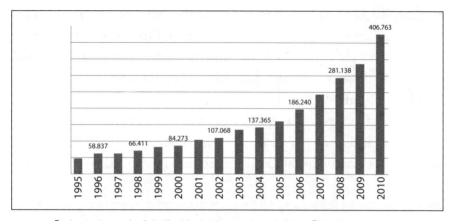

FIGURA 3. Evolução do patrimônio líquido do sistema bancário em R$ mil.
Fonte: Febraban (2011e).

A Tabela 2 mostra o desenvolvimento das operações de crédito e dos títulos e valores mobiliários e instrumentos financeiros derivativos do SFN de 1995 a 2010. Na década de 1990, destaca-se um grande movimento de aplicações das instituições financeiras em títulos e valores mobiliários (TVM), que tinham elevada remuneração e baixo risco. Contudo, as operações de crédito evoluíram mais significativamente após 2004, quando se iniciou um novo ciclo de expansão do crédito na economia brasileira.

A Tabela 3 exibe a evolução da participação das instituições do segmento bancário nas operações de crédito do SFN na década de 1990. Os bancos públicos reduziram drasticamente sua participação nas operações de crédito e em virtude do Programa de Incentivo à Redução do Setor Público Estadual na Atividade Bancária (Proes), que eliminou grande parte dos bancos estaduais ao longo dos anos 1990. O Banco do Brasil perdeu espaço nas operações de crédito no período, ficando mais focado no crédito rural. Já os bancos privados nacionais conquistaram representatividade, com o desenvolvimento de grandes bancos, como o Bradesco, Itaú e Unibanco. Já os bancos com controle estrangeiro ganharam destaque com a abertura comercial empreendida pelo Plano Real. As cooperativas de crédito apresentaram trajetória positiva em decorrência de uma melhor organização estrutural e expansão de seus domínios para vários Estados brasileiros em busca de desenvolvimento regional.

É importante ressaltar que, a partir de 1997, reduziu-se o crédito disponível no sistema em razão das crises internacionais que afetaram o país, gerando grande instabilidade e incerteza no mercado internacional.

TABELA 2. Evolução dos TVM e das operações de crédito e arrendamento mercantil do SFN, de 1995 a 2010 – em R$ mil

Ano	TVM	Operações de crédito e arrendamento mercantil
1995	88.564.414	201.399.925
1996	115.145.943	228.496.860
1997	185.924.216	234.787.476
1998	197.416.285	244.165.237
1999	225.026.927	255.542.597
2000	247.217.939	308.463.264
2001	328.115.839	322.863.902
2002	339.888.799	371.544.104
2003	367.473.705	408.887.316
2004	387.421.941	474.107.933
2005	445.321.259	569.227.437
2006	509.764.759	690.868.087
2007	560.189.304	865.405.331
2008	628.457.525	1.108.551.381
2009	636.259.470	1.314.711.579
2010	793.761.660	1.647.181.759

Fonte: Banco Central do Brasil (2011g).

TABELA 3. Participação das instituições do segmento bancário nas operações de crédito desse segmento – em R$ bilhões (década de 1990)

Instituição do segmento bancário	1994	1995	1996	1997	1998	1999
Bancos públicos	27,36	40,70	45,10	19,02	16,53	15,75
Banco do Brasil	28,73	27,69	20,40	20,26	22,49	20,49
Caixa Econômica Federal	29,42	39,26	46,08	57,12	60,29	55,67
Bancos privados nacionais	50,56	54,57	61,21	65,28	57,79	61,33
Bancos com controle estrangeiro	8,04	10,50	18,27	21,63	27,77	38,26
Cooperativas de crédito	0,48	0,76	1,02	1,37	1,74	2,21
TOTAL	144,59	173,48	192,08	184,68	186,61	193,71

Fonte: Banco Central do Brasil (2010b).

Quando se compara a participação das instituições bancárias nas operações de crédito nos anos 2000, destacam-se o Banco do Brasil e a Caixa Econômica Federal (CEF), que foram os principais agentes de crédito do país, sobretudo para setores pouco assistidos pelos demais bancos, como a agricultura e o crédito imobiliário (Tabela 4).

Os bancos privados nacionais empreenderam um forte processo de consolidação, com muitas fusões e aquisições, inclusive de instituições estaduais e bancos insolventes, além da expansão para o exterior, participando ativamente de transações internacionais. Entre os bancos estrangeiros, destacam-se o ABN Amro Real e o Santander, que cresceram e se firmaram como grandes instituições do mercado brasileiro, com elevado número de agências e disponibilidade de crédito. As cooperativas, mesmo ocupando um pequeno espaço no SFN, apresentaram crescimento expressivo nas operações de crédito, em função de uma maior organização dos setores da economia em volta de suas atividades e por serem uma alternativa aos seus associados a novas fontes de crédito.

TABELA 4. Participação das instituições do segmento bancário nas operações de crédito desse segmento – em R$ bilhões (década de 2000)

Instituição do segmento bancário	2000	2001	2002	2003	2004	2005	2006	2007	2008	2009	2010
Bancos públicos	11,69	7,21	12,39	12,84	15,08	16,90	18,89	22,61	46,93	29,24	35,63
Banco do Brasil	25,00	33,89	41,91	57,94	66,14	77,02	101,92	127,70	176,10	226,64	272,08
Caixa Econômica Federal	52,52	16,63	19,72	22,37	25,56	33,42	41,22	50,80	73,16	115,52	164,64
Bancos privados nacionais	78,84	98,26	102,98	117,57	141,20	170,36	114,72	268,17	303,41	343,91	461,12
Bancos com controle estrangeiro	57,45	73,49	77,60	67,79	85,83	109,99	129,04	143,32	181,28	173,92	207,92
Cooperativas de crédito	2,83	3,75	4,59	6,09	7,86	9,49	11,49	15,12	20,92	23,44	28,57
TOTAL	228,33	233,23	259,19	284,60	341,67	417,18	417,28	627,72	801,81	912,64	1.169,96

Fonte: Banco Central do Brasil (2010b).

A partir dessa breve explanação, é possível desenvolver uma análise mais completa do mercado bancário por meio da seleção de uma amostra dos bancos brasileiros durante o período de 1994 a 2010. Os indicadores financeiros do modelo E2S Bancos são medidas importantes para a análise do SFN e de suas especificidades. De acordo com o período, podem-se entender as mudanças estruturais das instituições financeiras brasileiras e seu papel como agente de crédito em várias áreas do sistema produtivo. A divisão por porte e origem de capital consolida a análise e permite a compreensão de características inerentes aos bancos e de suas atividades principais.

MERCADO BANCÁRIO POR PORTE

A segmentação do mercado bancário por porte iniciou-se com a criação de uma metodologia que representasse adequadamente as diferenças dos bancos em relação aos seus ativos totais, aos depósitos e ao patrimônio líquido. A amostra contempla bancos comerciais, múltiplos e caixas econômicas disponíveis na base de dados do sistema Visionarium.

Primeiramente, foi estabelecido um *ranking* por ativo total em ordem decrescente de valor. A divisão por porte foi determinada da seguinte forma: bancos grandes são aqueles que concentram até 75% do ativo total do sistema financeiro; bancos médios, até 15%; bancos pequenos, até 7,5%; e bancos emergentes, até 2,5%.

Em vista de o período analisado ser bem extenso, ele foi dividido em duas décadas – 1990 e 2000 –, além de ser segmentado de acordo com o modelo E2S Bancos em três grandes áreas: estratégia, eficiência e solvência. A década de 1990 é retratada a partir de 1994 em virtude da disponibilidade de dados do sistema Visionarium.

A análise dos resultados referentes aos indicadores financeiros dos bancos é formada por uma amostra variável, segundo a classificação por porte empreendida anteriormente. A Tabela 5 apresenta a amostra selecionada para a análise dos indicadores, segundo divisão por porte, nas décadas de 1990 e 2000.

TABELA 5. Amostra de instituições financeiras, segundo divisão por porte

Amostra de instituições financeiras	Década de 1990	Década de 2000
Bancos grandes	20	10
Bancos médios	20	20
Bancos pequenos	25	20
Bancos emergentes	30	30

Fonte: Elaboração própria.

Década de 1990

A Tabela 6 mostra a evolução do número de instituições financeiras de acordo com a metodologia de porte desenvolvida pelos autores, com base na análise da amostra selecionada do sistema Visionarium de 1994 a 2010. Observa-se que os grandes bancos eram bem representativos na década de 1990, destacando-se os bancos públicos federais e estaduais e privados nacionais. Ao longo dessa década, o número de bancos médios e pequenos não sofreu alteração significativa, sendo seu nicho de mercado bem delimitado. A classificação em bancos emergentes ocorreu em razão de sua pouca representatividade para o sistema financeiro, apesar do número elevado. Nota-se que o número de bancos emergentes acompanhou a redução do número de bancos no SFN.

TABELA 6. Evolução do número de instituições por porte, segundo o ativo total, de 1994 a 1999

Porte	1994	1995	1996	1997	1998	1999
Grande	14	13	15	12	12	13
Médio	24	25	26	23	23	22
Pequeno	44	43	42	42	38	40
Emergente	130	124	111	105	103	90
Total	212	205	194	182	176	165

Fonte: Elaboração própria.

Essa metodologia pode ser estendida à análise por depósitos e patrimônio líquido, como mostram as Tabelas 7 e 8. Quando se acompanha a evolução por depósitos, tem-se um grande número de bancos do segmento emergente, mesmo que sua participação seja pouco relevante nos depósitos do SFN. Com relação ao patrimônio líquido, observa-se maior distribuição no segmento de bancos grandes e médios. Isso indica maior alavancagem desses bancos em relação aos demais, aumentando sua capacidade de financiamento para empresas e famílias.

TABELA 7. Evolução do número de instituições por porte, segundo os depósitos, de 1994 a 1999

Porte	1994	1995	1996	1997	1998	1999
Grande	11	9	9	9	10	9
Médio	19	21	19	19	15	16
Pequeno	37	39	34	42	31	40
Emergente	132	128	130	103	108	90
Total	199	197	192	173	164	155

Fonte: Elaboração própria.

TABELA 8. Evolução do número de instituições por porte, segundo o patrimônio líquido, de 1994 a 1999

Porte	1994	1995	1996	1997	1998	1999
Grande	20	24	22	21	19	21
Médio	36	36	36	35	30	31
Pequeno	64	67	59	52	50	48
Emergente	87	74	71	70	69	63
Total	207	201	188	178	168	163

Fonte: Elaboração própria.

Estratégia

Os indicadores financeiros de estratégia podem ser divididos em captação e aplicação de recursos. A captação analisa as operações de crédito por meio das quais o banco capta recursos.

A capitalização analisa a relação entre o patrimônio líquido e o capital de terceiros das instituições financeiras – este formado por exigibilidades ou obrigações de curto e longo prazos. Na Tabela 9, observa-se que os grandes bancos são menos capitalizados, tendo maior participação de recursos de terceiros em seus balanços para alavancar suas operações de crédito. Destaca-se, nesse período de transição para o Real, os bancos emergentes que eram fortemente capitalizados, evitando grandes endividamentos e, consequentemente, reforçando sua estabilidade nos momentos de crise e desconfiança no mercado financeiro.

TABELA 9. Capitalização (%) de 1994 a 1999, segundo divisão por porte

Instituições financeiras	1994	1995	1996	1997	1998	1999
Bancos grandes	8,606	9,455	7,26	6,8645	7,632	8,021
Bancos médios	11,981	15,780	10,732	9,814	9,019	12,121
Bancos pequenos	16,186	13,781	13,4	12,11	12,344	16,385
Bancos emergentes	60,579	63,741	53,95	30,434	44,084	32,704

Fonte: Elaboração própria.

Seguindo esse raciocínio, vê-se, a partir da Tabela 10, que a alavancagem dos grandes bancos no período foi superior aos demais, sobretudo dos bancos emergentes, caracterizados por serem conservadores em suas decisões. Esse comportamento está relacionado ao fato de os grandes bancos terem ampliado sua oferta de crédito ao consumidor logo após o Plano Real, necessitando de recursos para sustentar essas operações. Já os bancos médios e pequenos mantiveram seus níveis de alavancagem sem grandes alterações, visando a um crescimento sustentável e equilibrado.

O MERCADO BANCÁRIO POR PORTE E ORIGEM DE CAPITAL

TABELA 10. Alavancagem de 1994 a 1999, segundo divisão por porte

Instituições financeiras	1994	1995	1996	1997	1998	1999
Bancos grandes	11,619	10,577	13,773	14,593	13,050	12,150
Bancos médios	8,374	6,345	9,376	10,244	10,989	8,250
Bancos pequenos	6,179	7,258	7,463	7,927	8,101	6,103
Bancos emergentes	1,570	1,481	1,864	3,298	2,347	3,058

Fonte: Elaboração própria.

A captação de curto prazo ajustada mensura o quão representativo é o capital de terceiros de curto prazo para os bancos. Esse capital é formado basicamente por depósitos, captação no mercado aberto, relações interfinanceiras, etc. Na Tabela 11, observa-se grande representatividade das captações com prazos reduzidos dos bancos, em geral para suportar suas operações ao longo do ano.

Corroborando a análise anterior, a Tabela 12 mostra as captações de longo prazo para essas instituições ao longo da década de 1990, demonstrando grande dependência de renovação de suas obrigações no curto prazo e, consequentemente, gerando maior instabilidade financeira nos momentos de crises macroeconômicas e ajustes estruturais.

TABELA 11. Captação de curto prazo ajustada (%) de 1994 a 1999, segundo divisão por porte

Instituições financeiras	1994	1995	1996	1997	1998	1999
Bancos grandes	92,032	91,610	91,410	91,381	83,144	86,529
Bancos médios	90,879	89,280	85,140	86,719	89,120	82,018
Bancos pequenos	94,863	88,785	82,425	80,439	82,316	86,292
Bancos emergentes	100,000	99,973	98,368	94,651	89,823	85,300

Fonte: Elaboração própria.

TABELA 12. Captação de longo prazo ajustada (%) de 1994 a 1999, segundo divisão por porte

Instituições financeiras	1994	1995	1996	1997	1998	1999
Bancos grandes	9,218	10,273	11,074	10,137	14,704	13,428
Bancos médios	9,640	12,069	16,416	13,778	10,796	20,313
Bancos pequenos	7,539	12,162	18,477	22,251	17,981	14,469
Bancos emergentes	1,535	2,808	3,341	5,362	10,654	12,222

Fonte: Elaboração própria.

A captação de depósitos à vista e por poupança foi elevada somente nos grandes bancos (Tabela 13), já que estes possuíam, como característica principal, a gestão de recursos de clientes por meio de contas correntes e poupança. Nota-se que essa fonte de captação aumentou significativamente após a consolidação do Plano Real, com a população recorrendo aos depósitos em conta corrente para guardar seus recursos.

Além disso, os grandes bancos são considerados mais confiáveis do ponto de vista dos consumidores de serviços financeiros, pois fornecem grande suporte aos seus clientes por meio de uma ampla rede de agências espalhadas pelo país. Para os bancos pequenos e emergentes, esses depósitos foram muito reduzidos ou inexistentes, pois essas instituições são especializadas em operações voltadas ao mercado de títulos.

TABELA 13. Captação de depósitos à vista e poupança (%) de 1994 a 1999, segundo divisão por porte

Instituições financeiras	1994	1995	1996	1997	1998	1999
Bancos grandes	14,99	11,393	11,816	18,9495	19,754	24,522
Bancos médios	3,5125	2,4405	4,1845	4,2865	4,688	6,25
Bancos pequenos	0,3	0,2395	0,282	0,365	0,433	0,182
Bancos emergentes	0,2015	0,187	0,1015	0,276	0,203	0,288

Fonte: Elaboração própria.

Já a captação de depósitos a prazo é formada por certificados de depósitos bancários (CDB) e recibos de depósitos bancários (RDB). Na Tabela 14, observa-se que esse tipo de captação era representativo para os bancos médios, pequenos e emergentes como fonte de recursos e para ajustar suas posições diárias.

Os CDB e RDB são títulos que representam uma dívida da instituição emissora para com seus investidores, e, nessas operações, há o risco de crédito. Por meio desses títulos, os bancos têm o objetivo de obter o menor custo possível de captação e ser competitivo, pagando taxas atraentes aos clientes.

TABELA 14. Captação de depósitos a prazo (%) de 1994 a 1999, segundo divisão por porte

Instituições financeiras	1994	1995	1996	1997	1998	1999
Bancos grandes	31,147	31,776	19,831	23,552	20,006	18,519
Bancos médios	30,605	47,536	35,838	35,601	33,871	21,245
Bancos pequenos	21,061	28,807	23,931	25,637	26,250	22,890
Bancos emergentes	27,352	43,842	35,425	27,962	27,668	27,713

Fonte: Elaboração própria.

A captação por moeda estrangeira ajustada analisa quanto do capital de terceiros das instituições é composto por moeda estrangeira. Os passivos em moeda estrangeira são as obrigações por títulos e valores mobiliários no exterior de curto e longo prazos, empréstimos no exterior de curto e longo prazos e repasses. Na Tabela 15, nota-se que essa fonte de recursos foi utilizada, sobretudo, pelos bancos grandes e médios, que buscavam o *funding* internacional para o desenvolvimento de suas atividades. Os bancos pequenos aumentaram sua participação nesse indicador, principalmente em anos de crise financeira internacional, em que os recursos internos ficaram escassos para as instituições com menor poder de barganha. Já para os bancos emergentes, essa captação foi próxima de zero, pois eles buscavam alternativas a esse capital de grande volatilidade.

TABELA 15. Captação por moeda estrangeira ajustada (%) de 1994 a 1999, segundo divisão por porte

Instituições financeiras	1994	1995	1996	1997	1998	1999
Bancos grandes	6,870	10,317	16,376	14,196	10,501	9,450
Bancos médios	9,126	12,270	12,395	10,953	9,947	12,144
Bancos pequenos	4,951	7,807	19,770	19,665	17,652	14,485
Bancos emergentes	0	0	0	4,119	0,690	1,126

Fonte: Elaboração própria.

A captação por *floating* quantifica o total de capital de terceiros ajustado que é constituído por passivos sem encargos. Esses passivos são formados por depósitos à vista, de correspondentes, cobranças e arrecadação de tributos de curto e longo prazos. Tais captações foram mais representativas para os grandes bancos, já que estes concentravam os depósitos à vista do sistema financeiro (Tabela 16). Após o Plano Real, ocorreu uma redução substancial das receitas de *floating* das instituições financeiras, decorrente da queda da inflação no período.

A redução da inflação aumentou a liquidez das pessoas, que optaram por utilizar a moeda ou mesmo guardá-la em instituições financeiras para seu uso no futuro, aumentando essa fonte de captação nos grandes bancos brasileiros.

TABELA 16. Captação por *floating* (%) de 1994 a 1999, segundo divisão por porte

Instituições financeiras	1994	1995	1996	1997	1998	1999
Bancos grandes	4,834	3,001	4,252	6,179	4,447	6,817
Bancos médios	0,555	0,484	1,062	1,966	1,709	1,943
Bancos pequenos	0,460	0,267	0,392	0,368	0,434	0,183
Bancos emergentes	0,217	0,220	0,214	0,374	0,256	0,299

Fonte: Elaboração própria.

As exigibilidades tributárias e trabalhistas analisam quanto do capital de terceiros é formado por exigências tributárias e trabalhistas, compostas basicamente por encargos sociais, estatutários, fiscais e previdenciários de curto e longo prazos. Essas exigências aumentaram sobretudo em 1998 e 1999 para todos os portes, em vista do processo de reestruturação do SFN empreendido no período (Tabela 17). Esse aumento foi decorrente da maior participação de impostos, taxas e contribuições para os bancos, destacando-se uma grande deterioração desse indicador para os bancos emergentes, os quais comprometeram parte de seus recursos para o pagamento desses encargos, além da necessidade de refinanciamentos tributários nos casos de baixa liquidez.

TABELA 17. Exigibilidades tributárias e trabalhistas (%) de 1994 a 1999, segundo divisão por porte

Instituições financeiras	1994	1995	1996	1997	1998	1999
Bancos grandes	1,579	2,615	1,247	1,854	2,400	2,140
Bancos médios	1,686	1,738	1,596	1,838	1,711	2,074
Bancos pequenos	1,077	1,688	1,724	0,909	1,198	0,922
Bancos emergentes	1,134	1,881	2,220	1,418	3,236	4,289

Fonte: Elaboração própria.

O SETOR BANCÁRIO BRASILEIRO DE 1990 A 2010

Os indicadores de aplicação analisam a alocação dos recursos financeiros dos bancos. A imobilização mensura a proporção do ativo permanente em relação ao patrimônio líquido. Na Tabela 18, observa-se que os bancos grandes, médios e pequenos possuíam os maiores níveis de imobilização, demonstrando uma elevada alocação de recursos próprios em ativos de baixa liquidez, como imóveis e agências bancárias. Os bancos emergentes foram os que menos comprometeram seu patrimônio com ativos de baixa liquidez, já que necessitavam de uma melhor alocação de recursos para suportar suas operações diárias e imprevistos ao longo do exercício.

TABELA 18. Imobilização (%) de 1994 a 1999, segundo divisão por porte

Instituições financeiras	1994	1995	1996	1997	1998	1999
Bancos grandes	70,329	72,314	74,151	72,098	62,930	66,524
Bancos médios	65,652	65,315	80,408	86,245	73,556	65,874
Bancos pequenos	46,054	57,632	56,961	53,459	58,845	59,833
Bancos emergentes	31,679	29,255	24,186	23,907	26,145	24,077

Fonte: Elaboração própria.

Os recursos de longo prazo em giro mensuram o percentual de capital de longo prazo que está aplicado no giro dos bancos. Para os grandes bancos, esse índice foi negativo em todos os anos, demonstrando que essas instituições possuíam majoritariamente recursos de curto prazo para suportar suas operações diárias, aumentando as chances de problemas de liquidez em caso de dificuldade para renovar os prazos das operações. Os bancos médios e pequenos tinham indicadores positivos nessa variável, sugerindo um comportamento mais prudente na alocação de recursos (Tabela 19). Já os bancos emergentes apresentaram situação totalmente oposta à dos grandes bancos, com mais de 60% de capital de longo prazo para o financiamento de suas ope-

234

rações, diminuindo substancialmente a dependência de renovações para atender às suas necessidades no exercício.

TABELA 19. Recursos de longo prazo em giro (%) de 1994 a 1999, segundo divisão por porte

Instituições financeiras	1994	1995	1996	1997	1998	1999
Bancos grandes	-13,614	-4,966	-9,440	-15,414	-15,359	-20,575
Bancos médios	19,018	15,714	24,253	11,386	6,359	10,271
Bancos pequenos	26,508	19,276	23,392	3,082	9,525	16,350
Bancos emergentes	63,950	61,623	65,415	61,975	63,439	58,733

Fonte: Elaboração própria.

Os recursos próprios em giro mensuram o percentual de patrimônio líquido que está aplicado em giro. Os grandes bancos possuíam esse indicador negativo, sobretudo em 1999, quando ele se deteriorou substancialmente (Tabela 20). Isso demonstra que o capital próprio desses bancos não era suficiente para financiar suas operações do dia a dia, o que implicava maior dependência de renovação do capital de terceiros para financiar seu ativo circulante. Esse quadro foi acompanhado pelos bancos médios e pequenos, porém em menor proporção. Já os bancos emergentes foram os únicos que possuíam capital próprio no financiamento de suas operações diárias, com esse indicador ficando acima dos 50% em quase todo o período analisado.

TABELA 20. Recursos próprios em giro (%) de 1994 a 1999, segundo divisão por porte

Instituições financeiras	1994	1995	1996	1997	1998	1999
Bancos grandes	-131,474	-84,353	-91,286	-147,631	-151,908	-246,623
Bancos médios	-44,332	-36,196	-49,279	-100,514	-138,486	-73,873
Bancos pequenos	-1,254	-33,684	-45,705	-151,794	-163,500	-115,688
Bancos emergentes	63,781	59,903	61,908	57,067	52,630	47,748

Fonte: Elaboração própria.

As aplicações em operações de crédito analisam o percentual alocado em ativo de crédito em relação ao ativo operacional. A Tabela 21 mostra que essas aplicações aumentaram logo após o Plano Real, já que as taxas de juros diminuíram substancialmente, favorecendo a oferta de crédito na economia destinada principalmente ao consumo das famílias.

Por meio desse indicador, observa-se uma alocação mais equitativa dos recursos dos bancos de todos os portes para as operações de crédito, já que estas estavam em plena ascensão no período e o momento macroeconômico era mais favorável. Contudo, no final da década de 1990, o país passou por crises econômicas mundiais que reduziram a liquidez do mercado e levaram a um comportamento mais cauteloso dos bancos médios, pequenos e emergentes em relação à oferta de crédito para as pessoas físicas e jurídicas.

TABELA 21. Aplicações em operações de crédito (%) de 1994 a 1999, segundo divisão por porte

Instituições financeiras	1994	1995	1996	1997	1998	1999
Bancos grandes	49,383	42,114	39,436	28,058	26,792	33,423
Bancos médios	41,455	38,764	32,178	39,276	32,841	20,828
Bancos pequenos	46,314	47,080	42,936	37,415	30,441	36,318
Bancos emergentes	42,026	47,748	59,186	45,766	51,465	44,754

Fonte: Elaboração própria.

As aplicações em tesouraria quantificam o total aplicado em tesouraria em relação ao ativo operacional. A Tabela 22 mostra a evolução dessas aplicações de acordo com o porte. Nota-se que esse indicador possuía uma distribuição bem parecida entre os bancos grandes, médios, pequenos e emergentes, demonstrando que estes aplicavam boa parte de seus recursos em títulos e valores mobiliários, operações interfinanceiras de liquidez (aplicações feitas em outros bancos via certificados de depósitos interfinanceiros – CDI, debêntures, letras do tesouro nacional, etc.) e instrumentos financeiros derivativos de curto e longo prazos.

O destaque desse período foi o ano de 1999, pois aumentaram as aplicações em tesouraria em busca de proteção das operações bancárias (*hedge*), por causa da iminência da crise cambial brasileira. Além disso, em virtude das crises asiática e russa, as taxas de juros brasileiras estavam bem elevadas para atrair investimento estrangeiro, aumentando a remuneração dos títulos públicos, que viraram uma boa opção de investimento com baixo nível de risco.

TABELA 22. Aplicações em tesouraria (%) de 1994 a 1999, segundo divisão por porte

Instituições financeiras	1994	1995	1996	1997	1998	1999
Bancos grandes	38,932	39,587	44,736	49,081	50,751	47,691
Bancos médios	40,087	46,311	49,140	40,693	50,099	53,027
Bancos pequenos	38,265	45,742	42,438	43,388	63,118	54,040
Bancos emergentes	49,906	44,604	33,738	36,534	34,278	43,504

Fonte: Elaboração própria.

Eficiência

Os indicadores de eficiência podem ser divididos em *inputs* e *outputs*. Os *inputs* são os elementos necessários para a realização das operações correntes de uma instituição, e os *outputs* são os indicadores oriundos das operações correntes de uma instituição.

INPUTS

A cobertura com serviços mensura a relação entre as receitas de prestação de serviços sobre as despesas estruturais (despesas administrativas e despesas de pessoal). Pela Tabela 23, nota-se que os grandes bancos possuíam o maior nível de cobertura de serviços, demonstrando que as receitas decorrentes de tarifas de administração de recursos e de serviços bancários, como contas correntes, emissões de cartão de crédito e garantias prestadas, foram suficientes para cobrir suas despesas estruturais no período.

Os bancos médios e pequenos possuíam indicadores semelhantes, com bom nível de cobertura. Já os bancos emergentes, apesar de apresentarem indicadores positivos, não eram muito representativos, em virtude de seu foco de atuação não estar ligado ao varejo e às operações com pessoas físicas em geral.

TABELA 23. Cobertura com serviços (%) de 1994 a 1999, segundo divisão por porte

Instituições financeiras	1994	1995	1996	1997	1998	1999
Bancos grandes	22,211	27,235	31,356	31,120	35,902	36,336
Bancos médios	14,200	20,777	24,765	25,175	21,812	24,558
Bancos pequenos	11,298	15,182	13,978	18,964	15,177	17,777
Bancos emergentes	4,908	4,133	3,910	5,810	5,779	5,700

Fonte: Elaboração própria.

O custo de captação analisa quanto o banco gasta para conseguir recursos no mercado. Segundo a Tabela 24, os custos de captação dos bancos grandes eram menores em virtude da diversidade de fontes de captação que possuíam, podendo selecionar as mais favoráveis e de prazos mais longos. Os bancos médios e pequenos, em razão do menor nível de diversificação e de barganha, tinham custos maiores, sobretudo em períodos de crise, como no final da década de 1990. Os bancos emergentes, por sua condição, também captavam recursos com custos mais elevados, com destaque para o ano de 1994, marcado por incertezas econômicas e políticas que reduziram ainda mais suas opções de captação no mercado financeiro.

O MERCADO BANCÁRIO POR PORTE E ORIGEM DE CAPITAL

TABELA 24. Custo de captação (%) de 1994 a 1999, segundo divisão por porte

Instituições financeiras	1994	1995	1996	1997	1998	1999
Bancos grandes	10,214	12,780	11,658	10,323	11,900	13,117
Bancos médios	15,567	13,704	15,902	14,329	17,070	17,152
Bancos pequenos	18,650	10,558	14,453	13,805	17,811	25,509
Bancos emergentes	36,112	12,173	8,664	9,443	15,415	14,002

Fonte: Elaboração própria.

O custo de pessoal mensura as despesas de pessoal em relação ao ativo operacional. Observa-se, pela Tabela 25, que os grandes bancos apresentaram os maiores custos, em decorrência do maior número de funcionários para atender à elevada capilaridade de suas agências no país. Essas despesas eram compostas por remuneração dos funcionários, encargos, benefícios e treinamento.

Os bancos médios também tiveram resultados similares, já que eram formados por bancos públicos estaduais com grande número de agências localizadas nos Estados onde atuavam e dificuldades para realizar reestruturações em seus efetivos. Já os bancos pequenos e emergentes possuíam características destoantes dos demais por terem estruturas mais enxutas em relação ao número de funcionários e agências.

TABELA 25. Custo de pessoal (%) de 1994 a 1999, segundo divisão por porte

Instituições financeiras	1994	1995	1996	1997	1998	1999
Bancos grandes	5,420	3,909	3,703	3,704	3,713	3,415
Bancos médios	4,688	3,356	1,888	3,441	3,817	3,033
Bancos pequenos	2,679	2,605	2,152	1,613	1,634	1,616
Bancos emergentes	3,542	3,517	3,118	2,658	2,231	2,065

Fonte: Elaboração própria.

O custo administrativo analisa a relação de outras despesas administrativas sobre o ativo operacional. Na Tabela 26, observa-se que os bancos grandes mantiveram, durante todo o período selecionado, custos administrativos regulares, com pouca modificação em suas despesas com aluguéis, manutenção e conservação dos bens, comunicação e arrendamento de bens. Os bancos médios e pequenos também apresentaram trajetória semelhante.

No entanto, os bancos emergentes obtiveram custos superiores aos demais, sobretudo a partir de 1995, quando as despesas se aproximaram dos 5%.

TABELA 26. Custo administrativo (%) de 1994 a 1999, segundo divisão por porte

Instituições financeiras	1994	1995	1996	1997	1998	1999
Bancos grandes	2,728	2,750	2,345	2,469	2,359	2,568
Bancos médios	3,140	3,172	2,403	2,647	2,972	2,581
Bancos pequenos	1,917	1,514	1,605	1,259	1,259	1,057
Bancos emergentes	3,965	4,920	4,610	4,952	4,774	3,103

Fonte: Elaboração própria.

O custo estrutural analisa o total das despesas estruturais em relação ao ativo operacional. Pelo exame da Tabela 27, nota-se que os bancos grandes e médios detinham indicadores muito próximos, que foram reduzidos ao final da década de 1990 por causa de cortes em despesas estruturais e aumentos no ativo operacional. Também se destacaram os bancos emergentes, que demoraram um longo período para alcançar custos estruturais próximos dos bancos grandes e médios. Já os bancos pequenos apresentaram uma boa gestão de suas despesas de pessoal e administrativas, levando a indicadores bem favoráveis à sua longevidade.

TABELA 27. Custo estrutural (%) de 1994 a 1999, segundo divisão por porte

Instituições financeiras	1994	1995	1996	1997	1998	1999
Bancos grandes	9,156	6,898	6,209	6,225	6,593	6,137
Bancos médios	9,728	7,881	4,623	6,929	6,707	5,795
Bancos pequenos	4,051	4,030	3,776	3,065	3,181	2,691
Bancos emergentes	9,050	9,646	9,245	8,093	7,802	6,115

Fonte: Elaboração própria.

O *overhead ratio* mensura o total das despesas estruturais em relação à receita total. Pela Tabela 28, nota-se que os bancos grandes possuíam os maiores índices no período, sobretudo por suas receitas totais não acompanharem o crescimento de suas despesas. Já os bancos emergentes, mesmo apresentando elevados custos estruturais, obtiveram os menores índices do período em razão do bom crescimento de suas receitas totais ao longo da década.

TABELA 28. *Overhead ratio* (%) de 1994 a 1999, segundo divisão por porte

Instituições financeiras	1994	1995	1996	1997	1998	1999
Bancos grandes	87,184	114,736	113,290	103,495	100,296	93,019
Bancos médios	75,506	105,390	100,289	113,095	43,868	89,610
Bancos pequenos	54,999	121,257	84,727	77,813	97,986	51,451
Bancos emergentes	21,821	63,482	70,349	73,871	53,674	47,680

Fonte: Elaboração própria.

OUTPUTS

A rentabilidade líquida do patrimônio líquido final analisa quanto do resultado líquido representa o patrimônio líquido de uma instituição. Segundo a Tabela 29, os grandes bancos tiveram indicadores estáveis, com seu resultado líquido representando em torno de 13% de seu patrimônio líquido. Nos bancos médios e pequenos, esse indicador foi se deteriorando, sobretudo nos anos de crise, e o resultado líquido cresceu em ritmo menor que seu patrimônio líquido, com alguns bancos selecionados apresentando resultados negativos na amostra. Já os bancos emergentes obtiveram rentabilidades expressivas, sobretudo no final da década de 1990.

TABELA 29. Rentabilidade líquida do patrimônio líquido final (%) de 1994 a 1999, segundo divisão por porte

Instituições financeiras	1994	1995	1996	1997	1998	1999
Bancos grandes	12,454	7,855	13,292	13,4545	14,193	14,638
Bancos médios	21,165	17,1175	14,385	7,235	8,783	15,136
Bancos pequenos	16,2235	11,306	11,885	9,927	7,374	16,593
Bancos emergentes	13,8705	7,383	10,833	11,551	19,1285	21,816

Fonte: Elaboração própria.

A rentabilidade do ativo mensura quanto do resultado líquido representa o ativo operacional. Na Tabela 30, nota-se que o resultado líquido dos grandes bancos não representa muito de seu ativo operacional, em virtude de este ter uma taxa de crescimento superior ao resultados do exercício. Os bancos médios e pequenos apresentaram comportamento similar, em torno de 1,8% ao longo da década. Já os bancos emergentes, por apresentarem menor escala em suas operações correntes, possuíam as maiores rentabilidades do ativo.

TABELA 30. Rentabilidade do ativo (%) de 1994 a 1999, segundo divisão por porte

Instituições financeiras	1994	1995	1996	1997	1998	1999
Bancos grandes	1,135	0,751	0,833	0,977	0,979	1,339
Bancos médios	2,528	2,588	1,470	0,803	1,119	2,615
Bancos pequenos	2,686	1,645	1,416	1,347	0,668	2,187
Bancos emergentes	2,395	3,350	2,172	3,025	4,867	5,454

Fonte: Elaboração própria.

A rentabilidade da atividade bancária mensura o retorno dessa atividade sobre o ativo operacional. Na Tabela 31, observa-se que os bancos grandes, médios e pequenos apresentavam índices negativos em alguns anos, demonstrando que houve retorno negativo de suas atividades, com os resultados brutos de intermediação financeira e receitas de prestação de serviços inferiores às despesas estruturais e tributárias. Em contrapartida, os bancos emergentes conseguiram resultados expressivos, com níveis de receitas suficientes para suportar custos estruturais maiores.

TABELA 31. Rentabilidade da atividade bancária (%) de 1994 a 1999, segundo divisão por porte

Instituições financeiras	1994	1995	1996	1997	1998	1999
Bancos grandes	1,557	0,294	-0,193	0,008	0,392	1,191
Bancos médios	2,416	0,766	0,261	-0,293	-0,966	0,921
Bancos pequenos	4,427	-0,041	0,870	-0,131	-0,796	0,254
Bancos emergentes	16,101	4,359	3,159	3,582	4,367	5,482

Fonte: Elaboração própria.

A rentabilidade de câmbio mensura o retorno das aplicações em câmbio. Na Tabela 32, nota-se que os bancos grandes e médios apresentaram rentabilidades significativas, principalmente em 1999, por causa da ruptura do regime cambial vigente e da posterior adoção do regime de câmbio flutuante, o que provocou forte desvalorização do real em relação ao dólar norte-americano. Os bancos emergentes não possuíam operações significativas nesse mercado, e sua rentabilidade era próxima de zero.

Para evitar grandes perdas das instituições financeiras e empresas com a forte desvalorização da moeda, o governo empreendeu medidas de *hedge* para proteger os agentes de resultados negativos.

TABELA 32. Rentabilidade do câmbio (%) de 1994 a 1999, segundo o porte

Instituições financeiras	1994	1995	1996	1997	1998	1999
Bancos grandes	0,411	6,641	10,104	8,378	6,438	34,962
Bancos médios	3,143	8,326	13,353	12,346	11,618	67,125
Bancos pequenos	-0,028	-0,675	17,442	11,645	15,396	14,790
Bancos emergentes	0	0	0	0	0	0

Fonte: Elaboração própria.

A rentabilidade da tesouraria quantifica o retorno das aplicações em tesouraria. Na Tabela 33, vê-se que os grandes bancos possuíam rentabilidade inferior à dos médios, pequenos e emergentes, em virtude da menor participação de suas aplicações em títulos e valores mobiliários quando comparada aos demais, para os quais essas operações eram bem significativas.

Além disso, um maior rendimento das aplicações interfinanceiras de liquidez para os bancos médios, pequenos e emergentes foi essencial para manter sua sustentabilidade.

TABELA 33. Rentabilidade da tesouraria (%) de 1994 a 1999, segundo divisão por porte

Instituições financeiras	1994	1995	1996	1997	1998	1999
Bancos grandes	21,429	16,084	14,542	12,847	18,117	19,265
Bancos médios	30,778	17,414	22,216	18,002	23,309	26,200
Bancos pequenos	41,056	17,220	22,148	19,670	22,924	31,242
Bancos emergentes	101,032	23,841	19,256	14,329	22,963	22,882

Fonte: Elaboração própria.

A rentabilidade do crédito analisa o retorno das aplicações de crédito. Os bancos grandes, embora oferecessem volume maior de recursos para os consumidores e as empresas, tinham rentabilidade menor, como pode ser visto na Tabela 34. Um fato que prejudicou esse indicador foi a elevada inadimplência após o Plano Real, pois, com o oferecimento de crédito abundante, muitos consumidores não tiveram capacidade de pagar suas dívidas, o que resultou em perdas para os bancos.

A maior oferta de crédito logo após o Plano Real fez com que os bancos médios, pequenos e emergentes também adentrassem nesse novo mercado, obtendo boa rentabilidade das rendas provindas de adiantamentos, empréstimos, títulos descontados e financiamentos, porém com maior cautela no oferecimento desses recursos.

TABELA 34. Rentabilidade do crédito (%) de 1994 a 1999, segundo divisão por porte

Instituições financeiras	1994	1995	1996	1997	1998	1999
Bancos grandes	19,354	31,838	30,512	29,891	29,102	32,008
Bancos médios	30,507	31,155	26,108	31,527	40,217	52,828
Bancos pequenos	26,301	24,045	26,372	25,832	31,827	54,911
Bancos emergentes	38,452	35,117	27,753	31,528	35,641	39,086

Fonte: Elaboração própria.

A participação das receitas de operações de crédito e arrendamento mercantil mensura quanto das receitas totais é composto por essas operações. Logo após o Plano Real, os grandes bancos ampliaram a participação de suas operações de crédito. Contudo, a partir de 1998, houve uma redução desse indicador, sugerindo maior diversificação de suas operações no período, as quais estavam voltadas à compra de títulos públicos, cujas taxas de juros eram extremamente atrativas (Tabela 35). Os bancos médios, pequenos e emergentes também elevaram sua participação por meio das operações de empréstimos, financiamentos e *leasing*, alocando seus recursos para esse canal nos momentos mais favoráveis.

TABELA 35. Participação das receitas de operações de crédito e arrendamento mercantil (%) de 1994 a 1999, segundo divisão por porte

Instituições financeiras	1994	1995	1996	1997	1998	1999
Bancos grandes	42,858	57,556	49,523	53,390	41,275	39,937
Bancos médios	34,190	50,904	43,815	52,723	48,838	46,538
Bancos pequenos	33,883	58,210	45,877	47,671	40,967	47,699
Bancos emergentes	21,339	69,522	72,401	72,302	65,075	60,464

Fonte: Elaboração própria.

A participação de resultado da tesouraria mensura quanto das receitas totais é composto por resultados de tesouraria. Corroborando a análise anterior, a Tabela 36 mostra que os grandes bancos aumentaram suas rendas em aplicações interfinanceiras de liquidez e em títulos e valores mobiliários principalmente a partir de 1998. Já os demais portes conquistaram maiores níveis de rentabilidade nas operações com títulos, alocando grande parte de seus recursos para essa opção de investimento.

A análise desse indicador informa que a compra de títulos na década de 1990 era extremamente favorável para as instituições financeiras, com resultados muito próximos aos das operações de crédito, sem, contudo, apresentar riscos de perdas significativas.

TABELA 36. Participação de resultado da tesouraria (%) de 1994 a 1999, segundo divisão por porte

Instituições financeiras	1994	1995	1996	1997	1998	1999
Bancos grandes	29,149	21,027	28,091	29,261	36,013	37,474
Bancos médios	35,475	25,927	41,984	32,075	38,561	36,595
Bancos pequenos	36,740	27,895	42,260	38,636	47,216	40,726
Bancos emergentes	52,788	27,834	24,812	22,332	26,449	34,494

Fonte: Elaboração própria.

A participação de resultado do câmbio analisa quanto das receitas totais é composto pelo resultado das operações de câmbio. Na Tabela 37, observa-se que os bancos grandes e pequenos tiveram inicialmente perdas no resultado líquido de suas operações cambiais, decorrentes da variação das taxas e da posição de obrigações em moeda estrangeira logo após a mudança de moeda. Contudo, esse quadro se reverteu a partir de 1996, com ganhos substanciais no final da década, em virtude da alteração do regime cambial brasileiro, com ampla desvalorização da moeda, mas com os bancos se protegendo de eventuais perdas. Corroborando o indicador de rentabilidade de câmbio, os bancos emergentes não possuíam, no período, operações relevantes com moeda estrangeira.

TABELA 37. Participação de resultado do câmbio (%) de 1994 a 1999, segundo divisão por porte

Instituições financeiras	1994	1995	1996	1997	1998	1999
Bancos grandes	-0,072	0,676	1,090	1,263	1,439	3,134
Bancos médios	0,274	0,829	1,787	2,148	1,594	4,545
Bancos pequenos	-0,185	-0,053	0,683	0,672	0,623	1,695
Bancos emergentes	0	0	0	0	0	0

Fonte: Elaboração própria.

A participação das receitas de serviços mensura quanto das receitas totais é composto pela prestação de serviços. Na Tabela 38, nota-se que essas receitas foram mais significativas para os grandes bancos, já que eles possuíam contato mais próximo com o consumidor, oferecendo linhas de crédito, seguros, cartões de crédito, administração de fundos, emissão de cheques, etc. Esses produtos se tornaram fontes importantes de receita para os grandes bancos e ganharam, a partir dos anos 2000, maior relevância com a ampliação do leque de serviços para os clientes dessas instituições.

Para os bancos pequenos e emergentes, em razão do nicho de mercado atendido por eles, essas receitas não foram expressivas.

TABELA 38. Participação das receitas de serviços (%) de 1994 a 1999, segundo divisão por porte

Instituições financeiras	1994	1995	1996	1997	1998	1999
Bancos grandes	8,181	10,521	12,542	13,597	10,264	8,756
Bancos médios	5,950	5,010	5,335	7,748	5,125	4,205
Bancos pequenos	2,416	4,031	2,816	3,456	1,795	1,745
Bancos emergentes	0,639	0,875	1,348	1,541	0,854	1,144

Fonte: Elaboração própria.

A geração operacional de rendas analisa a relação das receitas de intermediação financeira e de serviços sobre o ativo operacional. Pela Tabela 39, observa-se que os bancos médios, pequenos e emergentes conseguiram melhores resultados nesse indicador, pois o desempenho de suas receitas acompanhou o crescimento de seu ativo operacional. Com relação à eficiência operacional, nota-se, na Tabela 40, que esses bancos também conseguiram controlar suas despesas estruturais, de modo que elas não comprometeram os resultados de intermediação financeira no período analisado.

TABELA 39. Geração operacional de rendas (%) de 1994 a 1999, segundo divisão por porte

Instituições financeiras	1994	1995	1996	1997	1998	1999
Bancos grandes	20,906	23,468	20,986	17,175	20,863	23,418
Bancos médios	32,968	27,444	21,974	22,873	24,981	27,910
Bancos pequenos	39,113	22,534	21,790	20,028	23,941	33,700
Bancos emergentes	96,216	40,185	27,935	23,337	29,308	32,552

Fonte: Elaboração própria.

O MERCADO BANCÁRIO POR PORTE E ORIGEM DE CAPITAL

TABELA 40. Eficiência operacional (%) de 1994 a 1999, segundo divisão por porte

Instituições financeiras	1994	1995	1996	1997	1998	1999
Bancos grandes	114,700	84,210	75,606	88,439	99,709	103,084
Bancos médios	132,514	85,788	88,754	85,265	69,309	103,158
Bancos pequenos	175,881	82,645	114,830	76,541	70,028	105,799
Bancos emergentes	207,275	122,117	129,607	130,272	136,495	172,404

Fonte: Elaboração própria.

A margem bruta mensura o resultado bruto de intermediação financeira em relação às receitas totais. A evolução desse importante indicador pode ser vista na Tabela 41, na qual se nota que os bancos grandes possuíam uma boa margem de seus resultados de intermediação financeira durante o período, conseguindo manter cerca de 20% de margem bruta na maior parte dos anos analisados. Destacam-se os bancos emergentes, que apresentaram as maiores margens entre todos os portes, mantendo-as acima de 30%.

TABELA 41. Margem bruta (%) de 1994 a 1999, segundo divisão por porte

Instituições financeiras	1994	1995	1996	1997	1998	1999
Bancos grandes	34,699	22,183	17,341	22,716	24,813	24,150
Bancos médios	27,879	20,207	17,121	14,943	17,675	17,977
Bancos pequenos	40,484	27,264	22,859	14,873	11,722	14,578
Bancos emergentes	39,289	38,955	36,084	39,809	33,001	37,140

Fonte: Elaboração própria.

A margem da atividade bancária mensura o resultado da atividade bancária em relação às receitas totais. Observa-se, na Tabela 42, que, em alguns períodos, essa margem foi negativa para os bancos grandes, médios e pequenos, só voltando a se recuperar no final da década. Isso demonstra que os resultados de sua atividade principal

249

não eram capazes de cobrir as despesas operacionais do período. O quadro foi totalmente oposto no caso dos bancos emergentes, que apresentaram boas margens porque souberam controlar de forma eficiente as despesas.

TABELA 42. Margem da atividade bancária (%) de 1994 a 1999, segundo divisão por porte

Instituições financeiras	1994	1995	1996	1997	1998	1999
Bancos grandes	7,098	1,867	-0,591	0,131	1,752	4,370
Bancos médios	7,726	2,350	1,195	-1,260	2,785	0,966
Bancos pequenos	14,738	-0,328	3,992	-0,486	-3,435	1,186
Bancos emergentes	19,236	9,105	9,308	11,796	10,506	14,871

Fonte: Elaboração própria.

A margem operacional mensura o resultado operacional em relação às receitas totais. As margens não foram muito elevadas para os bancos grandes, médios e pequenos, como pode ser visto na Tabela 43. Isso demonstra que os lucros referentes às operações correntes dessas instituições não foram tão relevantes em relação às suas receitas totais. Diferentemente dos demais, os bancos emergentes, em virtude dos resultados de suas operações, apresentaram boa margem operacional, já que precisam estar bem ajustados em suas atividades principais para suportar a forte concorrência em seu mercado-alvo.

TABELA 43. Margem operacional (%) de 1994 a 1999, segundo divisão por porte

Instituições financeiras	1994	1995	1996	1997	1998	1999
Bancos grandes	8,475	5,657	4,818	6,432	8,052	6,633
Bancos médios	12,371	13,569	8,613	5,270	5,825	5,525
Bancos pequenos	12,430	11,687	7,603	4,667	2,899	6,765
Bancos emergentes	19,048	15,702	17,098	14,736	15,269	21,156

Fonte: Elaboração própria.

A margem líquida mensura o resultado líquido em relação às receitas totais. Nota-se, na Tabela 44, que as margens foram menores para os bancos grandes, que apresentaram, além de margens operacionais inferiores no período, maiores descontos de depreciações, despesas não operacionais, pagamento de IR e participações em coligadas e controladas nos exercícios.

TABELA 44. Margem líquida (%) de 1994 a 1999, segundo divisão por porte

Instituições financeiras	1994	1995	1996	1997	1998	1999
Bancos grandes	4,475	2,909	4,079	4,448	4,383	5,261
Bancos médios	6,695	7,522	6,694	4,688	4,677	5,622
Bancos pequenos	6,495	7,095	6,429	5,138	2,713	6,127
Bancos emergentes	5,319	7,914	10,047	12,542	13,995	17,042

Fonte: Elaboração própria.

O *spread* indica a diferença entre a taxa de empréstimo cobrada pelos bancos dos tomadores de crédito e a taxa de captação paga aos clientes. As taxas de *spread* dos grandes bancos se aproximaram de 10% em quase todo o período, como pode ser observado na Tabela 45. Isso demonstra que tais bancos conseguiram captar recursos a custos inferiores em relação aos demais e ofertá-los no mercado a taxas competitivas. Os bancos emergentes possuíam os maiores *spreads* na década de 1990, com custos de captação inferiores aos bancos médios e pequenos, o que elevou os ganhos e manteve a competitividade em suas principais operações.

TABELA 45. *Spread* (%) de 1994 a 1999, segundo divisão por porte

Instituições financeiras	1994	1995	1996	1997	1998	1999
Bancos grandes	10,034	9,742	7,471	7,405	9,372	12,153
Bancos médios	14,884	11,653	7,201	7,829	5,911	8,650
Bancos pequenos	13,596	6,205	5,662	4,573	5,253	8,210
Bancos emergentes	25,774	23,761	18,099	14,683	16,106	16,259

Fonte: Elaboração própria.

Solvência

Os indicadores de solvência analisam a capacidade de uma instituição de pagar e liquidar suas obrigações. A liquidez geral quantifica a relação entre o que a instituição tem e o que deve a seus credores. A Tabela 46 indica que os bancos grandes, médios e pequenos possuíam liquidez muito próxima, com boa capacidade de pagar suas dívidas em todo o período analisado.

Os bancos emergentes destacam-se pela elevada liquidez de seus ativos, já que era importante que estivessem prontos para eventuais mudanças macroeconômicas que pudessem afetar sua capacidade de pagamento. Além disso, o mercado era mais receoso com bancos desse porte com problemas de liquidez, pois estes teriam mais dificuldades de se recuperar de situações econômicas e estruturais adversas.

TABELA 46. Liquidez geral (%) de 1994 a 1999, segundo divisão por porte

Instituições financeiras	1994	1995	1996	1997	1998	1999
Bancos grandes	102,853	101,930	101,913	101,889	102,198	101,672
Bancos médios	103,939	103,959	102,591	101,899	103,269	103,462
Bancos pequenos	107,592	105,444	104,785	104,000	103,725	105,349
Bancos emergentes	133,546	134,459	125,349	123,439	122,640	119,959

Fonte: Elaboração própria.

A dependência interbancária verifica a quantidade de depósitos interfinanceiros em relação ao capital de terceiros ajustado. Na Tabela 47, nota-se que esse indicador foi mais alto em 1994 e 1995 para todos os portes. Esse fato demonstra que, no período em questão, houve a negociação de um maior volume de depósitos interfinanceiros (instrumento financeiro ou valor mobiliário destinado a possibilitar a troca de reservas entre as instituições financeiras), com grande movimento de compra de títulos entre os bancos, em decorrência da baixa liquidez de algumas instituições financeiras. A maior troca de títulos desse período ocorreu entre os grandes bancos, já que alguns deles, como o Nacional, o Econômico e o Bamerindus, estavam passando por dificuldades financeiras.

Esse indicador voltou a crescer em 1999 para os bancos médios, evidenciando uma deterioração da liquidez no conjunto dessas instituições naquele ano.

TABELA 47. Dependência interbancária (%) de 1994 a 1999, segundo divisão por porte

Instituições financeiras	1994	1995	1996	1997	1998	1999
Bancos grandes	7,229	4,368	5,183	1,756	1,026	0,958
Bancos médios	5,083	4,203	3,095	4,664	3,765	6,176
Bancos pequenos	3,920	3,816	3,977	3,961	2,469	1,935
Bancos emergentes	3,132	0,916	0,349	0,454	2,190	1,625

Fonte: Elaboração própria.

O provisionamento quantifica o total de provisões para crédito de liquidação duvidosa sobre as operações do banco. Esse indicador é representativo da saúde financeira dos bancos na década de 1990, já que os indicadores de inadimplência e insolvência não podem ser calculados nesse período, segundo a metodologia do modelo E2S, por não terem uma classificação de sua carteira de crédito em faixas de AA a H, que só foram regulamentadas pelo Bacen a partir de 2000.

Na Tabela 48, observa-se que os bancos grandes e médios possuíam maior provisionamento de suas operações de crédito, em virtude do maior volume e das dificuldades enfrentadas pelo não pagamento de seus empréstimos e financiamentos logo após o Plano Real. Esse quadro decorreu da deficiente análise de crédito dos bancos e da falta de planejamento financeiro dos tomadores de crédito, que não suportaram o pagamento dos juros e do principal, elevando o provisionamento do período.

Maiores provisionamentos voltaram a ocorrer com a crise cambial de 1999, elevando as incertezas do recebimento das operações de empréstimos e financiamentos dos bancos em todos os portes analisados.

TABELA 48. Provisionamento (%) de 1994 a 1999, segundo divisão por porte

Instituições financeiras	1994	1995	1996	1997	1998	1999
Bancos grandes	1,774	6,547	4,900	3,824	2,944	5,121
Bancos médios	1,290	3,804	3,100	2,905	5,933	4,624
Bancos pequenos	0,634	2,075	1,609	1,882	3,500	2,211
Bancos emergentes	0,604	2,980	1,479	1,887	1,960	2,580

Fonte: Elaboração própria.

O encaixe quantifica os recursos para a cobertura de depósitos. A Tabela 49 mostra que o encaixe dos grandes bancos foi menor em relação aos médios e pequenos, em razão do elevado volume de depósitos, além da maior confiança dos investidores de que os grandes bancos possuem bom nível de disponibilidades (caixa e contas correntes) e solidez financeira para cobrir eventuais corridas bancárias. Em virtude de o risco dos demais bancos ser superior em alguns aspectos, estes possuíam maiores encaixes.

254

O MERCADO BANCÁRIO POR PORTE E ORIGEM DE CAPITAL

TABELA 49. Encaixe (%) de 1994 a 1999, segundo divisão por porte

Instituições financeiras	1994	1995	1996	1997	1998	1999
Bancos grandes	33,366	24,507	35,701	19,921	18,105	26,541
Bancos médios	29,971	21,473	57,422	23,571	31,335	46,902
Bancos pequenos	44,764	51,705	45,266	46,694	81,555	103,052
Bancos emergentes	37,647	23,735	26,835	22,348	19,769	27,697

Fonte: Elaboração própria.

Década de 2000

Na Tabela 50, nota-se que houve, sobretudo a partir de 2003, uma redução substancial do número de bancos de grande porte, formados majoritariamente por bancos privados nacionais e estrangeiros, além do Banco do Brasil e da CEF, representantes do governo federal. Esse quadro teve como determinante os processos de fusões e aquisições discutidos anteriormente, além das privatizações e dos programas governamentais para reduzir a participação dos bancos públicos estaduais no SFN.

Destaca-se a diminuição do número de bancos médios, o que demonstra como eles perderam espaço no mercado por causa da indefinição do seu público-alvo e do processo de consolidação empreendido no período. Os bancos pequenos e emergentes mantiveram sua trajetória, com número elevado de bancos, proporcionando atendimento a nichos específicos do mercado.

TABELA 50. Evolução do número de instituições por porte, segundo o ativo total, na década de 2000

Porte	2000	2001	2002	2003	2004	2005	2006	2007	2008	2009	2010
Grande	12	12	11	8	9	9	8	8	6	5	5
Médio	18	20	17	18	16	15	14	13	11	10	11
Pequeno	39	39	38	38	37	37	38	38	33	28	31
Emergente	90	91	89	87	84	85	83	84	85	81	84
Total	159	162	155	151	146	146	143	143	135	124	131

Fonte: Elaboração própria.

A Tabela 51 demonstra maior concentração de depósitos nas grandes instituições financeiras, sobretudo nos bancos públicos, que foram o destino principal de depósitos à vista e de poupança da população. Os bancos emergentes continuaram sendo pouco representativos nos depósitos do sistema, que ficavam concentrados nos bancos grandes e médios, em razão da confiança do consumidor na solidez dessas instituições.

TABELA 51. Evolução do número de instituições por porte na década de 2000, segundo os depósitos

Porte	2000	2001	2002	2003	2004	2005	2006	2007	2008	2009	2010
Grande	9	8	8	7	7	7	7	6	5	5	5
Médio	15	13	10	8	7	7	7	7	6	6	4
Pequeno	30	31	27	30	30	30	28	26	24	21	19
Emergente	88	92	94	88	81	81	78	85	81	75	85
Total	142	144	139	133	125	125	120	124	116	107	113

Fonte: Elaboração própria.

Em relação ao patrimônio líquido, nota-se uma melhor distribuição entre os segmentos selecionados (Tabela 52). A partir de 2009, ocorreu uma maior concentração do patrimônio líquido, em função de um forte processo de capitalização empreendido pelos grandes bancos, por meio da emissão de ações, e da crise financeira, o que promoveu um comportamento mais conservador. Destacaram-se, em 2010, Santander, Itaú Unibanco, Bradesco e Banco do Brasil, que concentraram 57% do patrimônio líquido do sistema, segundo a amostra selecionada.

O MERCADO BANCÁRIO POR PORTE E ORIGEM DE CAPITAL

TABELA 52. Evolução do número de instituições por porte na década de 2000, segundo o patrimônio líquido

Porte	2000	2001	2002	2003	2004	2005	2006	2007	2008	2009	2010
Grande	22	21	20	18	16	16	16	18	12	9	9
Médio	30	27	23	22	24	24	22	23	19	15	16
Pequeno	44	47	44	44	46	44	43	39	36	31	36
Emergente	61	65	67	65	61	61	63	62	69	69	71
Total	157	160	154	149	147	145	144	142	136	124	132

Fonte: Elaboração própria.

Estratégia

Na Tabela 53, observa-se que a capitalização dos grandes bancos, a partir de 2000, continuou sendo inferior à de bancos de outros portes, como visto na análise da década de 1990. Essa característica de maior utilização de capital de terceiros é inerente aos grandes bancos, em virtude da necessidade de captação de recursos para atender à demanda de crédito de consumidores e empresas. Em 2009, houve um aumento desse indicador, em razão da grande oferta de ações do Santander, que se tornou o banco mais capitalizado em 2009 e 2010. Os bancos médios e pequenos apresentaram comportamento similar. Já os bancos emergentes continuaram a trajetória vista no período anterior, mantendo elevada capitalização e comportamento mais prudente.

TABELA 53. Capitalização (%) na década de 2000, segundo divisão por porte

Instituições financeiras	2000	2001	2002	2003	2004	2005	2006	2007	2008	2009	2010
Bancos grandes	9,338	9,748	8,239	8,341	8,971	9,573	8,475	8,335	6,274	8,323	7,353
Bancos médios	8,686	8,610	12,015	11,442	11,457	10,941	12,185	13,343	17,904	16,653	13,105
Bancos pequenos	14,307	15,121	15,462	14,758	16,359	13,793	14,441	16,420	17,502	20,508	13,517
Bancos emergentes	31,771	33,895	31,473	31,136	30,781	37,910	32,114	32,523	29,801	27,198	24,851

Fonte: Elaboração própria.

A alavancagem dos grandes bancos aumentou nos períodos mais favoráveis da economia, com destaque para os bancos grandes, que alcançaram valores próximos a 16 vezes o seu próprio capital. Na Tabela 54, observam-se um comportamento semelhante dos bancos médios e pequenos e uma baixa alavancagem dos emergentes, que procuraram reduzir seus riscos.

TABELA 54. Alavancagem na década de 2000, segundo divisão por porte

Instituições financeiras	2000	2001	2002	2003	2004	2005	2006	2007	2008	2009	2010
Bancos grandes	10,708	10,258	12,138	11,988	11,147	10,446	11,800	11,997	15,939	13,262	13,600
Bancos médios	11,516	11,658	8,324	8,740	8,729	9,287	8,207	7,508	5,585	5,739	7,631
Bancos pequenos	6,990	6,614	6,489	6,793	6,169	7,257	6,951	6,091	5,723	4,881	7,402
Bancos emergentes	3,159	2,984	3,182	3,234	3,250	2,641	3,118	3,075	3,356	3,677	4,032

Fonte: Elaboração própria.

A captação de curto prazo ajustada dos bancos de todos os portes diminuiu ao longo do período, reduzindo a dependência destes na renovação de operações de curto prazo e, consequentemente, gerando maior estabilidade no sistema financeiro (Tabela 55).

TABELA 55. Captação de curto prazo ajustada (%) na década de 2000, segundo divisão por porte

Instituições financeiras	2000	2001	2002	2003	2004	2005	2006	2007	2008	2009	2010
Bancos grandes	84,217	85,375	76,357	78,505	71,297	65,396	67,261	66,149	59,721	63,376	63,871
Bancos médios	83,922	82,658	74,368	71,816	68,415	71,340	68,456	63,481	69,361	62,601	66,738
Bancos pequenos	77,324	71,037	70,285	71,891	76,173	76,452	74,231	77,883	70,409	73,943	69,956
Bancos emergentes	85,733	85,068	86,276	88,385	90,295	85,925	77,090	77,535	69,751	62,702	60,176

Fonte: Elaboração própria.

Corroborando a análise anterior, a captação de longo prazo ajustada aumentou ao longo da década de 2000 (Tabela 56), demonstrando maior comprometimento dos bancos em evitar rupturas e quebras decorrentes de momentos macroeconômicos adversos que pudessem ameaçar sua longevidade.

TABELA 56. Captação de longo prazo ajustada (%) na década de 2000, segundo divisão por porte

Instituições financeiras	2000	2001	2002	2003	2004	2005	2006	2007	2008	2009	2010
Bancos grandes	17,182	14,052	24,180	22,655	30,423	35,669	33,855	34,913	41,284	37,455	36,910
Bancos médios	15,952	15,679	22,961	28,188	32,352	29,189	31,061	38,456	31,905	37,412	31,514
Bancos pequenos	22,759	30,765	30,052	24,988	24,229	23,548	27,037	21,589	30,207	26,075	30,416
Bancos emergentes	14,268	15,056	13,724	12,977	9,705	16,378	22,441	24,530	27,957	36,285	40,138

Fonte: Elaboração própria.

A captação de depósitos à vista e poupança diminuiu para todos os portes, sobretudo para os grandes bancos, que viram essa forma de captação se reduzir perante as demais, em decorrência do maior dispêndio de recursos no consumo imediato da população (Tabela 57). Os bancos médios perderam bastante representatividade nessa alternativa, seguindo a redução do número de instituições desse porte, além de mudanças estratégicas dos bancos pequenos e emergentes, que optaram por outras fontes de captação mais adequadas ao seu mercado.

Por sua vez, a captação de depósitos a prazo ganhou mais espaço ao longo da década nos bancos grandes e emergentes, que viram na emissão de CDB e RDB uma boa fonte de recursos (Tabela 58). Para os bancos grandes, essa alternativa ganhou maior representatividade, já que esses títulos de renda fixa apresentaram, em alguns momentos, bons níveis de rentabilidade, atraindo os clientes da caderneta de poupança para esse investimento. Já os emergentes viram uma

259

fonte de recursos de custos razoáveis e uma alternativa para acertar suas posições diárias no mercado.

TABELA 57. Captação de depósitos à vista e poupança (%) na década de 2000, segundo divisão por porte

Instituições financeiras	2000	2001	2002	2003	2004	2005	2006	2007	2008	2009	2010
Bancos grandes	28,151	27,063	28,352	24,558	26,175	24,100	20,522	22,059	17,349	17,595	15,533
Bancos médios	6,315	5,576	6,183	3,502	1,491	2,933	1,462	1,421	0,959	0,735	0,643
Bancos pequenos	1,183	1,421	0,391	0,997	0,651	0,414	0,664	0,429	0,491	0,537	0,457
Bancos emergentes	0,757	0,368	0,355	0,521	0,697	0,687	1,069	0,741	0,440	0,391	0,414

Fonte: Elaboração própria.

TABELA 58. Captação de depósitos a prazo (%) na década de 2000, segundo divisão por porte

Instituições financeiras	2000	2001	2002	2003	2004	2005	2006	2007	2008	2009	2010
Bancos grandes	17,584	18,971	24,695	23,673	30,659	30,950	30,152	26,428	31,151	25,143	20,083
Bancos médios	23,060	26,634	24,619	18,835	22,067	20,247	12,347	12,766	15,741	22,414	14,861
Bancos pequenos	31,301	22,226	30,835	30,009	22,400	21,571	22,092	25,292	17,880	12,317	12,391
Bancos emergentes	24,499	19,931	17,019	24,935	21,625	34,992	36,229	40,148	35,681	42,842	46,554

Fonte: Elaboração própria.

As captações em moeda estrangeira ajustada reduziram-se substancialmente nos bancos grandes, sobretudo após a crise financeira de 2008 (Tabela 59). Isso demonstra o posicionamento mais conservador desses bancos na busca por *funding* internacional em momentos de volatilidade das taxas de câmbio no mundo.

Já os bancos emergentes aumentaram seus passivos em moedas estrangeiras, que estavam anteriormente bem próximos de zero e

O MERCADO BANCÁRIO POR PORTE E ORIGEM DE CAPITAL

tornaram-se maiores em períodos de grande instabilidade, como 2002, 2008 e 2009, em razão da escassez de recursos no mercado interno, sobretudo para as instituições com menor poder de barganha.

TABELA 59. Captação em moeda estrangeira ajustada (%) na década de 2000, segundo divisão por porte

Instituições financeiras	2000	2001	2002	2003	2004	2005	2006	2007	2008	2009	2010
Bancos grandes	9,649	11,545	10,151	9,139	7,815	5,640	3,371	5,662	5,150	2,594	3,111
Bancos médios	13,815	13,420	14,137	8,661	7,530	4,183	8,252	4,485	7,076	4,553	6,993
Bancos pequenos	12,490	1,076	6,298	5,122	4,101	6,980	8,217	7,471	16,200	8,735	5,624
Bancos emergentes	1,558	7,812	6,291	3,305	0,555	1,241	0,362	0,471	1,779	2,087	0,084

Fonte: Elaboração própria.

Pela Tabela 60, observa-se que as captações por *floating* continuaram a ser mais representativas para os grandes bancos em virtude da maior captação de passivos sem encargos, como depósitos à vista, cobrança e arrecadação de tributos, que aumentaram ao longo da década de 2000. Outro fato importante foi o crescimento do número de pessoas com contas correntes ou de poupança, elevando a participação da população brasileira no setor bancário. Para os demais portes, esse tipo de captação continua pouco expressivo em razão de sua orientação estratégica.

TABELA 60. Captação por *floating* (%) na década de 2000, segundo divisão por porte

Instituições financeiras	2000	2001	2002	2003	2004	2005	2006	2007	2008	2009	2010
Bancos grandes	9,187	8,655	11,772	8,791	9,146	8,778	8,644	8,218	6,587	7,049	6,189
Bancos médios	1,873	2,053	3,417	2,093	1,339	1,505	0,960	0,824	1,071	0,814	0,534
Bancos pequenos	1,188	1,427	0,459	1,010	0,846	0,261	0,633	0,414	0,465	0,250	0,462
Bancos emergentes	0,764	0,371	0,445	0,529	0,769	0,716	1,383	0,798	0,798	0,408	0,554

Fonte: Elaboração própria.

261

As exigibilidades tributárias e trabalhistas mantiveram-se em um patamar constante para os grandes bancos, com alterações mais significativas somente em 2009 para todos os portes (Tabela 61). Esse fato ocorreu por causa do agravamento da crise financeira internacional, que levou o país a um PIB negativo no período.

A partir de 2000, iniciou-se um processo de fusões e aquisições, tornando necessárias reestruturações dos bancos para assumir as novas instituições, geralmente em situação financeira deficiente, de modo que os compradores agregaram os encargos sociais, fiscais e previdenciários dos bancos comprados a seus demonstrativos financeiros.

TABELA 61. Exigibilidades tributárias e trabalhistas (%) na década de 2000, segundo divisão por porte

Instituições financeiras	2000	2001	2002	2003	2004	2005	2006	2007	2008	2009	2010
Bancos grandes	3,015	2,455	2,623	3,076	3,425	2,818	2,748	3,255	3,523	4,344	1,602
Bancos médios	1,707	1,498	2,157	3,618	3,100	3,323	3,616	4,532	3,528	4,456	2,390
Bancos pequenos	2,138	2,697	3,440	2,644	2,323	2,671	4,167	4,050	3,880	4,273	3,070
Bancos emergentes	2,611	1,150	2,027	3,748	2,244	3,456	4,241	3,236	3,854	4,406	3,047

Fonte: Elaboração própria.

A imobilização dos grandes bancos estava em uma trajetória decrescente desde o final da década de 1990, demonstrando sua maior preocupação com a elevada alocação de recursos em ativos de baixa liquidez. Pela Tabela 62, pode-se observar que esse quadro se reverteu a partir de 2008, período de grandes fusões e aquisições, sobretudo entre os grandes bancos, como Santander e Real, Banco do Brasil e Nossa Caixa, e Itaú e Unibanco, aumentando substancialmente esse indicador em 2010.

Os bancos médios continuaram com um nível de imobilização próximo dos grandes, prejudicando sua estabilidade no longo prazo. Já os pequenos empreenderam ajustes em suas estruturas patrimoniais e conseguiram reduzir seus índices para valores abaixo de 20%. Os bancos emergentes também adotaram uma postura focada na preferência pela liquidez, principalmente nos períodos de crescimento da economia.

TABELA 62. Imobilização (%) na década de 2000, segundo divisão por porte

Instituições financeiras	2000	2001	2002	2003	2004	2005	2006	2007	2008	2009	2010
Bancos grandes	53,524	58,691	50,557	41,325	35,227	33,118	26,227	23,883	50,005	43,077	108,452
Bancos médios	68,104	63,053	57,050	45,577	37,715	43,467	35,205	38,398	39,908	47,397	37,840
Bancos pequenos	59,830	38,486	39,691	30,722	22,207	18,409	17,676	18,983	17,536	9,707	19,591
Bancos emergentes	16,294	14,883	9,551	8,849	8,535	11,839	11,560	11,961	13,905	11,789	20,972

Fonte: Elaboração própria.

A evolução dos recursos de longo prazo em giro pode ser observada pela Tabela 63. Nota-se que os grandes bancos continuaram a apresentar indicadores negativos, e grande parte do giro dessas instituições foi financiada por recursos de curto prazo, mostrando elevada dependência de renovações em suas operações.

Os bancos médios e pequenos melhoraram muito esse indicador ao longo da década de 2000, expressando maior preocupação com sua liquidez. Já os emergentes, após apresentarem indicadores extremamente favoráveis ao longo do período analisado, tiveram uma queda brusca a partir de 2008, fato agravado pela escassez de recursos de longo prazo disponíveis no mercado.

O SETOR BANCÁRIO BRASILEIRO DE 1990 A 2010

TABELA 63. Recursos de longo prazo em giro (%) na década de 2000, segundo divisão por porte

Instituições financeiras	2000	2001	2002	2003	2004	2005	2006	2007	2008	2009	2010
Bancos grandes	-52,619	-48,251	-31,448	-3,131	6,823	15,581	16,009	17,316	10,152	18,592	-3,851
Bancos médios	4,038	7,278	26,337	30,724	39,702	39,663	37,324	20,560	28,863	27,030	24,354
Bancos pequenos	17,637	19,047	25,876	27,903	30,223	42,770	26,298	28,440	32,099	26,586	26,871
Bancos emergentes	49,349	51,540	52,286	52,548	62,413	59,998	49,351	44,602	39,086	41,483	30,776

Fonte: Elaboração própria.

Os recursos próprios em giro foram negativos em todos os períodos para os bancos grandes, médios e pequenos, com destaque para os primeiros, que sofreram elevada deterioração desse indicador, principalmente nos períodos de crise (Tabela 64). Isso revela grande dependência do capital de terceiros para o financiamento de suas operações diárias, o que pode afetar sua longevidade em caso de grandes choques na economia.

TABELA 64. Recursos próprios em giro (%) na década de 2000, segundo divisão por porte

Instituições financeiras	2000	2001	2002	2003	2004	2005	2006	2007	2008	2009	2010
Bancos grandes	-216,95	-205,36	-335,71	-236,30	-206,38	-291,94	-364,73	-298,34	-484,47	-298,01	-481,75
Bancos médios	-143,22	-168,31	-138,78	-76,53	-92,59	-112,19	-98,09	-90,02	-89,65	-70,86	-55,95
Bancos pequenos	-77,32	-104,48	-111,95	-89,03	-64,00	-56,33	-113,56	-42,51	-43,69	-94,73	-117,05
Bancos emergentes	27,44	27,29	25,51	36,06	43,09	47,08	11,75	8,65	-23,73	-2,62	-53,05

Fonte: Elaboração própria.

Já os bancos emergentes vinham apresentando, desde a década anterior, indicadores positivos próximos dos 60%, fato que se alterou na

264

década de 2000. Esses indicadores deterioraram-se a partir de 2008, em virtude da escassez de crédito e do elevado custo para manter o capital próprio em giro.

A Tabela 65 fornece a evolução das aplicações em operações de crédito ao longo da década de 2000. Observa-se que os bancos grandes inicialmente mantiveram seus índices da década anterior, alterando essa trajetória para acompanhar o ciclo de crescimento da economia a partir de 2004. Os bancos médios e pequenos também aumentaram suas aplicações em operações de crédito, sobretudo após a intervenção do Banco Santos, com o Bacen liberando o compulsório desses bancos para evitar uma crise de confiança e de liquidez após o episódio. Isso alavancou as operações de crédito na economia brasileira em todos os portes, demonstrando que medidas emergenciais são importantes para destravar o crédito na economia brasileira e podem ser usadas novamente em caso de crise e choques macroeconômicos. Os bancos emergentes aumentaram suas aplicações em operações de crédito no período, seguindo o caminho dos demais para conquistar bons resultados.

TABELA 65. Aplicações em operações de crédito (%) na década de 2000, segundo divisão por porte

Instituições financeiras	2000	2001	2002	2003	2004	2005	2006	2007	2008	2009	2010
Bancos grandes	42,581	36,832	36,156	33,019	35,667	38,604	40,748	42,222	43,052	40,866	40,361
Bancos médios	31,779	33,278	35,700	29,675	23,717	25,346	33,738	28,834	34,662	33,975	30,218
Bancos pequenos	38,223	39,013	36,465	33,806	43,774	41,070	42,886	42,985	43,795	39,167	45,038
Bancos emergentes	51,953	37,637	45,732	45,027	50,329	48,230	41,319	44,990	53,433	30,950	56,070

Fonte: Elaboração própria.

Pela Tabela 66, nota-se que as aplicações em tesouraria dos grandes bancos continuaram próximas de suas aplicações em crédito, fato negativo que evidencia a alocação de grande parte de seus recursos em títulos públicos para financiar a dívida do governo, em vez de fornecer crédito às empresas e ao consumidor para fortalecer o mercado interno e gerar mais empregos e investimentos produtivos. Esse quadro ainda permanece em nosso sistema financeiro, em função das elevadas taxas de juros pagas aos detentores desses títulos, o que dificulta o desenvolvimento do país e o acesso ao crédito por famílias de menor renda, mas com potencial de consumo.

Já para os bancos médios, pequenos e emergentes, essas aplicações foram positivas pela elevada rentabilidade e pelo baixo risco, fatores essenciais para a manutenção de suas estruturas a longo prazo.

TABELA 66. Aplicações em tesouraria (%) na década de 2000, segundo divisão por porte

Instituições financeiras	2000	2001	2002	2003	2004	2005	2006	2007	2008	2009	2010
Bancos grandes	41,918	44,611	44,389	45,672	41,946	40,311	39,882	40,603	42,235	43,669	34,916
Bancos médios	60,309	54,662	51,838	51,606	65,346	53,442	55,586	62,063	52,254	54,469	55,668
Bancos pequenos	56,398	42,494	50,595	41,397	48,299	55,485	42,019	44,193	43,395	49,283	44,832
Bancos emergentes	37,284	47,134	37,395	44,865	39,798	35,378	45,593	36,990	32,474	40,782	32,227

Fonte: Elaboração própria.

Eficiência

A cobertura de serviços dos grandes bancos aumentou ao longo dessa década, de modo que as receitas de prestação de serviços elevaram sua representatividade, sendo suficientes para cobrir grande parte de suas despesas estruturais (Tabela 67). Esse indicador também aumentou para os bancos médios, pequenos e emergentes, demonstrando preocupação dessas instituições em buscar alternativas que possam alavancar essas receitas apesar de suas atividades não estarem diretamente próximas do consumidor de serviços bancários em geral.

TABELA 67. Cobertura com serviços (%) na década de 2000, segundo divisão por porte

Instituições financeiras	2000	2001	2002	2003	2004	2005	2006	2007	2008	2009	2010
Bancos grandes	40,152	45,940	43,202	47,498	52,595	53,084	62,695	62,288	64,455	57,834	45,815
Bancos médios	29,651	27,486	24,347	25,131	28,689	32,521	31,432	33,564	33,219	29,342	33,386
Bancos pequenos	22,461	15,044	11,469	15,599	25,028	27,723	27,432	34,385	26,589	34,472	23,377
Bancos emergentes	5,478	7,297	5,085	8,934	9,035	10,204	9,666	10,848	10,819	12,063	10,107

Fonte: Elaboração própria.

Os custos de captação reduziram-se para todos os portes, se comparados à análise da década de 1990. Apesar de terem mais opções de captação, os bancos grandes apresentaram custos próximos aos demais, inclusive em relação aos bancos médios e pequenos, que, por sua natureza, tinham menor nível de diversificação e barganha (Tabela 68). Esse fato mostra a importância de os grandes bancos brasileiros selecionarem melhor suas fontes de recursos em vista de seu maior poder de negociação nos mercados interno e externo, já que são gigantes com elevado potencial de ganhos, mesmo em períodos adversos da economia internacional.

Observa-se, entretanto, melhor gestão dos bancos dos demais portes, que conseguiram direcionar as atividades e fontes de captação e escolher as mais aderentes aos seus interesses.

TABELA 68. Custo de captação (%) na década de 2000, segundo divisão por porte

Instituições financeiras	2000	2001	2002	2003	2004	2005	2006	2007	2008	2009	2010
Bancos grandes	7,899	9,459	11,656	8,647	7,214	8,110	7,103	5,885	7,110	5,498	6,793
Bancos médios	10,987	12,155	15,250	11,483	9,576	9,873	8,281	6,060	12,149	5,028	5,237
Bancos pequenos	10,738	12,004	16,775	10,786	9,605	6,950	7,765	3,989	10,431	4,154	5,252
Bancos emergentes	11,024	12,215	12,255	10,192	9,499	10,662	6,932	5,485	7,750	6,665	6,650

Fonte: Elaboração própria.

Os custos de pessoal dos grandes bancos superaram os demais portes em quase todos os anos, em razão do maior efetivo de funcionários para a manutenção de sua ampla estrutura de serviços ao consumidor, formada por agências e postos de atendimento bancário (Tabela 69). Com o processo de fusões e aquisições mais forte a partir de 2007, é possível observar que esses bancos, mesmo com grandes estruturas, conseguiram reduzir seus custos por meio de cortes de funcionários e reestruturação no número de agências, procurando se adequar a um novo modelo de negócios e evitar a sobreposição de funções na estrutura administrativa.

Esses custos também se reduziram para os bancos médios, pequenos e emergentes, com destaque para os médios, que reformularam sua estrutura de pessoal. Anteriormente, essa estrutura acarretava custos próximos aos dos grandes, mas sem a mesma rentabilidade, dificultando a sobrevivência desses bancos no mercado.

O MERCADO BANCÁRIO POR PORTE E ORIGEM DE CAPITAL

TABELA 69. Custo de pessoal (%) na década de 2000, segundo divisão por porte

Instituições financeiras	2000	2001	2002	2003	2004	2005	2006	2007	2008	2009	2010
Bancos grandes	4,195	4,019	2,973	3,021	3,263	2,998	2,384	2,018	1,718	1,692	1,541
Bancos médios	1,997	1,245	1,891	1,736	1,105	0,587	0,712	1,025	1,174	0,994	0,393
Bancos pequenos	1,399	1,312	1,275	1,277	1,096	1,148	0,995	1,013	0,901	0,826	0,733
Bancos emergentes	1,848	2,044	1,510	1,630	1,927	2,101	1,916	1,943	2,124	2,204	1,755

Fonte: Elaboração própria.

Os custos administrativos dos bancos grandes, médios e pequenos reduziram-se progressivamente ao longo da década, evidenciando bom controle de suas despesas administrativas. Pela Tabela 70, nota-se que os grandes bancos, apesar de possuírem amplas estruturas, conseguiram moderar seus gastos com propaganda, promoções e publicidade. Ao mesmo tempo, mantiveram um nível adequado de investimentos em tecnologias para o processamento de dados e comunicação, áreas essenciais para as instituições financeiras. Os bancos emergentes também obtiveram redução de custos nessa área, já que, na década anterior, eram bem superiores aos demais, o que foi essencial para que pudessem se manter competitivos.

TABELA 70. Custo administrativo (%) na década de 2000, segundo divisão por porte

Instituições financeiras	2000	2001	2002	2003	2004	2005	2006	2007	2008	2009	2010
Bancos grandes	3,288	3,254	3,594	2,921	3,132	2,888	2,694	2,336	1,757	1,906	1,616
Bancos médios	2,121	1,870	2,200	2,151	1,462	1,026	0,813	0,660	0,595	0,783	0,632
Bancos pequenos	1,581	2,087	2,476	1,514	1,867	1,661	2,063	3,077	2,024	1,175	0,891
Bancos emergentes	2,843	3,331	3,816	2,872	3,149	3,429	3,902	2,977	2,625	3,671	2,902

Fonte: Elaboração própria.

Ao longo da década, os custos estruturais apresentaram uma trajetória de declínio para os bancos grandes, médios e pequenos (Tabela 71). Isso indica boa gestão dos custos de pessoal e administrativos dessas instituições, sobretudo em períodos de crise, em que o capital fica escasso e é fundamental criar uma mentalidade voltada ao controle de gastos para a manutenção da competitividade.

Um destaque negativo refere-se aos bancos emergentes, que não conseguiram mudar esse indicador desde a década anterior. Isso ocorreu, em grande parte, pela baixa escala de suas operações, o que exige uma gestão mais coerente dos gastos para evitar problemas no futuro.

TABELA 71. Custo estrutural (%) na década de 2000, segundo divisão por porte

Instituições financeiras	2000	2001	2002	2003	2004	2005	2006	2007	2008	2009	2010
Bancos grandes	6,721	7,121	5,997	6,274	6,074	5,729	5,201	4,539	3,428	3,957	3,704
Bancos médios	4,355	3,437	3,904	3,905	3,050	1,778	1,664	1,705	1,769	1,537	1,310
Bancos pequenos	3,486	3,772	4,327	3,170	3,799	4,276	3,685	3,555	2,838	2,280	1,740
Bancos emergentes	5,396	6,145	6,493	5,107	5,367	6,696	6,699	5,027	5,099	6,268	6,847

Fonte: Elaboração própria.

A evolução do *overhead ratio* pode ser vista na Tabela 72. De acordo com esse indicador, as despesas estruturais são relevantes em comparação com as receitas do exercício. Os bancos grandes apresentaram os maiores índices, fato que deve ser analisado com muito cuidado, já que suas despesas estruturais caíram durante o período analisado. Esse aumento do *overhead ratio* ocorreu em virtude da elevação do provisionamento desses bancos durante a crise. Já os bancos emergentes tiveram um acréscimo substancial desse indicador, coerente com a análise anterior, quando se destacou o aumento de suas despesas estruturais.

O MERCADO BANCÁRIO POR PORTE E ORIGEM DE CAPITAL

TABELA 72. *Overhead ratio* (%) na década de 2000, segundo divisão por porte

Instituições financeiras	2000	2001	2002	2003	2004	2005	2006	2007	2008	2009	2010
Bancos grandes	80,110	104,463	94,541	66,892	74,467	68,274	70,794	77,592	105,762	108,411	109,034
Bancos médios	63,443	71,534	68,394	52,541	57,318	31,028	45,485	49,703	45,133	47,553	54,114
Bancos pequenos	72,406	57,750	61,840	73,230	71,457	82,264	65,389	55,624	64,186	70,802	49,033
Bancos emergentes	61,149	56,937	57,563	46,021	57,179	72,155	61,070	53,891	73,063	93,070	84,218

Fonte: Elaboração própria.

A rentabilidade líquida do patrimônio líquido final dos bancos grandes aumentou durante os anos 2000, principalmente nos períodos de maior pujança da economia brasileira (Tabela 73). Antes da crise, a rentabilidade do patrimônio líquido alcançou índices superiores a 20%, com leve redução nos exercícios seguintes, em razão do momento conturbado da economia internacional. Além disso, o processo de capitalização empreendido pelos grandes bancos, marcado por grandes ofertas de ações e por fusões e aquisições, contribuiu para a redução da rentabilidade do patrimônio líquido a partir de 2009. Os bancos médios, pequenos e emergentes obtiveram redução de sua rentabilidade ao longo da década, sobretudo após a crise de 2008, que afetou com mais força seus resultados.

A rentabilidade do ativo reduziu-se em todos os portes durante a década de 2000, como pode ser observado na Tabela 74. Esse movimento demonstra maior crescimento do ativo operacional dos bancos em relação ao resultado líquido, com destaque para os grandes, que tiveram um aumento substancial de suas operações correntes, como

271

aplicações no mercado aberto, depósitos interfinanceiros, operações de crédito e investimentos em coligadas e controladas.

TABELA 73. Rentabilidade líquida do patrimônio líquido final (%) na década de 2000, segundo divisão por porte

Instituições financeiras	2000	2001	2002	2003	2004	2005	2006	2007	2008	2009	2010
Bancos grandes	13,429	12,369	18,649	16,170	19,384	24,651	18,286	23,712	22,343	20,408	17,584
Bancos médios	15,829	14,861	18,163	14,237	12,382	15,516	12,999	19,198	14,174	15,875	8,078
Bancos pequenos	9,552	13,362	14,578	14,049	10,996	12,601	16,830	13,160	12,742	11,152	13,450
Bancos emergentes	12,546	10,850	11,795	10,464	10,755	10,344	15,346	10,208	7,362	3,108	10,070

Fonte: Elaboração própria.

TABELA 74. Rentabilidade do ativo (%) na década de 2000, segundo divisão por porte

Instituições financeiras	2000	2001	2002	2003	2004	2005	2006	2007	2008	2009	2010
Bancos grandes	1,331	0,705	1,404	1,352	1,303	2,038	1,705	1,755	1,307	1,210	1,048
Bancos médios	1,402	1,186	2,004	2,209	1,877	1,943	1,583	3,332	2,633	2,847	1,451
Bancos pequenos	1,066	1,578	1,878	1,385	1,276	1,184	1,796	2,091	2,038	1,293	1,620
Bancos emergentes	3,262	1,783	2,535	3,118	2,021	2,989	3,568	2,627	2,279	1,009	1,866

Fonte: Elaboração própria.

A rentabilidade da atividade bancária dos bancos grandes, médios e pequenos foi positiva em todos os anos, com os resultados brutos de intermediações financeiras e as receitas de prestação de serviços superiores às despesas estruturais e tributárias (Tabela 75). A rentabilidade dos bancos emergentes foi se deteriorando ao longo da década, fato negativo que deve ser analisado com bastante cuidado por essas instituições, pois demonstra que os resultados de suas atividades cobriram seus custos estruturais no limite, o que pode prejudicar a sustentabilidade de suas operações no mercado.

O MERCADO BANCÁRIO POR PORTE E ORIGEM DE CAPITAL

TABELA 75. Rentabilidade da atividade bancária (%) na década de 2000, segundo divisão por porte

Instituições financeiras	2000	2001	2002	2003	2004	2005	2006	2007	2008	2009	2010
Bancos grandes	2,469	0,651	1,715	3,217	2,474	3,500	2,788	2,364	0,937	1,312	1,004
Bancos médios	1,322	0,429	2,345	3,303	2,366	2,760	1,844	3,510	2,577	2,856	1,529
Bancos pequenos	1,211	1,563	0,998	2,148	1,463	1,909	2,093	3,127	1,857	1,911	2,414
Bancos emergentes	2,658	2,277	3,232	3,942	2,137	2,195	4,266	2,839	2,460	1,036	0,561

Fonte: Elaboração própria.

A rentabilidade de câmbio para os bancos grandes e médios voltou a patamares normais após a crise cambial de 1999, como pode ser visto pela Tabela 76. Entretanto, em 2002, esses bancos apresentaram rentabilidade acima dos 10% em virtude do ambiente turbulento de sucessão presidencial, quando as taxas de câmbio alcançaram 3 R$/U$.

Esse momento também gerou elevada rentabilidade para os bancos pequenos, a qual se estabilizou ao longo da década. Já os bancos emergentes continuaram a ter poucas operações no mercado de câmbio, com sua rentabilidade próxima de zero em todos os períodos.

TABELA 76. Rentabilidade do câmbio (%) na década de 2000, segundo divisão por porte

Instituições financeiras	2000	2001	2002	2003	2004	2005	2006	2007	2008	2009	2010
Bancos grandes	3,187	8,624	10,136	6,060	3,253	1,893	1,395	0,786	2,943	2,124	5,520
Bancos médios	10,513	23,129	17,764	7,236	3,964	3,415	3,405	5,011	1,056	12,689	1,954
Bancos pequenos	4,700	1,718	18,566	2,728	3,808	0,392	0,325	0,328	4,294	2,415	0
Bancos emergentes	0	0	0	0	0	0	0	0	0	0	0

Fonte: Elaboração própria.

A rentabilidade da tesouraria das instituições financeiras de todos os portes apresentou queda ao longo da década, em virtude da diminuição das taxas de juros pagas aos títulos do governo e da maior diversificação das aplicações (Tabela 77). Em todos os portes, ocorreu um comportamento similar pelo fato de as aplicações não divergirem ao longo dos exercícios.

TABELA 77. Rentabilidade da tesouraria (%) na década de 2000, segundo divisão por porte

Instituições financeiras	2000	2001	2002	2003	2004	2005	2006	2007	2008	2009	2010
Bancos grandes	16,880	15,624	19,361	16,578	15,495	17,935	14,706	12,796	10,550	9,844	11,101
Bancos médios	15,075	12,859	18,734	15,564	13,068	14,640	13,214	10,109	12,375	8,294	8,181
Bancos pequenos	17,788	14,229	22,610	10,975	11,511	10,900	10,979	7,525	14,397	4,118	7,617
Bancos emergentes	19,124	13,875	25,199	14,723	15,434	13,405	11,302	8,279	11,611	8,441	9,253

Fonte: Elaboração própria.

Houve redução da rentabilidade do crédito em todos os portes em comparação à década anterior. Pela Tabela 78, podem-se observar, em grande parte do período, valores superiores a 20% para os grandes bancos, ratificando bons ganhos em suas atividades de empréstimos, financiamentos, *leasing*, adiantamentos e operações cambiais. Um fator que reduziu a rentabilidade do crédito a partir de 2007 foi o aumento do volume dessas operações, elevando o ativo de crédito, denominador desse indicador.

Os bancos emergentes continuaram obtendo as maiores rentabilidades, em razão do maior *spread* de suas operações no mercado.

A participação das receitas de operações de crédito e arrendamento mercantil aumentou para os grandes bancos a partir de 2000. Esses bancos destinaram maior parte de seus recursos a operações de empréstimo e financiamento para pessoas físicas e jurídicas por meio de produtos e serviços cada vez mais especializados, com o objetivo de atender melhor às necessidades de seu público-alvo (Tabela 79). Essas operações ainda possuem elevado potencial de crescimento, sendo necessária a redução da compra de títulos públicos a favor do crédito. No entanto, os bancos ainda optam por selecionar um elevado montante de capital para aplicar em títulos, em função do baixo risco e da boa rentabilidade que representam.

Trajetória parecida com a anterior empreenderam os bancos pequenos e emergentes. Já os bancos médios destoaram dos demais pela menor aplicação em operações de crédito, pois alocaram esses recursos para a compra de títulos do governo remunerados pela taxa Selic.

TABELA 78. Rentabilidade do crédito (%) na década de 2000, segundo divisão por porte

Instituições financeiras	2000	2001	2002	2003	2004	2005	2006	2007	2008	2009	2010
Bancos grandes	23,784	32,932	29,084	27,404	23,917	26,816	21,689	17,939	16,456	17,575	19,620
Bancos médios	25,019	27,915	32,238	28,263	19,787	21,627	16,460	17,135	17,045	15,038	15,932
Bancos pequenos	26,834	34,360	42,366	37,457	24,657	29,305	20,424	27,706	28,480	25,643	15,292
Bancos emergentes	24,789	33,456	38,155	32,638	28,088	29,289	30,057	27,073	29,761	26,491	20,722

Fonte: Elaboração própria.

TABELA 79. Participação das receitas de operações de crédito e arrendamento mercantil (%) na década de 2000, segundo divisão por porte

Instituições financeiras	2000	2001	2002	2003	2004	2005	2006	2007	2008	2009	2010
Bancos grandes	51,707	49,511	50,661	43,963	46,773	45,424	49,950	51,900	53,672	52,489	48,666
Bancos médios	39,837	42,172	45,124	38,611	31,375	27,282	25,062	28,236	37,695	37,555	40,621
Bancos pequenos	51,560	54,548	57,035	52,824	57,797	54,461	66,114	66,393	62,387	65,669	66,952
Bancos emergentes	61,681	66,316	59,400	57,726	55,247	54,753	66,872	72,762	58,530	47,161	63,968

Fonte: Elaboração própria.

Coerente com a análise anterior, observa-se, pela Tabela 80, que a participação de resultado da tesouraria se reduziu para os bancos grandes, pequenos e emergentes. Mesmo 2010 sendo um ano de ele-

O SETOR BANCÁRIO BRASILEIRO DE 1990 A 2010

vado crescimento da economia, o que favorecia o crédito, os bancos aumentaram sua participação em operações de tesouraria, por causa das taxas de juros favoráveis e da volatilidade do dólar perante o real.

TABELA 80. Participação de resultado da tesouraria (%) na década de 2000, segundo divisão por porte

Instituições financeiras	2000	2001	2002	2003	2004	2005	2006	2007	2008	2009	2010
Bancos grandes	30,828	30,739	34,073	42,221	31,585	30,707	30,139	28,398	28,937	26,568	34,791
Bancos médios	44,844	42,298	40,322	44,427	44,402	40,366	42,459	38,033	34,426	23,675	34,357
Bancos pequenos	40,151	32,089	26,420	27,925	26,745	18,315	18,589	13,307	28,300	12,569	27,171
Bancos emergentes	33,917	29,226	35,976	24,291	29,943	25,837	21,142	20,450	27,511	22,018	14,206

Fonte: Elaboração própria.

Na Tabela 81, observa-se uma redução da participação de resultado de câmbio para os grandes bancos ao longo da década, com exceções destacadas anteriormente na análise da rentabilidade de câmbio. Os bancos médios obtiveram resultados melhores em suas posições em moeda estrangeira, conseguindo bons resultados no período. Já para os bancos pequenos e emergentes, essa participação esteve próxima de zero, demonstrando opções mais conservadoras em relação às suas operações cambiais.

TABELA 81. Participação de resultado do câmbio (%) na década de 2000, segundo divisão por porte

Instituições financeiras	2000	2001	2002	2003	2004	2005	2006	2007	2008	2009	2010
Bancos grandes	0,672	0,950	2,453	1,095	0,096	0,312	0,537	0,222	1,403	0,410	0,976
Bancos médios	2,663	3,824	5,057	3,694	1,501	1,239	0,740	1,179	3,807	1,503	0,951
Bancos pequenos	1,166	0,435	0,756	0,005	0,012	0,004	0,005	0,001	0,217	0,003	0,014
Bancos emergentes	0	0	0	0	0	0	0	0	0,004	0	0

Fonte: Elaboração própria.

A participação da receita de serviços aumentou substancialmente para os grandes bancos em virtude de sua atuação voltada ao varejo, oferecendo produtos e serviços condizentes com as necessidades dos clientes, tanto empresas como pessoas (Tabela 82). Um fator que alavancou essas receitas, além das cobranças de taxas de contas correntes, garantias, serviços como documento de crédito (DOC) e transferência eletrônica disponível (TED), foi a emissão de cartões de crédito e suas taxas de manutenção, uma forma de pagamento que cresceu substancialmente no país e ultrapassou as barreiras sociais pela facilidade de uso e rapidez na aprovação das compras e operações em geral.

Para os demais portes, essas receitas continuaram pouco representativas, com baixa probabilidade de mudança pela natureza da atividade desses bancos.

TABELA 82. Participação de receita de serviços (%) na década de 2000, segundo divisão por porte

Instituições financeiras	2000	2001	2002	2003	2004	2005	2006	2007	2008	2009	2010
Bancos grandes	17,151	17,686	10,961	14,511	18,471	17,225	18,515	19,503	15,827	16,614	12,223
Bancos médios	6,011	4,448	3,893	5,389	4,305	4,434	4,083	2,363	1,871	3,216	3,019
Bancos pequenos	2,960	2,840	1,409	2,636	4,275	7,328	4,658	5,989	2,521	6,975	6,505
Bancos emergentes	1,692	2,056	1,183	1,764	2,388	2,638	3,266	3,694	2,399	3,365	2,977

Fonte: Elaboração própria.

Os bancos grandes e emergentes tiveram os melhores índices de geração operacional de rendas, como pode ser visto pela Tabela 83. Isso demonstra que suas receitas de intermediação financeira apresentam taxas de crescimento superiores ao ativo operacional. Com relação à eficiência operacional (Tabela 84), os bancos médios e pequenos conseguiram controlar melhor suas despesas estruturais, obtendo resultados superiores aos demais.

TABELA 83. Geração operacional de rendas (%) na década de 2000, segundo divisão por porte

Instituições financeiras	2000	2001	2002	2003	2004	2005	2006	2007	2008	2009	2010
Bancos grandes	18,649	22,455	22,642	21,238	18,614	20,293	17,997	15,550	13,571	14,026	12,869
Bancos médios	17,623	18,676	25,892	20,254	15,413	16,670	18,007	12,330	18,911	13,241	10,835
Bancos pequenos	21,294	21,615	28,515	23,734	16,378	20,021	16,265	16,423	18,791	14,978	11,358
Bancos emergentes	21,172	22,927	29,066	20,660	21,165	21,090	19,803	17,259	18,753	15,490	15,552

Fonte: Elaboração própria.

TABELA 84. Eficiência operacional (%) na década de 2000, segundo divisão por porte

Instituições financeiras	2000	2001	2002	2003	2004	2005	2006	2007	2008	2009	2010
Bancos grandes	119,579	95,727	105,774	149,494	134,287	146,469	141,255	128,879	94,552	94,814	91,720
Bancos médios	133,778	115,403	140,334	190,861	174,539	226,709	167,116	212,334	200,739	181,635	184,796
Bancos pequenos	118,241	152,567	136,472	137,138	135,347	105,996	152,941	169,479	129,176	134,522	190,379
Bancos emergentes	140,863	122,420	147,118	170,333	134,976	116,179	163,761	185,590	122,410	71,847	101,139

Fonte: Elaboração própria.

As margens brutas dos bancos grandes, médios e pequenos aumentaram a partir de 2000, como pode ser visto na Tabela 85. Isso revela que os resultados de intermediações financeiras evoluíram com as receitas dessas instituições, sendo superiores às despesas decorrentes de operações realizadas pelos bancos para obter recursos no mercado. Os bancos emergentes apresentaram margens bem mais voláteis, porém sempre superiores a 30% durante todo o período.

O MERCADO BANCÁRIO POR PORTE E ORIGEM DE CAPITAL

TABELA 85. Margem bruta (%) na década de 2000, segundo divisão por porte

Instituições financeiras	2000	2001	2002	2003	2004	2005	2006	2007	2008	2009	2010
Bancos grandes	33,426	30,243	26,111	32,888	33,940	34,454	35,573	35,484	21,281	27,984	25,892
Bancos médios	23,417	17,948	22,153	28,727	27,827	24,919	24,013	32,023	21,411	22,677	35,246
Bancos pequenos	25,856	31,162	24,611	34,962	30,170	35,947	36,037	48,191	26,755	32,372	40,282
Bancos emergentes	35,343	32,778	41,821	37,268	38,376	44,481	52,192	48,580	42,385	37,092	37,430

Fonte: Elaboração própria.

Após indicadores negativos na década de 1990, a margem da atividade bancária dos bancos grandes, médios e pequenos foi positiva em todos os períodos (Tabela 86). Isso mostrou maior comprometimento dos bancos em conquistar resultados brutos de intermediação financeira suficientes para cobrir suas despesas operacionais, como custos de pessoal, administrativos e tributários. Os bancos emergentes tiveram redução dessa margem durante a crise de 2008, em razão da dificuldade de captação de recursos e do receio em realizar operações de maior risco no mercado.

TABELA 86. Margem da atividade bancária (%) na década de 2000, segundo divisão por porte

Instituições financeiras	2000	2001	2002	2003	2004	2005	2006	2007	2008	2009	2010
Bancos grandes	13,357	2,263	7,647	17,528	14,319	18,512	15,741	16,069	7,986	10,752	7,325
Bancos médios	7,081	3,321	7,120	17,942	16,516	14,064	10,522	15,479	14,638	16,036	16,013
Bancos pequenos	5,293	6,647	4,624	9,087	8,385	8,428	10,473	25,488	9,758	12,068	25,304
Bancos emergentes	9,839	11,503	14,275	14,789	11,138	13,579	18,830	20,746	9,486	5,279	4,419

Fonte: Elaboração própria.

A margem operacional analisa o resultado operacional dos bancos ao longo da década. Pela Tabela 87, nota-se que as margens operacionais dos bancos grandes, médios e pequenos aumentaram significativamente em relação à década anterior, demonstrando que as operações correntes desses bancos foram mais rentáveis e bem organizadas. Os bancos emergentes sofreram bastante com a crise de 2008 por causa da menor liquidez do mercado financeiro e das poucas fontes de captação, o que comprometeu suas margens operacionais.

TABELA 87. Margem operacional (%) na década de 2000, segundo divisão por porte

Instituições financeiras	2000	2001	2002	2003	2004	2005	2006	2007	2008	2009	2010
Bancos grandes	7,021	5,317	7,332	11,314	12,697	16,185	12,263	12,700	7,766	10,378	9,053
Bancos médios	10,868	7,441	10,711	11,847	14,591	16,599	14,114	16,162	15,571	24,393	20,195
Bancos pequenos	9,750	8,050	5,371	8,629	7,212	7,736	12,150	14,707	11,886	22,945	21,510
Bancos emergentes	14,924	12,012	14,517	17,559	14,155	15,345	21,721	21,187	9,547	6,767	12,723

Fonte: Elaboração própria.

A partir de 2000, a margem líquida dos grandes bancos aumentou em virtude dos bons resultados de suas atividades e do adequado gerenciamento de seus custos (Tabela 88). Mesmo em um ambiente de elevada incerteza, esses bancos conseguiram, assim como os médios e pequenos, manter bons resultados líquidos.

Já os bancos emergentes praticamente perderam metade de suas margens líquidas a partir de 2008, demonstrando grande deterioração de seus resultados nesse período.

O MERCADO BANCÁRIO POR PORTE E ORIGEM DE CAPITAL

TABELA 88. Margem líquida (%) na década de 2000, segundo divisão por porte

Instituições financeiras	2000	2001	2002	2003	2004	2005	2006	2007	2008	2009	2010
Bancos grandes	5,204	4,199	5,973	7,344	7,765	10,397	8,411	10,937	10,078	9,144	8,092
Bancos médios	8,600	6,316	8,151	8,854	9,215	10,851	10,346	20,334	13,336	15,064	11,608
Bancos pequenos	8,407	5,950	5,190	5,907	4,814	4,637	9,484	14,097	8,818	15,572	16,510
Bancos emergentes	12,702	8,744	11,173	11,765	11,481	12,573	16,012	16,166	8,815	5,780	9,986

Fonte: Elaboração própria.

Em todos os portes, o *spread* foi menor em relação à década de 1990. Os bancos grandes e emergentes conseguiram as melhores taxas de captação e, ao mesmo tempo, ofereceram produtos e serviços com rendimentos competitivos (Tabela 89).

Embora os bancos médios e pequenos tivessem os menores *spreads*, conseguiram se aproximar dos demais após o período de crise, já que a restrição relativa às alternativas de captação e a elevada incerteza do período afetaram as operações de todos os bancos, independentemente do porte.

TABELA 89. *Spread* (%) na década de 2000, segundo divisão por porte

Instituições financeiras	2000	2001	2002	2003	2004	2005	2006	2007	2008	2009	2010
Bancos grandes	11,474	10,930	11,004	11,297	11,946	12,676	11,048	9,999	7,301	9,557	6,604
Bancos médios	5,885	6,394	9,857	9,114	8,543	10,874	10,323	8,714	6,763	6,012	6,142
Bancos pequenos	8,382	9,993	8,653	6,178	6,531	9,952	8,931	9,944	9,248	7,194	6,532
Bancos emergentes	9,824	10,474	15,477	10,282	10,217	9,936	12,352	11,340	10,574	9,810	8,136

Fonte: Elaboração própria.

Solvência

A liquidez geral é um indicador importante para os bancos, já que, por meio dele, pode-se mensurar a saúde financeira dessas instituições. Na Tabela 90, nota-se que a liquidez dos grandes bancos se manteve praticamente constante nos anos 2000, mas deteriorou-se em 2010 em função da maior dependência dessas instituições do capital de terceiros. Apesar disso, os bancos médios e pequenos apresentaram trajetória semelhante aos grandes, observa-se um comportamento mais conservador após a crise do mercado *subprime* americano, com aumento do índice de liquidez geral. Já os emergentes continuaram tendo elevada liquidez no sistema financeiro, porém se mostraram mais receosos em aumentar seu endividamento em momentos de elevada incerteza econômica.

TABELA 90. Liquidez geral (%) na década de 2000, segundo divisão por porte

Instituições financeiras	2000	2001	2002	2003	2004	2005	2006	2007	2008	2009	2010
Bancos grandes	104,660	104,616	103,582	105,379	106,004	105,758	105,677	105,424	103,311	104,730	99,664
Bancos médios	103,786	103,411	104,033	105,508	104,367	105,490	106,122	108,328	110,346	110,984	109,686
Bancos pequenos	105,866	107,492	104,209	107,461	109,898	110,675	111,615	114,274	114,639	117,035	110,374
Bancos emergentes	120,308	116,682	126,805	121,870	129,280	132,112	127,230	126,356	122,396	121,485	121,286

Fonte: Elaboração própria.

A dependência interbancária dos bancos grandes manteve-se praticamente estável a partir de 2000. Entretanto, em 2010, houve aumento brusco desse indicador, com maior negociação de depósitos interfinanceiros no mercado, o que significou baixa liquidez de algumas ins-

282

tituições no ano (Tabela 91). Um caso que afetou o sistema financeiro no exercício foi a fraude do Banco Panamericano, que provavelmente gerou grande troca de títulos entre os bancos para evitar possível contágio da falta de confiança nas instituições de menor porte.

No caso dos bancos médios, pequenos e emergentes, houve alterações mais significativas nesse indicador durante a crise financeira de 2008, sugerindo problemas de liquidez em alguns bancos nessa ocasião.

TABELA 91. Dependência interbancária (%) na década de 2000, segundo divisão por porte

Instituições financeiras	2000	2001	2002	2003	2004	2005	2006	2007	2008	2009	2010
Bancos grandes	0,496	0,331	0,141	1,117	0,183	0,322	0,290	0,640	0,561	0,349	7,498
Bancos médios	1,934	2,828	2,437	3,431	3,879	1,600	5,911	5,470	5,945	5,421	2,054
Bancos pequenos	2,940	2,902	4,031	2,935	2,911	2,707	5,036	3,775	9,140	7,243	2,364
Bancos emergentes	0,819	1,780	0,217	1,822	1,793	0,412	5,114	8,300	8,982	3,444	1,966

Fonte: Elaboração própria.

O provisionamento dos bancos de todos os portes aumentou em períodos de crise e incerteza econômica. Pela Tabela 92, observa-se que esse indicador foi maior nos bancos grandes, por causa do maior volume de crédito oferecido no mercado, sendo mais significativo a partir de 2004, com o início de um novo ciclo de crescimento do crédito. Os bancos médios e pequenos apresentaram resultados bem parecidos no período. Já os emergentes aproximaram-se mais dos grandes não pelo volume, mas, sim, pela maior prudência em relação a possíveis perdas durante o exercício.

O SETOR BANCÁRIO BRASILEIRO DE 1990 A 2010

TABELA 92. Provisionamento (%) na década de 2000, segundo divisão por porte

Instituições financeiras	2000	2001	2002	2003	2004	2005	2006	2007	2008	2009	2010
Bancos grandes	3,463	5,312	4,340	5,468	3,571	5,386	5,790	4,330	4,266	6,531	4,244
Bancos médios	1,359	2,785	3,349	2,018	0,860	0,937	1,433	1,330	0,429	1,850	0,349
Bancos pequenos	1,111	2,616	1,849	1,742	0,654	3,239	2,112	1,790	1,856	2,574	0,662
Bancos emergentes	1,003	2,648	1,120	1,084	1,514	2,331	2,147	1,984	1,635	4,768	3,145

Fonte: Elaboração própria.

A evolução do encaixe entre os portes pode ser observada pela Tabela 93. Nota-se que os grandes bancos superaram os indicadores dos bancos médios e emergentes durante os anos 2000. Isso demonstra que essas instituições aumentaram a cobertura para seus depósitos, mantendo-se predominantes quanto ao destino destes entre as instituições financeiras.

Já os bancos pequenos apresentaram os maiores níveis de encaixe no período, sobretudo durante a crise de 2008 e após a descoberta da fraude contábil do Banco Panamericano, classificado como banco pequeno, o que elevou a desconfiança do mercado em relação à confiabilidade de instituições desse porte, favorecendo o aumento do encaixe.

TABELA 93. Encaixe (%) na década de 2000, segundo divisão por porte

Instituições financeiras	2000	2001	2002	2003	2004	2005	2006	2007	2008	2009	2010
Bancos grandes	18,039	30,092	24,881	21,715	17,253	21,078	19,857	19,254	32,506	23,493	24,673
Bancos médios	26,381	24,071	33,009	18,988	36,214	26,797	15,263	6,174	19,963	11,464	8,586
Bancos pequenos	47,577	28,719	38,336	27,586	26,675	14,365	15,728	15,714	59,396	39,291	33,891
Bancos emergentes	26,015	16,861	18,270	15,701	29,777	18,345	13,002	3,120	17,946	9,949	15,803

Fonte: Elaboração própria.

A partir da década de 2000, alguns indicadores puderam ser calculados segundo a metodologia do modelo E2S Bancos, como os créditos não problemáticos, que analisam o total da carteira de crédito que não apresenta inadimplência ou insolvência. A Tabela 94 mostra que os grandes bancos possuíam, no início da década, créditos pertencentes às faixas AA e A acima de 60%, com aumento da qualidade da carteira a partir de 2008, demonstrando comportamento mais prudente em períodos de volatilidade do mercado.

Os bancos médios, pequenos e emergentes apresentaram elevados índices durante todo o período, manifestando cautela no oferecimento de crédito a consumidores e empresas, e planejamento financeiro e de risco para evitar perdas com essas operações.

TABELA 94. Créditos não problemáticos (%) na década de 2000, segundo divisão por porte

Instituições financeiras	2000	2001	2002	2003	2004	2005	2006	2007	2008	2009	2010
Bancos grandes	60,543	65,869	61,751	65,012	61,479	66,933	62,597	61,127	78,706	80,558	81,170
Bancos médios	71,651	69,711	70,329	68,630	71,643	69,657	71,473	71,450	85,124	83,344	87,046
Bancos pequenos	82,910	83,115	81,911	79,550	75,098	76,444	74,880	76,092	85,029	86,231	90,245
Bancos emergentes	72,830	70,240	70,820	71,474	75,640	76,598	77,896	79,162	88,105	89,351	91,518

Fonte: Elaboração própria.

O indicador de inadimplência analisa o total da carteira de crédito que apresenta inadimplência (atrasos de até 30 dias). Pela Tabela 95, nota-se que inicialmente os bancos apresentavam índices mais elevados de inadimplência, independentemente do porte. Contudo, ao longo da década, esse indicador reduziu-se substancialmente para os bancos médios, pequenos e emergentes, para evitar problemas de solvência e comprometimento de seu crescimento no longo prazo.

Os bancos grandes também sofreram redução nos créditos das faixas B, C e D após 2007, evidenciando maior preocupação com o gerenciamento de sua carteira.

TABELA 95. Inadimplência (%) na década de 2000, segundo divisão por porte

Instituições financeiras	2000	2001	2002	2003	2004	2005	2006	2007	2008	2009	2010
Bancos grandes	22,307	27,663	32,857	29,901	34,623	28,254	31,150	18,978	16,762	14,288	13,648
Bancos médios	20,145	18,467	20,137	17,075	14,127	21,506	18,760	15,050	8,368	7,822	4,671
Bancos pequenos	12,405	11,249	10,797	11,606	11,880	12,340	11,721	7,989	11,110	6,281	6,443
Bancos emergentes	12,590	14,310	12,446	15,390	17,425	11,595	16,199	13,426	8,542	4,704	6,114

Fonte: Elaboração própria.

O indicador de insolvência analisa o total da carteira de crédito que apresenta insolvência (clientes que não pagaram seus débitos). Os grandes bancos apresentaram maior volume de recursos nas faixas E, F, G e H, o que aumentou seu provisionamento para evitar possíveis perdas (Tabela 96). Os demais portes mantiveram esse indicador praticamente constante, com elevações mais bruscas em 2002 (crise política), 2008 e 2009 (agravamento da crise de 2008 e PIB negativo). Em virtude do baixo crescimento da economia, que diminuiu o poder de compra da população e agravou a situação dos endividados, houve aumento nos créditos insolventes.

O comprometimento do patrimônio líquido ajustado verifica o total de operações insolventes sobre o patrimônio líquido. Os grandes bancos obtiveram os maiores níveis de comprometimento do seu patrimônio líquido com créditos insolventes, mesmo com o processo de capitalização empreendido por eles após 2008 em virtude de fusões e aquisições (Tabela 97). Os bancos médios e pequenos

O MERCADO BANCÁRIO POR PORTE E ORIGEM DE CAPITAL

apresentaram comportamentos parecidos, com os médios tendo ligeiramente mais operações insolventes em relação ao patrimônio líquido. Como os emergentes possuíam os menores índices, estavam bem capitalizados para suportar choques econômicos e estruturais.

TABELA 96. Insolvência (%) na década de 2000, segundo divisão por porte

Instituições financeiras	2000	2001	2002	2003	2004	2005	2006	2007	2008	2009	2010
Bancos grandes	6,753	6,468	6,463	7,309	5,327	4,854	6,252	5,745	4,532	6,176	4,866
Bancos médios	2,844	4,182	3,602	3,522	3,032	2,920	3,805	3,503	3,901	4,361	2,391
Bancos pequenos	2,367	3,694	3,078	2,571	2,425	3,942	3,683	2,214	2,959	2,740	2,702
Bancos emergentes	2,461	2,856	2,493	2,892	3,901	4,112	3,370	3,217	3,471	4,633	1,380

Fonte: Elaboração própria.

TABELA 97. Comprometimento do patrimônio líquido ajustado (%) na década de 2000, segundo divisão por porte

Instituições financeiras	2000	2001	2002	2003	2004	2005	2006	2007	2008	2009	2010
Bancos grandes	22,556	17,432	16,291	14,010	14,696	14,314	22,262	23,300	19,247	27,985	20,995
Bancos médios	6,755	7,491	6,777	7,797	5,682	6,059	10,039	8,065	8,144	10,360	5,293
Bancos pequenos	5,365	10,036	11,289	8,380	8,355	8,753	6,907	6,166	8,682	14,154	6,727
Bancos emergentes	1,524	2,996	3,189	1,927	3,564	2,890	2,882	1,910	3,734	3,816	4,575

Fonte: Elaboração própria.

A cobertura com provisão analisa o total de provisões para créditos de liquidação duvidosa sobre operações insolventes. Os grandes bancos apresentaram as maiores coberturas contra perdas de suas operações de crédito, sobretudo em períodos de instabilidade econômica e financeira (Tabela 98).

Já os bancos médios tiveram a menor cobertura durante a década, evidência de que esses bancos deixaram de ter indicadores semelhantes aos dos grandes, mesmo sem a mesma rentabilidade, para que pudessem se aproximar dos pequenos. Isso demonstra que o então recente processo de fusões e aquisições levou os bancos médios a perderem espaço no sistema financeiro, pois a postura adotada por eles era insustentável na dinâmica competitiva. Nesse caso, se quisessem conquistar maior longevidade, essas instituições deveriam modificar suas estratégias.

TABELA 98. Cobertura com provisão (%) na década de 2000, segundo divisão por porte

Instituições financeiras	2000	2001	2002	2003	2004	2005	2006	2007	2008	2009	2010
Bancos grandes	65,915	96,296	127,566	122,085	110,016	125,241	113,526	116,262	112,909	105,109	93,763
Bancos médios	60,450	82,508	82,377	82,471	51,973	86,221	69,967	47,075	87,281	69,753	41,813
Bancos pequenos	60,258	103,625	99,130	66,774	101,967	107,083	100,636	116,444	109,067	98,035	72,622
Bancos emergentes	119,051	80,608	78,134	90,128	47,219	103,581	99,489	116,888	104,592	105,507	110,883

Fonte: Elaboração própria.

MERCADO BANCÁRIO POR ORIGEM DE CAPITAL

Segundo o Bacen, o mercado bancário por origem de capital é dividido em bancos públicos nacionais e CEF, bancos privados nacionais, bancos com participação estrangeira e bancos com controle estrangeiro, conforme mostra a Tabela 99.

O MERCADO BANCÁRIO POR PORTE E ORIGEM DE CAPITAL

TABELA 99. Quantitativo de bancos, segundo o segmento bancário

Estrato do segmento bancário	1996	1997	1998	1999	2000	2001	2002	2003	2004	2005	2006	2007	2008	2009	2010
Bancos públicos nacionais e CEF	32	27	22	19	17	15	15	15	14	14	13	13	12	10	9
Bancos privados nacionais	131	118	105	95	91	81	76	78	82	82	81	77	78	88	88
Bancos com participação estrangeira	26	23	18	15	14	14	11	10	10	8	9	10	7	0	0
Bancos com controle estrangeiro	41	49	59	65	70	72	65	62	58	57	56	56	62	60	60
TOTAL	230	217	204	194	192	182	167	165	164	161	159	156	159	158	157

Fonte: Banco Central do Brasil (2010).

Contudo, neste trabalho, foi utilizada uma metodologia diferente, vista como mais adequada à amostra selecionada. Assim, as instituições financeiras bancárias foram divididas em: bancos públicos federais, bancos públicos estaduais, bancos privados nacionais e bancos privados estrangeiros.

Corroborando a análise de porte, os bancos foram analisados inicialmente em relação a ativo total, depósitos e patrimônio líquido. O período também foi dividido em duas décadas: 1990 (com dados a partir de 1994) e 2000. Além disso, adotou-se o modelo E2S Bancos segmentado em três grandes áreas: estratégia, eficiência e solvência.

A Tabela 100 apresenta a amostra selecionada para a análise dos indicadores financeiros por origem de capital. A amostra variou de acordo com o número de bancos em cada segmento estudado, de modo que fosse representativa para determinado segmento.

TABELA 100. Amostra de instituições financeiras, segundo divisão por origem de capital

Amostra de instituições financeiras	Década de 1990	Década de 2000
Bancos públicos federais	6	6
Bancos públicos estaduais	30	9
Bancos privados nacionais	40	30
Bancos privados estrangeiros	30	30

Fonte: Elaboração própria.

Década de 1990

A análise por origem de capital é importante para a compreensão das características e peculiaridades das instituições que compõem o SFN. A Tabela 101 mostra a evolução do número de bancos no período. Observa-se que os bancos públicos federais eram formados basicamente pelo Banco do Brasil, CEF, Banco do Nordeste do Brasil (BNB) e Banco da Amazônia (Basa). Contudo, a partir de 1996, foram federalizados alguns bancos estaduais em situação deficiente, como o Banespa, Banco do Estado de Goiás e Banco do Estado de Santa Catarina. Os bancos estaduais apresentaram redução significativa em seu número, principalmente com o início do Proes. Os bancos privados nacionais eram soberanos, no período, e os privados estrangeiros, com o processo de abertura, conquistaram maior espaço dentro do SFN.

As Tabelas 102 e 103 podem ser usadas para analisar uma outra perspectiva do sistema financeiro. Nota-se que os bancos estaduais perderam espaço, enquanto os federais mantiveram sua participação no segmento bancário. Destaca-se, nesse período, um maior volume de operações dos bancos privados nacionais, que se aproximaram do ativo total dos bancos federais e conquistaram 38% dos ativos do sistema.

No entanto, o segmento que mais cresceu foi o de bancos privados estrangeiros, que, por terem seu crescimento pautado basicamente em fusões e aquisições, empreenderam um comportamento mais agressivo para conquistar mercado e elevar a eficiência de suas operações, de modo a ganhar o espaço que até então pertencia aos bancos estaduais.

TABELA 101. Evolução do número de instituições por origem de capital, segundo o ativo total no período de 1994 a 1999

Origem de capital	1994	1995	1996	1997	1998	1999
Bancos públicos federais	4	4	6	6	6	7
Bancos públicos estaduais	27	28	23	16	17	14
Bancos privados nacionais	129	126	114	109	101	95
Bancos privados estrangeiros	52	47	51	51	52	49
TOTAL	212	205	194	182	176	165

Fonte: Elaboração própria.

TABELA 102. Participação das instituições no segmento bancário em ativos totais no período de 1994 a 1999 (em R$ mil)

Origem de capital	1994	1995	1996	1997	1998	1999
Bancos públicos federais	128.563.193	167.085.030	245.104.951	286.747.885	277.875.039	290.067.853
Bancos públicos estaduais	55.661.373	95.304.758	48.102.444	43.627.400	44.951.957	33.874.409
Bancos privados nacionais	145.119.193	180.902.965	215.046.389	247.268.281	259.191.343	275.144.660
Bancos privados estrangeiros	23.777.643	32.400.236	52.343.479	93.675.022	89.871.297	124.632.662
TOTAL	353.121.402	475.692.989	560.597.263	671.318.588	671.889.636	723.719.584

Fonte: Elaboração própria.

TABELA 103. Participação percentual das instituições no segmento bancário em ativos totais no período de 1994 a 1999

Origem de capital	1994	1995	1996	1997	1998	1999
Bancos públicos federais	36,408	35,125	43,722	42,714	41,357	40,08
Bancos públicos estaduais	15,763	20,035	8,581	6,499	6,69	4,681
Bancos privados nacionais	41,096	38,029	38,360	36,833	38,576	38,018
Bancos privados estrangeiros	6,734	6,811	9,337	13,954	13,376	17,221
TOTAL	100	100	100	100	100	100

Fonte: Elaboração própria.

A Tabela 104 mostra a evolução do número de instituições, segundo os depósitos. Observa-se que essa variável segue o raciocínio anterior, sendo mantida na análise em virtude da utilização de outro parâmetro da pesquisa.

TABELA 104. Evolução do número de instituições por origem de capital no período de 1994 a 1999, segundo os depósitos

Origem de capital	1994	1995	1996	1997	1998	1999
Bancos públicos federais	4	4	6	6	6	7
Bancos públicos estaduais	25	26	22	14	15	13
Bancos privados nacionais	124	120	119	106	96	84
Bancos privados estrangeiros	46	47	45	47	47	51
TOTAL	199	197	192	173	164	155

Fonte: Elaboração própria.

Pelas Tabelas 105 e 106, observa-se grande concentração de depósitos nos bancos públicos federais, reconhecidos pela população como seguros e com ampla rede de agências para fornecer assistência em caso de necessidade. Esses bancos reuniram quase 50% dos depósitos do sistema financeiro, formados por depósitos à vista, de poupança, a prazo e interfinanceiros. Destacam-se o Banco do Brasil e a CEF como agentes no financiamento de obras de infraestrutura e desenvolvimento regional, além de suas atuações mais focadas na agricultura e no setor imobiliário, respectivamente.

Os bancos privados também ganharam escala e representatividade no sistema, consolidando-se como alternativa de valor para a alocação de depósitos da população. Já os privados estrangeiros praticamente triplicaram seu volume de depósitos ao final da década de 1990, dobrando sua participação no sistema, em detrimento dos bancos estaduais, e tornando-se um destino confiável para os recursos dos brasileiros.

TABELA 105. Participação das instituições no segmento bancário por depósitos no período de 1994 a 1999 (em R$ mil)

Origem de capital	1994	1995	1996	1997	1998	1999
Bancos públicos federais	66.825.058	99.909.439	120.424.373	128.672.170	128.649.468	140.493.491
Bancos públicos estaduais	22.921.514	38.585.483	22.485.777	22.844.138	26.330.437	22.267.755
Bancos privados nacionais	66.115.389	72.740.328	67.443.319	80.859.925	93.497.946	88.198.912
Bancos privados estrangeiros	10.384.836	12.430.976	13.491.295	25.039.518	26.746.259	37.298.216
TOTAL	166.246.797	223.666.226	223.844.764	257.415.751	275.224.110	288.258.374

Fonte: Elaboração própria.

TABELA 106. Participação percentual das instituições no segmento bancário por depósitos no período de 1994 a 1999

Origem de capital	1994	1995	1996	1997	1998	1999
Bancos públicos federais	40,196	44,669	53,798	49,986	46,744	48,739
Bancos públicos estaduais	13,788	17,251	10,045	8,874	9,567	7,725
Bancos privados nacionais	39,769	32,522	30,130	31,412	33,972	30,597
Bancos privados estrangeiros	6,247	5,558	6,027	9,727	9,718	12,939
TOTAL	100	100	100	100	100	100

Fonte: Elaboração própria.

A Tabela 107 fornece a evolução do número de instituições financeiras bancárias segundo o patrimônio líquido. Nota-se que, apesar de algumas mudanças na amostra selecionada do sistema Visionarium, elas não geraram grandes alterações em relação aos números discutidos anteriormente.

TABELA 107. Evolução do número de instituições por origem de capital no período de 1994 a 1999, segundo o patrimônio líquido

Origem de capital	1994	1995	1996	1997	1998	1999
Bancos públicos federais	4	4	6	6	6	7
Bancos públicos estaduais	25	26	20	12	9	14
Bancos privados nacionais	132	123	113	110	100	92
Bancos privados estrangeiros	46	48	49	50	53	50
TOTAL	207	201	188	178	168	163

Fonte: Elaboração própria.

Como mostram as Tabelas 108 e 109, os bancos públicos federais estavam bem capitalizados, pois, embora fossem poucos, concentravam quase 30% do patrimônio líquido do sistema financeiro. Entretanto, observou-se comportamento oposto em relação aos bancos estaduais: apesar de existirem em maior número, podiam ser considerados descapitalizados, tomando como exemplo o ano de 1994, em que todos os bancos estaduais concentravam somente 12% do patrimônio líquido.

Os bancos privados nacionais reuniam mais de 50% do patrimônio líquido do sistema em alguns períodos, mas, nos anos da amostra, sempre contaram com um número próximo a 100 bancos. Já os estrangeiros ampliaram sua capitalização conforme ganharam representatividade numérica e operacional, concentrando, ao final de 1999, cerca de 21% do patrimônio líquido do sistema.

TABELA 108. Participação das instituições no segmento bancário por patrimônio líquido no período de 1994 a 1999 (em R$ mil)

Origem de capital	1994	1995	1996	1997	1998	1999
Bancos públicos federais	7.823.342	7.445.232	12.859.453	15.538.565	15.489.786	16.702.253
Bancos públicos estaduais	3.960.004	4.837.906	3.348.121	2.757.632	2.448.521	3.146.489
Bancos privados nacionais	16.819.726	20.246.414	22.204.412	22.859.410	25.786.890	29.995.812
Bancos privados estrangeiros	2.819.805	4.425.394	5.627.507	7.518.969	11.128.304	13.501.279
TOTAL	31.422.877	36.954.946	44.039.493	48.674.576	54.853.501	63.345.833

Fonte: Elaboração própria.

TABELA 109. Participação percentual das instituições no segmento bancário por patrimônio líquido no período de 1994 a 1999

Origem de capital	1994	1995	1996	1997	1998	1999
Bancos públicos federais	24,897	20,147	29,200	31,923	28,238	26,367
Bancos públicos estaduais	12,602	13,091	7,603	5,665	4,464	4,967
Bancos privados nacionais	53,527	54,787	50,419	46,964	47,010	47,352
Bancos privados estrangeiros	8,974	11,975	12,778	15,447	20,287	21,314
TOTAL	100	100	100	100	100	100

Fonte: Elaboração própria.

Estratégia

A capitalização dos bancos privados nacionais e estrangeiros foi superior à obtida pelos públicos ao longo da década de 1990 (Tabela 110). Isso demonstra maior aporte de capital próprio nessas instituições, evidenciando um comportamento mais prudente em suas operações. Já os bancos federais e estaduais, em função de serem públicos, não necessitavam de elevada capitalização para mostrar ao mercado sua saúde financeira e manter a confiança da população em suas instituições, podendo buscar novas fontes de recursos e alavancar suas operações.

TABELA 110. Capitalização (%) no período de 1994 a 1999, segundo divisão por origem de capital

Instituições financeiras	1994	1995	1996	1997	1998	1999
Bancos públicos federais	7,874	4,565	8,740	7,354	10,314	11,423
Bancos públicos estaduais	13,085	11,402	9,503	7,540	12,607	17,446
Bancos privados nacionais	19,577	18,328	16,462	16,455	18,653	18,482
Bancos privados estrangeiros	19,441	16,848	15,733	13,844	12,750	18,150

Fonte: Elaboração própria.

A Tabela 111 fornece a alavancagem dos bancos estudados no período. Observa-se maior alavancagem dos bancos públicos, sobretudo os federais, pela importância de suas atividades de fomento ao crédito em setores pouco assistidos, como agricultura, setor imobiliário e financiamentos com prazos maiores a pequenas e médias empresas.

Com a abertura econômica do país, os bancos estrangeiros iniciaram suas atividades com alavancagem próxima aos privados nacionais. Entretanto, foram mais cautelosos na concessão de crédito ao direcionarem, inicialmente, seus recursos para os títulos públicos.

TABELA 111. Alavancagem no período de 1994 a 1999, segundo divisão por origem de capital

Instituições financeiras	1994	1995	1996	1997	1998	1999
Bancos públicos federais	12,812	21,907	11,780	13,599	7,716	8,870
Bancos públicos estaduais	6,247	7,356	9,335	8,154	3,458	5,732
Bancos privados nacionais	5,363	5,456	6,075	6,158	5,362	5,283
Bancos privados estrangeiros	5,144	5,938	6,357	7,224	7,943	5,779

Fonte: Elaboração própria.

Em 1994, todos os segmentos bancários apresentaram elevada captação de recursos no curto prazo, a qual se aproximou de sua totalidade no caso dos bancos privados. Esse quadro sofreu uma leve mudança ao longo do período, como pode ser visto na Tabela 112, com os bancos públicos aproveitando mais os recursos de curto prazo.

TABELA 112. Captação de curto prazo ajustada (%) no período de 1994 a 1999, segundo divisão por origem de capital

Instituições financeiras	1994	1995	1996	1997	1998	1999
Bancos públicos federais	85,752	90,014	92,409	89,132	86,964	88,558
Bancos públicos estaduais	93,716	91,793	88,571	92,159	87,153	94,604
Bancos privados nacionais	98,926	96,103	93,591	86,484	87,597	80,518
Bancos privados estrangeiros	98,597	91,044	90,256	83,806	79,728	83,060

Fonte: Elaboração própria.

As captações de longo prazo aumentaram para todos os segmentos ao longo da década de 1990 (Tabela 113). No entanto, como destacado anteriormente, são muitos os obstáculos para os bancos que mantêm sua fonte de captação basicamente no curto prazo. Uma das razões para esse quadro era um mercado financeiro ainda em formação, com a entrada de novas instituições na dinâmica competitiva e a predominância dos bancos públicos nas operações do sistema.

TABELA 113. Captação de longo prazo ajustada (%) no período de 1994 a 1999, segundo divisão por origem de capital

Instituições financeiras	1994	1995	1996	1997	1998	1999
Bancos públicos federais	14,831	10,246	8,282	11,250	12,711	11,851
Bancos públicos estaduais	8,496	10,942	14,241	7,485	11,721	6,641
Bancos privados nacionais	1,573	4,834	8,916	15,155	12,973	21,344
Bancos privados estrangeiros	1,934	9,934	9,710	15,819	16,789	16,825

Fonte: Elaboração própria.

A captação de depósitos à vista e poupança foi predominante nos bancos públicos federais e estaduais, mesmo em um período de grande turbulência, marcado pela mudança da moeda em 1994. Entre as vantagens desses bancos, estava a ampla rede de agências e postos de atendimento bancário para os consumidores depositarem seus salários e recursos sobressalentes, sacrificando o consumo em virtude das oportunidades futuras. Destaca-se, pela análise da Tabela 114, que essa fonte de recursos foi significativa para os bancos estaduais, apesar dos problemas financeiros graves enfrentados por eles, já que os servidores públicos recebiam os salários e realizavam as principais transações nessas instituições financeiras.

TABELA 114. Captação de depósitos à vista e poupança (%) no período de 1994 a 1999, segundo divisão por origem de capital

Instituições financeiras	1994	1995	1996	1997	1998	1999
Bancos públicos federais	26,553	15,756	19,684	22,604	21,546	19,618
Bancos públicos estaduais	23,533	30,270	23,710	30,160	35,194	35,287
Bancos privados nacionais	0,826	1,001	1,349	1,700	1,418	2,857
Bancos privados estrangeiros	0,008	0,056	0,053	0,079	0,091	0,179

Fonte: Elaboração própria.

A partir de 1994, a captação de depósitos a prazo era mais relevante para os bancos privados nacionais e estrangeiros (Tabela 115). Esse quadro se alterou sobretudo para os bancos estrangeiros, que reduziram substancialmente a emissão de CDB e RDB no mercado em 1999. Já os bancos públicos aumentaram a emissão desses títulos para subsidiar suas operações de fomento na economia e ganhar participação no sistema, pois os títulos provenientes de bancos públicos possuem menor risco para seus compradores, em razão da pequena probabilidade de essas instituições falirem e do amplo suporte do governo.

TABELA 115. Captação de depósitos a prazo (%) no período de 1994 a 1999, segundo divisão por origem de capital

Instituições financeiras	1994	1995	1996	1997	1998	1999
Bancos públicos federais	17,724	38,965	29,857	29,012	26,984	25,170
Bancos públicos estaduais	17,646	23,360	23,931	26,297	26,306	18,907
Bancos privados nacionais	37,454	49,815	37,390	40,678	41,455	31,843
Bancos privados estrangeiros	26,603	26,848	10,978	23,096	21,934	6,691

Fonte: Elaboração própria.

Pela Tabela 116, observa-se que a captação em moeda estrangeira foi significativa para os bancos estrangeiros, já que eles contavam com um elevado aporte de recursos de suas matrizes para financiar suas atividades no país, por meio de repasses de curto e longo prazos e obrigações por títulos e valores mobiliários no exterior de curto e longo prazos. Os bancos privados nacionais também ampliaram essa fonte de recursos, em função da maior abertura econômica, o que favoreceu a busca por *funding* internacional nos períodos em que as condições eram mais favoráveis.

Os bancos públicos federais não consideravam essa captação atrativa, em vista da abundância de recursos no território brasileiro para financiar suas operações. Já para os estaduais, essa fonte não era interessante, sobretudo por sua condição financeira deficiente, o que elevava os custos e os obstáculos para a viabilidade dessas operações.

TABELA 116. Captação em moeda estrangeira ajustada (%) no período de 1994 a 1999, segundo divisão por origem de capital

Instituições financeiras	1994	1995	1996	1997	1998	1999
Bancos públicos federais	3,738	1,195	2,606	2,488	1,816	2,390
Bancos públicos estaduais	0,872	0,230	0,323	0,322	0,163	0,573
Bancos privados nacionais	5,496	10,654	6,358	9,680	10,109	9,163
Bancos privados estrangeiros	10,039	22,225	17,957	21,462	19,636	19,030

Fonte: Elaboração própria.

A captação por *floating* dos bancos públicos federais e estaduais foi expressiva ao longo da década de 1990, em decorrência da concentração de depósitos à vista, correspondentes, cobrança e arrecadação de impostos nessas instituições (Tabela 117). Para os demais segmentos, essa captação foi pouco relevante.

O MERCADO BANCÁRIO POR PORTE E ORIGEM DE CAPITAL

TABELA 117. Captação por *floating* (%) no período de 1994 a 1999, segundo divisão por origem de capital

Instituições financeiras	1994	1995	1996	1997	1998	1999
Bancos públicos federais	10,493	5,003	5,732	5,826	8,154	8,566
Bancos públicos estaduais	10,071	12,043	11,407	11,052	11,009	13,178
Bancos privados nacionais	0,693	0,577	0,820	1,126	1,226	1,413
Bancos privados estrangeiros	0,038	0,044	0,059	0,089	0,122	0,183

Fonte: Elaboração própria.

Pela Tabela 118, observa-se que as exigibilidades tributárias e trabalhistas foram praticamente uniformes em todos os segmentos estudados, com destaque para um aumento mais significativo para os bancos privados nacionais e estrangeiros, que sofreram diretamente com o processo de reestruturação empreendido no SFN ao final da década de 1990. Essas instituições foram as principais compradoras dos bancos privados e estaduais em dificuldade, englobando encargos sociais, estatutários, fiscais e previdenciários em suas contas patrimoniais.

TABELA 118. Exigibilidades tributárias e trabalhistas (%) no período de 1994 a 1999, segundo divisão por origem de capital

Instituições financeiras	1994	1995	1996	1997	1998	1999
Bancos públicos federais	1,449	1,120	2,630	1,351	1,519	1,923
Bancos públicos estaduais	1,597	1,476	0,973	1,054	0,808	1,440
Bancos privados nacionais	1,632	2,802	1,695	1,965	1,801	2,752
Bancos privados estrangeiros	1,449	1,915	2,429	1,840	3,017	3,563

Fonte: Elaboração própria.

Em 1994 e 1995, a imobilização dos bancos federais era extremamente elevada se comparada aos demais segmentos. Entretanto, esse indicador voltou a patamares razoáveis quando esses bancos conseguiram

301

controlar o crescimento de seu ativo permanente e obtiveram, ao final do período, indicadores melhores que aqueles alcançados pelos bancos privados.

Destaca-se, pela Tabela 119, que os bancos privados nacionais tinham a maior imobilização na década de 1990, algo em torno de 60%. Isso demonstra uma elevada alocação de recursos próprios em ativos de baixa liquidez, sobretudo agências bancárias, móveis e investimentos em coligadas e controladas.

Já os bancos estrangeiros mantiveram seus níveis de imobilização em torno dos 40%, controlando-os quando aumentavam demasiadamente, pois precisavam de uma melhor alocação de recursos para evitar desconfianças do mercado sobre sua solidez.

TABELA 119. Imobilização (%) no período de 1994 a 1999, segundo divisão por origem de capital

Instituições financeiras	1994	1995	1996	1997	1998	1999
Bancos públicos federais	73,036	103,861	55,287	48,200	36,336	32,646
Bancos públicos estaduais	49,819	62,060	56,519	48,686	21,220	39,669
Bancos privados nacionais	64,211	70,401	68,483	63,898	64,576	60,309
Bancos privados estrangeiros	42,323	41,016	43,229	51,045	54,676	41,085

Fonte: Elaboração própria.

Na Tabela 120, observa-se que os bancos públicos federais e estaduais possuíam indicadores negativos em recursos de longo prazo em giro, revelando que eles não utilizavam recursos com prazos de vencimento superiores a um ano para financiar suas operações diárias.

Os bancos privados obtiveram indicadores positivos em todos os períodos, com destaque para os estrangeiros, que, em grande parte dos exercícios, tiveram mais de 30% de seu giro financiado por recursos de longo prazo, revelando solidez em suas operações mesmo em períodos conturbados da economia brasileira.

O MERCADO BANCÁRIO POR PORTE E ORIGEM DE CAPITAL

TABELA 120. Recursos de longo prazo em giro (%) no período de 1994 a 1999, segundo divisão por origem de capital

Instituições financeiras	1994	1995	1996	1997	1998	1999
Bancos públicos federais	-73,087	-32,647	-17,824	-25,143	-22,103	-38,410
Bancos públicos estaduais	-15,638	-28,721	-32,498	-8,841	1,041	-22,591
Bancos privados nacionais	24,613	25,329	29,025	20,905	12,081	30,760
Bancos privados estrangeiros	50,112	43,910	36,695	30,690	26,448	42,309

Fonte: Elaboração própria.

Os recursos próprios em giro dos segmentos bancários podem ser visualizados na Tabela 121. Nota-se que, em 1994 e 1995, os bancos privados conseguiram ter parte de seu giro financiado por recursos próprios, o que diminuía sua dependência de capital de terceiros.

No entanto, esse cenário se alterou a partir de 1997, com todos os segmentos apresentando indicadores negativos, principalmente os bancos públicos. Esses indicadores evidenciam a fragilidade das estruturas patrimoniais dos bancos no caso de choques econômicos como o de 1999, com a ruptura do regime cambial.

TABELA 121. Recursos próprios em giro (%) no período de 1994 a 1999, segundo divisão por origem de capital

Instituições financeiras	1994	1995	1996	1997	1998	1999
Bancos públicos federais	-388,839	-664,186	-293,159	-198,233	-131,223	-195,510
Bancos públicos estaduais	-147,697	-268,518	-165,819	-155,750	-138,486	-103,033
Bancos privados nacionais	8,239	6,496	-6,428	-29,113	-41,869	-25,200
Bancos privados estrangeiros	32,600	21,037	17,712	-40,706	-41,884	-14,135

Fonte: Elaboração própria.

As aplicações em operações de crédito eram superiores a 50% até 1996 para os bancos públicos, sobretudo pelo momento mais estável

303

da economia brasileira após a mudança da moeda, que diminuiu a inflação e favoreceu o crédito (Tabela 122). Após esse período, o país passou por sucessivas crises internacionais, elevando as taxas de juros e reduzindo a expansão do crédito na economia.

Um comportamento mais cauteloso na alocação de recursos para o crédito pode ser observado em todos os segmentos bancários, já que o país passava por um momento econômico restritivo, impactando diretamente na renda disponível para consumo e investimento e beneficiando a opção dessas instituições por ativos de alta liquidez e baixo risco.

TABELA 122. Aplicações em operações de crédito (%) no período de 1994 a 1999, segundo divisão por origem de capital

Instituições financeiras	1994	1995	1996	1997	1998	1999
Bancos públicos federais	57,551	50,435	39,157	28,996	22,771	22,551
Bancos públicos estaduais	56,627	60,009	52,073	42,475	40,083	18,973
Bancos privados nacionais	51,761	46,365	50,133	39,336	41,524	39,288
Bancos privados estrangeiros	39,626	43,227	37,329	31,755	30,794	28,840

Fonte: Elaboração própria.

Corroborando a análise anterior, a Tabela 123 fornece as aplicações em tesouraria dos bancos públicos e privados ao longo da década de 1990. Observa-se uma grande preferência por títulos do governo, principalmente nos períodos de crise que antecederam a ruptura do regime cambial.

Os bancos públicos foram agentes importantes na compra de títulos, já que destinavam a maior parte de seus recursos a esses ativos, sobretudo para financiar o endividamento do governo federal.

Para os bancos privados, as aplicações em títulos eram muito favoráveis, pois possuíam elevada remuneração em razão da alta taxa de juros paga para evitar a saída de recursos do país e atrair investimentos, mesmo que de caráter especulativo.

TABELA 123. Aplicações em tesouraria (%) no período de 1994 a 1999, segundo divisão por origem de capital

Instituições financeiras	1994	1995	1996	1997	1998	1999
Bancos públicos federais	21,967	25,772	38,033	43,023	50,746	50,498
Bancos públicos estaduais	19,689	21,567	21,676	32,467	34,596	59,396
Bancos privados nacionais	34,594	37,587	37,610	41,921	42,901	44,755
Bancos privados estrangeiros	48,633	50,858	49,496	48,650	59,682	45,189

Fonte: Elaboração própria.

Eficiência

A cobertura de serviços dos bancos federais foi uma das maiores do período, demonstrando que suas receitas de prestação de serviços foram suficientes para cobrir suas despesas estruturais (Tabela 124). As principais receitas de serviços foram manutenção de contas correntes, garantias prestadas e emissão de cartões de crédito. Além disso, esses bancos mantiveram relativo controle sobre as despesas de pessoal e outras despesas administrativas. Os demais segmentos mantiveram uma cobertura de seus serviços coerente com suas estruturas.

TABELA 124. Cobertura com serviços (%) no período de 1994 a 1999, segundo divisão por origem de capital

Instituições financeiras	1994	1995	1996	1997	1998	1999
Bancos públicos federais	15,417	26,325	30,922	30,435	32,948	34,781
Bancos públicos estaduais	10,216	12,853	15,039	16,507	17,008	19,176
Bancos privados nacionais	13,199	13,471	20,558	17,113	13,380	12,408
Bancos privados estrangeiros	17,468	17,546	18,808	19,918	16,647	15,201

Fonte: Elaboração própria.

Os custos de captação dos bancos públicos foram bem similares ao longo da década de 1990, mesmo com a deterioração financeira dos bancos estaduais (Tabela 125). Isso ocorreu em decorrência das formas de captação parecidas, com os bancos buscando majoritariamente fontes de recursos de curto prazo e sendo destino de grande parte dos depósitos da economia. Fato semelhante ocorreu entre os bancos privados, que apresentaram despesas de intermediação financeira em relação ao ativo operacional bem próximas.

Um fato interessante é que havia uma expectativa de que os bancos estrangeiros, por terem fontes alternativas de captação de recursos no exterior, conseguissem reduzir os custos de suas operações para os consumidores e empresas brasileiras, porém isso não aconteceu. Esses bancos mantiveram estruturas muito parecidas com a dos bancos privados nacionais, e as vantagens anunciadas com a entrada deles no país não se concretizaram.

TABELA 125. Custo de captação (%) no período de 1994 a 1999, segundo divisão por origem de capital

Instituições financeiras	1994	1995	1996	1997	1998	1999
Bancos públicos federais	4,716	9,548	13,518	11,963	14,847	14,310
Bancos públicos estaduais	6,737	10,930	14,633	13,807	16,868	11,491
Bancos privados nacionais	23,415	16,203	14,413	12,294	16,300	17,078
Bancos privados estrangeiros	24,319	10,558	15,902	12,316	16,771	19,797

Fonte: Elaboração própria.

Os custos de pessoal eram maiores para os bancos estaduais em razão de suas estruturas inchadas e com muitas ineficiências (Tabela 126). Nota-se uma melhor gestão do custo de pessoas nas instituições privadas que passaram, ao final da década, por reestruturações, cujo objetivo era evitar duplicidade de processos e pessoas ao incorporarem instituições públicas e privadas deficitárias.

O MERCADO BANCÁRIO POR PORTE E ORIGEM DE CAPITAL

TABELA 126. Custo de pessoal (%) no período de 1994 a 1999, segundo divisão por origem de capital

Instituições financeiras	1994	1995	1996	1997	1998	1999
Bancos públicos federais	8,829	7,460	7,680	5,661	5,424	5,834
Bancos públicos estaduais	13,816	14,298	10,158	7,360	9,751	7,883
Bancos privados nacionais	4,334	4,062	3,583	2,767	2,923	2,275
Bancos privados estrangeiros	2,349	1,893	1,945	1,882	1,780	1,428

Fonte: Elaboração própria.

Os custos administrativos foram maiores para os bancos estaduais, em virtude de suas elevadas despesas administrativas relativas a aluguéis, manutenção e conservação dos bens e comunicação (Tabela 127). Os bancos federais obtiveram custos próximos aos dos bancos estrangeiros, mesmo tendo estruturas superiores em termos de número de agências e serviços, demonstrando que eles eram mais enxutos e tinham maior controle de suas despesas administrativas. Já os bancos privados nacionais revelaram que tinham organizações mais dispendiosas no período, porém sem diferenças significativas em relação aos demais segmentos.

TABELA 127. Custo administrativo (%) no período de 1994 a 1999, segundo divisão por origem de capital

Instituições financeiras	1994	1995	1996	1997	1998	1999
Bancos públicos federais	2,135	1,967	2,566	2,329	2,518	2,479
Bancos públicos estaduais	5,305	6,685	5,198	4,465	6,343	5,465
Bancos privados nacionais	3,851	3,659	4,246	3,286	3,442	3,172
Bancos privados estrangeiros	2,020	1,768	1,628	1,558	1,583	2,110

Fonte: Elaboração própria.

Os custos estruturais podem ser vistos na Tabela 128. Nota-se que os bancos públicos possuíam despesas estruturais superiores aos demais, sobretudo aos estados marcados por estruturas ineficientes e caras. Os bancos privados nacionais inicialmente tiveram custos maiores em relação aos estrangeiros, contudo, mesmo tendo maior número de agências e de funcionários no país, conseguiram superar as deficiências e aproximar-se de estruturas mais enxutas e funcionais.

TABELA 128. Custo estrutural (%) no período de 1994 a 1999, segundo divisão por origem de capital

Instituições financeiras	1994	1995	1996	1997	1998	1999
Bancos públicos federais	10,717	9,297	10,246	7,990	7,733	8,418
Bancos públicos estaduais	20,050	22,063	15,436	13,461	16,271	13,487
Bancos privados nacionais	8,800	8,481	7,854	7,024	6,723	5,869
Bancos privados estrangeiros	5,497	4,086	4,040	3,699	3,704	4,212

Fonte: Elaboração própria.

O *overhead ratio* é uma medida importante na análise das despesas estruturais em relação às receitas totais das instituições. Coerente com a análise anterior, vê-se que os bancos privados possuíam estruturas mais enxutas, com seus gastos sendo absorvidos por suas receitas (Tabela 129). Ressalta-se que, embora os bancos federais tivessem menores custos estruturais em relação aos estaduais, seu *overhead ratio* foi bem superior no período, resultado da federalização de alguns bancos estaduais, o que deturpou seus indicadores.

308

O MERCADO BANCÁRIO POR PORTE E ORIGEM DE CAPITAL

TABELA 129. *Overhead ratio* (%) no período de 1994 a 1999, segundo divisão por origem de capital

Instituições financeiras	1994	1995	1996	1997	1998	1999
Bancos públicos federais	92,946	213,437	188,471	156,436	228,860	127,077
Bancos públicos estaduais	97,072	121,509	136,092	107,487	95,056	96,169
Bancos privados nacionais	61,740	105,418	100,100	91,206	99,479	90,214
Bancos privados estrangeiros	42,341	83,364	71,231	71,430	61,290	43,614

Fonte: Elaboração própria.

A rentabilidade do patrimônio líquido final foi bem maior para os bancos privados do que para os bancos públicos, que tiveram, em alguns períodos, indicadores negativos (Tabela 130). Assim como os nacionais, os bancos privados estrangeiros conquistaram as maiores rentabilidades ao longo da década, com seu resultado líquido crescendo em ritmo superior ao patrimônio líquido em grande parte dos exercícios.

TABELA 130. Rentabilidade do patrimônio líquido final (%) no período de 1994 a 1999, segundo divisão por origem de capital

Instituições financeiras	1994	1995	1996	1997	1998	1999
Bancos públicos federais	8,238	-37,864	7,974	9,349	9,587	10,855
Bancos públicos estaduais	7,183	0,708	0,984	2,312	-2,835	10,687
Bancos privados nacionais	17,461	11,211	15,100	12,489	15,446	18,563
Bancos privados estrangeiros	20,929	12,009	12,933	9,591	10,914	19,249

Fonte: Elaboração própria.

A rentabilidade do ativo dos bancos privados nacionais e estrangeiros era bem superior à obtida pelos bancos públicos na segunda metade da década de 1990, evidenciando um bom ritmo de crescimento de seus resultados líquidos (Tabela 131). Já os bancos públicos, em decor-

309

rência de grandes prejuízos em alguns exercícios, tiveram rentabilidades sempre inferiores a 1%, demonstrando que suas operações de crédito e com títulos no mercado aberto não foram suficientes para agregar resultados líquidos superiores.

TABELA 131. Rentabilidade do ativo (%) no período de 1994 a 1999, segundo divisão por origem de capital

Instituições financeiras	1994	1995	1996	1997	1998	1999
Bancos públicos federais	0,407	-1,357	0,726	0,939	0,720	0,843
Bancos públicos estaduais	0,990	0,060	-0,002	0,226	-3,007	0,859
Bancos privados nacionais	2,771	2,514	2,374	2,194	2,237	4,267
Bancos privados estrangeiros	3,955	2,325	2,355	1,424	1,440	2,556

Fonte: Elaboração própria.

A rentabilidade da atividade bancária também apresentou indicadores negativos para os bancos públicos ao longo da década de 1990 (Tabela 132). Isso indica que os resultados brutos de intermediação financeira e as receitas de prestação de serviços não conseguiram superar as despesas estruturais e tributárias nos exercícios. Os bancos privados tiveram indicadores positivos, mas sem grande expressividade, com destaque para um crescimento superior de seus ativos operacionais em relação aos resultados de atividade bancária.

TABELA 132. Rentabilidade da atividade bancária (%) no período de 1994 a 1999, segundo divisão por origem de capital

Instituições financeiras	1994	1995	1996	1997	1998	1999
Bancos públicos federais	1,447	-5,498	-8,913	-2,121	-3,040	-3,337
Bancos públicos estaduais	0,113	-2,025	-3,084	-1,344	-5,564	0,070
Bancos privados nacionais	4,999	1,824	0,917	0,706	0,779	2,185
Bancos privados estrangeiros	3,761	1,494	1,515	0,557	1,556	2,723

Fonte: Elaboração própria.

A rentabilidade de câmbio foi maior nos bancos federais, que conseguiram resultados bem expressivos, sobretudo em 1999, quando houve uma forte desvalorização do real em relação ao dólar (Tabela 133). Os bancos privados nacionais tiveram rentabilidade próxima de zero em sua carteira de câmbio em 1994, 1995 e 1996, alcançando resultados pouco significativos nos anos posteriores.

Já os bancos estrangeiros inicialmente conquistaram resultados de câmbio insignificantes, mas, a partir de 1996, o volume de suas operações aumentou, proporcionando bons níveis de rentabilidade. Além disso, essas instituições souberam aproveitar a elevada volatilidade da moeda brasileira no mercado internacional.

TABELA 133. Rentabilidade do câmbio (%) no período de 1994 a 1999, segundo divisão por origem de capital

Instituições financeiras	1994	1995	1996	1997	1998	1999
Bancos públicos federais	2,423	10,748	22,844	14,024	21,546	68,464
Bancos públicos estaduais	-21,411	2,282	11,894	17,658	0,789	24,020
Bancos privados nacionais	0,000	0,000	0,000	0,484	0,767	0,402
Bancos privados estrangeiros	0,000	0,000	2,005	5,909	6,438	10,459

Fonte: Elaboração própria.

Pela Tabela 134, é possível observar que a rentabilidade da tesouraria dos bancos públicos federais e estaduais não teve grandes discrepâncias, pois o nível de aplicação em títulos e valores mobiliários e as aplicações interfinanceiras de liquidez eram muito semelhantes no período, como destacado anteriormente. Entre os bancos privados, ressalta-se que os estrangeiros conquistaram boa rentabilidade ao longo dos exercícios, principalmente em 1999, quando alocaram grande parte de seus recursos nas operações de tesouraria.

O SETOR BANCÁRIO BRASILEIRO DE 1990 A 2010

TABELA 134. Rentabilidade de tesouraria (%) no período de 1994 a 1999, segundo divisão por origem de capital

Instituições financeiras	1994	1995	1996	1997	1998	1999
Bancos públicos federais	25,471	11,819	19,771	17,943	22,421	22,293
Bancos públicos estaduais	33,818	28,482	21,650	19,842	23,430	20,661
Bancos privados nacionais	62,616	20,728	23,694	15,529	20,256	22,717
Bancos privados estrangeiros	50,124	14,502	22,815	18,632	26,569	29,294

Fonte: Elaboração própria.

Com relação à rentabilidade do crédito (Tabela 135), percebe-se que os bancos privados nacionais e estrangeiros e os estaduais conseguiram receitas de operações de crédito e resultados de câmbio superiores aos obtidos pelos federais no período. O Banco do Brasil, apesar de aumentar os volumes de crédito, fato observado pelo aumento de seu ativo de crédito, não conseguiu a mesma rentabilidade dos demais. Isso aconteceu porque as operações dos bancos públicos eram praticamente subsidiadas, com taxas favoráveis para o desenvolvimento de novos negócios e para a expansão do sistema produtivo brasileiro.

TABELA 135. Rentabilidade do crédito (%) no período de 1994 a 1999, segundo divisão por origem de capital

Instituições financeiras	1994	1995	1996	1997	1998	1999
Bancos públicos federais	8,448	23,703	30,653	31,133	27,350	39,063
Bancos públicos estaduais	24,580	50,157	40,597	36,819	49,700	52,610
Bancos privados nacionais	32,922	36,710	33,681	32,736	35,561	50,100
Bancos privados estrangeiros	27,317	18,744	23,796	23,537	23,565	41,487

Fonte: Elaboração própria.

A participação das receitas de operações de crédito e arrendamento mercantil dos bancos privados nacionais foi a que mais cresceu na década, mesmo em momentos de crise, em que os títulos públicos eram mais vantajosos (Tabela 136). Esse processo culminou em participação superior a 50% a partir de 1995, demonstrando que os bancos privados nacionais empreenderam uma postura mais agressiva no mercado de crédito, em resposta ao aumento dos bancos estrangeiros no país. Entre os públicos, houve maior participação das operações de crédito em relação às receitas totais nos bancos estaduais, em virtude de suas características, ao fomentarem o crédito nos Estados em que se localizavam.

TABELA 136. Participação das receitas de operações de crédito e arrendamento mercantil (%) no período de 1994 a 1999, segundo divisão por origem de capital

Instituições financeiras	1994	1995	1996	1997	1998	1999
Bancos públicos federais	36,831	52,817	49,305	52,028	42,977	36,819
Bancos públicos estaduais	44,658	66,691	62,106	60,970	50,544	49,961
Bancos privados nacionais	37,285	61,300	54,058	56,799	55,819	53,402
Bancos privados estrangeiros	24,375	45,895	35,939	38,592	36,243	45,862

Fonte: Elaboração própria.

A participação de resultado da tesouraria dos bancos federais foi bem próxima da participação das receitas em operações de crédito, evidenciando uma distribuição de recursos mais equitativa entre essas duas opções de investimento e o fato de esses bancos serem o destino certo dos títulos públicos para o financiamento das dívidas do governo brasileiro (Tabela 137).

Em relação aos bancos privados, tem-se uma maior participação de resultado da tesouraria nos bancos estrangeiros, os quais destinaram grande parte de seus recursos às operações com títulos, demonstrando um comportamento mais conservador e oportunista, sobretudo nos períodos de elevada incerteza econômica.

O SETOR BANCÁRIO BRASILEIRO DE 1990 A 2010

TABELA 137. Participação de resultado da tesouraria (%) no período de 1994 a 1999, segundo divisão por origem de capital

Instituições financeiras	1994	1995	1996	1997	1998	1999
Bancos públicos federais	23,012	10,950	22,406	27,503	35,192	35,411
Bancos públicos estaduais	19,041	16,035	18,723	23,469	31,628	38,321
Bancos privados nacionais	48,125	24,281	28,182	27,124	30,995	31,907
Bancos privados estrangeiros	55,720	39,106	53,562	38,860	59,470	42,422

Fonte: Elaboração própria.

Na Tabela 138, observa-se que a participação de resultado de câmbio foi mais significativa para os bancos públicos federais e privados estrangeiros, que alocaram mais recursos em operações com moeda estrangeira e protegeram suas posições em momentos de instabilidade cambial. Os demais segmentos tiveram participação negativa (estaduais) ou próximas de zero (nacionais) e não sofreram grandes alterações mesmo em 1999, com a forte desvalorização do real.

TABELA 138. Participação de resultado de câmbio (%) no período de 1994 a 1999, segundo divisão por origem de capital

Instituições financeiras	1994	1995	1996	1997	1998	1999
Bancos públicos federais	0,627	1,879	0,868	1,011	0,904	3,584
Bancos públicos estaduais	-0,774	0,005	0,277	0,179	0,055	0,247
Bancos privados nacionais	0	0	0	0,066	0,243	0,694
Bancos privados estrangeiros	0	0,011	0,484	2,002	1,323	5,723

Fonte: Elaboração própria.

A participação das receitas de serviços dos bancos públicos federais e estaduais foi bem expressiva durante toda a década de 1990 (Tabela 139), pois as receitas provenientes dos serviços ao consumidor, como linhas de crédito, manutenção de contas correntes, seguros, emissão de cheques e administração de fundos, foram significativas em relação às receitas totais do exercício.

No caso dos bancos privados, a participação dessas receitas não foi muito significativa, por causa da baixa escala de suas operações no mercado, com exceção dos grandes bancos nacionais e estrangeiros.

TABELA 139. Participação de receita de serviços (%) no período de 1994 a 1999, segundo divisão por origem de capital

Instituições financeiras	1994	1995	1996	1997	1998	1999
Bancos públicos federais	11,664	11,588	10,046	11,475	9,851	9,330
Bancos públicos estaduais	6,596	7,327	9,098	9,698	8,849	10,310
Bancos privados nacionais	1,832	2,886	3,938	3,476	2,866	2,668
Bancos privados estrangeiros	2,159	4,616	3,266	3,338	2,782	1,745

Fonte: Elaboração própria.

A geração operacional de rendas dos bancos de todos os segmentos analisados apresentou um comportamento uniforme, com indicadores bastante semelhantes, sobretudo a partir de 1996 (Tabela 140), destacando-se o ano de 1999 para os bancos privados estrangeiros, que destoaram dos demais pelo ritmo de crescimento mais forte de suas receitas de intermediação financeira e de prestação de serviços em relação ao seu ativo operacional, evidenciando sua ambição de se consolidar no país.

TABELA 140. Geração operacional de rendas (%) no período de 1994 a 1999, segundo divisão por origem de capital

Instituições financeiras	1994	1995	1996	1997	1998	1999
Bancos públicos federais	17,630	18,406	23,554	21,153	21,573	23,541
Bancos públicos estaduais	38,139	40,097	28,898	25,389	29,272	24,291
Bancos privados nacionais	44,987	31,895	28,087	21,609	25,465	27,402
Bancos privados estrangeiros	41,662	20,379	23,094	19,446	23,276	34,309

Fonte: Elaboração própria.

A Tabela 141 fornece a eficiência operacional de todos os segmentos bancários. Também se destacam os resultados dos bancos estrangeiros, já que seus indicadores foram bem superiores aos demais, revelando bons resultados de intermediação financeira e das receitas de prestação de serviços em relação às despesas estruturais. Como essas despesas eram bem controladas, houve maior eficiência na realização de suas atividades.

TABELA 141. Eficiência operacional (%) no período de 1994 a 1999, segundo divisão por origem de capital

Instituições financeiras	1994	1995	1996	1997	1998	1999
Bancos públicos federais	119,916	20,702	23,024	54,414	25,562	61,220
Bancos públicos estaduais	96,496	76,260	42,996	55,312	56,532	102,811
Bancos privados nacionais	162,318	87,054	95,662	92,057	90,752	104,697
Bancos privados estrangeiros	162,046	106,331	127,518	101,701	123,854	161,437

Fonte: Elaboração própria.

A margem bruta foi bem elevada nos primeiros anos para os bancos públicos e privados nacionais, mostrando expressivos resultados de intermediação financeira. Contudo, observa-se, pela Tabela 142, uma redução desses indicadores causada pela redução das taxas de juros, pela ampliação da concessão de crédito e, consequentemente, pelo aumento da inadimplência e do provisionamento, o que prejudicou os resultados do período. Os bancos estaduais e privados nacionais fecharam a década com as maiores margens brutas, demonstrando melhor ajuste de suas atividades para suportar o momento econômico turbulento.

TABELA 142. Margem bruta (%) no período de 1994 a 1999, segundo divisão por origem de capital

Instituições financeiras	1994	1995	1996	1997	1998	1999
Bancos públicos federais	58,218	12,777	2,341	14,235	13,262	12,012
Bancos públicos estaduais	51,699	35,029	24,779	26,038	25,983	36,417
Bancos privados nacionais	33,656	31,775	25,906	26,341	24,125	25,945
Bancos privados estrangeiros	19,567	21,087	21,581	19,737	18,198	17,256

Fonte: Elaboração própria.

A Tabela 143 fornece as margens da atividade bancária, revelando indicadores negativos para os bancos federais e estaduais em alguns exercícios. Esse fato decorreu do comprometimento do resultado bruto de intermediação financeira por elevadas despesas operacionais, citadas anteriormente na análise de custos estruturais.

Os bancos privados nacionais e estrangeiros obtiveram bons resultados, com destaque para o ano de 1999, quando os dois segmentos conseguiram aumentar suas receitas em virtude de uma aplicação em títulos maior e controlar suas despesas por meio de reestruturações, conquistando bons indicadores relativos às suas atividades principais.

317

O SETOR BANCÁRIO BRASILEIRO DE 1990 A 2010

TABELA 143. Margem da atividade bancária (%) no período de 1994 a 1999, segundo divisão por origem de capital

Instituições financeiras	1994	1995	1996	1997	1998	1999
Bancos públicos federais	11,428	-25,342	-22,272	-9,678	-12,496	-10,429
Bancos públicos estaduais	1,841	-5,415	-8,702	-7,788	-12,589	0,318
Bancos privados nacionais	13,593	4,297	3,992	4,575	3,911	7,594
Bancos privados estrangeiros	7,665	6,979	6,882	3,135	7,573	8,115

Fonte: Elaboração própria.

A margem operacional dos bancos privados nacionais e estrangeiros foi bem superior à dos demais segmentos, revelando que os resultados operacionais dessas instituições foram mais expressivos em relação às receitas totais conquistadas no período (Tabela 144). Por sua vez, os bancos estaduais apresentaram indicadores negativos nos anos de 1996 e 1998, demonstrando que suas operações correntes não foram suficientemente lucrativas ao longo do exercício.

TABELA 144. Margem operacional (%) no período de 1994 a 1999, segundo divisão por origem de capital

Instituições financeiras	1994	1995	1996	1997	1998	1999
Bancos públicos federais	4,568	2,141	3,282	5,397	5,468	1,633
Bancos públicos estaduais	5,888	1,203	-1,410	0,603	-5,397	3,048
Bancos privados nacionais	15,269	12,297	11,842	9,025	8,409	11,309
Bancos privados estrangeiros	12,425	14,699	12,902	11,501	7,494	11,781

Fonte: Elaboração própria.

As margens líquidas dos bancos privados nacionais e estrangeiros também foram superiores àquelas obtidas pelos bancos públicos durante a década de 1990 (Tabela 145). Isso evidencia que os bancos privados possuíam resultados brutos superiores mesmo com desconto de de-

318

preciações, despesas não operacionais, IR e participações diversas, demonstrando bom gerenciamento de suas operações e adequado controle dos custos e das despesas ao longo do período.

TABELA 145. Margem líquida (%) no período de 1994 a 1999, segundo divisão por origem de capital

Instituições financeiras	1994	1995	1996	1997	1998	1999
Bancos públicos federais	2,710	-2,915	2,394	3,277	2,746	2,634
Bancos públicos estaduais	3,165	0,157	0,773	0,730	-8,845	3,502
Bancos privados nacionais	6,472	6,239	7,520	8,021	7,400	9,163
Bancos privados estrangeiros	7,345	8,659	10,128	8,466	6,710	7,727

Fonte: Elaboração própria.

O *spread* dos bancos estaduais e privados nacionais foi superior ao obtido pelos demais segmentos. Apesar de apresentarem custos de captação maiores, esses bancos conseguiram oferecer crédito a taxas competitivas (Tabela 146).

Ressalta-se o fato de os bancos estrangeiros apresentarem, após 1994, os menores *spreads*, o que demonstra que eles não conseguiram imprimir, no mercado brasileiro, sua suposta vantagem na diversificação de captação de recursos nem maior acesso ao *funding* internacional. Embora cobrassem taxas semelhantes às dos demais bancos brasileiros, suas operações não estavam entre as mais rentáveis.

TABELA 146. *Spread* (%) no período de 1994 a 1999, segundo divisão por origem de capital

Instituições financeiras	1994	1995	1996	1997	1998	1999
Bancos públicos federais	11,314	8,175	7,569	9,424	8,012	8,755
Bancos públicos estaduais	27,987	25,855	14,861	11,523	13,480	15,617
Bancos privados nacionais	18,797	16,516	10,225	9,755	10,491	12,232
Bancos privados estrangeiros	13,152	7,345	7,054	6,423	5,704	11,571

Fonte: Elaboração própria.

Solvência

A liquidez geral de todos os segmentos bancários foi bem parecida ao longo da década de 1990, como pode ser visto na Tabela 147. Contudo, quando entraram no país, os bancos estrangeiros, por estarem experimentando um novo mercado, possuíam estratégias de manter os ativos com maior liquidez, o que os levou a um comportamento mais prudente. No período, ressalta-se que, apesar dos graves problemas estruturais enfrentados, os bancos estaduais conseguiram manter um nível de liquidez próximo ao dos demais, o que mascarou falhas e deficiências.

TABELA 147. Liquidez geral (%) no período de 1994 a 1999, segundo divisão por origem de capital

Instituições financeiras	1994	1995	1996	1997	1998	1999
Bancos públicos federais	102,558	99,837	103,887	103,840	105,056	108,899
Bancos públicos estaduais	105,635	103,471	102,006	102,468	103,386	108,636
Bancos privados nacionais	106,360	106,119	106,132	105,422	104,475	107,898
Bancos privados estrangeiros	110,358	107,912	108,861	106,117	106,532	107,823

Fonte: Elaboração própria.

A dependência interbancária é verificada pelo volume de depósitos interfinanceiros no período. Pela Tabela 148, nota-se que os bancos privados empreenderam uma maior troca de reservas, com um movimento intenso de negociação de títulos em decorrência da baixa liquidez de algumas instituições.

Esse quadro turbulento incluía alguns bancos privados nacionais com grandes problemas estruturais e de liquidez, como os bancos Econômico, Nacional e Bamerindus, resgatados pelos recursos do Programa de Estímulo à Reestruturação e ao Fortalecimento do Sistema Financeiro Nacional (Proer), além de maior divulgação das deficiências dos bancos estaduais relativas ao mau uso do dinheiro público em operações de elevado risco.

O MERCADO BANCÁRIO POR PORTE E ORIGEM DE CAPITAL

TABELA 148. Dependência interbancária (%) no período de 1994 a 1999, segundo divisão por origem de capital

Instituições financeiras	1994	1995	1996	1997	1998	1999
Bancos públicos federais	0,579	1,535	2,177	0,215	0,520	0,648
Bancos públicos estaduais	0,846	0,401	1,078	0,426	0,173	0,109
Bancos privados nacionais	7,225	4,165	5,176	4,609	6,462	2,961
Bancos privados estrangeiros	4,714	3,886	2,359	1,879	5,422	1,692

Fonte: Elaboração própria.

O provisionamento foi uma forma de medir a saúde financeira dos bancos, utilizada na década de 1990. A Tabela 149 mostra que o provisionamento dos bancos públicos, sobretudo dos estaduais, foi bem superior ao dos demais segmentos, demonstrando que essas instituições esperavam grandes perdas no período, em função de operações inadimplentes e insolventes. Destaca-se o ano de 1995, logo após a implantação do Plano Real, em que o crédito ofertado na economia aumentou substancialmente, mas a capacidade de pagamento dos agentes não acompanhou esse crescimento.

Em relação aos bancos privados, os estrangeiros tiveram os menores níveis de provisionamento. Esses níveis aumentaram em períodos de instabilidade econômica, mas sem alterações significativas pelo fato de esses bancos preferirem operações com títulos.

TABELA 149. Provisionamento (%) no período de 1994 a 1999, segundo divisão por origem de capital

Instituições financeiras	1994	1995	1996	1997	1998	1999
Bancos públicos federais	0,679	6,827	13,717	7,686	6,759	6,667
Bancos públicos estaduais	1,555	6,936	7,249	5,644	8,453	6,961
Bancos privados nacionais	0,939	3,202	2,788	2,978	3,751	2,849
Bancos privados estrangeiros	0,343	1,060	1,653	0,359	1,529	1,844

Fonte: Elaboração própria.

O encaixe dos bancos privados nacionais e estrangeiros foi bem elevado durante a década de 1990, pois eles tinham recursos abundantes para a cobertura de seus depósitos (Tabela 150). Quanto aos bancos estrangeiros, o encaixe aumentou excessivamente nos períodos de crise econômica internacional, com disponibilidade mais do que suficiente para cobrir os depósitos à vista, até então pouco relevantes. Esse comportamento é explicado pelos processos de fusões e aquisições mais intensos na década seguinte, pois esses bancos necessitavam de acumulação de caixa para a realização dessas operações.

Os bancos públicos federais e estaduais tiveram uma trajetória parecida nesse indicador, sendo grandes captadores de depósitos no sistema financeiro brasileiro. Entretanto, mesmo com elevado volume de recursos captados, eles não apresentaram índices de encaixe coerentes com suas posições, em razão de características próprias de seu segmento e da solidez de suas operações na visão do mercado.

TABELA 150. Encaixe (%) no período de 1994 a 1999, segundo divisão por origem de capital

Instituições financeiras	1994	1995	1996	1997	1998	1999
Bancos públicos federais	2,224	10,984	15,042	10,756	12,648	22,707
Bancos públicos estaduais	9,621	9,586	8,734	9,409	10,194	12,965
Bancos privados nacionais	139,803	70,166	45,266	41,842	47,713	36,738
Bancos privados estrangeiros	79,975	81,866	152,268	159,549	502,013	289,016

Fonte: Elaboração própria.

Década de 2000

Pela Tabela 151, nota-se que os bancos públicos federais mantiveram praticamente o mesmo número da análise anterior, agregando o Banco do Estado do Ceará e privatizando o Banespa. No entanto, a partir de 2008, voltaram a ser quatro bancos (BB, CEF, BNB e Basa), todos focados no desenvolvimento do país e na expansão do crédito na economia. Os bancos estaduais reduziram-se ao longo do período, ficando com seis bancos ativos ao final da década.

Os bancos privados nacionais também se reduziram conforme aumentou o processo de fusões e aquisições, permanecendo em funcionamento os mais eficientes e organizados. Com relação aos bancos estrangeiros, houve um aumento destes pelos dados do Bacen e praticamente a manutenção de seus números pela amostra, demonstrando que o mercado brasileiro foi bem atrativo para os investimentos dos grandes grupos financeiros internacionais.

TABELA 151. Evolução do número de instituições por origem de capital na década de 2000, segundo o ativo total

Origem de capital	2000	2001	2002	2003	2004	2005	2006	2007	2008	2009	2010
Bancos públicos federais	7	6	6	6	6	6	5	5	4	4	4
Bancos públicos estaduais	9	9	9	9	8	8	8	8	7	6	6
Bancos privados nacionais	88	90	87	86	81	83	83	81	74	66	73
Bancos privados estrangeiros	52	56	53	50	51	49	47	49	50	48	48
TOTAL	156	161	155	151	146	146	143	143	135	124	131

Fonte: Elaboração própria.

Ao longo da década de 2000, não houve alterações bruscas na participação das instituições do segmento bancário, como pode ser visto nas Tabelas 152 e 153. Os bancos federais perderam um pouco de espaço em relação à década anterior, contudo foram extremamente representativos no volume e na alocação de recursos na economia, já que somente quatro bancos públicos federais conseguiram valores próximos a mais de 70 privados nacionais, demonstrando o quanto os bancos públicos são importantes para o país. Os bancos estaduais vinham apresentando crescimento em seus ativos, sobretudo a Nossa Caixa. No entanto, após sua venda para o Banco do Brasil, esse segmento perdeu metade de seu volume de ativos totais no sistema, já que os demais bancos eram considerados pequenos.

Os bancos privados nacionais quase dobraram seu volume de ativos de 2006 a 2008, conquistando 45% dos ativos totais do sistema, com destaque para grandes bancos como Itaú Unibanco e Bradesco, gigantes dentro de seu segmento.

Os bancos estrangeiros alavancaram seu espaço no SFN, principalmente a partir de 2004, com a ampliação de operações de crédito, aplicações no mercado aberto e aumento de captações de depósitos à vista e poupança. Desse modo, esses bancos balancearam os ativos do sistema entre os três segmentos mais representativos, ganhando escala em suas operações e empreendendo ações de fusões e aquisições que mexeram com a dinâmica competitiva do mercado brasileiro.

TABELA 152. Participação das instituições no segmento bancário em ativos totais na década de 2000 (em R$ mil)

Origem de capital	2000	2001	2002	2003	2004
Bancos públicos federais	279.970.676	283.162.427,55	355.947.364	424.412.813	413.856.811
Bancos públicos estaduais	32.561.225	38.113.645,79	47.541.074	48.191.119	53.100.827

(continua)

O MERCADO BANCÁRIO POR PORTE E ORIGEM DE CAPITAL

TABELA 152. Participação das instituições no segmento bancário em ativos totais na década de 2000 (em R$ mil) (*continuação*)

Origem de capital	2000	2001	2002	2003	2004
Bancos privados nacionais	338.225.764	386.069.535,12	483.137.744	533.014.184	563.807.745
Bancos privados estrangeiros	184.994.243	251.054.229,74	256.691.410	249.857.171	295.990.001
TOTAL	835.751.908	958.399.838,20	1.143.317.593	1.255.475.287	1.326.755.384

Origem de capital	2005	2006	2007	2008	2009	2010
Bancos públicos federais	471.465.499	533.375.181	639.965.774	826.685.551	1.060.760.450	1.212.962.107
Bancos públicos estaduais	61.381.926	69.838.346	87.736.318	103.280.966	55.955.358	61.837.343
Bancos privados nacionais	663.796.766	847.154.270	1.156.141.344	1.461.720.686	1.500.862.614	1.740.493.588
Bancos privados estrangeiros	350.945.879	428.648.936	569.594.751	669.636.705	669.878.589	807.081.170
TOTAL	1.547.590.070	1.879.016.733	2.453.438.186	3.061.323.907	3.287.457.010	3.822.374.207

Fonte: Elaboração própria.

O SETOR BANCÁRIO BRASILEIRO DE 1990 A 2010

TABELA 153. Participação percentual das instituições no segmento bancário em ativos totais na década de 2000

Origem de capital	2000	2001	2002	2003	2004	2005	2006	2007	2008	2009	2010
Bancos públicos federais	33,50	29,55	31,13	33,80	31,19	30,46	28,39	26,08	27,00	32,27	31,73
Bancos públicos estaduais	3,90	3,98	4,16	3,84	4,01	3,97	3,72	3,58	3,37	1,70	1,62
Bancos privados nacionais	40,47	40,28	42,26	42,46	42,50	42,89	45,08	47,12	47,75	45,65	45,53
Bancos privados estrangeiros	22,14	26,20	22,45	19,90	22,31	22,68	22,81	23,22	21,87	20,38	21,11
TOTAL	100	100	100	100	100	100	100	100	100	100	100

Fonte: Elaboração própria.

Pela amostra selecionada, segundo os depósitos, não houve alterações significativas na evolução do número de instituições financeiras por segmento bancário (Tabela 154).

TABELA 154. Evolução do número de instituições por origem de capital referente a depósitos na década de 2000

Origem de capital	2000	2001	2002	2003	2004	2005	2006	2007	2008	2009	2010
Bancos públicos federais	7	6	6	6	6	6	5	5	4	4	4
Bancos públicos estaduais	8	8	8	8	7	7	7	7	6	5	5
Bancos privados nacionais	77	80	78	74	67	67	65	70	66	56	59
Bancos privados estrangeiros	47	50	47	46	45	44	42	42	40	42	45
TOTAL	139	144	139	134	125	124	119	124	116	107	113

Fonte: Elaboração própria.

Ao analisar as Tabelas 155 e 156, observa-se que os depósitos quintuplicaram ao longo da década para os bancos públicos federais, os quais ganharam participação no sistema. Em 2009, esses bancos voltaram a patamares da década anterior (48%), em razão do período de instabilidade nos mercados internacionais, demonstrando a confiança do consumidor nas instituições oficiais para a alocação de seus recursos, sobretudo a poupança, nos períodos de baixo crescimento e receio no consumo presente. Os bancos estaduais perderam participação significativa, com a diminuição de suas instituições ao longo da década e queda mais abrupta com a saída da Nossa Caixa do controle do governo do Estado de São Paulo.

Os bancos privados nacionais empreenderam também um crescimento elevado como o dos bancos federais, de modo a balancear a participação dos segmentos ao longo da década. Já os bancos estrangeiros triplicaram seus depósitos no sistema, porém mantiveram sua participação.

TABELA 155. Participação das instituições no segmento bancário por depósitos na década de 2000 (em R$ mil)

Origem de capital	2000	2001	2002	2003	2004
Bancos públicos federais	124.304.075	137.554.025	167.911.717	199.969.554	205.223.056
Bancos públicos estaduais	19.491.747	23.994.970	27.439.006	29.601.710	32.630.497
Bancos privados nacionais	105.284.149	117.428.851	143.962.496	145.817.802	161.616.219
Bancos privados estrangeiros	55.489.570	60.049.296	67.418.167	68.730.207	84.010.605
TOTAL	304.569.541	339.027.142	406.731.386	444.119.273	483.480.376

(continua)

O SETOR BANCÁRIO BRASILEIRO DE 1990 A 2010

TABELA 155. Participação das instituições no segmento bancário por depósitos na década de 2000 (em R$ mil) (*continuação*)

Origem de capital	2005	2006	2007	2008	2009	2010
Bancos públicos federais	223.835.629	264.787.299	321.749.692	394.354.765	470.784.545	598.657.504
Bancos públicos estaduais	36.960.389	42.107.759	50.964.509	57.361.748	23.461.152	26.781.378
Bancos privados nacionais	180.321.207	195.447.713	290.873.856	300.713.071	318.918.788	519.525.564
Bancos privados estrangeiros	89.287.402	98.238.843	134.259.989	130.333.176	150.192.564	235.202.949
TOTAL	530.404.628	600.581.614	797.848.046	882.762.760	963.357.049	1.380.167.395

Fonte: Elaboração própria.

TABELA 156. Participação percentual das instituições no segmento bancário por depósitos na década de 2000

Origem de capital	2000	2001	2002	2003	2004	2005	2006	2007	2008	2009	2010
Bancos públicos federais	40,81	40,57	41,28	45,03	42,45	42,20	44,09	40,33	44,67	48,87	43,38
Bancos públicos estaduais	6,40	7,08	6,75	6,67	6,75	6,97	7,01	6,39	6,50	2,44	1,94
Bancos privados nacionais	34,57	34,64	35,39	32,83	33,43	34,00	32,54	36,46	34,06	33,10	37,64
Bancos privados estrangeiros	18,22	17,71	16,58	15,48	17,38	16,83	16,36	16,83	14,76	15,59	17,04
TOTAL	100	100	100	100	100	100	100	100	100	100	100

Fonte: Elaboração própria.

328

Corroborando a análise da evolução do número de instituições financeiras por ativo total, a Tabela 157 apresenta números muito próximos, alterando somente a amostra do sistema de acordo com o parâmetro estabelecido.

TABELA 157. Evolução do número de instituições por origem de capital, segundo o patrimônio líquido na década de 2000

Origem de capital	2000	2001	2002	2003	2004	2005	2006	2007	2008	2009	2010
Bancos públicos federais	7	6	6	6	6	6	5	5	4	4	4
Bancos públicos estaduais	9	9	10	9	8	8	8	8	7	6	6
Bancos privados nacionais	86	88	86	84	80	80	79	80	74	65	72
Bancos privados estrangeiros	53	56	52	50	51	50	50	48	49	48	49
TOTAL	155	159	154	149	145	144	142	141	134	123	131

Fonte: Elaboração própria.

Nas Tabelas 158 e 159, nota-se que a participação do patrimônio líquido dos bancos federais se manteve praticamente constante durante o período, evoluindo no volume juntamente com o crescimento das operações no SFN. Isso evidencia boa capitalização das instituições públicas federais, acompanhando o crescimento de suas atividades. Os bancos estaduais perderam representatividade ao longo dos exercícios, mantendo o patrimônio líquido condizente com as estruturas de seus bancos remanescentes.

Já os bancos privados nacionais aumentaram o patrimônio líquido, principalmente no início da década, ao incorporarem novas instituições financeiras. Enfatizam-se os anos de 2009 e 2010, quando houve um processo de capitalização de seus maiores bancos, apresentando aumento de volume e manutenção da participação no sistema.

Como os bancos privados estrangeiros elevaram o patrimônio líquido ao longo da década, ganharam participação entre os segmentos, o que demonstra maior cautela em sua estrutura patrimonial. Desta-ca-se o ano de 2008 com a elevada capitalização do Banco Santander Brasil por meio da emissão de ações na Bovespa, justificando o salto de 28,98 para 34,26% do patrimônio líquido do sistema em um ano.

TABELA 158. Participação das instituições no segmento bancário pelo patrimônio líquido, na década de 2000 (em R$ mil)

Origem de capital	2000	2001	2002	2003	2004
Bancos públicos federais	13.251.413	15.503.775	16.565.544	21.113.060	24.080.832
Bancos públicos estaduais	2.561.292	2.904.812	3.115.766	3.685.888	4.429.533
Bancos privados nacionais	38.152.511	48.351.279	56.082.516	60.779.275	61.868.570
Bancos privados estrangeiros	16.744.782	22.604.963	30.469.983	34.644.240	38.602.992
TOTAL	70.709.998	89.364.829	106.233.810	120.222.463	128.981.927

Origem de capital	2005	2006	2007	2008	2009	2010
Bancos públicos federais	28.360.062	33.305.668	38.439.617	46.324.996	53.233.076	70.043.489
Bancos públicos estaduais	4.876.023	5.606.784	7.568.265	8.585.330	6.091.070	6.975.675
Bancos privados nacionais	71.875.292	85.767.437	107.708.188	161.607.870	163.482.255	188.121.833
Bancos privados estrangeiros	39.562.169	50.191.385	60.416.781	88.350.494	116.127.459	132.674.678
TOTAL	144.673.546	174.871.274	214.132.852	304.868.689	338.933.860	397.815.675

Fonte: Elaboração própria.

O MERCADO BANCÁRIO POR PORTE E ORIGEM DE CAPITAL

TABELA 159. Participação percentual das instituições no segmento bancário pelo patrimônio líquido, na década de 2000

Origem de capital	2000	2001	2002	2003	2004	2005	2006	2007	2008	2009	2010
Bancos públicos federais	18,74	17,35	15,59	17,56	18,67	19,60	19,05	17,95	15,20	15,71	17,61
Bancos públicos estaduais	3,62	3,25	2,93	3,07	3,43	3,37	3,21	3,53	2,82	1,80	1,75
Bancos privados nacionais	53,96	54,11	52,79	50,56	47,97	49,68	49,05	50,30	53,01	48,23	47,29
Bancos privados estrangeiros	23,68	25,30	28,68	28,82	29,93	27,35	28,70	28,21	28,98	34,26	33,35
TOTAL	100	100	100	100	100	100	100	100	100	100	100

Fonte: Elaboração própria.

Estratégia

A capitalização dos bancos privados nacionais e estrangeiros continuou maior em comparação com a dos bancos públicos, como visto anteriormente (Tabela 160). Observa-se a elevação da capitalização dos bancos privados a partir de 2007, quando começou um novo movimento de fusões e aquisições e ofertas públicas de ações, uma decisão estratégica para elevar o potencial de crescimento dos bancos nos exercícios seguintes.

TABELA 160. Capitalização (%) na década de 2000, segundo divisão por origem de capital

Instituições financeiras	2000	2001	2002	2003	2004	2005	2006	2007	2008	2009	2010
Bancos públicos federais	12,68	16,32	8,72	8,54	8,88	9,73	7,54	7,28	9,39	8,82	8,72
Bancos públicos estaduais	14,63	14,78	15,16	12,39	11,85	9,35	9,43	8,71	8,51	11,63	12,13
Bancos privados nacionais	16,51	16,55	17,17	13,60	15,22	17,45	13,49	22,28	18,64	22,45	18,25
Bancos privados estrangeiros	15,78	13,36	16,73	22,60	19,26	18,05	16,50	18,42	18,38	21,73	18,36

Fonte: Elaboração própria.

Pela Tabela 161, nota-se que os bancos públicos continuaram utilizando capital de terceiros para financiar suas operações no mercado, em vista da demanda de investimentos em infraestrutura para a Copa do Mundo de 2014 e as Olimpíadas de 2016. Já os bancos privados ampliaram o capital próprio em sua estrutura patrimonial, o que lhes permitiu ampliar seus endividamentos para alavancar as operações de crédito no mercado, sobretudo pela maior necessidade de investimentos no setor produtivo, viabilizando a ampliação das empresas e de novos negócios para atender à demanda dos eventos previstos no país.

Um fato interessante é que os bancos brasileiros não são muito alavancados, pois são supervisionados fortemente pelo Bacen, o que reduz suas dificuldades na adequação dos limites desse parâmetro previstos no Acordo de Basileia III, que será analisado mais profundamente no Capítulo 4.

TABELA 161. Alavancagem na década de 2000, segundo divisão por origem de capital

Instituições financeiras	2000	2001	2002	2003	2004	2005	2006	2007	2008	2009	2010
Bancos públicos federais	7,89	6,88	13,21	13,30	12,18	11,06	13,27	13,74	11,97	13,20	11,76
Bancos públicos estaduais	6,84	6,73	6,60	8,10	8,44	10,70	10,63	11,51	11,75	8,75	8,35
Bancos privados nacionais	6,06	6,05	5,83	7,36	6,57	5,76	7,41	4,49	5,37	4,47	5,48
Bancos privados estrangeiros	6,34	7,49	5,98	4,42	5,19	5,54	6,06	5,45	5,42	4,60	5,47

Fonte: Elaboração própria.

A captação de curto prazo permaneceu predominante durante os anos 2000, porém sofreu redução em todos os segmentos bancários,

O MERCADO BANCÁRIO POR PORTE E ORIGEM DE CAPITAL

principalmente para os bancos privados (Tabela 162). A evolução desse indicador sugere menor dependência das renovações de obrigações no curto prazo, gerando maior estabilidade para as instituições financeiras em momentos de incerteza econômica e política.

TABELA 162. Captação de curto prazo ajustada (%) na década de 2000, segundo divisão por origem de capital

Instituições financeiras	2000	2001	2002	2003	2004	2005	2006	2007	2008	2009	2010
Bancos públicos federais	89,06	94,50	87,96	84,74	84,61	79,59	81,23	84,13	79,35	78,76	76,62
Bancos públicos estaduais	92,55	93,82	92,35	91,48	89,95	87,49	85,24	84,85	79,79	76,42	74,50
Bancos privados nacionais	79,37	75,87	71,97	72,37	75,11	70,28	69,50	65,60	57,48	58,69	61,13
Bancos privados estrangeiros	82,77	80,19	76,84	73,76	80,49	72,69	70,57	75,84	73,81	70,95	72,19

Fonte: Elaboração própria.

A Tabela 163 apresenta a captação de longo prazo dos bancos. Observa-se um maior comprometimento das instituições financeiras públicas e privadas em diversificar suas fontes de captação, priorizando operações de prazos mais longos. Além disso, essas instituições desenvolveram relacionamentos com uma ampla gama de agentes formados por empresas, consumidores e instituições públicas, cujo propósito era gerar uma mentalidade de longo prazo e priorizar a sustentabilidade de ações e projetos.

333

O SETOR BANCÁRIO BRASILEIRO DE 1990 A 2010

TABELA 163. Captação de longo prazo ajustada (%) na década de 2000, segundo divisão por origem de capital

Instituições financeiras	2000	2001	2002	2003	2004	2005	2006	2007	2008	2009	2010
Bancos públicos federais	14,41	11,71	19,37	17,46	19,31	22,88	19,25	17,26	21,97	21,68	25,28
Bancos públicos estaduais	9,57	11,79	10,18	12,08	14,24	16,08	20,64	16,90	21,28	26,21	28,06
Bancos privados nacionais	21,37	25,29	30,05	28,19	26,78	32,52	31,06	34,91	43,00	41,53	39,65
Bancos privados estrangeiros	17,49	18,10	22,21	25,22	21,10	27,92	30,14	23,49	26,05	28,89	28,38

Fonte: Elaboração própria.

A captação de depósitos à vista e poupança foi predominante para os bancos públicos federais e estaduais, que continuaram sendo o principal destino dos depósitos na economia (Tabela 164). Isso evidencia uma mentalidade bem conservadora da população brasileira, que aloca seus recursos nos bancos públicos para o pagamento de suas contas do dia a dia e, quando precisa guardar o seu dinheiro, opta pelos tradicionais bancos públicos (Banco do Brasil e CEF).

Para os bancos privados nacionais, essa fonte de captação permaneceu sem grandes alterações, sendo mais importante para os grandes bancos. Observou-se um leve aumento entre os bancos estrangeiros, que, contudo, mantiveram seu foco em um público que não necessita de uma ampla rede de agências, com destaque para o atendimento do mercado corporativo.

334

O MERCADO BANCÁRIO POR PORTE E ORIGEM DE CAPITAL

TABELA 164. Captação de depósitos à vista e poupança (%) na década de 2000, segundo divisão por origem de capital

Instituições financeiras	2000	2001	2002	2003	2004	2005	2006	2007	2008	2009	2010
Bancos públicos federais	19,69	33,22	27,39	20,04	23,83	24,28	17,27	21,14	19,66	19,46	20,81
Bancos públicos estaduais	41,81	50,95	36,17	38,43	42,36	39,98	40,35	38,95	33,23	33,09	34,87
Bancos privados nacionais	2,66	2,68	1,11	1,66	1,33	2,01	2,62	2,48	1,24	1,27	1,79
Bancos privados estrangeiros	0,33	0,23	0,35	0,22	0,27	0,22	0,74	0,24	0,44	0,41	0,41

Fonte: Elaboração própria.

A Tabela 165 fornece os depósitos a prazo de todos os segmentos selecionados. Nota-se que a emissão de CDB e RDB foi mais significativa para os bancos estaduais e privados nacionais, alcançando quase 40% da captação desses bancos. Esse fato pode ser explicado pela maior demanda por títulos de renda fixa, que, ao longo da década, ofereceu remuneração superior à da poupança, sem, contudo, aumentar demasiadamente os riscos.

TABELA 165. Captação de depósitos a prazo (%) na década de 2000, segundo a divisão por origem de capital

Instituições financeiras	2000	2001	2002	2003	2004	2005	2006	2007	2008	2009	2010
Bancos públicos federais	15,56	23,92	21,67	20,60	17,21	19,06	17,03	20,37	22,56	23,13	24,72
Bancos públicos estaduais	26,70	31,79	31,17	35,05	34,70	39,00	38,67	39,30	41,96	41,98	36,36
Bancos privados nacionais	47,08	43,99	38,28	43,73	36,95	37,00	35,95	29,35	25,98	35,25	41,70
Bancos privados estrangeiros	14,72	10,81	6,84	9,15	13,32	19,03	12,90	16,14	13,31	24,15	18,68

Fonte: Elaboração própria.

335

As captações em moeda estrangeira foram reduzidas substancialmente para os bancos privados estrangeiros, principalmente a partir de 2003 (Tabela 166). A diminuição dos passivos em moeda estrangeira demonstra maior estabilidade de suas operações no Brasil, além de não ser necessário incorrer em grandes riscos para captar recursos em períodos de câmbio instável, principalmente a partir de 2004, com o país vivendo um quadro econômico e político extremamente favorável.

Essa fonte de captação foi nula para os bancos estaduais em grande parte do período, em decorrência da redução do número de instituições, com as restantes tendo suas operações financiadas basicamente por recursos do mercado brasileiro.

TABELA 166. Captação em moeda estrangeira ajustada (%) na década de 2000, segundo divisão por origem de capital

Instituições financeiras	2000	2001	2002	2003	2004	2005	2006	2007	2008	2009	2010
Bancos públicos federais	0,75	1,55	0,79	1,33	1,61	1,69	1,69	1,11	2,06	2,15	2,40
Bancos públicos estaduais	0,00	0,00	0,00	0,03	0,05	0,03	0	0	0,07	0	0
Bancos privados nacionais	6,56	11,12	5,46	4,35	3,73	3,52	4,65	4,43	5,76	2,87	4,77
Bancos privados estrangeiros	18,37	13,24	21,70	9,17	7,54	6,49	4,14	5,90	11,49	5,41	4,98

Fonte: Elaboração própria.

As captações por *floating* dos bancos públicos continuaram expressivas se comparadas às dos bancos privados (Tabela 167). Os passivos sem encargos continuaram sendo fonte de recurso abundante para esses bancos, com o crescimento de depósitos à vista, cobrança e arrecadação de tributos. Esse processo favoreceu o aumento da bancarização da população, sobretudo a mais carente, ampliando seu acesso a serviços até então considerados impossíveis de serem alcançados, como crédito para a casa própria, compra de veículos e bens de consumo em geral. O crescimento do país proporcionou ganho de renda para a população, e muitas pessoas conseguiram mudar sua posição na pirâmide social brasileira por meio do aumento dos empregos com carteira assinada e crescimento real dos salários e rendimentos.

TABELA 167. Captação por *floating* (%) na década de 2000, segundo divisão por origem de capital

Instituições financeiras	2000	2001	2002	2003	2004	2005	2006	2007	2008	2009	2010
Bancos públicos federais	5,56	8,18	6,78	5,62	7,01	6,71	8,91	15,63	6,64	6,96	7,36
Bancos públicos estaduais	13,96	17,72	13,53	18,76	16,80	17,28	16,15	14,68	14,04	15,43	14,57
Bancos privados nacionais	2,66	2,34	1,12	1,66	1,34	0,92	1,90	1,43	1,25	1,13	0,66
Bancos privados estrangeiros	0,35	0,15	0,35	0,22	0,28	0,35	0,74	0,28	0,56	0,46	0,43

Fonte: Elaboração própria.

A partir de 2000, houve aumento dos processos de fusões e aquisições, e os bancos privados nacionais e estrangeiros foram os principais compradores do período. Ao englobarem os bancos estaduais com graves problemas financeiros, as instituições privadas nacionais e estrangeiras incorporaram os passivos trabalhistas, mas, por outro lado, puderam aproveitar os créditos tributários, desde que mantivessem o banco deficiente em funcionamento ao alocar parte da carteira de clientes mais rentável para esse banco. Por isso, a compra de um banco deficitário foi um bom investimento no início da década, pois era possível usar seus prejuízos para abater o pagamento de impostos dos bancos com boa saúde financeira. Esse processo pode ser visto na Tabela 168, com a evolução das exigibilidades tributárias e trabalhistas.

Na amostra selecionada para a pesquisa, optou-se por desconsiderar os bancos públicos privatizados como privados nacionais e estrangeiros, para não deturpar os resultados do segmento estudado, já que estes possuíam características bem diferentes em relação à captação e à aplicação de recursos.

O SETOR BANCÁRIO BRASILEIRO DE 1990 A 2010

TABELA 168. Exigibilidades tributárias e trabalhistas (%) na década de 2000, segundo divisão por origem de capital

Instituições financeiras	2000	2001	2002	2003	2004	2005	2006	2007	2008	2009	2010
Bancos públicos federais	0,43	0,90	1,55	2,96	2,55	2,56	2,08	1,46	3,33	2,85	2,43
Bancos públicos estaduais	0,68	0,81	1,17	1,91	1,74	2,20	1,54	2,01	1,44	1,86	1,91
Bancos privados nacionais	2,94	3,12	1,77	2,93	2,73	3,27	2,27	3,34	3,51	4,01	2,97
Bancos privados estrangeiros	2,17	2,33	3,28	3,82	2,06	2,37	3,24	3,10	3,26	2,90	3,03

Fonte: Elaboração própria.

A imobilização dos bancos privados nacionais foi maior que a dos demais segmentos, porém, em comparação com os indicadores da década de 1990, observa-se uma redução significativa em todos os segmentos analisados (Tabela 169). No final dos anos 2000, com um novo movimento de consolidação no setor, os bancos privados nacionais aumentaram esse indicador ao incorporarem estruturas rígidas com grandes imobilizados de uso, investimentos e bens arrendados.

Os bancos estrangeiros reduziram expressivamente sua imobilização ao longo da década, priorizando ativos com maior liquidez, como a opção de alugar os prédios de suas agências, além de realizarem reestruturações para alocar melhor seus recursos e conseguir melhores rentabilidades.

TABELA 169. Imobilização (%) na década de 2000, segundo divisão por origem de capital

Instituições financeiras	2000	2001	2002	2003	2004	2005	2006	2007	2008	2009	2010
Bancos públicos federais	21,64	16,44	30,00	24,10	23,32	21,25	26,23	23,88	20,13	26,34	26,32
Bancos públicos estaduais	36,60	38,03	37,85	40,96	34,01	36,33	34,54	23,29	34,26	28,80	21,96
Bancos privados nacionais	49,93	40,02	36,84	30,85	33,06	30,88	25,17	17,25	25,35	30,62	37,84
Bancos privados estrangeiros	31,05	24,56	19,58	9,60	14,08	14,46	10,48	13,56	12,86	9,71	14,60

Fonte: Elaboração própria.

Os recursos de longo prazo em giro foram negativos em quase todos os períodos para os bancos públicos, como pode ser visto na Tabela 170. Esse quadro foi recorrente também na década anterior, o que demonstra que a alocação de recursos de longo prazo para financiar as operações diárias é uma opção estratégica desses bancos, podendo ser mantida sem grandes problemas pelo suporte dado pelo governo às suas principais instituições.

Situação totalmente oposta pode ser observada entre os bancos privados, que apresentaram indicadores positivos e acima dos 30% em quase todos os anos, revelando preocupação com possíveis dificuldades na renovação de suas operações correntes, em virtude de choques macroeconômicos no mercado internacional.

TABELA 170. Recursos de longo prazo em giro (%) na década de 2000, segundo divisão por origem de capital

Instituições financeiras	2000	2001	2002	2003	2004	2005	2006	2007	2008	2009	2010
Bancos públicos federais	-24,33	25,01	-71,94	-65,65	-68,79	-31,84	6,86	6,06	-50,70	-65,66	-45,63
Bancos públicos estaduais	-23,77	-80,67	-109,37	-107,02	-53,35	-18,21	-39,77	-37,45	-50,12	-40,45	-50,33
Bancos privados nacionais	30,35	31,87	33,76	38,20	33,43	41,66	35,44	31,60	38,77	36,25	20,43
Bancos privados estrangeiros	18,68	17,13	36,61	40,70	41,63	49,90	42,45	29,79	34,82	31,46	31,45

Fonte: Elaboração própria.

Foram recorrentes os indicadores negativos para os recursos próprios em giro (Tabela 171). No entanto, os bancos públicos apresentaram resultados bem mais expressivos, revelando grande dependência do capital de terceiros no financiamento de suas operações diárias. Os bancos privados estrangeiros possuíam a melhor situação entre todos os segmentos, preocupando-se mais com suas fontes de financiamento de giro e visando à manutenção de suas atividades no longo prazo.

TABELA 171. Recursos próprios em giro (%) na década de 2000, segundo divisão por origem de capital

Instituições financeiras	2000	2001	2002	2003	2004	2005	2006	2007	2008	2009	2010
Bancos públicos federais	-136,81	-18,26	-748,22	-655,18	-650,60	-463,25	-405,91	-368,25	-446,08	-522,80	-517,98
Bancos públicos estaduais	-184,87	-225,89	-249,70	-343,87	-228,65	-207,27	-380,74	-359,42	-451,49	-365,73	-348,98
Bancos privados nacionais	-38,48	-86,42	-104,51	-67,54	-65,75	-56,33	-81,29	-62,51	-69,52	-113,08	-122,69
Bancos privados estrangeiros	-65,15	-112,78	-54,30	-27,78	-21,43	-41,73	-74,40	-38,43	-21,91	-40,11	-50,36

Fonte: Elaboração própria.

As aplicações em operações de crédito tiveram uma trajetória positiva para os bancos privados, que alocaram maior volume de recursos no crédito ao consumidor e às empresas (Tabela 172). Os bancos públicos também ofertaram maiores volumes de crédito, acompanhando o novo ciclo de crescimento da economia brasileira. Todavia, os bancos estrangeiros, apesar do aumento de suas operações de crédito no país, ainda optaram por destinar grande parte de seus recursos a aplicações com títulos públicos.

Pela análise dos indicadores, observa-se um elevado potencial de crescimento do crédito no Brasil, que ainda é muito controlado pelas decisões do governo relativas a taxas de juros e impostos, dificultando o desenvolvimento de novas empresas e, consequentemente, o acesso das famílias brasileiras a muitos bens de consumo.

TABELA 172. Aplicações em operações de crédito (%) na década de 2000, segundo divisão por origem de capital

Instituições financeiras	2000	2001	2002	2003	2004	2005	2006	2007	2008	2009	2010
Bancos públicos federais	25,94	18,13	14,61	13,66	19,09	19,11	24,45	21,64	33,71	37,53	42,23
Bancos públicos estaduais	32,61	32,61	27,22	28,46	29,78	27,70	27,14	22,52	31,89	39,29	46,03
Bancos privados nacionais	43,31	46,40	44,80	45,49	47,37	41,62	43,52	47,38	50,20	41,34	47,41
Bancos privados estrangeiros	30,99	36,45	34,37	35,96	38,79	37,70	39,34	39,95	45,96	32,70	38,72

Fonte: Elaboração própria.

As aplicações em tesouraria foram opções bem atrativas para todos os segmentos bancários, como pode ser visto na Tabela 173. Os bancos públicos, sobretudo os federais, tinham essa opção como cativa. Entretanto, em função da crise financeira internacional de 2008, esses bancos reduziram suas aplicações em títulos e valores mobiliários para sustentar o mercado de crédito brasileiro, que viu essas operações se reduzirem bruscamente devido ao ambiente de elevada incerteza na economia.

As medidas governamentais de redução das taxas de juros e do compulsório não conseguiram manter as operações de crédito no período, o que alavancou o Banco do Brasil ao posto de maior agente de crédito do país.

O SETOR BANCÁRIO BRASILEIRO DE 1990 A 2010

TABELA 173. Aplicações em tesouraria (%) na década de 2000, segundo divisão por origem de capital

Instituições financeiras	2000	2001	2002	2003	2004	2005	2006	2007	2008	2009	2010
Bancos públicos federais	48,34	61,00	65,02	69,45	67,82	64,79	59,24	62,74	53,07	44,36	39,96
Bancos públicos estaduais	44,85	42,94	49,61	42,78	44,59	50,05	51,16	55,53	53,20	46,45	37,06
Bancos privados nacionais	39,62	37,65	37,28	40,24	43,84	44,32	43,39	40,60	39,54	43,80	39,79
Bancos privados estrangeiros	59,43	47,11	52,94	52,25	47,66	53,44	49,81	51,03	42,88	53,56	50,27

Fonte: Elaboração própria.

Eficiência

A cobertura de serviços dos bancos federais praticamente dobrou ao longo da década de 2000 (Tabela 174). Isso demonstra que as receitas de prestação de serviços desses bancos ganharam bastante representatividade em relação às suas despesas estruturais, principalmente ao ampliarem a oferta de crédito na economia durante a crise de 2008.

Os demais segmentos também apresentaram crescimento desse indicador ao longo da década, mas este acabou sendo irregular e fortemente relacionado aos momentos mais favoráveis da economia. Destaca-se um aumento mais expressivo da cobertura com serviços dos bancos estrangeiros, que conseguiram reduzir seus custos estruturais ao longo da década, principalmente nos momentos de crise, e elevar suas receitas com a ampliação de seu portfólio de serviços bancários.

Os custos de captação dos bancos privados eram superiores aos obtidos pelos demais no início da década, evidenciando maiores despesas de intermediação financeira no período. No entanto, na Tabela 175, nota-se que não houve grandes discrepâncias entre os custos dos bancos públicos e privados, cuja diminuição deveu-se à maior diversificação das fontes de captação. Além disso, os ativos operacionais

342

cresceram após 2004, com as operações correntes das instituições ganhando volume e eficiência.

TABELA 174. Cobertura com serviços (%) na década de 2000, segundo divisão por origem de capital

Instituições financeiras	2000	2001	2002	2003	2004	2005	2006	2007	2008	2009	2010
Bancos públicos federais	37,88	37,39	34,03	54,02	53,05	55,62	64,66	62,29	72,78	68,88	69,81
Bancos públicos estaduais	24,78	26,80	23,41	21,80	23,71	25,64	28,84	32,88	35,72	28,54	28,07
Bancos privados nacionais	12,80	14,64	13,97	15,33	16,52	20,48	19,57	19,35	15,41	18,69	19,03
Bancos privados estrangeiros	29,61	24,94	11,88	12,80	21,42	27,83	27,84	39,08	38,84	41,82	44,05

Fonte: Elaboração própria.

TABELA 175. Custo de captação (%) na década de 2000, segundo divisão por origem de capital

Instituições financeiras	2000	2001	2002	2003	2004	2005	2006	2007	2008	2009	2010
Bancos públicos federais	8,13	8,56	7,78	9,50	7,64	8,23	7,60	5,83	6,69	4,80	5,00
Bancos públicos estaduais	7,87	8,76	8,94	11,14	8,06	9,04	7,50	6,20	7,29	6,24	5,63
Bancos privados nacionais	10,73	11,22	12,78	10,89	10,18	10,37	8,49	6,58	11,34	5,83	6,79
Bancos privados estrangeiros	10,39	12,15	16,95	9,37	7,38	6,66	7,44	4,46	9,77	7,29	5,00

Fonte: Elaboração própria.

Os custos de pessoal apresentaram uma trajetória decrescente em todos os segmentos analisados (Tabela 176). O processo de reestruturação realizado pelos bancos privados no início da década reduziu o efetivo de funcionários nas agências e eliminou os cargos duplicados, o que permitiu melhor controle dos custos e redução das ineficiências. Isso pode ser visto com mais rigor nos bancos estrangeiros, que reduziram seus custos de pessoal a patamares inferiores a 1% em 2010.

Os bancos federais também diminuíram seus custos de pessoal, mas em menor proporção, em razão do regime jurídico de trabalho de seus funcionários, além da ampliação de suas agências para atender melhor a população. Já os bancos estaduais restantes permaneceram com estruturas mais caras, pois, mesmo reduzindo substancialmente seu número e importância no sistema financeiro, seus custos não acompanharam a redução dos demais segmentos.

TABELA 176. Custos de pessoal (%) na década de 2000, segundo divisão por origem de capital

Instituições financeiras	2000	2001	2002	2003	2004	2005	2006	2007	2008	2009	2010
Bancos públicos federais	5,46	4,15	3,48	3,39	3,32	3,78	4,53	4,36	3,37	3,16	3,17
Bancos públicos estaduais	6,45	5,93	5,74	5,09	5,34	5,20	4,99	4,43	3,37	3,84	3,58
Bancos privados nacionais	2,40	2,72	1,60	1,47	1,67	1,37	1,38	1,46	1,21	1,05	0,93
Bancos privados estrangeiros	1,60	1,16	1,56	1,36	1,26	1,42	1,23	1,25	1,12	1,17	0,96

Fonte: Elaboração própria.

Os custos administrativos dos bancos públicos tiveram uma trajetória irregular, sem aumentos significativos em nenhum período, pois essas instituições mantiveram praticamente os indicadores da década anterior. Já os bancos privados nacionais conseguiram controlar as despesas administrativas, o que permitiu o crescimento de seus ativos operacionais (Tabela 177).

A década de 2000 foi marcada pela ampliação das bases tecnológicas e pelo desenvolvimento mais intenso de sistemas informacionais, especialmente nos bancos, em que são muito importantes para o oferecimento de serviços financeiros em diversos canais de comunicação, além da maior preocupação com as fraudes e tentativas de invasão dos sistemas e controles bancários. Apesar de maiores gastos com comunicação e tecnologia, os bancos conseguiram controlar os custos, com destaque para os estrangeiros, que conquistaram, em alguns períodos, indicadores inferiores a 1%.

TABELA 177. Custo administrativo (%) na década de 2000, segundo divisão por origem de capital

Instituições financeiras	2000	2001	2002	2003	2004	2005	2006	2007	2008	2009	2010
Bancos públicos federais	2,89	2,71	2,52	2,53	3,09	3,14	3,21	2,85	2,13	1,94	2,08
Bancos públicos estaduais	5,03	4,59	4,32	4,37	4,15	3,90	4,05	2,78	2,31	2,48	2,43
Bancos privados nacionais	3,08	3,20	2,84	2,62	2,41	2,49	2,85	2,34	2,46	2,67	1,56
Bancos privados estrangeiros	1,51	1,57	2,05	2,13	1,43	1,52	1,39	1,22	0,79	1,01	0,79

Fonte: Elaboração própria.

Os custos estruturais estão diretamente ligados à qualidade de gerenciamento dos bancos em relação às suas estruturas funcionais. Na Tabela 178, observa-se que os bancos públicos tiveram custos mais elevados por manterem estruturas mais pesadas em relação às despesas de pessoal e administrativas. Os bancos privados nacionais e estrangeiros procuraram, ao longo da década, controlar melhor seus gastos e ampliar as operações correntes com títulos e crédito ao consumidor e às empresas de todos os portes, conquistando indicadores bastante favoráveis para a manutenção de sua competitividade no mercado.

TABELA 178. Custo estrutural (%) na década de 2000, segundo divisão por origem de capital

Instituições financeiras	2000	2001	2002	2003	2004	2005	2006	2007	2008	2009	2010
Bancos públicos federais	8,17	7,37	5,96	5,98	6,41	6,92	8,08	7,23	5,50	5,10	5,20
Bancos públicos estaduais	11,70	9,99	10,06	9,46	9,30	9,11	9,04	7,33	5,68	6,32	6,01
Bancos privados nacionais	5,99	6,26	4,93	5,09	5,12	5,48	4,93	4,61	3,80	3,70	2,90
Bancos privados estrangeiros	2,84	3,21	3,75	3,75	3,02	3,32	2,97	2,28	2,02	2,37	1,86

Fonte: Elaboração própria.

Os indicadores de *overhead ratio* dos bancos públicos foram maiores, corroborando a análise sobre seus custos (Tabela 179). Dentre os bancos privados, os estrangeiros desenvolveram estruturas mais enxutas e funcionais, com custos reduzidos em todas as categorias, ganhando espaço no mercado brasileiro e acirrando ainda mais a competitividade entre os bancos do sistema.

TABELA 179. *Overhead ratio* (%) na década de 2000, segundo divisão por origem de capital

Instituições financeiras	2000	2001	2002	2003	2004	2005	2006	2007	2008	2009	2010
Bancos públicos federais	123,07	107,69	86,53	63,68	68,32	79,87	82,66	85,17	80,96	102,50	87,86
Bancos públicos estaduais	96,43	85,05	91,95	79,05	78,58	77,65	73,61	73,48	71,68	74,65	63,60
Bancos privados nacionais	70,59	77,91	73,37	58,97	61,74	59,79	63,96	59,17	82,36	70,80	66,75
Bancos privados estrangeiros	60,68	47,19	43,42	43,16	56,84	50,11	57,54	58,97	52,12	31,40	49,03

Fonte: Elaboração própria.

A rentabilidade do patrimônio líquido final foi maior para os bancos públicos federais e estaduais, como pode ser visto na Tabela 180. Em comparação com a década de 1990, esse quadro alterou-se, já que antes os privados tinham rentabilidades de patrimônio líquido superiores. Isso ocorreu em função dos bons níveis de crescimento dos resultados líquidos dos bancos públicos, aliados à sua maior alavancagem. Entre os bancos privados, houve um processo de capitalização mais forte de suas instituições a partir de 2008, cujo propósito era acumular recursos para alavancar as operações no futuro.

TABELA 180. Rentabilidade líquida do patrimônio líquido final (%) na década de 2000, segundo divisão por origem de capital

Instituições financeiras	2000	2001	2002	2003	2004	2005	2006	2007	2008	2009	2010
Bancos públicos federais	12,18	3,72	16,97	16,98	17,57	18,21	20,87	14,14	26,41	22,48	18,84
Bancos públicos estaduais	5,49	15,82	11,90	22,48	16,12	22,80	22,74	24,83	25,97	20,28	24,05
Bancos privados nacionais	14,43	16,49	15,43	17,75	15,80	16,08	17,64	15,43	12,33	10,60	12,10
Bancos privados estrangeiros	9,40	9,99	14,97	6,14	8,75	13,44	10,64	18,84	11,72	8,79	8,72

Fonte: Elaboração própria.

346

O MERCADO BANCÁRIO POR PORTE E ORIGEM DE CAPITAL

A rentabilidade dos ativos foi muito semelhante entre os segmentos estudados, com taxas de crescimento mais expressivas dos ativos operacionais dos bancos, formados por operações de crédito e arrendamento mercantil, aplicação em títulos e carteira de câmbio. A crise de 2008 afetou os resultados líquidos das instituições financeiras, como pode ser visto na Tabela 181, resultando em redução da rentabilidade dos ativos em 2009, ano em que as repercussões da crise foram mais evidentes e levaram à recessão econômica.

TABELA 181. Rentabilidade do ativo (%) na década de 2000, segundo divisão por origem de capital

Instituições financeiras	2000	2001	2002	2003	2004	2005	2006	2007	2008	2009	2010
Bancos públicos federais	0,70	0,93	1,25	0,91	1,23	1,48	1,65	1,44	2,21	1,21	1,49
Bancos públicos estaduais	0,55	1,40	2,01	2,08	1,80	2,37	2,59	2,43	1,97	1,84	2,26
Bancos privados nacionais	2,14	2,31	2,13	2,49	2,16	2,67	1,97	2,23	2,15	1,28	1,87
Bancos privados estrangeiros	1,48	1,47	2,96	1,09	1,25	2,03	1,67	2,29	1,44	1,40	1,64

Fonte: Elaboração própria.

A rentabilidade da atividade bancária foi negativa em 2000 e 2001 para os bancos federais, contudo eles se recuperaram e conseguiram indicadores próximos aos dos bancos privados (Tabela 182). Esse movimento acompanhou o crescimento significativo das receitas de serviços dos bancos federais e os bons resultados brutos de intermediação financeira, cobrindo as elevadas despesas estruturais e os gastos tributários.

TABELA 182. Rentabilidade da atividade bancária (%) na década de 2000, segundo divisão por origem de capital

Instituições financeiras	2000	2001	2002	2003	2004	2005	2006	2007	2008	2009	2010
Bancos públicos federais	-3,20	-1,45	2,29	3,61	2,84	2,42	1,84	1,37	1,99	1,20	1,44
Bancos públicos estaduais	0,51	2,07	2,06	3,25	2,24	3,21	2,91	2,44	2,54	2,57	3,66
Bancos privados nacionais	2,28	2,31	1,95	4,19	2,58	3,27	2,44	3,52	1,95	1,76	1,24
Bancos privados estrangeiros	1,94	1,74	3,89	1,71	1,54	2,43	2,11	2,47	2,02	0,65	1,61

Fonte: Elaboração própria.

347

A rentabilidade de câmbio dos bancos federais foi extremamente positiva nos anos 2000, com destaque para 2002, por causa do ambiente de grande instabilidade causado pela iminente sucessão presidencial (Tabela 183).

Caminho oposto percorreram os bancos estrangeiros, que, na década anterior, haviam conquistado bons níveis de rentabilidade de suas operações cambiais. Entretanto, a partir de 2005, esse indicador esteve próximo de zero, demonstrando uma maior cautela desses bancos ao priorizarem as operações de *hedge* para proteger suas posições em moeda estrangeira.

TABELA 183. Rentabilidade de câmbio (%) na década de 2000, segundo divisão por origem de capital

Instituições financeiras	2000	2001	2002	2003	2004	2005	2006	2007	2008	2009	2010
Bancos públicos federais	10,41	43,59	131,13	2,48	13,90	17,96	8,77	9,77	35,45	6,15	11,59
Bancos públicos estaduais	0,00	0,00	0,00	1,87	0,00	0,00	0,00	0,00	0,00	7,88	0,00
Bancos privados nacionais	3,29	0,92	0,00	0,00	0,00	0,00	0,00	0,00	0,95	0,00	0,00
Bancos privados estrangeiros	4,16	9,24	12,47	0,63	0,88	0,00	0,08	0,00	0,15	0,00	0,00

Fonte: Elaboração própria.

A rentabilidade de tesouraria apresentou comportamento uniforme em todos os segmentos bancários, com queda dos rendimentos decorrente da redução das taxas de juros que remuneraram esses títulos ao longo da década de 2000 (Tabela 184).

TABELA 184. Rentabilidade de tesouraria (%) na década de 2000, segundo divisão por origem de capital

Instituições financeiras	2000	2001	2002	2003	2004	2005	2006	2007	2008	2009	2010
Bancos públicos federais	13,92	12,11	16,24	19,46	14,96	17,32	14,17	10,40	12,00	8,45	10,52
Bancos públicos estaduais	15,75	18,29	19,57	23,30	15,71	18,41	14,91	11,58	13,48	10,26	10,51
Bancos privados nacionais	16,66	13,95	15,69	15,73	12,77	13,18	12,17	9,51	13,71	8,31	8,99
Bancos privados estrangeiros	18,65	18,53	25,71	16,93	12,95	12,82	12,49	8,92	14,84	8,20	8,03

Fonte: Elaboração própria.

Constatou-se redução da rentabilidade do crédito de todos os segmentos bancários em relação à década anterior. Pela Tabela 185, é possível observar que os bancos estaduais e privados nacionais conseguiram os melhores indicadores ao aplicarem a maior parte de seus recursos em operações de empréstimos, financiamentos, *leasing,* adiantamentos e títulos descontados.

Os bancos federais, com destaque para o Banco do Brasil, ao ampliar o volume de crédito oferecido na economia a partir de 2008, aumentaram seu ativo de crédito, denominador desse indicador. Já os bancos estrangeiros, em virtude da preferência pelos títulos públicos, tiveram rentabilidades menores nos exercícios, coerentes com sua estratégia.

TABELA 185. Rentabilidade de crédito (%) na década de 2000, segundo divisão por origem de capital

Instituições financeiras	2000	2001	2002	2003	2004	2005	2006	2007	2008	2009	2010
Bancos públicos federais	19,57	33,72	42,73	27,70	22,19	22,32	18,40	18,11	17,61	15,01	15,33
Bancos públicos estaduais	35,01	37,70	38,42	44,49	40,36	39,72	37,85	33,77	25,61	26,36	23,54
Bancos privados nacionais	28,07	32,76	32,74	31,16	27,20	30,32	26,18	26,96	32,39	31,91	22,94
Bancos privados estrangeiros	15,98	22,17	38,20	26,23	17,78	18,01	12,87	10,55	14,09	11,11	13,70

Fonte: Elaboração própria.

A participação das receitas de operações de crédito e arrendamento mercantil corrobora os indicadores anteriores de rentabilidade e de aplicação, com os bancos estaduais e privados nacionais alocando a maior parte de seus recursos nas operações de crédito e conseguindo níveis de rentabilidade superiores aos obtidos pelos demais, já que o maior risco deve ser mais bem remunerado pelo mercado (Tabela 186).

Os bancos federais aumentaram sua participação, com destaque para o Banco do Brasil e a CEF, que mantiveram o crédito em um sistema financeiro receoso e pouco disposto a correr riscos. Já os bancos estrangeiros, após uma redução mais brusca de sua participação em 2009, voltaram a ter mais de 40% de suas receitas formadas por operações de crédito.

TABELA 186. Participação das receitas de operações de crédito e arrendamento mercantil (%) na década de 2000, segundo divisão por origem de capital

Instituições financeiras	2000	2001	2002	2003	2004	2005	2006	2007	2008	2009	2010
Bancos públicos federais	44,45	35,62	33,20	24,32	27,37	26,21	23,80	28,33	33,46	35,94	41,03
Bancos públicos estaduais	47,84	45,52	43,22	44,53	48,50	46,45	46,03	47,90	45,29	65,59	70,44
Bancos privados nacionais	58,20	62,24	59,63	60,18	64,34	58,57	65,73	66,27	66,38	64,36	62,16
Bancos privados estrangeiros	33,53	43,11	44,77	46,28	43,25	57,45	45,13	41,15	47,51	24,66	41,01

Fonte: Elaboração própria.

Na década de 2000, a participação de resultado da tesouraria dos bancos foi coerente com a análise anterior, com maior participação das rendas de aplicações interfinanceiras de liquidez e de títulos e valores mobiliários para os bancos federais e estrangeiros (Tabela 187).

O ano de 2009 foi atípico para todos os segmentos bancários, principalmente para aqueles que optaram por maior liquidez em suas operações, pois o governo reduziu a taxa de juros a patamares bem baixos para os padrões brasileiros, alterando significativamente a rentabilidade e a participação de seus títulos no exercício.

TABELA 187. Participação de resultado da tesouraria (%) na década de 2000, segundo divisão por origem de capital

Instituições financeiras	2000	2001	2002	2003	2004	2005	2006	2007	2008	2009	2010
Bancos públicos federais	30,97	38,25	45,81	65,52	53,14	54,66	45,58	38,56	34,68	32,58	33,03
Bancos públicos estaduais	32,82	33,50	39,93	42,82	34,95	37,51	35,72	34,26	38,14	25,35	21,76
Bancos privados nacionais	25,26	20,00	24,23	27,93	27,45	24,60	24,16	21,00	26,68	17,76	15,68
Bancos privados estrangeiros	53,05	45,30	45,37	37,38	31,34	24,82	40,09	39,91	28,11	15,75	32,76

Fonte: Elaboração própria.

Apesar das rentabilidades consideráveis nas operações de câmbio dos bancos federais, elas não foram muito significativas em relação às receitas totais desses bancos. A participação de resultado de câmbio dos demais segmentos bancários foi pouco expressiva, com indicadores próximos de zero, principalmente após 2003 (Tabela 188), demonstrando um posicionamento estratégico mais conservador dessas instituições com moeda estrangeira.

TABELA 188. Participação de resultado de câmbio (%) na década de 2000, segundo divisão por origem de capital

Instituições financeiras	2000	2001	2002	2003	2004	2005	2006	2007	2008	2009	2010
Bancos públicos federais	1,54	2,09	1,83	0,48	0,65	0,33	0,74	0,78	2,22	0,74	1,44
Bancos públicos estaduais	0,03	0,17	0,15	0,05	0,03	0,00	0,01	0,00	0,35	0,05	0,06
Bancos privados nacionais	0,84	0,91	0,71	0,00	0,00	0,00	0,00	0,00	0,94	0,00	0,01
Bancos privados estrangeiros	1,74	2,99	4,37	2,93	0,24	0,19	0,20	0,00	1,87	0,00	0,00

Fonte: Elaboração própria.

A participação da receita de serviços dos bancos públicos aumentou ao longo da década de 2000, em decorrência da ampliação dos serviços bancários oferecidos ao consumidor e às empresas, que vão de simples transferências eletrônicas até assessoramento em processos de oferta pública inicial de ações (*inicial public offering* – IPO) ou fusões e aquisições entre empresas (Tabela 189).

Destaca-se, no período, um crescimento substancial da participação dessas receitas para os bancos estrangeiros, o que evidenciou a ampliação de sua base de agências e de seu portfólio de serviços. Esse fato alavancou a competitividade no setor de serviços financeiros, permitindo que os bancos estrangeiros optassem por um comportamento mais agressivo para conquistar novos clientes. Desse modo, o consumidor só teve a ganhar com essa nova dinâmica do mercado, já que pôde contar com um número maior de opções, incentivando a qualidade dos serviços oferecidos e a maior competição pela redução dos custos.

TABELA 189. Participação de receita de serviços (%) na década de 2000, segundo divisão por origem de capital

Instituições financeiras	2000	2001	2002	2003	2004	2005	2006	2007	2008	2009	2010
Bancos públicos federais	14,94	17,94	12,78	16,56	19,31	19,21	25,58	26,89	23,16	26,67	27,29
Bancos públicos estaduais	15,16	13,87	10,63	10,06	13,06	12,30	13,03	13,93	12,07	10,05	9,57
Bancos privados nacionais	3,08	3,75	2,74	3,47	3,81	4,47	3,76	3,50	2,42	3,46	3,02
Bancos privados estrangeiros	3,86	2,93	1,30	1,95	3,56	6,68	6,54	8,05	4,34	8,16	10,54

Fonte: Elaboração própria.

A geração operacional de rendas analisa o crescimento das receitas em relação ao ativo operacional. Na Tabela 190, nota-se que esse indicador apresentou uma trajetória decrescente para todos os segmentos. Isso evidencia que as receitas de intermediação financeira e de serviços cresceram em um ritmo inferior ao ativo operacional dessas instituições.

TABELA 190. Geração operacional de rendas (%) na década de 2000, segundo divisão por origem de capital

Instituições financeiras	2000	2001	2002	2003	2004	2005	2006	2007	2008	2009	2010
Bancos públicos federais	17,30	17,56	20,90	21,56	18,71	21,66	18,38	15,69	15,32	13,48	14,02
Bancos públicos estaduais	21,12	22,13	24,47	25,95	22,15	23,39	22,56	17,52	16,96	17,57	17,28
Bancos privados nacionais	20,51	23,79	26,25	22,36	19,99	20,20	19,61	17,75	24,05	17,59	16,16
Bancos privados estrangeiros	18,61	17,44	28,16	19,50	13,15	14,35	13,75	10,29	15,86	11,18	10,90

Fonte: Elaboração própria.

A Tabela 191 mostra a evolução da eficiência operacional ao longo da década de 2000, com os bancos federais obtendo os menores indicadores em razão de suas maiores despesas estruturais e provisões para crédito de liquidação duvidosa, sobretudo nos momentos de crise. Os demais segmentos apresentaram melhores níveis de eficiência, com destaque para os bancos estrangeiros, que tinham estruturas mais enxutas e cujo o crescimento de receitas de serviços e provisionamentos foi inferior ao obtido pelos demais ao longo dos exercícios.

TABELA 191. Eficiência operacional (%) na década de 2000, segundo divisão por origem de capital

Instituições financeiras	2000	2001	2002	2003	2004	2005	2006	2007	2008	2009	2010
Bancos públicos federais	78,73	67,14	119,06	157,08	146,48	127,56	120,98	117,42	123,69	98,18	113,91
Bancos públicos estaduais	100,13	104,20	108,76	126,50	127,45	128,87	136,28	136,50	139,52	134,25	157,23
Bancos privados nacionais	129,26	126,33	123,69	170,23	152,01	162,65	154,36	165,92	109,40	111,82	129,77
Bancos privados estrangeiros	140,13	159,49	211,86	140,30	146,88	121,86	154,28	164,49	176,45	91,29	162,83

Fonte: Elaboração própria.

As margens brutas dos bancos estaduais destoaram um pouco dos demais segmentos, evidenciando melhor controle de suas operações e bons níveis de crescimento das receitas de intermediação financeira, de modo a conquistar margens brutas superiores a 40% em todos os períodos (Tabela 192). Entre os bancos privados, houve melhor aproveitamento das operações de crédito e rendas de aplicações interfinanceiras de liquidez pelos bancos nacionais, que obtiveram margens próximas a 30% durante grande parte dos exercícios.

O SETOR BANCÁRIO BRASILEIRO DE 1990 A 2010

TABELA 192. Margem bruta (%) na década de 2000, segundo divisão por origem de capital

Instituições financeiras	2000	2001	2002	2003	2004	2005	2006	2007	2008	2009	2010
Bancos públicos federais	20,75	12,96	37,15	34,14	34,73	32,56	33,34	30,00	25,16	22,12	25,45
Bancos públicos estaduais	44,24	39,66	47,12	43,30	48,39	47,43	45,54	45,40	40,46	42,23	44,98
Bancos privados nacionais	33,86	32,98	26,45	40,72	36,65	37,91	37,24	43,18	28,21	30,85	26,54
Bancos privados estrangeiros	24,08	23,79	27,30	27,10	27,84	39,89	33,02	39,16	20,37	12,62	29,59

Fonte: Elaboração própria.

Os bancos públicos federais continuaram a apresentar, no início da década de 2000, margens da atividade bancária negativas por conta do maior comprometimento de seu resultado bruto de intermediação financeira com os custos estruturais e de pessoal. No entanto, esse quadro posteriormente se alterou, pois esses bancos, em alguns períodos, obtiveram margens maiores que as dos bancos privados (Tabela 193).

Ressaltam-se também as maiores margens dos bancos privados nacionais, demonstrando melhor gerenciamento de seus custos. Esses bancos não mediram esforços para evitar que os resultados de suas atividades principais fossem comprometidos. Já entre os bancos estrangeiros, o ano de 2009 foi extremamente negativo, com manutenção de custos e queda de suas principais fontes de receitas.

TABELA 193. Margem da atividade bancária (%) na década de 2000, segundo divisão por origem de capital

Instituições financeiras	2000	2001	2002	2003	2004	2005	2006	2007	2008	2009	2010
Bancos públicos federais	-13,12	-6,78	11,25	20,99	15,93	12,69	9,14	8,59	11,08	8,46	10,58
Bancos públicos estaduais	2,04	9,70	13,07	12,36	11,87	13,87	16,24	16,56	14,99	15,89	21,13
Bancos privados nacionais	10,68	11,49	7,61	18,68	15,60	13,22	16,71	16,32	8,86	10,75	8,35
Bancos privados estrangeiros	9,02	8,63	12,71	5,76	10,41	16,38	14,19	21,34	13,88	2,61	12,30

Fonte: Elaboração própria.

354

O MERCADO BANCÁRIO POR PORTE E ORIGEM DE CAPITAL

Os bancos públicos obtiveram margens operacionais maiores ao longo do período analisado, alcançando resultados semelhantes aos dos bancos privados (Tabela 194). Isso demonstra um melhor gerenciamento das operações correntes dessas instituições, favorecidas por um ambiente econômico estável, principalmente após 2004. Entre os bancos privados, observa-se uma paridade relativa, pois eles empreenderam decisões estratégicas semelhantes, principalmente na gestão de custos e despesas.

TABELA 194. Margem operacional (%) na década de 2000, segundo divisão por origem de capital

Instituições financeiras	2000	2001	2002	2003	2004	2005	2006	2007	2008	2009	2010
Bancos públicos federais	2,61	5,95	9,52	8,83	13,77	14,20	12,92	10,99	16,30	11,11	14,54
Bancos públicos estaduais	3,83	9,61	11,66	14,71	12,55	15,40	14,97	14,85	13,95	16,25	20,23
Bancos privados nacionais	12,15	12,56	8,42	16,97	16,12	15,41	14,11	15,77	9,21	13,22	13,54
Bancos privados estrangeiros	10,81	11,42	14,93	6,11	10,56	16,23	14,17	19,71	12,98	7,77	23,53

Fonte: Elaboração própria.

Ao analisar a evolução das margens líquidas, nota-se que elas foram maiores para os bancos privados nacionais, que conseguiram alcançar resultados líquidos mais favoráveis, acompanhando o crescimento de suas receitas totais (Tabela 195). Os bancos estrangeiros também conquistaram números destacáveis, com seus bancos realizando atividades correntes com custos e despesas adequados à sua estrutura funcional.

Na década anterior, os bancos públicos tinham margens líquidas bem inferiores aos demais segmentos, fato que foi equacionado nos anos 2000, quando esses bancos obtiveram bons resultados em suas operações ao longo dos exercícios.

355

O SETOR BANCÁRIO BRASILEIRO DE 1990 A 2010

TABELA 195. Margem líquida (%) na década de 2000, segundo divisão por origem de capital

Instituições financeiras	2000	2001	2002	2003	2004	2005	2006	2007	2008	2009	2010
Bancos públicos federais	3,62	4,53	5,29	5,03	7,01	8,15	8,17	9,29	11,85	9,58	9,64
Bancos públicos estaduais	2,78	7,75	5,56	8,41	8,85	10,94	13,26	14,70	11,94	10,33	13,05
Bancos privados nacionais	9,77	10,10	8,42	11,09	10,79	10,69	11,78	14,44	8,55	8,71	11,42
Bancos privados estrangeiros	8,92	7,41	10,00	3,85	6,90	12,86	10,35	18,84	11,07	7,93	17,56

Fonte: Elaboração própria.

Na Tabela 196, observa-se um alinhamento dos *spreads* dos bancos públicos e privados nacionais, que conseguiram captar recursos a taxas favoráveis e oferecer serviços financeiros competitivos. Já o *spread* dos bancos estrangeiros foi bastante irregular, mas sempre inferior ao dos bancos nacionais, revelando que suas fontes de captação não lhe foram tão favoráveis, principalmente nos anos de crise, quando o crédito no mercado internacional secou e esses bancos tiveram que suportar grandes prejuízos de suas matrizes.

TABELA 196. *Spread* (%) na década de 2000, segundo divisão por origem de capital

Instituições financeiras	2000	2001	2002	2003	2004	2005	2006	2007	2008	2009	2010
Bancos públicos federais	6,35	8,12	12,53	11,51	10,86	12,40	11,54	10,63	9,29	8,42	8,89
Bancos públicos estaduais	13,22	12,81	14,10	14,99	14,86	15,17	14,91	11,64	9,96	11,22	11,46
Bancos privados nacionais	9,77	11,19	10,54	11,52	11,07	12,37	12,91	10,62	8,90	9,71	8,10
Bancos privados estrangeiros	6,80	6,31	9,14	7,30	6,03	9,02	6,12	6,74	5,10	5,02	5,91

Fonte: Elaboração própria.

Solvência

No início da década de 2000, a liquidez geral de todos os segmentos bancários era bem próxima, com todos formando um sistema bancário equilibrado. No entanto, pela Tabela 197, pode-se notar um maior distanciamento dos bancos privados em relação aos públicos, com os primeiros empreendendo fortemente a capitalização de suas instituições e buscando crescimento sustentável de suas operações. Nos períodos de crise, essas instituições reduziram ainda mais sua dependência de capital de terceiros, promovendo IPO e recapitalizando seus bancos, e optaram por ativos de maior liquidez, em razão de um ambiente econômico de elevada incerteza.

TABELA 197. Liquidez geral (%) na década de 2000, segundo divisão por origem de capital

Instituições financeiras	2000	2001	2002	2003	2004	2005	2006	2007	2008	2009	2010
Bancos públicos federais	110,13	113,71	106,46	106,90	107,07	107,82	105,48	105,42	107,26	106,70	106,19
Bancos públicos estaduais	105,61	105,48	107,39	106,40	106,48	105,76	105,90	105,47	104,28	108,37	109,50
Bancos privados nacionais	107,12	107,50	109,15	108,38	109,12	110,93	111,02	115,60	114,87	117,03	110,54
Bancos privados estrangeiros	108,46	107,85	112,72	116,85	117,50	117,62	115,68	115,00	114,86	118,24	114,00

Fonte: Elaboração própria.

A dependência interbancária foi maior entre os bancos privados, destacando-se o ano de 2004, marcado pela intervenção do Banco Santos (Tabela 198). Esse fato gerou um aumento substancial no movimento de depósitos interfinanceiros no mercado e elevação do risco de contágio para o sistema financeiro brasileiro. Em vista disso, o Bacen liberou o compulsório dos bancos médios e pequenos e indiretamente alavancou o crédito na economia.

O ano de 2008 também teve um aumento mais intenso na negociação de títulos no mercado interbancário, o que pode ter ocorrido em decorrência de baixa liquidez de algumas instituições no período, sobretudo aquelas com grande dependência de operações no mercado internacional de títulos e valores. Esse indicador voltou a aumentar em 2010, com a divulgação da fraude do Banco Panamericano, afetando a liquidez de muitos bancos médios, pequenos e emergentes, que sofreram com a desconfiança do mercado em relação à sua solidez financeira.

TABELA 198. Dependência interbancária (%) na década de 2000, segundo divisão por origem de capital

Instituições financeiras	2000	2001	2002	2003	2004	2005	2006	2007	2008	2009	2010
Bancos públicos federais	0,24	1,10	0,11	0,06	0,11	0,43	1,86	1,31	2,65	1,89	1,75
Bancos públicos estaduais	0,00	0,00	0,00	0,50	0,48	0,58	1,27	0,78	0,38	1,07	0,65
Bancos privados nacionais	2,73	3,06	2,83	5,10	4,87	2,49	5,06	5,99	7,39	2,61	4,76
Bancos privados estrangeiros	0,75	1,05	0,48	1,24	1,91	0,77	1,66	1,67	9,46	7,20	3,01

Fonte: Elaboração própria.

Em todos os segmentos bancários, o provisionamento aumentou em momentos de crise e incerteza econômica, como pode ser visto na Tabela 199. Ao longo da década, os bancos públicos, ao oferecerem maior volume de crédito, também elevaram suas provisões para evitar perdas. Os bancos privados nacionais aumentaram o provisionamento a partir de 2008, mas não aumentaram a oferta de crédito, demonstrando um comportamento extremamente cauteloso e perdendo a oportunidade de alavancar as operações de crédito no país e conquistar mercados ainda pouco desenvolvidos.

TABELA 199. Provisionamento (%) na década de 2000, segundo divisão por origem de capital

Instituições financeiras	2000	2001	2002	2003	2004	2005	2006	2007	2008	2009	2010
Bancos públicos federais	3,83	7,17	4,52	5,44	3,00	5,03	2,81	3,30	3,87	4,31	3,45
Bancos públicos estaduais	5,81	3,36	4,19	4,26	2,18	4,88	3,27	3,02	1,99	3,02	2,21
Bancos privados nacionais	1,51	3,03	2,10	1,49	2,03	2,05	2,35	3,21	4,63	6,97	2,18
Bancos privados estrangeiros	0,47	0,94	1,36	1,43	0,48	0,77	0,50	0,26	0,15	3,50	0,07

Fonte: Elaboração própria.

Já os bancos estrangeiros se destacaram no período pelo baixo nível de provisionamento, de certo modo coerente com suas aplicações em ativos de baixo risco. Entretanto, o ano de 2009 foi anormal na trajetória desse indicador: conforme os demais segmentos bancários, os bancos estrangeiros optaram por uma postura mais prudente, visando à redução de perdas no exercício.

Apesar de serem o principal destino dos depósitos do sistema, os bancos públicos não tiveram os maiores níveis de encaixe ao longo da década de 2000 (Tabela 200). Isso é recorrente pela sua origem de capital, não sendo necessário que esses bancos tenham um elevado grau de cobertura de depósitos, pois o mercado confia na solidez de suas operações. Entre os bancos privados, os estrangeiros continuaram com elevado nível de encaixe, porém esse indicador foi reduzido substancialmente após a compra dos principais bancos estaduais, atingindo patamares próximos aos dos bancos privados nacionais, em que os depósitos não se configuraram como principal fonte de captação de recursos.

TABELA 200. Encaixe (%) na década de 2000, segundo divisão por origem de capital

Instituições financeiras	2000	2001	2002	2003	2004	2005	2006	2007	2008	2009	2010
Bancos públicos federais	16,63	25,59	25,46	26,76	15,42	14,88	12,96	11,73	17,39	17,61	16,32
Bancos públicos estaduais	7,77	6,93	6,09	11,23	8,77	12,24	13,49	10,64	9,16	10,66	10,90
Bancos privados nacionais	36,85	22,90	17,93	12,91	17,20	13,85	14,45	5,46	25,06	14,73	8,60
Bancos privados estrangeiros	84,74	101,44	74,10	37,87	49,87	18,40	15,40	13,78	26,72	9,51	20,09

Fonte: Elaboração própria.

Os créditos não problemáticos dos bancos privados nacionais e estrangeiros foram maiores no período analisado, demonstrando melhor qualidade de suas carteiras de crédito, sobretudo a partir de 2008, quando alcançaram valores próximos a 90% (Tabela 201).

Os bancos públicos tinham uma carteira mais comprometida, já que foram os principais agentes de crédito em alguns setores econômicos de maior risco de perdas em decorrência de fenômenos naturais e choques internacionais nos preços de *commodities*. Contudo, melhoraram substancialmente a qualidade de suas operações de crédito após 2008, provando que a ampliação do volume é extremamente favorável para evitar perdas com inadimplência e insolvência.

TABELA 201. Créditos não problemáticos (%) na década de 2000, segundo divisão por origem de capital

Instituições financeiras	2000	2001	2002	2003	2004	2005	2006	2007	2008	2009	2010
Bancos públicos federais	65,37	63,39	55,77	64,26	65,85	68,05	51,68	60,30	84,47	83,04	84,57
Bancos públicos estaduais	52,57	66,69	63,96	71,96	69,92	66,12	68,55	73,55	89,35	87,61	90,60
Bancos privados nacionais	79,22	79,39	76,57	78,65	77,01	75,61	71,86	73,02	85,87	85,23	91,09
Bancos privados estrangeiros	82,87	85,58	78,24	71,82	78,59	80,39	77,47	74,94	88,06	84,97	89,18

Fonte: Elaboração própria.

No início dos anos 2000, a inadimplência dos bancos públicos era bem elevada, se comparada com a dos bancos privados (Tabela 202). Contudo, com a crise de 2008, houve expansão do crédito e, mesmo em um momento adverso, foi possível reduzir consideravelmente a inadimplência por meio da maior diluição dos créditos inadimplentes pela carteira.

Entre os bancos privados, os estrangeiros tinham os menores indicadores, coerentes com sua oferta de empréstimos e financiamentos no mercado brasileiro. Entretanto, em 2009, esse indicador quase triplicou em função da baixa escala de suas operações. Já os bancos privados nacionais tiveram uma trajetória sem grandes alterações, conseguindo manter seus créditos das faixas B, C e D durante a crise.

O MERCADO BANCÁRIO POR PORTE E ORIGEM DE CAPITAL

TABELA 202. Inadimplência (%) na década de 2000, segundo divisão por origem de capital

Instituições financeiras	2000	2001	2002	2003	2004	2005	2006	2007	2008	2009	2010
Bancos públicos federais	20,89	18,88	24,42	28,08	29,22	25,04	40,06	15,77	10,99	9,46	9,51
Bancos públicos estaduais	14,04	17,33	21,12	18,12	21,56	22,63	22,89	20,84	7,73	7,02	6,08
Bancos privados nacionais	12,16	12,85	13,46	14,93	15,65	18,12	16,50	12,74	9,63	7,12	5,74
Bancos privados estrangeiros	1,96	2,64	11,75	10,95	10,34	10,74	10,90	1,88	2,12	7,82	6,17

Fonte: Elaboração própria.

O indicador de insolvência dos bancos públicos era bem elevado no início dos anos 2000, com taxas acima de 10% da carteira de crédito (Tabela 203). A partir de 2007, a carteira desses bancos reduziu a participação de recursos comprometidos com agentes que não pagavam seus débitos, só voltando a aumentar para os bancos federais em virtude da crise de 2008, com a redução do crescimento econômico do país e, consequentemente, da renda dos agentes endividados. Os bancos privados nacionais conseguiram manter patamares administráveis em todos os anos, seguindo a evolução da economia. Já os estrangeiros conquistaram os melhores indicadores, coerentes com sua estratégia mais prudente na alocação de recursos.

TABELA 203. Insolvência (%) na década de 2000, segundo divisão por origem de capital

Instituições financeiras	2000	2001	2002	2003	2004	2005	2006	2007	2008	2009	2010
Bancos públicos federais	11,10	14,78	12,98	11,30	7,61	7,34	8,02	4,51	4,73	5,72	5,46
Bancos públicos estaduais	15,26	11,02	11,07	11,10	8,25	9,71	9,12	6,51	4,53	3,64	2,94
Bancos privados nacionais	2,61	4,00	3,58	2,97	3,15	3,48	3,79	2,40	3,85	5,69	3,04
Bancos privados estrangeiros	0,97	0,14	2,80	3,45	1,55	1,58	2,04	0,55	1,19	3,95	1,18

Fonte: Elaboração própria.

O comprometimento do patrimônio líquido ajustado era bem elevado para os bancos estaduais, como pode ser visto na Tabela 204. Esse quadro foi decorrente do grande volume de operações problemáticas nos principais bancos estaduais, como a elevada concentração da carteira em poucos agentes e a falta de planejamento e controle do risco na concessão de crédito.

Em relação aos bancos privados, os nacionais sempre comprometeram no máximo 11% do seu patrimônio líquido com operações insolventes, mesmo em períodos com maior capitalização de seus bancos. Os estrangeiros tiveram os menores indicadores, e os créditos insolventes não afetaram significativamente seu patrimônio líquido ao longo da década.

TABELA 204. Comprometimento do patrimônio líquido ajustado (%) na década de 2000, segundo divisão por origem de capital

Instituições financeiras	2000	2001	2002	2003	2004	2005	2006	2007	2008	2009	2010
Bancos públicos federais	14,04	19,50	34,79	24,89	19,73	9,42	19,43	17,15	25,71	31,21	26,00
Bancos públicos estaduais	41,50	38,51	29,66	29,12	21,73	23,88	23,49	20,20	14,41	15,54	15,52
Bancos privados nacionais	6,83	6,13	8,01	7,90	9,10	6,15	7,43	6,51	9,96	11,45	9,46
Bancos privados estrangeiros	1,77	1,10	5,43	4,50	3,03	2,97	2,52	0,34	1,81	1,62	0,82

Fonte: Elaboração própria.

A cobertura com provisão dos bancos privados nacionais foi bem superior àquela obtida pelos demais segmentos, evidenciando uma boa proteção contra perdas em sua carteira de crédito (Tabela 205). Os bancos públicos também foram previdentes, sobretudo os federais, que cobriam, no período de crise, cerca de 70% de seus créditos insolventes. Já os bancos estrangeiros apresentaram uma trajetória muito irregular, aumentando suas provisões em momentos de crise e reduzindo-as substancialmente em períodos de crescimento econômico.

TABELA 205. Cobertura com provisão (%) na década de 2000, segundo divisão por origem de capital

Instituições financeiras	2000	2001	2002	2003	2004	2005	2006	2007	2008	2009	2010
Bancos públicos federais	64,52	76,18	47,39	57,25	47,43	87,70	59,89	64,39	73,46	76,66	73,25
Bancos públicos estaduais	22,17	33,21	40,14	36,26	42,64	47,93	36,94	33,30	41,23	84,26	74,00
Bancos privados nacionais	64,47	103,63	97,12	90,82	96,32	124,68	119,40	124,46	119,87	112,28	100,09
Bancos privados estrangeiros	9,98	28,24	84,58	53,81	31,12	34,96	52,13	37,05	71,19	77,76	27,28

Fonte: Elaboração própria.

Por meio da análise desses indicadores financeiros, foi possível traçar um perfil para cada segmento bancário e delinear as características e particularidades tanto em relação ao porte quanto à origem de capital.

TENDÊNCIAS DO SISTEMA FINANCEIRO NACIONAL

NESTE CAPÍTULO, SERÃO ABORDADAS AS PRINCIPAIS TENDÊNcias do Sistema Financeiro Nacional (SFN) voltadas às atividades das instituições financeiras bancárias. Desse modo, serão analisadas as medidas adotadas e as perspectivas para o futuro.

Em um ambiente de rápidas mudanças, surgem oportunidades e ameaças que exigem dos bancos ações estratégicas, seleção mais aprimorada dos mercados em que atuarão, desenvolvimento de um relacionamento mais próximo com clientes e um portfólio de produtos e serviços completo e dinâmico. Assim, serão tratados aqui temas como a sustentabilidade socioambiental, Acordo de Basileia III, expansão do mercado de crédito, *compliance*, tecnologia, segmento Premium e novas habilidades essenciais aos profissionais do setor financeiro, com o propósito de proporcionar melhor compreensão das variáveis que impactam o resultado dos bancos e favorecem sua longevidade.

SUSTENTABILIDADE SOCIOAMBIENTAL

Durante muitos anos, a humanidade utilizou os recursos naturais sem qualquer preocupação com as consequências de suas atividades. No entanto, esse comportamento vem mudando, principalmente a partir da segunda metade do século XX, de modo que as interferências do homem no meio ambiente passaram a ser consideradas um problema econômico.

A essência do conceito de desenvolvimento sustentável está na aceitação da interdependência entre o avanço econômico e social e o gerenciamento dos recursos naturais. Com base nesse raciocínio, Tosini[25] (2005 apud ANTÔNIO DIAS; MACHADO, 2008) afirma que existe uma tendência crescente de responsabilização de instituições financeiras como poluidoras indiretas ou por meio da responsabilidade solidária. Essas ações também entram no campo jurídico quando as instituições financeiras são corresponsabilizadas por danos ambientais de seus tomadores de crédito, de acordo com o princípio da precaução.

Segundo o *Market Intelligence Brief* (MIB)[V], publicação da International Finance Corporation – IFC[26] (2007 apud ANTÔNIO DIAS; MACHADO, 2008), os bancos estão expostos a três tipos de riscos, em relação às questões ambientais:

- risco direto: os bancos respondem diretamente como poluidores em razão dos riscos associados a instalações, uso de papéis, ener-

---

25 TOSINI, M. F. C. *Risco ambiental para as instituições financeiras bancárias.* Campinas: Unicamp, 2005.

26 INTERNATIONAL FINANCE CORPORATION. *Sustainable finance in Brazil.* Washington: IFC, 2007. Disponível em: http://www.ifclnl.ifc.org.

V O MIB é uma iniciativa da Sustainable Financial Markets Facility, da IFC, responsável pelo financiamento de programas de assistência técnica que capacitam e promovem práticas sustentáveis de negócios nos setores bancário, segurador e de investimentos.

gia elétrica, etc. Nessa modalidade, aplica-se diretamente o princípio do poluidor pagador, de modo que o banco deve internalizar, em seus custos, os gastos com o controle da poluição;

- risco indireto: o risco ambiental afeta a empresa com que o banco tem relacionamento como intermediador financeiro, via operações de crédito, por exemplo;
- risco de reputação: os bancos vêm sofrendo pressões públicas e de organizações não governamentais (ONG) para adotarem uma política ambientalmente correta de financiamento e investimento de seus recursos, sob a pena de terem a reputação prejudicada diante da sociedade.

Nota-se que as instituições financeiras estão indiretamente expostas ao risco ambiental em suas operações de crédito, já que seus clientes, quando cometem crimes ambientais, devem reparar o erro, com reflexos em sua situação econômico-financeira, comprometendo sua capacidade de pagamento. Assim, o risco financeiro do tomador de crédito torna-se também um risco para o emprestador, sendo fundamental um processo estruturado de concessão de crédito para evitar perdas futuras.

O mercado de capitais também está atento ao desempenho ambiental das empresas, pois o impacto do risco ambiental sobre os preços das ações e títulos possui efeitos substanciais nos resultados das instituições financeiras, podendo provocar perdas ou ganhos em decorrência do efeito da variação nos preços dos ativos que compõem seu portfólio de produtos.

Adami[27] (1997 apud ANTÔNIO DIAS; MACHADO, 2008) destaca que, com a Lei n. 6.938 (BRASIL, 1981), o crédito passou a ser um ins-

---

27 ADAMI, H. *Responsabilidade das instituições financeiras frente ao dano ambiental de projetos por elas financiados.* Dissertação (Mestrado em Direito Urbanístico) - Faculdade de Direito, Universidade Estadual do Rio de Janeiro, Rio de Janeiro, 1997.

trumento de comando e controle ambiental. Já a Lei n. 9.605 (BRA-SIL, 1998a) passou a considerar a atividade bancária como danosa ao meio ambiente, inclusive em relação à atuação dos gestores dos bancos, prevendo sanções penais e administrativas tanto para as instituições bancárias quanto para seus administradores.

A IFC é o braço para o setor privado do Grupo Banco Mundial, com sede em Washington, com mais de 100 escritórios em mais de 86 países. De acordo com definição da IFC, o papel da sustentabilidade "é assegurar o sucesso a longo prazo dos negócios, ao mesmo tempo em que se contribui para o desenvolvimento econômico, para um meio ambiente saudável e uma sociedade estável" (FEBRABAN, 2011a, p. 5).

Segundo a IFC (ibidem), quatro dimensões de sustentabilidade são consideradas importantes para o bom desempenho empresarial: financeira, como contribuição ao desenvolvimento econômico a longo prazo; econômica, referente a empresas e projetos financiados pelos bancos; ambiental, por meio da preservação dos recursos naturais; e social, com destaque aos direitos humanos essenciais.

A partir de 2005, houve maior foco na atuação dos bancos médios em razão da necessidade de maior competitividade e assistência aos seus clientes, formados por pequenas e médias empresas. As principais estratégias voltadas à sustentabilidade, segundo a Febraban (2011a), são:

- redução da pobreza e desigualdade de renda;
- promoção do acesso aos serviços básicos (água, saneamento, eletricidade, saúde e educação);
- expansão do microcrédito e da habitação para baixa renda;
- promoção de energias renováveis e tecnologias limpas;
- desenvolvimento sustentável da região amazônica;
- reforço da competitividade das pequenas e médias empresas (PME);

- melhoria na qualidade da infraestrutura e integração de pequenos produtores na cadeia de fornecimento dos principais produtos, entre outras.

O conceito do *triple bottom line*, proposto por Elkington[28] (1998 apud WAJNBERG, 2008) é usualmente associado à sustentabilidade corporativa, referindo-se basicamente a prosperidade econômica, qualidade ambiental e justiça social. Assim, para superar seus principais desafios, os executivos precisam medir o desempenho da firma não somente pela dimensão econômica, mas também pela dimensão ambiental e social, de modo a criar métricas adequadas e passíveis de comparação entre os demais *players* do mercado. A construção dessas métricas ainda está em fase de elaboração, mas existem iniciativas como o Global Reporting Iniciative (GRI), que busca padronizar indicadores para serem usados na mensuração do desempenho socioambiental corporativo.

Princípios do Equador

Dentre as ações voltadas à sustentabilidade das instituições financeiras, há os Princípios do Equador, um conjunto de exigências ambientais aplicadas na concessão de financiamento a grandes projetos. Esse acordo começou a ser elaborado em outubro de 2002, em Londres, quando nove bancos internacionais se reuniram à IFC para discutir experiências com projetos de novos empreendimentos, denominados *Project Finance*, que contivessem questões socioambientais em mercados emergentes, além de definir quesitos a serem observados principalmente nas transações com valores expressivos. Quatro dos bancos presentes (ABN Amro, Barclays, Citibank e WestLB) tiveram um pa-

---

28 ELKINGTON, J. *Cannibals with forks.* Gabriola Island: New Society Publishers, 1998.

pel mais atuante nessas novas medidas, propondo um setor bancário mais forte para enfrentar os riscos ambientais e sociais no financiamento de projetos em todos os setores da economia (EQUATOR PRINCIPLES, 2011c; RIBEIRO; DIAS DE OLIVEIRA, 2008).

Os Princípios do Equador foram lançados em junho de 2003, em Washington, e adotados por dez instituições financeiras globais: ABN Amro Bank, Barclays Plc, Citi, Crédit Lyonnais, CreditSuisse First Boston, HVB Group, Rabobank Group, RoyalBank of Scotland, WestLB e Westpac Banking Corporation (EQUATOR PRINCIPLES, 2011c).

O estabelecimento desses princípios visava, inicialmente, à redução dos riscos de processos ambientais e sociais relacionados à concessão de crédito, porém a discussão evoluiu para abranger a responsabilidade socioambiental de todos, em prol da sustentabilidade do planeta. A IFC também criou uma linha especial de crédito aos bancos que aderissem ao protocolo, incentivando a adesão aos princípios.

Um processo de revisão foi empreendido em 2006, buscando a atualização das políticas e dos novos padrões de desempenho. Esse processo ficou conhecido como Princípios do Equador II e contou com a consulta das principais partes interessadas, como clientes, associações da indústria, agências de crédito à exportação e ONG. Além disso, foi incluído o Princípio 10, que exigia a publicação de relatórios anuais de cada instituição financeira signatária do acordo e alteração do valor de enquadramento dos projetos de US$ 50 milhões para US$ 10 milhões (ibidem).

Todas as instituições financeiras que aderirem a esses princípios devem realizar suas análises de risco de projetos levando em consideração políticas e salvaguardas, como: avaliações ambientais, gerenciamento de pragas, proteção a habitats naturais, propriedade cultural, proteção a populações indígenas, trabalho forçado ou escravo, saúde e segurança no trabalho, entre outros temas.

As diretrizes que devem ser observadas pelas instituições financeiras na concessão de crédito são as seguintes (RIBEIRO; DIAS DE OLIVEIRA, 2008; EQUATOR PRINCIPLES, 2011d):

Princípio 1 – Análise e categorização: os projetos de financiamento devem ser classificados de acordo com os potenciais impactos e riscos socioambientais que podem provocar. Há três categorias:

"A": projetos com possíveis impactos sociais ou ambientais significativos, ou seja, projetos heterogêneos, irreversíveis ou sem precedentes.

"B": projetos com potencial de impacto limitado, geralmente específicos do local e reversíveis.

"C": projetos com impactos sociais e ambientais mínimos.

Princípio 2 – Avaliação socioambiental: o solicitante deve providenciar uma avaliação ambiental de seu projeto, contemplando os riscos identificados em sua categoria de classificação. A instituição financeira contribuirá para amenizar os impactos ao meio ambiente e sociedade, propondo medidas de mitigação e de gestão relevantes e adequadas, levando em consideração a natureza e escala do projeto.

Princípio 3 – Padrões sociais e ambientais aplicáveis: trata-se de projetos alocados em países que não fazem parte da Organização para Cooperação e Desenvolvimento Econômico (OCDE), assim como para os participantes da OCDE que não sejam designados de alta renda. Entre outros aspectos, as avaliações devem considerar as condições socioambientais e a obediência à legislação local; prever o desenvolvimento sustentável, incluindo a utilização racional dos recursos renováveis; preservar a saúde humana, as propriedades culturais e a biodiversidade; e evitar a utilização de substâncias perigosas.

Princípio 4 – Plano de ação e sistema de gestão: todos os projetos situados na categoria "A", e se necessário "B", devem ter um plano de ação voltado à gestão ambiental para tratar os riscos identificados na avaliação ambiental. Esse plano de ação é composto por avaliação social, programa de gerenciamento, definição da capacidade organizacional, programa de treinamento, participação da comunidade, monitoramento e relatório. Os clientes devem estabelecer um sistema de gestão socioambiental dos impactos e riscos, desenvolvendo ações corretivas necessárias ao cumprimento das leis e dos regulamentos aplicáveis no país-sede, além de padrões de desempenho e diretrizes definidos no plano de ação.

Princípio 5 – Consulta e divulgação: os projetos da categoria "A", e se necessário "B", devem ser submetidos à apreciação dos grupos afetados, incluindo os povos nativos, de forma estruturada e culturalmente adequada ao idioma local, facilitando a participação das comunidades afetadas pelos projetos analisados. A divulgação deve ocorrer no início do processo de avaliação e ser realizada de forma contínua.

Princípio 6 – Mecanismo de reclamação: o mutuário deve manter mecanismos de contato com a população afetada durante o desenvolvimento e operacionalização do projeto, permitindo que a comunidade dê opiniões e faça reivindicações sobre ele.

Princípio 7 – Avaliação independente: o plano de ação deve ser auditado por um profissional especialista independente, com experiência na área de atuação do projeto e capacidade de opinar sobre os aspectos socioambientais deste.

Princípio 8 – Compromissos contratuais: a incorporação de obrigações em contrato é um dos pilares dos Princípios do Equador, sendo importante para os projetos das categorias "A" e "B". Fazem parte dos instrumentos contratuais: o cumprimento de todas as leis, regulamentos e autorizações sociais e ambientais do país-sede; a realização efetiva do plano de ação; a disponibilização anual (no mínimo) de relatórios periódicos; e desativação das instalações de acordo com o plano. Quando o solicitante não cumprir os compromissos assumidos, as instituições financeiras devem buscar soluções, como a liberação do capital em lotes.

Princípio 9 – Monitoramento independente e divulgação de informações: para garantir um monitoramento contínuo e a divulgação de informações dos projetos de categorias "A" e "B", é necessária a nomeação de um especialista ambiental ou social independente ou a contratação de especialistas externos qualificados e experientes, cuja função é verificar as informações e garantir o acompanhamento do projeto.

Princípio 10 – Divulgação de informações pelas instituições financeiras: cada instituição financeira que adota os Princípios do Equador se compromete a divulgar ao público, no mínimo anualmente, informações sobre seus processos e experiências com os créditos concedidos, devendo especificar a quantidade de solicitações, atendimentos, recusas e regiões geográficas a que pertencem os projetos financiados, grau de risco, valores envolvidos, etc.

Segundo o Equator Principles (2011b), as instituições financeiras adotantes desses princípios acreditam que sua adesão oferece benefícios significativos para elas, mutuários e agentes locais, além da transferência de conhecimento, aprendizagem e desenvolvimento de melhores práticas, promovendo a gestão e o desenvolvimento socioambiental responsável.

Em 2011, existiam 72 instituições financeiras signatárias dos Princípios do Equador, com esses bancos representando mais de 95% dos *Projects Finances* de grande porte do mundo. Dentre elas, quatro brasileiras: Banco Bradesco, Banco do Brasil, Itaú Unibanco e Caixa Econômica Federal (CEF) (ibidem).

Os fatores que mais facilitaram a implantação dos Princípios do Equador pelas instituições financeiras no país foram a competição entre bancos, conscientização do investidor, pressão das ONG, competitividade do mercado externo e legislação ambiental brasileira rigorosa (ANTÔNIO DIAS; MACHADO, 2008).

Contudo, esses princípios apresentam falhas em relação a requisitos e procedimentos de implantação pelos bancos, pois a transparência e o monitoramento dos projetos continuam deficientes. Alguns estudos destacam que instituições financeiras signatárias ainda financiam projetos com elevados riscos socioambientais, mesmo tendo políticas que condenam esses projetos, demonstrando grande conflito de interesses no acesso ao crédito.

Índices de sustentabilidade corporativa

Empresas sustentáveis presentes no mercado de capitais são opções bem vistas pelos investidores. Assim, as principais bolsas de valores do mundo possuem indicadores de performance relacionados à sustentabilidade, como o Dow Jones Sustainability Index (DJSI – em português, Índice Dow Jones de Sustentabilidade), nos Estados Unidos, e o FTSE4Good, na Inglaterra.

O DJSI foi criado em 1999 e é um dos primeiros índices globais de monitoramento do desempenho financeiro das empresas, no que diz respeito à incorporação da sustentabilidade em sua gestão empresarial (CHAVES, 2010).

As empresas que constam no DJSI, indexado à bolsa de Nova York, são classificadas como as mais capazes de criarem valor aos acionistas, sobretudo, no longo prazo, através de uma gestão dos riscos associados a fatores econômicos, ambientais e sociais.

A composição do DJSI decorre de uma avaliação feita pela RobecoSAM, união de duas instituições: a Sustainable Asset Management (SAM), consultoria suíça responsável pela elaboração do questionário e análise das respostas; e a Robeco, gestora de investimentos independentes com sede na Holanda e líder global em investimentos sustentáveis (DOW JONES SUSTAINABILITY INDICES, 2014a).

O índice de 2014 é composto por 319 empresas de 47 países, abrangendo 59 setores, e revisado anualmente com base em questionários que avaliam o desempenho nas dimensões ambiental, social, econômica e de governança corporativa, os quais são enviados às empresas e as informações são disponibilizadas em relatórios anuais e *websites* de relações com os investidores.

O levantamento abrangeu as 2.500 maiores empresas por valor de mercado do Dow Jones Global Index, representando 59 setores de atuação. De cada setor, apenas as 10% melhores classificadas no *ranking* de sustentabilidade são selecionadas para fazer parte do índice, com base na análise de mais de 20 itens relativos ao desempenho econômico, social e ambiental dessas empresas (DOW JONES SUSTAINABILITY INDICES, 2014b).

O Dow Jones Sustainability World Index (DJSI) em sua edição 2014/2015 contempla 8 empresas brasileiras: Fibria S/A, Itaú Unibanco S/A, Itaúsa, Embraer S/A, Cemig, Banco Bradesco S/A, Banco do Brasil S/A e Petrobras S/A (ibidem).

Entre as instituições financeiras, destacam-se o Banco Itaú, que se mantém como o único banco latino-americano a participar de sua composição desde sua criação em 1999, e a Holding Itaúsa, presente no índice por 11 edições. O Itaú Unibanco foi classificado como líder em sustentabilidade no setor "serviços financeiros" de 2009 a 2013, o que é particularmente impressionante em um setor de grande competitividade (ibidem).

O Índice de Sustentabilidade Empresarial (ISE) da BM&FBovespa foi lançado em 1º de dezembro de 2005, em conjunto com várias instituições: Associação Brasileira das Entidades Fechadas de Previdência Complementar (Abrapp), Associação Brasileira das Entidades dos Mercados Financeiro e de Capitais (Anbima), Associação dos Analistas e Profissionais de Investimento do Mercado de Capitais (Apimec), Instituto Brasileiro de Governança Corporativa (IBGC), IFC, Instituto Ethos e Ministério do Meio Ambiente. O ISE tem por objetivo refletir o retorno de uma carteira composta por ações de empresas reconhecidamente comprometidas com a responsabilidade social e ambiental, além de boas práticas no meio empresarial brasileiro (BM&FBOVESPA, 2014a).

Para visualizar os setores e as empresas brasileiras que participam do ISE, tem-se a Tabela 1 que considera as variações na participação de cada um dos papéis na composição total do índice, apuradas para a abertura do dia até 22 de setembro de 2014. As maiores empresas com participações individuais relativas são a BR Foods, Vale, Cielo, Itaú Unibanco, CCR, Bradesco e Cemig. Dentro os setores, os mais representativos no índice são de Mineração, Utilidade Pública/Energia Elétrica e o de Intermediação Financeira. Destaca-se o fato de a Petrobras não fazer parte do índice.

TABELA 1. Composição do ISE por setor de atuação

Setor	Código	Ação	Tipo	Quantidade teórica	% setor	
					Part. (%)	Part. (%) acum.
Bens indls / máqs e equips	WEGE3	WEG	ON NM	284.494.714	2,162	2,162
Bens indls / mat transporte	EMBR3	Embraer	ON NM	732.914.825	4,65	4,65
Cons N básico / alimentos processados	BRFS3	BRF SA	ON NM	839.144.407	12,914	12,914
Cons N cíclico / pr pessoal limp	NATU3	Natura	ON NM	168.827.352	1,723	1,723
Const e transp / constr e engenh	EVEN3	Even	ON NM	210.307.738	0,346	0,346
Const e transp / transporte	CCRO3	CCR SA	ON NM	861.282.756	4,273	4,921
	ECOR3	ECORODOVIAS	ON NM	199.611.859	0,648	
Consumo não cíclico/saúde	FLRY3	Fleury	ON NM	62.407.506	0,248	0,248

(continua)

TENDÊNCIAS DO SISTEMA FINANCEIRO NACIONAL

TABELA 1. Composição do ISE por setor de atuação (*continuação*)

Setor	Código	Ação	Tipo	Quantidade teórica	% setor Part. (%)	Part. (%) acum.
Financ e outros / interms financs	BICB4	Bicbanco	PN N1	11.820.333	0,024	14,604
	BBDC3	Bradesco	ON N1	106.858.620	1,08	
	BBDC4	Bradesco	PN N1	391.475.665	3,994	
	BBAS3	Brasil	ON EJ NM	160.023.342	1,378	
	ITSA4	Itaú S/A	PN N1	601.686.682	1,653	
	ITUB3	Itaú Unibanco	ON N1	50.499.833	0,454	
	ITUB4	Itaú Unibanco	PN N1	517.668.812	5,247	
	SANB11	Santander BR	UNT N2	178.379.354	0,774	
Financ e outros / previd seguros	SULA11	Sul américa	UNT N2	239.669.988	1,001	1,001
Financeiro e outros/ serviços financeiros diversos	CIEL3	Cielo	ON EDJ NM	665.068.406	7,103	7,103
Mats básicos / madeira e papel	DTEX3	Duratex	ON NM	260.817.159	0,696	4,746
	FIBR3	Fibria	ON NM	222.308.001	1,579	
	KLBN11	Klabin S/A	UNT N2	382.961.180	1,244	
	SUZB5	Suzano papel	PNA N1	459.260.952	1,227	
Mats básicos/ mineração	VALE3	Vale	ON N1	856.346.967	6,511	15,029
	VALE5	Vale	PNA N1	1.274.041.767	8,518	
Mats básicos / químicos	BRKM5	Braskem	PNA N1	265.820.380	1,153	1,153

(*continua*)

O SETOR BANCÁRIO BRASILEIRO DE 1990 A 2010

TABELA 1. Composição do ISE por setor de atuação (*continuação*)

Setor	Código	Ação	Tipo	Quantidade teórica	% setor Part. (%)	Part. (%) acum.
Mats básicos / sid metalurgia	GGBR3	Gerdau	ON N1	100.345.473	0,285	4,518
	GGBR4	Gerdau	PN N1	876.090.759	2,98	
	GOAU3	Gerdau MET	ON N1	47.566.704	0,157	
	GOAU4	Gerdau MET	PN N1	268.577.413	1,096	
Telecomunicação / telefonia fixa	OIBR3	Oi	ON N1	1.246.246.323	0,599	6,029
	OIBR4	Oi	PN N1	3.222.096.319	1,506	
	VIVT3	TELEF BRASIL	ON	31.208.300	0,352	
	VIVT4	TELEF BRASIL	PN	261.308.985	3,572	
Telecomunicação/ telefonia móvel	TIMP3	TIM PART S/A	ON NM	804.866.739	2,891	2,891
Utilidade públ / água saneamento	CSMG3	COPASA	ON NM	58.136.678	0,53	2,383
	SBSP3	SABESP	ON NM	339.985.611	1,853	
Utilidade públ / Energ elétrica	GETI3	AES TIETE	ON	56.578.302	0,234	13,579
	GETI4	AES TIETE	PN	124.345.171	0,616	
	CMIG3	CEMIG	ON N1	206.349.900	0,906	
	CMIG4	CEMIG	PN N1	758.933.452	3,175	
	CESP6	CESP	PNB N1	181.791.331	1,329	
	COCE5	COELCE	PNA	17.664.694	0,171	
	CPLE3	COPEL	ON N1	21.703.707	0,144	
	CPLE6	COPEL	PNB N1	100.947.141	0,938	
	CPFE3	CPFL ENERGIA	ON NM	293.274.238	1,598	
	ELET3	ELETROBRAS	ON N1	223.455.547	0,454	

(*continua*)

TABELA 1. Composição do ISE por setor de atuação (*continuação*)

Setor	Código	Ação	Tipo	Quantidade teórica	% setor Part. (%)	Part. (%) acum.
Utilidade públ / Energ elétrica	ELET6	ELETROBRAS	PNB N1	219.731.566	0,65	13,579
	ELPL4	ELETROPAULO	PN N2	92.735.426	0,225	
	ENBR3	ENERGIAS BR	ON NM	232.602.924	0,63	
	LIGT3	LIGHT S/A	ON NM	97.629.475	0,556	
	TBLE3	TRACTEBEL	ON ED NM	203.919.927	1,953	
Quantidade teórica total				20.091.790.703	100	100
Redutor				143.014.301,91		

A Figura 1 apresenta a evolução mensal do ISE desde a sua criação, em 2005, até agosto de 2014.

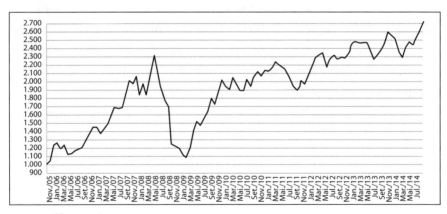

FIGURA 1. ISE mensal em pontos.
Fonte: adaptada de BM&FBovespa (2014b).

Ao colocar em prática a sustentabilidade socioambiental, o Banco Central do Brasil (Bacen), em julho de 2008, determinou que os bancos públicos e privados concedessem crédito rural apenas aos produtores que estivessem devidamente regularizados com os órgãos de fiscalização. Essa medida visava a preservar a Amazônia Legal e as demais áreas de preservação e conservação ambiental dentro das propriedades rurais (ROSSIN; SCHMAL; CALABREZ, 2009).

Com base nessa breve explanação, observa-se um maior engajamento do sistema financeiro mundial na valorização das empresas sustentáveis e em suas práticas e políticas de negócios, refletindo uma gestão mais comprometida com o bem-estar social.

Relatórios sociais, sustentabilidade e produtos e serviços bancários "verdes"

Os bancos de varejo utilizam o relatório anual para divulgar seu desempenho aos *stakeholders* por obrigação legal, já que são sociedades anônimas. Entretanto, além dos demonstrativos financeiros, essas instituições vêm apresentando os resultados de seus esforços de relacionamento com sociedade, funcionários, órgãos reguladores, clientes, etc., por meio de relatórios sociais e/ou relatórios de sustentabilidade, embora estes sejam de iniciativa voluntária e social, como forma de prestar contas a todos os envolvidos em suas atividades (OLIVEIRA[29], 2005; IUDICIBIUS[30]; MARTINS; GELBKCKE, 2000 apud SANTOS; FINAZZI, 2008).

Com essas iniciativas, observa-se que a indústria financeira, mesmo atingindo em menor intensidade o meio ambiente se comparada a indústrias extrativistas e de transformação, com seu papel de intermediador financeiro, ao alocar a poupança interna, pode incentivar

---

29   OLIVEIRA, J. A. P. de. Uma avaliação dos Balanços Sociais das 500 maiores. *RAE-eletrônica*, v. 4, n. I, art. 2, Jan./ Jul. 2005.

30   IUDICIBIUS, S. de; MARTINS, E.; GELBKCKE, E. R. *Manual de Contabilidade das Sociedades por ações*. 5. ed. São Paulo: Atlas, 2000.

ou desestimular o desenvolvimento regional sustentável, essencial para um país com grandes desigualdades como o Brasil.

Assim, o surgimento do conceito de responsabilidade social corporativa representa as obrigações que as organizações têm com a sociedade. Segundo Carroll[31] (1991 apud SANTOS; FINAZZI, 2008), essas obrigações podem ser categorizadas em quatro tipos: responsabilidade econômica (maximização do lucro, tendo em vista a sustentabilidade do negócio), legal (observância das leis e dos regulamentos), ética (fazer o que é justo, honesto e certo, segundo a moral e as leis) e filantrópica ou discricionária (cidadania corporativa, que se refere aos engajamentos das organizações para a melhoria na qualidade de vida da comunidade). A Figura 2 apresenta a pirâmide desenvolvida por Carroll.

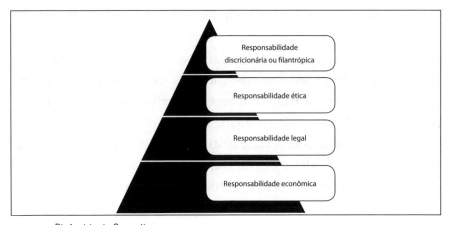

FIGURA 2. Pirâmide de Carroll.
Fonte: adaptada de Machado Filho (2006).

---

31 CARROLL, A. B. The pyramid of corporate social responsibility: toward the moral management of organizational stakeholders. *Business Horizons*, v. 34, n. 4, July-Aug., 1991.

Quando se enfatizam as tendências para a sustentabilidade no setor financeiro, chega-se à ecoeficiência, que permite que as empresas sejam ambientalmente responsáveis e, ao mesmo tempo, lucrativas. Os bancos precisam integrar o tema ambiental em suas estratégias empresariais, valorizar seus consumidores e oferecer produtos e serviços com qualidade ambiental, além de financiar propostas de investimentos ambientais potencialmente voltadas ao desenvolvimento de energias renováveis e economicamente viáveis.

Os produtos do setor bancário voltados à sustentabilidade socioambiental são recentes, e não há informações sobre aspectos relativos à sua rentabilidade em relatórios sociais ou financeiros. O setor bancário já desenvolveu cartões de crédito, fundos de investimentos e títulos de capitalização socioambientais, mercado de carbono, microcrédito, empréstimos e financiamentos socioambientais e seguros ambientais. Entretanto, nem todos estão disponíveis em todas as instituições financeiras bancárias, mesmo entre as de grande porte, demonstrando um elevado potencial de demanda e rentabilidade, já que, por produtos e serviços diferenciados, os consumidores, em geral, podem até aceitar pagar um preço superior e comprar a ideia de sustentabilidade nos serviços financeiros.

No Brasil, o Banco Real era a instituição financeira bancária mais engajada em atividades e estratégias da área de sustentabilidade socioambiental, tornando o banco diferenciado principalmente para os consumidores mais jovens. Essas iniciativas eram suportadas pelo *chief executive officer* (CEO) Fábio Barbosa, que tinha uma proposta bem clara sobre esse tema, de modo a conquistar a confiança e o engajamento de seus colaboradores. Após a compra do banco pelo Grupo Santander em 2007, seguida pela retirada da marca do mercado, muitas ações do Banco Real foram incorporadas pelo Santander Brasil, mas perdeu-se uma marca extremamente valiosa, respeitável e comprometida com essa mentalidade sustentável.

A fusão Itaú e Unibanco teve que superar um processo complexo de integração, que incluiu discussão de uma agenda comum entre os executivos dos bancos apoiada em nove temas: transparência, governança, satisfação do cliente, critérios socioambientais, diversidade, mudanças climáticas, educação financeira, microfinanças e engajamento de *stakeholders*. Para garantir esse direcionamento, a área de sustentabilidade ganhou força, estruturando-se para contemplar todos os níveis hierárquicos da instituição, incluindo o conselho de administração (PLANETA SUSTENTÁVEL, 2009).

Nesse processo de novas ações, criou-se um canal denominado "Banco de Ideias Sustentáveis" que incentiva a participação de todos os funcionários com sugestões sobre ecoeficiência, educação financeira, financiamento consciente, redução do consumo de recursos esgotáveis e uso consciente dos produtos e serviços bancários.

No entanto, o Itaú Unibanco foi contestado em seus financiamentos sob os critérios dos Princípios do Equador, principalmente em relação ao projeto da usina hidrelétrica do Rio Madeira. Os ambientalistas da ONG Amigos da Terra contestam esse projeto e o classificam como de elevado risco ambiental. O banco, um dos principais patrocinadores dessa obra, defende-se e afirma que, apesar das deturpações, o projeto busca a geração de energia limpa em grande escala, importante para sustentar o crescimento do país (ibidem).

Observa-se, em vários bancos brasileiros, principalmente nos de maior porte, a criação de áreas específicas de responsabilidade social ou socioambiental e comitês ou comissões compostos por profissionais de diversas áreas e conhecimentos, cujo objetivo é desenvolver discussões e tomar decisões em parceria com todos os membros da instituição.

Uma pesquisa da Fundação Brasileira para Desenvolvimento Sustentável (FBDS) aponta os dez principais desafios para a sustentabilidade no setor bancário (LINS; WAJNBERG, 2007):

- permear o conceito de sustentabilidade por toda a organização;
- conscientizar e engajar os colaboradores no tema;
- mensurar os riscos socioambientais em atividades de financiamento;
- mensurar o valor da sustentabilidade no *bottom line*;
- assegurar uso responsável do crédito por parte dos tomadores de empréstimo;
- aumentar o valor dos negócios socioambientais;
- inovar constantemente produtos e processos;
- equilibrar benefícios de curto prazo com necessidades de longo prazo nesse setor extremamente orientado para resultados;
- incentivar a inclusão bancária;
- mudar a imagem negativa do setor diante dos clientes.

Em vista disso, vê-se a necessidade de o setor financeiro propor diálogo e prestar contas à sociedade sobre as ações voltadas à intermediação financeira e também a práticas socioambientais e produtos e serviços desenvolvidos, empenhando-se com metas de atuação e aumentando a transparência e o real comprometimento com esse tema, de modo a mudar a imagem negativa de "exploradores" que, em geral, os bancos possuem na mente dos consumidores.

A sustentabilidade socioambiental passou a ser um assunto estratégico no setor financeiro, de modo que, nos próximos anos, um banco socialmente responsável, signatário dos Princípios do Equador e com boas práticas e projetos ambientais não poderá se limitar a ações para impressionar a sociedade por meio da propaganda e publicidade. Todas as instituições financeiras deverão operar com base nesse novo perfil se quiserem ganhar a confiança e os recursos de potenciais investidores.

ACORDO DE BASILEIA III

A crise financeira mundial de 2008 revelou as fragilidades do sistema financeiro e das instituições que o compõem. A gravidade da crise e seu elevado potencial de contágio para as economias reais dos países afetados levaram as autoridades a pensar em novas medidas de regulação bancária, de forma a abranger os problemas salientados pela crise e promover maior estabilidade econômica (SANTIN, 2010).

Segundo o Bank for International Settlements (BIS, 2010), uma das razões para a crise financeira ter se tornado tão severa foi o excesso de alavancagem de operações dentro e fora do balanço dos bancos de alguns países, acompanhado da erosão gradual do nível de qualidade da base de capital e da liquidez insuficiente dos bancos. Desse modo, o sistema bancário não foi capaz de absorver as perdas geradas por esse desequilíbrio financeiro.

Um fator que piorou essa conjuntura foi a interdependência entre as instituições financeiras, acarretando em perda de confiança generalizada. Em vista disso, o Comitê da Basileia fez uma revisão em 2010 do segundo acordo com o objetivo de prover, ao setor bancário, habilidade para absorver choques decorrentes de estresse financeiro e econômico.

As reformas visam a fortalecer o gerenciamento do risco e governança, bem como a aumentar a transparência das informações contábeis e financeiras, a fim de criar um sistema bancário forte e resiliente, extremamente necessário para o crescimento econômico sustentável e a intermediação financeira eficiente.

Assim, o Acordo de Basileia III pode ser definido como um conjunto abrangente de medidas de reforma elaborado pelo Comitê de Supervisão da Basileia, cujo objetivo é fortalecer a regulação, supervisão e gestão do risco do setor bancário. As novas recomendações do Comitê da Basileia estão contidas nos documentos *Basel III: a global regulatory framework for more resilient banks and banking systems*, *Basel III: international framework for liquidity risk measurement, standards and monitoring* e *Guidance for national authorities operating the countercyclical capital buffer*. As principais definições preliminares relativas ao capital e à liquidez das instituições financeiras no aprimoramento da regulação prudencial foram divulgadas em um comunicado ao final do encontro da Cúpula de Seul, em novembro de 2010 (BANCO CENTRAL DO BRASIL, 2011a).

O Banco Central do Brasil (2011c), em seu Comunicado n. 20.615, fez uma compilação das principais definições das novas normas para os bancos, buscando fornecer elementos para que as instituições financeiras consigam planejar adequadamente suas necessidades de capital e de liquidez, de forma a permitir uma adaptação eficiente aos novos padrões prudenciais.

Nas disposições sobre a nova definição de capital, o patrimônio de referência (PR) permanecerá com dois níveis:

- nível I: é formado pelo capital principal (*Common Equity Tier* 1), composto pelo capital social, constituído de cotas ou ações ordinárias e preferenciais não resgatáveis e sem mecanismos de cumulatividade de dividendos, e por lucros retidos, deduzidos os valores referentes aos ajustes regulamentares. O capital adicional (*Additional Tier* 1) é composto por instrumentos híbridos de capital e dívida autorizados, que atendam aos requisitos de absorção de perdas durante o funcionamento da instituição financeira, de subordinação, de perpetuidade e de não cumulatividade de dividendos;
- nível II: é formado por elementos capazes de absorver perdas em caso de ser constatada a inviabilidade do funcionamento da instituição. Assim, deve ser constituído por instrumentos híbridos de capital e dívida que não se qualifiquem para integrar o capital principal, por instrumentos de dívida subordinada autorizada e por ações preferenciais que não se qualifiquem para compor o nível I.

O aumento da exigência de capital dos bancos foca na qualidade para ampliar a capacidade das instituições em absorver perdas e resistir mais a apertos de liquidez.

As deduções aplicadas aos níveis I e II envolvem os créditos tributários decorrentes de diferenças temporárias e prejuízos fiscais; ágios pagos na aquisição de investimentos com expectativa de rentabilidade futura e direitos sobre a folha de pagamentos; ativos permanentes diferidos e outros ativos intangíveis; ativos relacionados a fundos de pensão; participações em sociedades seguradoras não controladas; ações em tesouraria; participações minoritárias que excedam o mínimo exigido de capital principal e de capital de conservação; e instrumentos de captação emitidos por outras instituições financeiras (BANCO CENTRAL DO BRASIL, 2011c).

Adicionalmente, os bancos terão que constituir dois "colchões" de capital para serem usados em momentos de crise.

O capital ou "colchão" de conservação será um montante complementar às exigências mínimas regulamentares, constituído por elementos aceitos para compor o capital principal. Seu objetivo é aumentar o poder de absorção de perdas das instituições financeiras além do mínimo exigido em períodos favoráveis do ciclo econômico, para que esse capital acumulado possa ser utilizado em períodos de estresse. Segundo o cronograma previsto, esse colchão de conservação deverá corresponder a 0,625% dos recursos ponderados pelo risco (*risk weighted assets* – RWA), com seu valor aumentando gradualmente até atingir 2,5% em janeiro de 2019 (ibidem).

Com isso, o capital de alta qualidade adicionado ao colchão de conservação passará, ao fim de 2019, para 7%. Já a exigência de capital mínimo *Tier* 1 continua sendo 8%, porém, considerando o colchão de conservação, passará para 10,5%. Os bancos poderão utilizar, em determinadas circunstâncias, o capital desse colchão, mas terão que reduzir a distribuição de lucros e dividendos, caso o banco esteja próximo do percentual mínimo exigido. Dessa forma, a supervisão pretende evitar que as instituições continuem a pagar elevados bônus e dividendos quando sofrem deterioração de capital (RISKBANK, 2010).

Outra alternativa quando o nível de capital se encontra abaixo do requerido é o levantamento de capital privado no mercado. A Tabela 2 apresenta a exigência individual padrão de capital de conservação. Assim, quando o *Tier* 1 está entre 4,5 e 5,125%, não é permitida a distribuição de dividendos. Contudo, quando alcança o valor de 7%, não há restrições.

TABELA 2. Exigência individual padrão de capital de conservação

Capital *Tier* 1	Relação de capital de conservação mínima (% dos lucros)
4,5 a 5,125%	100%
> 5,125 a 5,75%	80%
> 5,75 a 6,375%	60%
> 6,375 a 7%	40%
> 7%	0%

Fonte: BIS (2010).

Já o capital ou "colchão" contracíclico busca assegurar que o capital mantido pelas instituições financeiras contemple os riscos decorrentes de alterações do ambiente macroeconômico, sendo requerido em caso de crescimento excessivo do crédito associado ao potencial de acumulação do risco sistêmico. O adicional de capital principal, inicialmente datado para janeiro de 2014,[VI] foi postergado para janeiro

---

VI   O adicional de capital principal, inicialmente datado para janeiro de 2014, foi postergado para janeiro de 2016, conforme Resolução n. 4.193, de 1 de março de 2013. Disponível em: http://www.bcb.gov.br/pre/normativos/res/2013/pdf/res_4163_v2_P.pdf; acesso em: 11 abr. 2014.

de 2016, sendo inicialmente limitado a 0,625% dos ativos ponderados pelo risco (RWA), com o limite aumentando gradualmente até 2,5% em janeiro de 2019.

Esse "colchão" dependerá do nível de capitalização do mercado, sendo destinado para proteger o sistema bancário em períodos de expansão do crédito, quando os bancos terão que guardar parte de seu capital para formar seus "colchões". Dessa forma, o capital mínimo exigido, considerando os dois colchões, poderá chegar a 13% (Tabela 3). Cabe ressaltar que parâmetros maiores poderão ser exigidos caso a instituição seja identificada como sistemicamente relevante, tanto em nível global quanto local, um ponto que será discutido pelo Comitê da Basileia ao longo do período previsto no cronograma.

TABELA 3. Calibração do quadro de capital

	2013	2014	2015	2016	2017	2018	2019
Capital principal	3,5%	4%	4,5%	4,5%	4,5%	4,5%	4,5%
Capital nível I	4,5%	5,5%	6%	6%	6%	6%	6%
Capital total	8%	8%	8%	8%	8%	8%	8%
Capital de conservação	—	—	—	0,625%	1,25%	1,875%	2,5%
Capital total + Capital de conservação	8%	8%	8%	8,625%	9,25%	9,875%	10,5%
Capital contracíclico	—	0,625%	1,25%	1,875%	2,5%	2,5%	2,5%
Capital total + Capital de conservação + Capital contracíclico	8%	8,625%	9,25%	10,5%	11,75%	12,375%	13%

Fonte: Anbima (2013).

O Acordo de Basileia III também recomenda um índice de alavancagem como medida complementar de capital, apurado pela divisão do valor do nível I do patrimônio de referência pelo valor de exposição total. No cálculo da exposição total, serão utilizadas informações contábeis líquidas de provisões, sem a dedução de nenhum tipo de mitigador de risco de crédito ou de depósitos. Para a apuração das exposições em derivativos, será considerado o valor contábil acrescido ao valor de sua exposição potencial futura. A expectativa é que esse índice seja calculado pelas instituições financeiras a partir de janeiro de 2013 para análise interna. Em janeiro de 2018, está prevista a exigência de valor mínimo para esse índice, inicialmente determinado em 3% (BANCO CENTRAL DO BRASIL, 2011c).

No escopo do novo acordo, também estão previstos índices de liquidez com o objetivo de tornar os bancos mais resistentes a dificuldades potenciais em captações de curto prazo, bem como em sua estrutura de prazos em posições ativas e passivas (MENDONÇA; AUGUSTO; VLATKOVIC, 2011).

O índice de liquidez de curto prazo (*liquidity coverage ratio* – LCR) tem como finalidade fazer com que as instituições financeiras possuam recursos de alta liquidez para resistir a um cenário de estresse financeiro agudo com duração de um mês. O cálculo do LCR apresenta a seguinte forma:

$$LCR = \frac{\text{Estoque de ativos de alta liquidez}}{\text{Saídas líquidas no prazo de até 30 dias}}$$

O denominador representará o valor esperado da diferença entre as saídas e os ingressos de recursos em um cenário de estresse financeiro. As expectativas de entradas e saídas de recursos, bem como de não renovação de operações ativas e passivas, serão representadas pelos fatores de ponderação do denominador. Além disso, o tipo de garantia dada à operação e o grau de relacionamento com o banco também serão considerados (BANCO CENTRAL DO BRASIL, 2011c).

O índice de liquidez de longo prazo (*net stable funding ratio* – NSFR) busca incentivar os bancos a financiar suas atividades com fontes mais estáveis de captação. O NSFR é calculado pela seguinte fórmula:

$$NSFR = \frac{\text{Total de captações estáveis disponíveis}}{\text{Total de captações estáveis necessárias}}$$

O numerador é composto pelas captações estáveis da instituição, com destaque para os valores integrantes dos níveis I e II do patrimônio de referência e as obrigações com vencimento efetivo igual ou superior a um ano. Já o denominador é composto pela soma dos ativos que não possuem liquidez imediata e pelas exposições fora do balanço, multiplicados por um fator que representa a sua potencial necessidade de captação (*required stable funding* – RSF).

Em conjunto com o Comitê da Basileia, o Bacen pretende monitorar a evolução dos índices de liquidez, a fim de avaliar os efeitos nos mercados financeiros. Por isso, o Bacen realiza, semestralmente estudos das recomendações de Basileia III em seus relatórios de estabilidade financeira[VII].

Em comunicado divulgado no dia 6 de janeiro de 2013, o Grupo de Governadores e Diretores de Supervisão do Comitê de Basileia (ANBIMA, 2013b) decidiu flexibilizar as regras relativas ao índice de liquidez de curto prazo, sugerindo uma introdução gradual dos limites mínimos e ampliando os ativos elegíveis como de alta qualidade. Assim, adotou-se um cronograma gradual para a efetiva adoção da LCR, prevendo valores crescentes para o indicador: a partir de 2015, a razão deverá respeitar o limite mínimo de 60% e, paulatinamente, a

---

VII   Disponível em: http://www.bcb.gov.br/htms/estabilidade/2014_03/refp.pdf; acesso em: 11 abr. 2014.

partir da adição de 10% por ano a este limite, atingir 100% no início de 2019, em consonância com o cronograma dos requerimentos de capital de Basileia III.

Em razão das regras prudenciais, os requisitos previstos no cronograma de transição brasileiro deverão diferir, em seu início, dos adotados internacionalmente. Na prática, nos primeiros anos de transição, o requerimento de quantidade de capital cumprido pelas instituições financeiras nacionais já estará acima do padrão internacional. Posteriormente, o capital e a capacidade de absorção de perdas das instituições financeiras brasileiras serão gradualmente elevados até atingir o patamar estabelecido por Basileia III.

A adoção, para essas recomendações, de um cronograma com início anterior ao previsto em Basileia III e término compatível com os compromissos internacionais assumidos traz o benefício de facilitar a capitalização das instituições financeiras brasileiras com os lucros gerados por tais entidades durante essa transição.

A Tabela 4 mostra o cronograma de implementação das normas do Basileia III, a partir de 2013.

TABELA 4. Parâmetros mínimos (%) para o capital regulamentar, conforme Basileia III

Parâmetros	2013	2014	2015	2016	2017	2018	2019
Capital principal	4,50	4,50	4,50	4,50	4,50	4,50	4,50
Nível I	5,50	5,50	6	6	6	6	6
Patrimônio de referência	11	11	11	9,875	9,25	8,625	8
Capital de conservação	-	-	-	0,625	1,25	1,875	2,50
Patrimônio de referência + capital de conservação	11	11	11	10,50	10,50	10,50	10,50
Capital contracíclico	-	0,625	1,25	1,875	2,50	2,50	2,50

Fonte: Banco Central do Brasil (2011c).

Efeitos do Basileia III sobre os bancos brasileiros

O Acordo de Basileia III entrou efetivamente em vigor no Brasil em 1º de outubro de 2013. A data marca o início de uma longa fase de transição para os novos padrões prudenciais fixados pelo Comitê de Basileia, fase esta que deve ser concluída integralmente somente em 2022.

O primeiro conjunto de normativos foi divulgado pelo Conselho Monetário Nacional (CMN) e pelo Banco Central em 1º de março de 2013, definindo a nova estrutura de capital regulamentar e os novos padrões de apuração dos requerimentos. Ao longo do ano, foram promovidas algumas alterações regulamentares pontuais e, em 31 de outubro de 2013, foi editado um segundo conjunto de regras, que complementam e aprimoram o primeiro grupo, em especial, no que se refere aos novos padrões contábeis (ANBIMA, 2013a).

A complexidade de Basileia III torna a aplicação das regras às instituições financeiras de menor porte, bem como às que possuam um escopo simples de atuação, uma tarefa custosa e complicada. Assim, o Bacen aprovou para as cooperativas de crédito a utilização de uma metodologia simplificada para apuração dos ativos ponderados pelo risco, reduzindo o custo regulatório para essas instituições, sem, contudo, abrir mão de requerimentos de capital que garantam sua resiliência.

Essa metodologia simplificada, estabelecida na Resolução n. 4.194, de 1º de março de 2013 (BANCO CENTRAL DO BRASIL, 2013b), foi denominada Regime Prudencial Simplificado (RPS) e suas principais características são: o estabelecimento de um valor fixo para o adicional de capital principal (2,5%) e a simplificação do cálculo do ativo ponderado pelo risco total (RWARPS), ao considerar apenas a exposição ao risco de crédito nessa conta, desobrigando, essas instituições de proceder aos cálculos referentes ao risco de mercado e operacional (ANBIMA, 2013a).

Alguns critérios foram estabelecidos para as cooperativas empregarem o RPS, como: manter ativo total inferior a R$ 100 milhões (para cooperativas centrais de crédito); ausência de exposição vendida ou comprada em ouro, em moeda estrangeira, em operações sujeitas à variação cambial, à variação no preço de mercadorias (*commodities*), à variação no preço de ações, ou em instrumentos financeiros derivativos, ressalvado o investimento em ações registrado no ativo permanente; ausência de operações de empréstimo de ativos; ausência de determinadas operações compromissadas; aplicação em fundos de investimento limitada a fundos de curto prazo, renda fixa ou referenciado DI, dentre outras características (BANCO CENTRAL DO BRASIL, 2013b).

No Brasil, embora os bancos tenham elevado fortemente sua alavancagem em crédito nos últimos dez anos e a relação crédito/PIB tenha praticamente dobrado nesse período, o índice de Basileia dos bancos sempre esteve muito superior ao mínimo exigido pelo Bacen de 11%. Segundo um estudo do Riskbank (2010), envolvendo 118 bancos em junho de 2010, o índice médio dos bancos atingiu cerca de 25%, confirmando que os bancos brasileiros estão bem capitalizados em relação ao padrão internacional. Esse resultado é considerado um dos motivos de o país ter saído rapidamente da crise de 2008, criando, assim, um ambiente mais propício para o ajustamento das novas regras de regulação bancária.

Nesse mesmo estudo, o Riskbank (2010) mostra que 25% do patrimônio de referência dos bancos grandes é composto por crédito tributário e 31% por dívida subordinada e instrumentos híbridos de capital. Já nos médios e pequenos bancos, esse percentual cai para 17% e 8%, respectivamente. Assim, quando se recalcula o índice de Basileia, desconsiderando o crédito tributário do patrimônio de referência, a média desse indicador nos bancos grandes cai de 16 para 12% e nos pequenos e médios diminui de 21 para 19%, ficando, mesmo assim, acima do regulamentar.

Partindo dessa análise, observa-se que os grandes bancos serão os mais afetados pelas novas regras, tornando necessário um reforço de capital de alta qualidade. Portanto, esses bancos deverão aumentar o patrimônio disponível dos acionistas para cobrir perdas, além de revisar sua política de distribuição de dividendos para que possam ter mais lucros e cumprir as novas regras.

As deduções regulamentares ou ajustes prudenciais, que anteriormente incidiam sobre o patrimônio de referência total, passarão a ser aplicadas ao capital principal. Dentre os principais ajustes, estão créditos tributários dependentes de geração de lucros/receitas futuras para sua realização e decorrentes de prejuízo fiscal, participações em instituições financeiras ou assemelhadas, ativos intangíveis e investimentos em seguradoras (capital exigido para riscos atuariais). Entretanto, os créditos tributários oriundos de provisões para crédito de liquidação duvidosa não deixarão de integrar o capital das instituições em Basileia III, a partir das alterações promovidas pela Medida Provisória n. 608, de 28 de fevereiro de 2013 (BRASIL, 2013a), que será detalhada a seguir. A Resolução n. 4.192, de 1º de março de 2013 (BANCO CENTRAL DO BRASIL, 2013a) prevê também um cronograma de transição para que as instituições se adaptem adequadamente a esses ajustes prudenciais, fazendo com que somente a partir de 2018 eles entrem em vigor em sua totalidade (Tabela 5).

TABELA 5. Cronograma de deduções do capital principal

	2013	2014	2015	2016	2017	2018
Fatores aplicados	0%	20%	40%	60%	80%	100%

Fonte: Anbima (2013a).

A Medida Provisória n. 608, de 28 de fevereiro de 2013 (BRASIL, 2013), criou um mecanismo para mitigar o impacto que a exclusão dos créditos tributários do patrimônio de referência poderia acarretar sobre as instituições brasileiras. Desse modo, os créditos tributários oriundos de prejuízo fiscal e que apresentem dependência de resultados futuros deveriam ser excluídos do capital principal. Contudo, no que se refere especificamente aos créditos tributários decorrentes de diferenças temporárias oriundas de provisão para crédito de liquidação duvidosa, é permitido que as instituições (exceto cooperativas de crédito e administradoras de consórcio) que tenham apurado prejuízo fiscal ou se encontrem em situação de liquidação judicial ou extrajudicial solicitem o ressarcimento dos créditos presumidos, de modo que o valor ressarcido seja incorporado ao lucro líquido da instituição no período subsequente. Com isso, garante-se que esses créditos sejam líquidos e certos, já que o seu aproveitamento pode ocorrer independentemente da existência de lucratividade futura, de modo a serem incorporados ao capital das instituições (ANBIMA, 2013a).

O Banco Central em seu Relatório de Estabilidade Financeira (BANCO CENTRAL DO BRASIL, 2014a) realiza uma análise consolidada das instituições financeiras em relação as regras previstas pelo Basileia III. Assim, em junho de 2014 o Índice de Basileia atingiu 15,5%, com os índices de capitalização permanecendo em níveis superiores aos requerimentos regulatórios, o que, associado aos resultados da simulação da plena implementação do arcabouço de Basileia III e da introdução do futuro requerimento de razão de alavancagem, confirma a situação confortável da solvência do sistema.

O Patrimônio de Referência (PR) atingiu R$ 619,5 bilhões em junho de 2014, aumento de R$ 0,5 bilhão em relação a novembro de 2013. Contribuíram positivamente para o PR o lucro líquido retido de R$ 17 bilhões e o ganho de R$ 8,4 bilhões em marcação a mercado de títulos disponíveis para venda e em obrigações referentes a planos de previdência de benefício definido de funcionários (ibidem).

O Índice de Basileia projetado, caso as regras que entrarão em vigor até 2019 estivessem válidas, ficaria estável em 13,2%. Ainda dentro do exercício de projeção, a necessidade total de capital do sistema para atender os requerimentos futuros reduziria de R$ 3,4 bilhões em novembro de 2013 para R$ 2,1 bilhões em junho de 2014, equivalente a 0,3% do PR do SFN. Os bancos privados reduziram a necessidade projetada de R$ 2,7 bilhões para R$ 1,2 bilhão, ao passo que a necessidade dos bancos públicos comerciais elevou-se de R$ 0,7 para R$ 0,9 bilhão (ibidem).

A sólida situação de solvência do SFN é constatada também quando se analisa a situação brasileira em relação ao futuro requerimento regulatório, a Razão de Alavancagem, que entrará em vigor em janeiro de 2018, segundo o Comitê da Basileia de Supervisão Bancária. Os cálculos preliminares reforçam a percepção de solidez do sistema, obtendo-se o valor de 7,3% para o SFN em junho de 2014, frente ao requerimento inicial de 3% (ibidem).

Com base nessa breve explanação, vê-se a necessidade de as instituições financeiras desenvolverem estudos mais completos sobre os impactos do novo acordo em suas estruturas e rentabilidades. O planejamento de medidas alternativas é essencial para que não sejam surpreendidas no futuro, incluindo avaliação dos modelos de negócios atuais e a busca por uma melhor alocação de capital, ampliando alternativas de captação de recursos e desenvolvendo uma visão de longo prazo.

Em suma, as novas regras de Basileia III procuram preparar as instituições financeiras para momentos de instabilidade nos mercados, quando as condições de crédito e prazos são desfavoráveis e a liquidez do sistema fica comprometida. Entretanto, os reguladores estão cientes de que é difícil impedir novas crises e que sempre haverá desequilíbrios no sistema financeiro. Assim, o objetivo da regulação bancária é tornar o sistema mais resistente a situações adversas, diminuindo a velocidade de transferência dos desequilíbrios financeiros para a economia real e enfrentando novas crises sem comprometer demasiadamente a oferta de crédito e, consequentemente, o crescimento econômico.

EXPANSÃO DO MERCADO DE CRÉDITO

O mercado de crédito é um dos mais importantes para a economia de um país, já que nele ocorrem a concessão e a tomada de crédito, visando a atender às necessidades de investimentos operacionais e de capital ou conseguir remuneração a um recurso ocioso.

Segundo Matias (2007), o crédito está associado à troca de bens e serviços no presente, com uma promessa de recebimento futuro das compensações financeiras relativas ao fornecimento desses bens e serviços. Já Schrickel (2000) define o crédito como o ato de vontade ou disposição de alguém em oferecer temporariamente parte de seu patrimônio a terceiros, com o objetivo de que o recurso volte integralmente para o proprietário juntamente com as correções monetárias.

A função do crédito não é exclusiva do sistema bancário, porém é o principal objetivo do negócio. Por isso, os bancos são considerados agentes intermediadores de riqueza que atuam na captação e aplicação de recursos para pessoas físicas e jurídicas. Na indústria, no comércio e em serviços, o crédito assume o papel de alavancador (facilitador) das vendas, além de proporcionar capital aos consumidores que não possuem recursos no presente para a realização de suas necessidades (MATIAS, 2007).

Dessa forma, pode-se afirmar que a gestão do risco é inerente à função financeira, pois todas as decisões tomadas em relação a ativos geram possibilidade de perdas, e a remuneração do risco é considerada um fator que impulsiona a geração de valor. Todavia, o aplicador de recursos exigirá retornos maiores quanto maior for o grau de risco, tornando-se fundamental conhecer bem o indivíduo ou a empresa antes de conceder-lhe recursos.

O longo período de inflação vivido pelo Brasil inibiu o desenvolvimento do mercado de crédito no país, já que os grandes bancos comerciais preferiam financiar a dívida interna, que possuía maior liquidez, percepção de menor risco e, ao mesmo tempo, taxas de juros extremamente elevadas, inibindo a demanda por crédito.

Esse quadro se alterou com a estabilidade resultante do Plano Real, que estimulou a adoção de avaliações de risco de crédito mais rigorosas e sistemas de gestão mais sofisticados. Assim, os bancos de varejo passaram a organizar bases de dados contendo séries temporais de crédito e pontuação de comportamento, além de estatísticas de pagamentos em atrasos, perdas e recuperações (ARCOVERDE, 2002).

Os processos de avaliação do crédito e técnicas de gestão do risco são cada vez mais sofisticados, permitindo a redução do risco de crédito e melhor gestão dos recursos das instituições financeiras. Entre as ferramentas estatísticas de previsão da inadimplência, destacam-se o *rating* interno, *credit scoring*, *behaviour scoring*, retorno ajustado ao risco do capital (Raroc), valor em risco (*value at risk* – VaR), capital econômico e análise de cenários (BANCO SANTANDER, 2010).

Ercolin (2009) destaca que o Bacen implementou, em 2003, medidas de fomento voltadas à bancarização, como autorização aos bancos e à CEF para abrir contas de depósito sem comprovante de renda e a possibilidade de contratação de correspondentes bancários para todas as instituições financeiras. Esse aperfeiçoamento institucional do sistema financeiro favoreceu o crescimento do crédito no país, com a flexibilização das regras de funcionamento das cooperativas e sociedades de crédito ao microempreendedor, além da permissão, por parte do governo, na celebração de acordos entre instituições financeiras e empresas ou entidades sindicais, estimulando a concessão de crédito em consignação aos trabalhadores da iniciativa privada.

Um novo ciclo de crédito iniciou-se em 2003 com a garantia de que não haveria alterações na política econômica do novo governo, além da menor volatilidade macroeconômica, aliada a um contexto internacional mais favorável, tanto em relação ao comércio exterior quanto ao que se refere às condições de liquidez para os países emergentes. Esse ambiente de menor volatilidade e com expectativas de redução das taxas de juros, diminuindo as receitas de tesouraria, levou os bancos a redefinir suas estratégias operacionais, priorizando a expansão do crédito (FUNDAP, 2008).

Em vista dessa conjuntura, os bancos identificaram que a ampliação do crédito às pessoas físicas tinha um grande potencial, diante das expectativas otimistas em relação à recuperação do emprego e da renda. O crédito à pessoa física também é considerado mais fácil de ser avaliado do que o crédito empresarial, já que este exige maior conhecimento dos negócios, análise financeira e monitoramento das atividades da empresa. Além disso, os juros para pessoas físicas são mais altos, tornando as operações mais rentáveis.

O crédito pode ser segmentado em recursos livres ou direcionados. Os recursos livres correspondem ao crédito que pode ser alocado a critério do agente financeiro com taxas livremente pactuadas entre as partes interessadas na transação. Quanto ao crédito com recursos direcionados, as taxas de juros são fixadas pelo CMN, e os recursos são guiados para setores específicos, como habitação, rural e operações do BNDES (ibidem).

A expansão das operações de crédito em relação ao PIB teve como indutor o crédito destinado às pessoas físicas, com destaque para o crédito consignado, financiamento para aquisição de veículos e *leasing*.

Entre 2004 e 2008, a ampliação do crédito foi acompanhada por uma mudança no perfil do mercado, com o alargamento dos prazos das operações dos bancos com créditos não direcionados. Em janeiro de 2004, o prazo médio dos empréstimos era de 222 dias corridos; em dezembro de 2008, esse prazo elevou-se para 379 dias, um aumento de 70,6% em 4 anos. Além disso, no segmento de crédito com recursos livres, as taxas de juros apresentaram forte tendência de queda, passando, em termos anuais, de 45%, entre 2004 e 2006, para menos de 35%, ao final de 2007. Contudo, essa tendência foi revertida ao longo de 2008, quando as taxas voltaram a subir, em função do ambiente turbulento marcado pela falta de liquidez, encerrando o ano acima de 40% (SANT'ANNA; BORÇA JÚNIOR; ARAÚJO, 2009). Esse movimento pode ser observado na Figura 3.

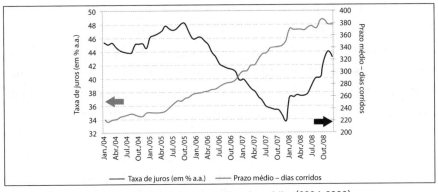

FIGURA 3. Prazo médio e taxa de juros das operações de crédito (2004-2008).
Fonte: adaptada de Sant'Anna, Borça Júnior e Araújo (2009).

O Bacen (2011h), em seu relatório de estabilidade financeira, afirma que o crescimento do crédito às famílias foi apoiado por modalidades com menores taxas de juros e risco e prazos mais longos, contribuindo para a relativa estabilidade do comprometimento da renda da população.

No entanto, esse quadro de expansão acelerada e contínua do crédito e de condições mais favoráveis de prazos e custos permitiu que as autoridades monetárias implementassem medidas macroprudenciais com o objetivo de reduzir os potenciais riscos à estabilidade do SFN, buscando desenvolvimento sustentável do mercado de crédito.

Como resultado desse ambiente favorável, a rentabilidade das instituições aumentou, o que gerou expansão da carteira de crédito, menor nível de provisionamento e queda da inadimplência. Assim, o lucro do sistema foi superior em quantidade e qualidade, proporcionando aumento da participação de atividades ligadas à intermediação financeira e redução dos resultados não operacionais nos balanços dos bancos.

Como resultado da retomada do crescimento econômico e de acordo com as expectativas mais otimistas de consumidores e empresas, o saldo das operações de crédito alcançou R$ 1,5 trilhão em 2010, representando 45,5% dos ativos do sistema bancário. O volume de crédito às famílias atingiu o montante de R$ 737 bilhões, com um crescimento semestral de 12%, em grande parte associado aos financiamentos habitacionais e ao crédito consignado (ibidem).

O crédito corporativo atingiu o montante de R$ 749 bilhões ao final de 2010, com destaque para os créditos destinados ao investimento e financiamento de capital de giro. Ressaltam-se também os desembolsos repassados do BNDES por meio do sistema bancário, que totalizaram R$ 53,5 bilhões no segundo semestre de 2010. Já a inadimplência foi reprimida com a redução dos créditos classificados como E e H e aumentos dos índices de cobertura (ibidem).

A Tabela 6 mostra a evolução do crédito no sistema financeiro de 2003 a 2010, segmentando-o em recursos livres e direcionados.

TABELA 6. Crédito do sistema financeiro em R$ milhões

Crédito total	Dez./03	Dez./04	Dez./05	Dez./06	Dez./07	Dez./08	Dez./09	Dez./10
Recursos livres	255.642	317.917	403.707	498.331	660.811	871.177	954.524	1.640.084
Pessoa jurídica	154.638	179.355	212.976	260.363	343.250	476.890	469.863	916.786
Pessoa física	101.004	138.562	190.731	237.968	317.561	394.287	484.661	723.298

(continua)

TABELA 6. Crédito do sistema financeiro em R$ milhões (*continuação*)

Crédito total	Dez./03	Dez./04	Dez./05	Dez./06	Dez./07	Dez./08	Dez./09	Dez./10
Direcionados	162.617	180.805	203.317	234.259	275.163	356.117	459.820	484.708
Habitação	23.673	24.694	28.125	34.479	43.583	59.714	87.361	108.013
Rural	34.576	40.712	45.113	54.376	64.270	78.304	78.754	71.321
BNDES	100.182	110.013	124.100	138.984	159.974	209.259	283.032	294.046
Outros	4.186	5.386	5.979	6.420	7.336	8.840	10.673	11.328
Total	418.259	498.722	607.024	732.590	935.974	1.227.294	1.414.344	2.124.792

Fonte: adaptada de Febraban (2011d).

O empréstimo em consignação com desconto das prestações diretamente na folha de pagamento foi regulamentado pela Lei n. 10.820, de 17 de dezembro de 2003 (BRASIL, 2003b). Essa forma de crédito tem como principal vantagem taxas de juros baixas, como resultado do baixo risco de inadimplência assumido pelos bancos, já que o pagamento é feito diretamente pela empresa. Pela regulamentação, não há limite máximo para o valor do empréstimo nem prazo das operações, porém, para evitar endividamento excessivo, o assalariado só pode comprometer 20% de seu salário líquido, descontadas as contribuições para previdência, Fundo de Garantia por Tempo de Serviço (FGTS) e IR. A desvantagem dessa modalidade é a impossibilidade de negociar a data de cobrança com o banco, pois a data do pagamento da prestação já está previamente estabelecida (FORTUNA, 2010).

O crédito consignado cresceu substancialmente, atingindo o volume de R$ 9,7 bilhões em dezembro de 2004. Desde então, vem ampliando sua participação no total do crédito pessoal, saltando de 35,5%, em 2004, para 57,5%, em 2007. No Brasil, embora as taxas de juros sejam normalmente elevadas, as do crédito consignado são muito mais baixas do que as vigentes em outras modalidades de crédito destinadas à pessoa física, permitindo às famílias o aumento do consumo, bem como a troca de dívidas para quitação de financiamento de custo mais elevado, como cartão de crédito e cheque especial (FUNDAP, 2008). As Figuras 4 e 5 mostram a evolução das taxas de juros do crédito consignado e o volume anual de crédito com recursos livres.

FIGURA 4. Taxa média de juros das operações de crédito consignado.
Fonte: adaptada de Banco Central do Brasil (2011g).

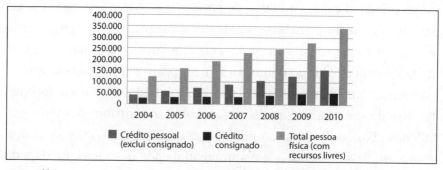

FIGURA 5. Volume anual de crédito com recursos livres por modalidade – pessoas físicas (em R$ milhões).
Fonte: adaptada de Febraban (2011d).

Já a Figura 6 mostra que o saldo das operações de crédito do sistema financeiro vinha apresentando trajetória positiva a partir de 2003, com crescimentos expressivos em 2007 e 2008. Entretanto, com a crise de 2008, esses indicadores foram bastante comprometidos, em razão da preferência por liquidez dos bancos nos mercados nacional e internacional. Um processo de recuperação iniciou-se em 2010, mas ainda com taxas muito inferiores ao período pré-crise.

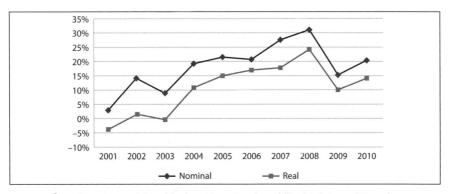

FIGURA 6. Crescimento anual do saldo das operações de crédito do sistema financeiro.
Fonte: adaptada de Febraban (2011d).

Inadimplência, níveis de risco da carteira de crédito, cadastro positivo e venda do Serasa

Os tomadores de crédito podem ser classificados pelo seu comportamento de pagamento em: adimplentes (clientes que pagam antecipadamente ou em dia), inadimplentes (clientes que pagam com atraso de até 30 dias) ou insolventes (clientes que estão em fase de negociação ou não pagaram) (MATIAS, 2007).

A inadimplência é uma variável importante, já que, com a crise, houve aumento da porcentagem da carteira de crédito com saldo em atraso superior a 90 dias, tanto para pessoas físicas, em virtude da perda de emprego e do endividamento excessivo, quanto para pessoas jurídicas, em decorrência da redução das vendas e perspectivas negativas em relação ao futuro. Esse quadro voltou a melhorar a partir de 2010, com elevado crescimento do PIB brasileiro e maior oferta de crédito dos bancos públicos e privados (Figura 7).

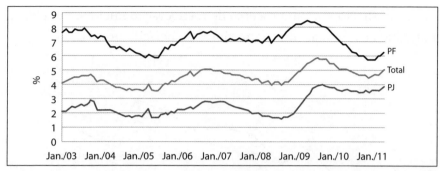

FIGURA 7. Evolução mensal da inadimplência da carteira (%) - percentual do saldo em atraso superior a 90 dias.
Fonte: adaptada de Febraban (2011d).

Segundo o Bacen, o crédito é classificado quanto ao nível de risco correspondente às operações com atraso de pagamento. Essa classificação das operações de crédito por nível de risco e provisionamento foi implantada pela Resolução n. 2.682 (BANCO CENTRAL DO BRASIL, 1999b), sendo de responsabilidade da instituição detentora do crédito. Além disso, essa classificação deve ser efetuada com base em critérios consistentes e verificáveis e amparada por informações internas e externas, tendo entrado em vigor a partir de 2000. A Tabela 7 mostra a classificação de risco e a provisão mínima necessária em cada nível.

TABELA 7. Classificação de risco das operações de crédito e provisionamento

Classificação de risco	Provisão mínima*	Atrasos
AA	-	-
A	0,5%	-
B	1%	15 a 30 dias

(continua)

TENDÊNCIAS DO SISTEMA FINANCEIRO NACIONAL

TABELA 7. Classificação de risco das operações de crédito e provisionamento (*continuação*)

Classificação de risco	Provisão mínima*	Atrasos
C	3%	31 a 60 dias
D	10%	61 a 90 dias
E	30%	91 a 120 dias
F	50%	121 a 150 dias
G	70%	151 a 180 dias
H	100%	Acima de 180 dias

*A provisão mínima é calculada sobre o valor das operações classificadas em cada nível de risco.

Fonte: Banco Central do Brasil (1999b).

O Bacen (1999b) destaca os critérios para a classificação do risco-
-cliente:

- Em relação ao devedor e aos seus garantidores:
  I – situação econômico-financeira;
  II – grau de endividamento;
  III – capacidade de geração de resultados;
  IV – fluxo de caixa;
  V – administração e qualidade de controles;
  VI – pontualidade e atraso nos pagamentos;
  VII – contingências;
  VIII – setor de atividade econômica;
  IX – limite de crédito.

- Em relação à operação:
  I – natureza e finalidade da transação;
  II – características das garantias, particularmente quanto à sufi-
  ciência e liquidez;
  III – valor.

407

Essa classificação melhorou substancialmente a mensuração de indicadores como inadimplência e insolvência das instituições financeiras, permitindo uma gestão adequada do portfólio de clientes e um controle mais aprimorado da oferta de crédito.

Como, no Brasil, os bancos de dados praticamente só coletavam e forneciam informações negativas relativas à inadimplência, tornou-se necessária a criação de mecanismos que oferecessem informações positivas de adimplência e demonstrassem quais consumidores e empresas eram bons pagadores.

A Lei n. 12.414 (BRASIL, 2011), sancionada pela presidente Dilma Rousseff em 9 de junho de 2011, permitiu a criação do cadastro positivo, uma espécie de lista que reúne os consumidores brasileiros que têm um histórico positivo de pagamentos. No entanto, a inclusão no cadastro depende da autorização prévia do consumidor, que tem direito a acessar gratuitamente suas informações, as quais não poderão constar no banco de dados por mais de 15 anos (MARTELLO, 2011).

O Cadastro Positivo é o nome dado a uma política pública destinada à formação do histórico de crédito de pessoas naturais e jurídicas, por meio da criação de bancos de dados com informações de pagamento de dívidas e de cumprimento de outras obrigações pecuniárias dessas pessoas. O cadastro positivo é disciplinado pela Lei n. 12.414, de 09 de junho de 2011 (BRASIL, 2011), pelo Decreto n. 7.829, de 17 de outubro de 2012 (BRASIL, 2012), e pela Resolução n. 4.172, de 20 de dezembro de 2012 (BANCO CENTRAL DO BRASIL, 2012a), e tem por objetivo subsidiar a concessão de crédito, a realização de venda a prazo ou de outras transações comerciais e empresariais que impliquem risco financeiro ao potencial credor, permitindo uma melhor avaliação do risco envolvido na operação. Essa melhora na avaliação do risco, por sua vez, poderá resultar na oferta de condições mais vantajosas para o interessado (BANCO CENTRAL DO BRASIL, 2014b).

O Bacen não é o gestor do cadastro positivo. Todavia, qualquer pessoa jurídica que atender aos requisitos estabelecidos no art. 1º do Decreto n. 7.829 (BRASIL, 2012) poderá constituir e gerir um banco de dados com informações de adimplemento. São exigidos dos gestores um patrimônio líquido mínimo de R$ 20 milhões e certificação técnica da plataforma tecnológica e das políticas de segurança e responsabilização quanto à manutenção do sigilo das informações. No entanto, para receber informações das instituições autorizadas a funcionar pelo Banco Central do Brasil, o gestor do banco de dados deverá atender, a exigência de patrimônio líquido mínimo de R$ 70 milhões (BANCO CENTRAL DO BRASIL, 2014b). Atualmente, os principais gestores do cadastro positivo é a Serasa Experian e Boa Vista Serviços, administradora do Serviço de Proteção ao Crédito (SCPC).

A participação no Cadastro Positivo é voluntária, com a abertura do cadastro necessitando de autorização prévia, mediante consentimento informado por meio de assinatura em instrumento específico ou em cláusula apartada, diretamente à fonte ou ao gestor de banco de dados.

As principais informações presentes no cadastro são: data da concessão do crédito ou da assunção da obrigação de pagamento; valor do crédito concedido ou da obrigação de pagamento assumida; os valores devidos das prestações ou obrigações, indicadas as datas de vencimento e de pagamento; e os valores pagos, mesmo que parciais, das prestações ou obrigações, indicadas as datas de pagamento (BANCO CENTRAL DO BRASIL, 2014b). O consumidor pode solicitar o cancelamento do cadastro, por meio de um pedido perante a fonte que recebeu sua abertura.

Esse cadastro é apontado pelas instituições financeiras como um mecanismo importante para oferecer aos bons pagadores taxas de juros menores na tomada de crédito ou nas compras a prazo. Isso acontece porque o conjunto de informações positivas do consumidor permite uma mensuração mais precisa do risco individual. Além disso, os bancos podem reduzir a seleção adversa, pois, como os juros são elevados, só recorre ao crédito quem precisa muito de dinheiro, o que permitirá aos bancos selecionarem os maus pagadores (FORTUNA, 2010).

A venda da Serasa, em 2007, pelos bancos brasileiros foi um negócio que envolveu um grande volume de dinheiro. Essa transação teve como participantes a Experian, um grupo irlandês global de soluções de informação, e a Serasa, líder do mercado de análise de crédito no Brasil e quarta maior empresa do setor no mundo. A parcela inicial da compra (65%) foi de R$ 2,32 bilhões (US$ 1,2 bilhão) (FOLHA ONLINE, 2007).

A Serasa era controlada por um consórcio de bancos, tendo como principais acionistas o Itaú, o Bradesco e o Unibanco. Esses bancos assinaram um contrato de venda em 26 de junho de 2007, recebendo R$ 925,78 por cada ação da Serasa, com a liquidação financeira da operação ocorrendo no final de julho do mesmo ano.

Após essa operação, a fatia do Bradesco no capital da empresa passou de 26,5 para 8,36% (correspondente à venda de 676.503 ações ordinárias); do Itaú, de 32,63 para 10,29% (832.176 ações); e do Unibanco, de 19,17 para 6,05% (489.195 ações). No entanto, os três bancos continuaram como acionistas e com capacidade de indicar membros do conselho de administração. Além disso, os bancos Santander, ABN Amro Real e HSBC, que possuíam participações de 7, 5,32 e 4,33%, respectivamente, também venderam cerca de 68% de suas participações na empresa (ibidem).

Esse negócio foi visto pela Experian como uma grande oportunidade, já que a empresa buscava prospectar empresas de análise de crédito em mercados-chave no mundo, principalmente nos países emergentes. Além disso, o Brasil é considerado um grande mercado, com estabilidade macroeconômica e demanda potencial de crédito.

O resultado da venda antes dos efeitos fiscais para os bancos foi: Itaú – acréscimo no lucro líquido estimado em R$ 480 milhões no segundo semestre de 2007; Bradesco – R$ 400 milhões; e Unibanco – R$ 429 milhões (ibidem). Esses dados revelam aumento da rentabilidade dos bancos em 2007, decorrente de uma transação que gerou ganhos alheios à atividade principal deles.

O crédito nos bancos públicos federais

Os bancos públicos possuem grande importância no financiamento de obras de infraestrutura e desenvolvimento regional. Na década de 1990, o Banco do Brasil e a CEF foram reestruturados, e o BNDES passou a atuar ativamente nas reformas liberais do Estado, ficando à frente do programa de privatização das empresas estatais.

Entre as funções dos bancos públicos federais, destacam-se: atuação setorial, sustentando os segmentos industrial, rural e imobiliário; fomento ao desenvolvimento, fornecendo financiamento a longo prazo; atuação anticíclica da oferta de crédito; e expansão da bancarização para as classes de menor renda (IPEA, 2011).

Mesmo com a oferta de crédito dos bancos privados tendo crescido entre 2004 e 2008 a taxas mais elevadas do que a dos bancos públicos, estes continuam tendo um papel relevante para o crédito setorial. Com relação ao fomento, o BNDES é considerado o principal banco dessa área, figurando entre os maiores do mundo de seus congêneres. No entanto, a função de fomento não lhe é restrita, com o Banco do Brasil sendo a maior instituição financeira de crédito rural e a CEF no financiamento habitacional. Além disso, essas instituições fornecem capital de giro para a indústria, comércio e serviços, sustentando as atividades produtivas e oferecendo crédito ao consumidor.

Com relação ao desenvolvimento regional, o Banco do Nordeste do Brasil e o Banco da Amazônia, organizados como bancos múltiplos, formam canais de crédito para o desenvolvimento econômico e de infraestrutura de regiões pouco assistidas.

A atuação anticíclica é um papel fundamental dos bancos públicos federais, já que, com o aprofundamento da crise financeira de 2008, os bancos privados reduziram sua oferta de crédito, que foi sustentada pelos bancos públicos, de modo a evitar uma recessão econômica. O ciclo de expansão do crédito (2004-2010) teve participação efetiva dos bancos públicos. O crédito medido em proporção do PIB apresenta uma tendência crescente e sustentada, como mostra a Figura 8.

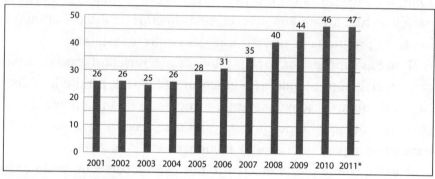

FIGURA 8. Crédito total/PIB (%).
*Dados computados até maio de 2011.
Fonte: adaptada de Ipea (2011).

O ciclo de expansão do crédito foi inicialmente induzido pelos bancos privados, porém, com a eclosão da crise financeira de 2008-2009, eles ficaram receosos em emprestar recursos para atividades consideradas mais arriscadas, como financiamento imobiliário e crédito a produtores rurais e à pessoa física, aumentando a participação dos bancos públicos nesse conturbado período. Esse processo pode ser visto na Figura 9.

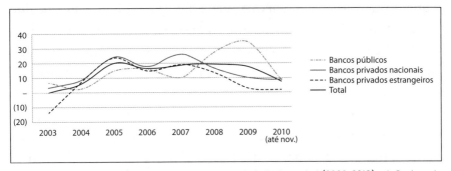

FIGURA 9. Total e taxa de crescimento real por propriedade do capital (2003-2010) - deflacionado pelo IGP-M.
Fonte: adaptada de Ipea (2011).

A expansão do crédito ao setor industrial ocorreu de forma mais intensa a partir de 2005, com o ciclo de crédito sendo direcionado inicialmente para as famílias. No entanto, essa trajetória positiva foi interrompida no último trimestre de 2008 com a divulgação de perdas das grandes corporações brasileiras em operações com derivativos de crédito.

A mudança de expectativas afetou todos os mercados e promoveu um quadro recessivo, de modo que os empresários adiaram seus investimentos produtivos e os bancos aumentaram sua preferência por liquidez, reduzindo a oferta de crédito.

Os bancos públicos brasileiros respondem por mais de 40% do crédito ao setor industrial, tendo alcançado o patamar de 48% em abril de 2011. As carteiras do Banco do Brasil e do BNDES, ao término de 2010, alcançaram o valor de R$ 97,9 bilhões e R$ 74,8 bilhões, respectivamente (ibidem).

O setor rural também é dependente do financiamento dos bancos públicos, principalmente pelas características inerentes à produção agrícola, como as mudanças climáticas, que podem levar a quebras de safras, além da oscilação dos preços em mercados internacionais, o que torna a atividade mais arriscada. Em razão disso, foi instituído um dispositivo legal que determina a destinação de 25% dos recursos oriundos dos depósitos à vista para os empréstimos ao setor rural, com as taxas de juros sendo fixadas pelo governo, em patamares inferiores às de mercado (ibidem).

A expansão do crédito rural teve como incentivo a elevação dos preços das *commodities*, de modo a envolver os bancos privados nacionais e estrangeiros. O Banco do Brasil continua como o maior provedor de crédito para esse setor, com uma carteira de R$ 57,3 bilhões em 2010. A Figura 10 mostra a participação dos bancos públicos no crédito ao setor rural, mantendo uma média histórica de 50%. Houve uma mudança nessa trajetória por causa da expansão do crédito nessa modalidade dos bancos privados, que aproveitaram a fase favorável do agronegócio.

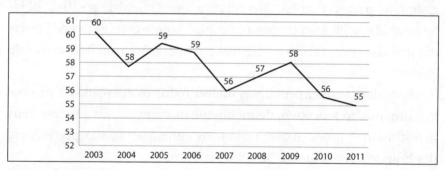

FIGURA 10. Participação percentual do setor financeiro público no crédito rural de 2003 a 2011.
Fonte: adaptada de Ipea (2011).

O crédito habitacional começou a apresentar taxas de crescimento positivas a partir de 2005, com os bancos públicos concentrando a maior participação: 75% em dezembro de 2010, contra 67% em dezembro de 2003 (Figura 11). Esse quadro é reflexo da pouca participação das instituições financeiras privadas no Sistema Brasileiro de Poupança e Empréstimo (SBPE), cujos integrantes devem destinar cerca de 65% dos depósitos de poupança para o financiamento imobiliário, dos quais 80% devem ser direcionados no âmbito do Sistema Financeiro de Habitação (SFH) (IPEA, 2011).

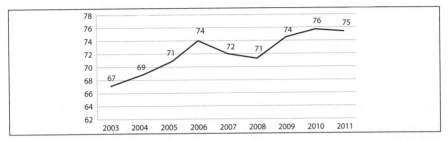

FIGURA 11. Participação percentual do setor financeiro público no crédito habitacional de 2003 a 2011.
Fonte: adaptada de Ipea (2011).

O financiamento imobiliário com recursos direcionados responde por 70% da carteira da CEF. A participação da CEF no mercado imobiliário atinge 77,4% do total, com nichos em que ela opera praticamente sozinha, como nos empréstimos para trabalhadores com renda de até três salários mínimos, com *funding* proveniente do FGTS.

Em razão do aumento dos rendimentos da população e da redução das taxas de juros, o Banco do Brasil resolveu entrar nesse mercado por meio de uma parceria com a Associação de Poupança e Empréstimo do Exército (Poupex) em 2007.

A CEF sustenta o ciclo de crédito habitacional desde seu início, pois o programa das instituições privadas está defasado para atender às necessidades da população em relação a prazos e juros cobrados.

O programa do governo "Minha Casa, Minha Vida", anunciado em março de 2009 (BRASIL, 2009), foi um incentivo ao crédito imobiliário, com o objetivo de reduzir o déficit habitacional do país, por meio da construção de um milhão de casas para famílias de baixa renda, permitindo a sustentação do financiamento imobiliário mesmo com a crise financeira.

A partir dessa explanação, observa-se que o desenvolvimento econômico brasileiro é bastante dependente de suas instituições financeiras públicas, as quais financiam projetos de investimento e setores pouco assistidos, suprindo as lacunas deixadas pela iniciativa privada, e suavizando os movimentos recessivos do ciclo econômico com sua atuação anticíclica.

Contudo, é essencial que os bancos públicos ajam em conjunto com os bancos privados, que não são capazes de suportar o crescimento brasileiro sozinhos, de modo a promover um desenvolvimento econômico e social sustentável e menos desigual.

Panorama do mercado de crédito e tendências futuras

As operações de crédito do sistema financeiro registraram crescimento moderado em 2011, evolução consistente com o arrefecimento observado na atividade econômica no decorrer do ano. O volume total de crédito do sistema financeiro, computadas as operações com recursos livres e direcionados, somou R$ 2,030 bilhões em dezembro, expandindo-se 19% em doze meses, ante 20,6% em 2010 e 15,2% em 2009. A relação crédito/PIB atingiu 49%, ante 45,2% e 43,7% nos finais dos períodos mencionados (BANCO CENTRAL DO BRASIL, 2011i).

A representatividade dos bancos públicos aumentou 1,7 p.p no ano, para 43,5% do total da carteira do sistema financeiro, impulsionada, sobretudo, pelo crescimento acentuado do crédito habitacional. Já as participações das instituições financeiras privadas nacionais e estrangeiras recuaram 1,6 p.p e 0,1 p.p, respectivamente, correspondendo, na ordem, a 39,2% e a 17,3% do crédito total (ibidem).

As operações de crédito habitacional, efetivadas tanto com recursos livres como direcionados, totalizaram R$ 200,5 bilhões, elevando-se 44,5% no ano, após expansão de 51,1% em 2010. A relação crédito habitacional/PIB aumentou 1,1% no período, para 4,8%. Já o saldo das operações de crédito rural totalizou R$ 141,1 bilhões em dezembro. O aumento anual de 13,9% refletiu as expansões respectivas de 13,7% e 5,5% registradas nos segmentos custeio e comercialização, e a relativa estabilidade no saldo das operações para investimentos agrícolas (ibidem).

Em 2012, o mercado de crédito registrou expressiva redução das taxas de juros, que atingiram mínimas históricas, favorecendo a redução do grau de comprometimento de renda das famílias e a contenção, a partir de meados do ano, dos índices de inadimplência. Assim, as operações com recursos livres e direcionados, totalizaram R$ 2,368 bilhões ao final de 2012, elevando-se 16,4% no ano. A relação entre o volume total de crédito e o PIB atingiu 53,8%, e os saldos totais dos créditos destinados às pessoas jurídicas e às pessoas físicas somaram, na ordem, R$ 1,292 bilhão e R$ 1,076 bilhão, registrando aumentos anuais respectivos de 16,1% e 16,8% (BANCO CENTRAL DO BRASIL, 2012b).

As operações de crédito concedidas pelos bancos públicos somaram R$ 1,134 bilhão em dezembro, aumentando 27,9% no ano e passando a representar 47,9% da carteira total do sistema financeiro. Os empréstimos realizados pelas instituições privadas nacionais e estrangeiras cresceram, na ordem, 6,8% e 9,4%, com participações relativas de 35,8% e 16,3% (ibidem).

Mantendo o dinamismo dos anos anteriores, os financiamentos imobiliários elevaram-se 34,6% no ano, para R$ 298 bilhões, correspondendo a 6,8% do PIB. Já os créditos destinados ao setor rural expandiram-se 18,8% no ano, somando R$ 168 bilhões em dezembro, com ênfase nos acréscimos respectivos de 22,3% e 21,5% nas contratações relativas a investimento e custeio agrícolas da safra 2012/2013 (ibidem).

O crescimento das operações de crédito do SFN foi moderado em 2013, refletido na desaceleração no segmento de recursos livres, impactado pela elevação das taxas de juros sobre as contratações destinadas ao consumo. Entretanto, as operações com recursos direcionados foram impulsionadas pelo dinamismo do crédito rural e pela manutenção do ritmo de crescimento dos financiamentos imobiliários e com recursos do BNDES. Ressalta-se que no ano o mercado de crédito apresentou aumento das taxas de juros e dos prazos médios das contratações, além da redução dos *spreads* e da inadimplência (BANCO CENTRAL DO BRASIL, 2013c).

Os bancos públicos mantiveram uma trajetória crescente nas operações de crédito, somando R$ 1,391 bilhão em dezembro de 2013, representando um aumento de 22,6% no ano e passando a representar 51,2% da carteira total do sistema financeiro. Os empréstimos realizados pelas instituições privadas nacionais e estrangeiras cresceram, na ordem, 6,6% e 9,1%, no ano, com participações relativas de 33,2% e 15,5% no total das operações de crédito do sistema financeiro (ibidem).

Os financiamentos imobiliários totalizaram R$ 395 bilhões em 2013, com aumento anual de 32,5%, o que contribuiu para que estes empréstimos passassem a representar 8,2% do PIB. O saldo do crédito rural cresceu 30,2% no ano, totalizando R$ 218 bilhões, refletido na expansão das modalidades de custeio (19%), comercialização (16,6%) e investimentos (32,6%), com destaque para as aquisições de equipamentos e implementos agrícolas (ibidem).

Já os desembolsos realizados pelo BNDES ao setor produtivo, excluindo as concessões do BNDESpar, totalizaram R$ 169,7 bilhões em 2013, com aumento anual de 23%. Destaca-se a alocação de recursos destinados aos segmentos agropecuário, transportes terrestres e aéreos, e infraestrutura urbana. Os desembolsos para micro, pequenas e médias empresas cresceram 26,8% no ano.

Para o ano de 2014, espera-se um crescimento de 0,9% do PIB. Se essa expectativa se confirmar, será o pior desempenho da economia brasileira desde 2009. Para conter a inflação, o Bacen subiu os juros entre abril de 2013 e maio de 2014, o que influenciou o ritmo da atividade econômica, já que com maiores taxas de juros há redução do crédito e dinheiro em circulação, assim como a disposição das pessoas físicas e jurídicas para consumo e investimento (MARTELLO, 2014a).

Em agosto de 2014, o Bacen anunciou medidas que liberaram mais recursos para os bancos emprestarem e, desse modo, estimular a economia. Cerca de R$ 15 bilhões serão provenientes da redução do capital para risco de crédito e R$ 10 bilhões da liberação dos depósitos compulsórios (AGÊNCIA BRASIL, 2014).

Dentre as medidas anunciadas para estimular o mercado de crédito, temos a liberação de até 60% do recolhimento compulsório, relativo a depósitos a prazo, para que sejam usados pelos bancos na contratação de novas operações de crédito e na compra de carteiras de crédito de outras instituições. Todavia, se o banco não realizar essas operações o dinheiro será recolhido ao Bacen, sem que receba qualquer remuneração (ibidem).

O Bacen prevê expansão de 12% para o crédito ofertado pelas instituições financeiras em 2014, número abaixo do observado nos anos anteriores, que tiveram um crescimento de 20,6% em 2010, 18,8% em 2011, 16,4% em 2012 e 14,6% em 2013 (MARTELLO, 2014b).

A autoridade monetária acredita que mesmo em desaceleração o aumento do crédito será proveniente, sobretudo, dos bancos públicos, com a expectativa da que os empréstimos dos bancos públicos cresçam 17% no ano, contra a previsão de 7% para os bancos privados nacionais e de 6% para as instituições estrangeiras privadas (ibidem).

A partir dessa breve explanação, observa-se que o mercado de crédito brasileiro possui grande potencial de crescimento. Desse modo, as instituições financeiras precisam criar uma estrutura de crédito voltada ao desenvolvimento econômico e social, diminuindo as desigualdades ao proporcionar maior acesso ao crédito, além de estimular a criação de novas empresas e a manutenção das já existentes, favorecidas por um crédito de qualidade com taxas de juros e prazos acessíveis.

Em suma, um mercado de crédito bem desenvolvido e monitorado adequadamente pelas autoridades econômicas é fundamental para o crescimento sustentável do país. Contudo, melhor controle das contas públicas é essencial para a criação de poupança, evitando a retirada de recursos do setor produtivo para o pagamento de dívidas governamentais.

COMPLIANCE E O CONSELHO DE CONTROLE DE ATIVIDADES FINANCEIRAS

A Governança Corporativa (GC) teve início com um movimento nos Estados Unidos, na primeira metade dos anos 1990, para empreender novas regras que protegessem os acionistas dos abusos da diretoria executiva das empresas, da inoperância dos conselhos de administração e das omissões das auditorias. Desse modo, a GC surgiu para superar conflitos de agências e alinhar os interesses dos gestores com os dos proprietários.

Segundo o Instituto Brasileiro de Governança Corporativa (IBGC) (2011), a GC é definida formalmente como "um sistema pelo qual as sociedades são dirigidas e monitoradas, envolvendo os relacionamentos entre acionistas/cotistas, conselho de administração, diretoria, auditoria independente e conselho fiscal".

A preocupação da GC é criar um conjunto eficiente de mecanismos, tanto de incentivos quanto de monitoramento, a fim de assegurar que o comportamento dos executivos esteja sempre alinhado com o interesse dos acionistas. As ferramentas que permitem esse controle são o conselho de administração, a auditoria independente e o conselho fiscal (ibidem).

Uma empresa que opta pelas boas práticas de GC tem como princípios fundamentais transparência (*disclosure*), equidade (*fairness*), prestação de contas (*accountability*), cumprimento das leis (*compliance*) e ética. No entanto, é necessário que o conselho de administração exerça seu papel, que consiste em estabelecer estratégias para a empresa, eleger e/ou destituir executivos, quando necessário, avaliar a gestão e escolher uma auditoria independente capacitada.

O IBGC (2011) destaca que a ausência de conselheiros qualificados e boas práticas de GC podem levar as empresas a fracassos decorrentes de abusos de poder (do acionista controlador sobre minoritários, da diretoria sobre o acionista e dos administradores sobre terceiros), erros estratégicos (resultado de muito poder concentrado no executivo principal) e fraudes (uso de informação privilegiada em benefício próprio, atuação em conflito de interesses). Assim, as boas práticas de GC têm a finalidade de aumentar o valor da sociedade, facilitar seu acesso ao capital e contribuir para sua perenidade.

Uma das fortes tendências no SFN é o *compliance*, um dos princípios fundamentais da GC, que é o dever de cumprir, de estar em conformidade com regulamentos internos e externos impostos às atividades da instituição (ABBI; FEBRABAN, 2004). Isso é extremamente importante para as instituições financeiras, já que elas possuem um relacionamento próximo com diversos agentes, como clientes, fornecedores, governo, acionistas e investidores, de modo que controles internos, respeito e sigilo de informação são essenciais para a realização de sua atividade-fim.

Com a abertura comercial no início dos anos 1990, o Brasil buscou alinhar-se com o mercado internacional, de modo que os órgãos reguladores nacionais aumentaram sua preocupação em implementar novas regras de segurança para as instituições financeiras e regulamentar o mercado interno de acordo com as regras internacionais. Os movimentos para fortalecer o sistema financeiro iniciaram-se com a criação do Comitê da Basileia na década de 1970, porém eles ainda não tinham sido suficientes para enfrentar a acirrada disputa interna por mercado, contribuindo para a quebra de muitas instituições financeiras (ibidem).

Outros fatos relevantes marcaram o cenário internacional, como os atentados terroristas nos Estados Unidos em 2001 e os escândalos financeiros em Wall Street, despertando a necessidade de regulamentações mais efetivas e aplicáveis em todos os países.

A partir disso, iniciou-se um ciclo de mudanças mais radicais, com reestruturações estratégicas, organizacionais e tecnológicas, cujo objetivo era otimizar os recursos humanos disponíveis e fortalecer as políticas de controles internos e os códigos de ética.

Para as instituições financeiras, a divulgação, em 1997, pelo Comitê da Basileia dos 25 princípios para a supervisão bancária eficaz foi um marco, já que incorporou o conceito de *compliance* em suas atividades. Entre esses princípios, destaca-se o 14°:

> Os supervisores da atividade bancária devem certificar-se de que os bancos tenham controles internos adequados para a natureza e escala de seus negócios. Estes devem incluir arranjos claros de delegação de autoridade e responsabilidade: segregação de funções que envolvam comprometimento do banco, distribuição de seus recursos e contabilização de seus ativos e obrigações; reconciliação destes processos; salvaguarda de seus ativos; e funções apropriadas e independentes de Auditoria Interna e Externa e de *Compliance* para testar a adesão a estes controles, bem como as leis e regulamentos aplicáveis. (ABBI; FEBRABAN, 2004, p. 6)

Em 1998, surgiu a chamada "Era dos controles internos", com o Comitê da Basileia publicando 13 princípios concernentes à supervisão pelos administradores e cultura/avaliação de controles internos, tendo como fundamento a ênfase na necessidade de controles internos efetivos e promoção da estabilidade do sistema financeiro mundial. Nesse mesmo ano, iniciaram-se os estudos sobre as regras prudenciais do Basileia II (ibidem).

No Brasil, a principal regulamentação nessa área foi a Lei n. 9.613/98 (BRASIL, 1998b), publicada pelo Congresso Nacional, que dispõe sobre os crimes de lavagem de dinheiro ou ocultação de bens, buscando prevenir a utilização do SFN para atos ilícitos e criando o Conselho de Controle de Atividades Financeiras (Coaf), órgão muito importante para evitar abusos e fraudes.

Falhas nos controles internos e fraudes contábeis foram descobertas em 2001 e 2002, levando à falência de grandes companhias norte-americanas, como Enron e Worldcom. Em vista disso, o Congresso dos Estados Unidos publicou a Sarbanes-Oxley Act, que determinou às empresas registradas na Securities and Exchange Commission (SEC) a adoção das melhores práticas contábeis, independência da auditoria e criação do comitê de auditoria (ibidem).

Essa lei afetou diretamente as empresas brasileiras que tinham suas ações negociadas na Bolsa de Valores de Nova York. Além disso, o CMN publicou a Resolução n. 3.198 (BANCO CENTRAL DO BRASIL, 2004c) em 2004, com funções semelhantes à Sarbanes-Oxley Act, visando a melhorar os controles e as políticas das companhias brasileiras.

Após essa breve explanação sobre o início do *compliance* nas instituições financeiras, é importante analisar alguns tópicos mais específicos dessa área.

A Associação Brasileira de Bancos Internacionais (Abbi) e a Febraban (ibidem, p. 9) definem como a missão do *compliance*:

> Assegurar, em conjunto com as demais áreas, a adequação, fortalecimento e o funcionamento do Sistema de Controles Internos da Instituição, procurando mitigar os Riscos de acordo com a complexidade

de seus negócios, bem como disseminar a cultura de controles para assegurar o cumprimento de leis e regulamentos existentes. (ABBI; FEBRABAN, 2004, p. 9)

Assim, as instituições financeiras precisam adequar-se às leis, aos regulamentos e aos sistemas internos de controle coerentes com o risco de seus negócios, a fim de proporcionar segurança operacional e maior confiabilidade para seus clientes e potenciais investidores. Essa atribuição é da alta administração das instituições financeiras, de modo que os gestores precisam estruturar a função *compliance* de forma independente e autônoma das demais áreas da instituição, para evitar conflitos de interesse e assegurar uma análise rigorosa e completa dos fatos, visando à conformidade por meio de ações preventivas e corretivas.

Todas essas ações são necessárias para mitigar o risco de *compliance* nas instituições financeiras, sendo este muito acompanhado por ter um elevado potencial de levar a perdas financeiras e de imagem no longo prazo. O "Relatório anual do Banco Santander" caracteriza:

> Risco de *compliance* como exposição ao sofrer sanções por parte de órgãos reguladores, sanções jurídicas, perdas financeiras e materiais ou dano à reputação do banco como resultado do não cumprimento de leis, regulamentos, princípios e regras, normas e códigos de conduta aplicáveis às suas atividades. O gerenciamento de risco de *compliance* tem enfoque pró-ativo ao risco de conformidade, com monitoria, educação e comunicação. (BANCO SANTANDER, 2010, p. 52)

Existem muitas pressões internacionais, principalmente dos países da OCDE, para obrigar jurisdições, conhecidas como paraísos fiscais, a dar acesso irrestrito a informações de natureza fiscal e financeira de pessoas que tenham investimentos nesses locais. Entretanto, por esses países serem soberanos e terem formas diferentes de arrecadação de impostos, tais pressões não têm sido efetivas.

A exigência de maior transparência também tem sido feita aos bancos privados, que têm sido pressionados por seus governos para terem normas mais rígidas e conhecerem seus clientes. Para isso, os departamentos de *compliance* dos bancos passaram a ditar regras operacionais nessa direção, de modo que está cada vez mais difícil abrir contas operacionais no exterior (contas de investimento são normalmente aceitas), bem como realizar operações de crédito, débito e transferências (BRANCO, 2010).

Os bancos brasileiros estão atentos a essas novas medidas, buscando cumprir as normas e regulamentações para evitar lavagem de dinheiro proveniente do tráfico de drogas e armas. O Itaú Unibanco divulga, na área de governança corporativa de seu *site*, os formulários de *compliance* utilizados em suas operações, como o USA Patriot Act e o "Questionário de prevenção à lavagem de dinheiro", além de formulários específicos para cada tipo de banco e legislação, como Itaú BBA, Banco Itaú Europa Luxemburgo e Banco Itaú Suíça (BANCO ITAÚ UNIBANCO, 2011b).

O Coaf é uma unidade de inteligência financeira (UIF) do tipo administrativa vinculada ao Ministério da Fazenda. Sua missão é "prevenir a utilização dos setores econômicos para a lavagem de dinheiro e financiamento do terrorismo, promovendo a cooperação e o intercâmbio de informações entre os Setores Público e Privado" (COAF, 2010, p. 5). Entre suas competências, destacam-se: receber, examinar e identificar as ocorrências suspeitas de atividades ilícitas previstas na lei; comunicar às autoridades competentes a existência de práticas ilícitas; coordenar e propor mecanismos de cooperação e troca de informações que viabilizem ações rápidas e eficientes na prevenção e no combate à ocultação de bens, direitos e valores; e disciplinar e aplicar penas administrativas a empresas ligadas a setores que não possuam órgão regulador ou fiscalizador próprio.

A plataforma tecnológica utilizada é o Sistema de Informações do Coaf (Siscoaf), que recebe, integra e trata diversas bases de dados. Dentre as fontes de informação utilizadas pelo Coaf (2011), podem-se citar: Cadastro de Pessoas Físicas (CPF), Cadastro Nacional de Pessoas Jurídicas (CNPJ), Sistema de Informações Rurais (SIR), Rede Infoseg (base de inquéritos), Cadastro Nacional de Empresas (CNE), Análise das Informações do Comércio Exterior (Alice Web), Base de Grandes Devedores da União, Bases do Tribunal Superior Eleitoral (TSE), entre outras (COAF, 2010).

As análises são realizadas por meio de cruzamento de informações recebidas dos setores. Quando são detectados sinais de alerta, ocorre a abertura de pastas virtuais para aprofundamento da análise e elaboração de relatórios de inteligência financeira (RIF). Em função do elevado volume de informações, ocorre, no processo de trabalho, a utilização de ferramentas de gestão de riscos e a definição de prioridades, conforme as melhores práticas internacionais. Após serem concluídos, os RIF são submetidos a instâncias internas para avaliação e decisão. Depois disso, os relatórios são disseminados às autoridades competentes por meio do Sistema Eletrônico de Intercâmbio (SEI) ou fisicamente, quando necessário, com grande cautela em relação à segurança da informação.

A Lei n. 9.613/1998 (BRASIL, 1998b) define, para todos os setores econômicos obrigados, o dever de manter os cadastros atualizados, de registrar operações e de comunicar o Coaf quando forem detectadas situações atípicas. Todavia, a obrigação também se estende para determinadas operações, não necessariamente atípicas, definidas pelos órgãos supervisores como de comunicação automática. No período compreendido entre 1998 e 2010, o Coaf (2010) recebeu aproximadamente 4,3 milhões de comunicações dos setores obrigados, tanto nas modalidades atípicas quanto nas automáticas.

A Tabela 7 mostra os setores obrigados e regulamentados pelo Coaf e o número de comunicações recebidas de 1998 a 2010. Trata-se de setores que prestam informações ao Coaf na tentativa de prevenir lavagem de dinheiro e financiamento do terrorismo.

Destaca-se, nos setores regulamentados pelo Coaf, o número de comunicações recebidas das empresas de *factoring* e de loterias, sendo estas últimas em virtude da publicação de uma norma relativa ao setor de loterias e sorteios que passou a vigorar em 2010, ampliando a situação de comunicações automáticas. Além disso, houve um incremento substancial no mercado de seguro, previdência aberta e títulos de capitalização, porém o índice de utilização desses produtos, em casos do Coaf, continua baixo, na ordem de 0,7%, contra 18,3% das comunicações atípicas oriundas do setor bancário.

O avanço mais significativo no sistema legal brasileiro de prevenção e combate à lavagem de dinheiro foi a aprovação da Lei Complementar n. 105, de 20 de janeiro de 2001 (BRASIL, 2001a), que estendeu o acesso do Coaf a informações bancárias. Já a Lei n. 10.701, de 9 de julho de 2003 (BRASIL, 2003a), incluiu o financiamento ao terrorismo como crime antecedente à lavagem de dinheiro, aumentando a autoridade do Coaf e permitindo a criação de um registro nacional de contas bancárias (COAF, 2010).

Contudo, é essencial que haja troca de informações entre as UIF de diferentes países, de modo a tornar a cooperação institucional rápida e eficaz. O intercâmbio de informações pode se dar por iniciativa própria ou a pedido das autoridades competentes, baseado no princípio da reciprocidade preconizado pelo Grupo de Egmont, que reúne UIF de 119 jurisdições, além de acordos formais de auxílio mútuo.

TABELA 7. Comunicações recebidas dos setores obrigados

Setores regulamentados pelo Coaf	1998 a 2002	2003	2004	2005	2006	2007	2008	2009	2010	2011	TOTAL
Bingos	2.454	19	7	0	0	0	0	0	0	0	2.480
Bolsas de mercadorias	0	0	0	0	0	0	2	0	0	1	3
Cartões de crédito	101	88	4	3	0	70	96	452	443	558	1.815
Factoring	84	1	27	12.892	7.610	8.828	12.462	15.849	12.628	15.026	85.407
Joias, pedras e metais preciosos	9	0	1	0	0	4	23	23	14	28	102
Loterias e sorteios	382	140	84	101	197	197	261	881	148.175	162.128	312.546
Objetos de arte e antiguidades	1	1	2	0	0	2	0	2	5	3	16
Remessa alternativa de recursos	1	1	0	1	0	1.033	992	1.279	2.283	1.069	6.659
Subtotal	**3.032**	**250**	**125**	**12.997**	**7.711**	**10.134**	**13.836**	**18.486**	**163.548**	**178.813**	**408.932**

(continua)

TABELA 7. Comunicações recebidas dos setores obrigados (*continuação*)

Setores com órgão regulador próprio	1998 a 2002	2003	2004	2005	2006	2007	2008	2009	2010	2011	TOTAL
Cofeci – compra e venda de imóveis	2.287	619	630	750	747	1.736	2.766	3.142	3.112	3.768	19.557
DPF – transporte e guarda de valores	0	0	0	0	0	0	0	0	5	17	22
Mercado segurador (Susep)	275	879	1.169	2.505	3.100	112.856	305.498	1.392.597	256.820	332.606	2.408.305
Mercado de capital (CVM)	20	13	12	178	192	287	821	1.264	1.475	1.175	5.437
Fundos de Pensão (Previc)	9	2	28	105	201	721	20.989	6.106	5.242	6.076	39.479
Sistema financeiro – operações atípicas (Bacen)	12.096	5.405	7.086	12.593	10.942	15.842	17.389	22.042	31.283	37.237	171.915
Sistema financeiro – operações em espécie (Bacen)	0	33.358	76.102	129.489	171.107	193.788	284.486	359.228	577.020	729.395	2.553.973
Subtotal	**14.687**	**40.276**	**85.027**	**145.620**	**186.289**	**325.230**	**631.951**	**1.784.379**	**874.957**	**1.110.275**	**5.198.691**
Total	**17.719**	**40.526**	**85.152**	**158.617**	**194.000**	**335.364**	**645.785**	**1.802.865**	**1.038.505**	**1.289.088**	**4.318.533**

Fonte: adaptada de Coaf (2011).

A partir disso, observa-se um movimento rigoroso para que as instituições financeiras estejam em conformidade com as leis, normas e políticas internas, disseminem elevados padrões éticos em sua organização, fortaleçam a cultura de controles internos e preservem um de seus maiores ativos, sua boa imagem junto ao público, extremamente importante para uma gestão estruturada e confiável que seja capaz de atender às necessidades de seus *stakeholders*.

TECNOLOGIA

A globalização ampliou mercados e a concorrência, tornando essencial que as empresas procurem diferenciais e realizem suas atividades com rapidez e qualidade. Isso é particularmente importante para as instituições financeiras, que impulsionaram o desenvolvimento de novas tecnologias ao longo das últimas décadas, simplificando processos e oferecendo melhor atendimento às demandas do consumidor. Entretanto, a concorrência aumentou substancialmente, e ter uma plataforma tecnológica confiável e segura deixou de ser um diferencial para se tornar um fator indispensável em um ambiente dinâmico.

A tecnologia da informação (TI) promove melhoria no desempenho e na produtividade organizacional. Contudo, poucos estudos conseguem provar que os altos investimentos em TI trazem benefícios reais às instituições, já que esta variável é de difícil mensuração por meio de medidas financeiras, diminuindo a elucidação de seus impactos no âmbito estratégico e econômico.

O setor bancário é um dos setores que mais têm investido em TI, já que grande parte de seus produtos e serviços é dependente da tecnologia. Além disso, a expansão de caixas eletrônicos (*automated teller machine* – ATM) e de serviços realizados por meio de dispositivos móveis, como *internet banking*, transformou as transações automatizadas em uma parcela cada vez mais representativa do total de operações, especialmente por serem realizadas em um período mais amplo do que o horário de funcionamento das agências, proporcionando maior conforto e facilidades aos clientes.

Por isso, o deslocamento até as agências bancárias para a realização de serviços financeiros em geral torna-se cada vez menos necessário, permitindo que os clientes realizem pagamentos e tirem suas dúvidas em seus domicílios ou locais de trabalho, por diferentes canais, como telefone, internet e terminais especializados.

O nível de concorrência nesse setor também estimula a busca constante por novas tecnologias no atendimento ao cliente, que está cada vez mais exigente e demandando operações rápidas e sem complicações. Para isso, a área de TI nas instituições financeiras precisa estar alinhada com as estratégias organizacionais, a fim de garantir um bom gerenciamento dos recursos e promover soluções que fornecerão benefícios a curto e longo prazos.

Segundo a Febraban (2009), os bancos brasileiros investem anualmente bilhões de reais em sistemas de segurança física e eletrônica para garantir tranquilidade aos clientes e colaboradores, além de projetos e parcerias com governo, polícia e Poder Judiciário para combater os crimes e propor novos padrões de proteção.

Para os bancos com atuação no varejo, a tecnologia torna-se ainda mais fundamental em razão do grande volume de transações e dados de clientes que circulam pelos bancos. Por isso, é essencial que a tecnologia proporcione eficiência, agilidade, organização e controle de processos em todas as operações.

Como exemplo de desenvolvimento de plataforma tecnológica avançada, tem-se o Santander, que, na ampliação e modernização dessa área, utilizou sua inteligência global em tecnologia de sistemas, tornando-a uma das mais avançadas do setor bancário brasileiro.

O Santander também destaca que a tecnologia é uma de suas vantagens competitivas, pois, enquanto as plataformas convencionais são focadas em produtos, gerando multiplicidade de cadastros e dificultando a identificação do cliente e de suas necessidades, a plataforma desse banco mantém um cadastro único de pessoas, de modo que os produtos e serviços são orientados de acordo com o perfil do correntista. Assim, a tecnologia permite que a organização conheça a real necessidade de seus clientes, com o objetivo de facilitar o gerenciamento da rede de relacionamentos do banco (BANCO SANTANDER, 2010).

O Centro Nacional de Automação Bancária (Cnab) é o núcleo da Febraban responsável por padronizar as normas e o *layout* das cobranças eletrônicas. Os bancos utilizam o Padrão Febraban Cnab 400 ou Cnab 240 para receber (remessa) e enviar (retorno) informações para empresas clientes por meio de arquivos. Esses arquivos possuem um formato de texto com colunas fixas definidas pela Febraban, porém, como cada banco tem suas peculiaridades, há variações previstas dentro do padrão. O objetivo desses arquivos é intercambiar informações digitalmente entre o sistema de informática do banco e o sistema utilizado pelo cliente. Entre as operações que utilizam esse padrão, destacam-se cobrança por meio de boletos bancários, pagamentos, extrato para conciliação, débito em conta, *vendor* e custódia de cheques (SUPERLÓGICA, 2011).

O Ciab é um evento da Febraban que em 2010 chegou à vigésima edição. Ao longo desse período, consolidou-se como um dos maiores eventos da área financeira do mundo e o maior da América Latina, tendo como principal tema a exposição e o debate sobre tecnologia bancária voltada ao setor financeiro.

O evento reúne cerca de 100 empresas expositoras, reconhecidas como as mais importantes do Brasil e do mundo na área de automação bancária, como a IBM, HP, Microsoft, Oracle, Diebold, Itautec, Fujitsu, Serasa Experian, entre outras.

Em 2010, o palestrante Claudio Almeida Prado, da GE Tecnologia m-Payment, destacou que o ponto de partida para as decisões em novas tecnologias é a experiência do cliente, além de ela apresentar três características básicas: usabilidade (o processo de pagamento deve ser homogêneo entre as diferentes soluções propostas), disponibilidade em uma base ampla de dispositivos e manutenção do *timing* do meio de pagamento que se pretende substituir (FEBRABAN, 2010a).

Já na palestra de Wander Blanco da CEF (FEBRABAN, 2010b), o tema foi a prevenção de fraudes em documentos eletrônicos, ressaltando a importância da criação de mecanismos que identifiquem o autor e as alterações em documentos eletrônicos para que possam ser usados como provas em processos de combate a fraudes e crimes financeiros. Ainda foi frisada a necessidade de a assinatura digital estar de acordo com três princípios: autenticidade, integridade e irretratabilidade, agregando maior segurança e integridade aos processos.

A Febraban possui um papel ativo em propor padrões de assinaturas para obter maior segurança no Sistema de Pagamentos Brasileiro (SPB) e em transações como contratos de câmbio e troca eletrônica de cheques.

Em março de 2011, aconteceu o "Ciab DAY: a Tecnologia além da Web", com a palestra de Jair Melo, da Accenture do Brasil. O palestrante ressaltou que são essenciais para a condução dos negócios bancários uma arquitetura de alta *performance,* envolvendo vários canais, como atendimento físico, *mobile banking,* ATMs, "*zero teller*" *branch*, *contact center, internet banking,* etc. Um sistema de boa arquitetura apresenta características como alta resiliência (escalabilidade, disponibilidade e estabilidade), alta flexibilidade (mudanças em processos, regras de negócio e canais) e alta eficiência (usabilidade, simplicidade e baixo custo) (FEBRABAN, 2011c).

Nessa palestra, também foram questionadas as principais ações estruturantes para a arquitetura de alta *performance,* vitais para a utilização apropriada em larga escala da evolução tecnológica além da *web* (Figura 12).

O palestrante Cassio Dreyfuss, representante da Gartner, também destacou cinco tecnologias disruptivas que impactarão no ambiente fi-

1 Arquitetura multicanal • Disponibilização da mesma transação de negócio em múltiplos canais e de transações que se iniciam por um canal e se encerram por outro. **2 Visão 360° do cliente** • Informação única e integrada do relacionamento, do comportamento, do potencial e das propensões do cliente. **3 Integrador único de gestão** • Fonte única para geração de informações de gestão, risco, contabilidade e fiscal. **4 Industrialização de produtos** • Criação ou alteração de produtos bancários por meio de configuração de parâmetros e composição de serviços de *software* preexistentes.	Banco  **9 Arquitetura global** • Disponibilização de serviços e produtos em múltiplos países com múltiplas moedas em múltiplos idiomas.	**5 Desacoplamento N&A** • Atividades de negociação (oferta, simulação, proposta, aprovação) suportadas por sistemas independentes da administração (processamento de produtos). **6 Plataforma *web* de interface** • Disponibilização de uma camada de apresentação de evolução contínua, possibilitando maior interatividade e enriquecimento da experiência do cliente. **7 Convergência T4Cs** • Disponibilização de serviços transacionais e serviços "4Cs" integrados (conteúdo, colaboração, comunidade e comunicação) nos diversos setores. **8 Experiência do cliente em tempo real** • Avaliação e geração de ações pró-ativas durante a execução de transações do cliente.

FIGURA 12. Principais ações estruturantes para arquitetura de alta *performance*.
Fonte: adaptada de Febraban (2011c).

nanceiro brasileiro, como: nuvem computacional, *mobile & tablets* (conjunto de dispositivos que representam a convergência de muitas tecnologias maduras, com grandes recursos pessoais e elementos-chave para novos processos de negócio), evolução do *business intelligence* (BI), análise social (processo de medição, análise e interpretação das interações e associações entre pessoas e ideias em redes sociais) e mídia social (tecnologias sociais e ferramentas que permitem a comunicação espontânea e colaboração) (FEBRABAN, 2011b).

Com a agregação de novas tecnologias, os bancos expandiram seu campo de atuação além de suas agências e postos de atendimento bancário (PAB), ganharam escala e ampliaram suas opções de produtos e serviços sem expandir seu espaço físico, reduziram custos e aumentaram a eficiência de suas operações.

Dados do Bacen mostram a evolução das centrais de atendimento bancário de 2000 a 2009, e tem-se que, desde 2000, o número de agências bancárias instaladas cresceu, em média, 2,3% ao ano. Já a quantidade de postos eletrônicos aumentou 7,1% ao ano, elucidando a opção de maiores investimentos em ambientes de atendimento virtual (FEBRABAN, 2009).

Em 2009, as despesas de TI superaram os R$ 19,4 bilhões, crescimento de 6%, segundo dados da Febraban (2009). A preocupação dos bancos locais com os eventuais efeitos da crise mundial repercutiu no volume de investimentos em 2009 (registrado no imobilizado dos bancos), que decresceu 24%. No entanto, houve um incremento de 22% nas despesas correntes na área de TI para fazer face à crescente demanda de serviços. É interessante observar que, por força das circunstâncias peculiares daquele ano, os investimentos passaram a representaram um quarto do total de despesas de TI, sendo destinados à aquisição de equipamentos. Também se nota que *hardware* e desenvolvimento de aplicações representaram, cada um, aproximadamente 28% das despesas totais de TI.

Em vista desses investimentos ao longo das últimas décadas, as transações realizadas pelo sistema financeiro brasileiro estão entre as mais eficientes, seguras e confiáveis do mundo. Como exemplo, destaca-se o fato de as TED serem realizadas *on-line* em tempo real, os DOC em um dia útil e a compensação de cheques de 24 horas a 48 horas, mesmo em relação a cidades distantes entre si. Como medida de comparação, nos Estados Unidos, essa compensação pode superar uma semana (ibidem).

Todavia, é fundamental enfatizar que essa rapidez nas operações é resultado de três décadas de investimentos em infraestrutura logística e do uso da TI nos sistemas e processos internos. Além disso, como na década de 1980, o país vivia em um ambiente marcado por altas taxas de inflação, os bancos passaram a aumentar a velocidade e a eficiência no processamento das transações financeiras. E mesmo com a estabilização da inflação em 1994, continuaram a ser agregadas inovações aos processos.

O débito direto autorizado (DDA), lançado em novembro de 2009, é um exemplo recente da vanguarda do setor, pois trata-se de um sistema inédito no mundo, que permite a apresentação eletrônica de boletos de cobrança. Esse sistema foi desenvolvido pela Febraban com o apoio do Bacen, tendo a Câmara Interbancária de Pagamentos (CIP) como seu braço tecnológico.

Esse serviço proporciona ao cobrador (cedente) comodidade, agilidade, certeza de entrega, rapidez, integridade dos dados, segurança e facilidade no envio de instruções. Para o pagador (sacado), os benefícios são facilidade de acesso, sigilo, segurança e certeza de recebimento, além da automação do processo da área de contas a pagar das empresas.

Em vista dessas vantagens, nos primeiros seis meses de operação, o DDA registrou um total de 3,5 milhões de clientes cadastrados e 85 milhões de boletos emitidos, superando as expectativas iniciais.

Portanto, um dos grandes desafios para os bancos nos próximos anos é adaptar a estrutura de TI à complexidade de seu ambiente, promovendo novas práticas de gestão com foco e disciplina e desenvolvendo mecanismos que aumentem a segurança e reduzam as fraudes e os crimes financeiros, além da formação de parcerias para a concepção de soluções inovadoras para os negócios que possam criar valor no longo prazo.

SEGMENTO *PREMIUM* DE CLIENTES

As estratégias de produtos e serviços bancários foram se modificando ao longo das últimas décadas, sobretudo em virtude de uma maior globalização dos mercados. Com o aumento da concorrência, os bancos tiveram que repensar suas estratégias de relacionamento com os clientes para que estes permanecessem em seu portfólio.

Desse modo, para ganhar participação de mercado, os bancos desenvolveram alternativas criativas e inovadoras para conseguir a atenção e fidelidade de seus clientes. A entrada de *players* estrangeiros e maior eficiência dos concorrentes internos tornaram essenciais o forte uso de tecnologia nos produtos, o desenvolvimento de serviços cada vez mais diferenciados e o oferecimento de facilidades no relacionamento.

Os consumidores dos serviços bancários passaram a demandar atendimento personalizado e conveniência no acesso aos produtos para permanecer com suas contas bancárias ativas. Assim, essas características ganharam maior representatividade tanto para atender os clientes atuais como para atrair novos, pois, por meio de pesquisas, os bancos descobriram que o tratamento personalizado é fundamental para a valorização de sua imagem junto aos clientes.

As principais instituições financeiras bancárias do país já oferecem serviços diferenciados para o segmento *premium* de clientes de seu portfólio. Esses serviços são restritos aos consumidores com uma faixa de renda superior e dispostos a pagar mais por eles. O Santander, Itaú Unibanco, Bradesco e Banco do Brasil já oferecem esse tipo de serviço.

O Santander oferece aos seus clientes com renda mensal superior a R$ 4 mil os serviços Van Gogh. Esse programa de relacionamento garante acesso a espaços diferenciados em agências (mais de 240 agências para atendimento exclusivo e com privacidade), horários estendidos de atendimento por telefone, gerentes especializados (24 horas ao dia, durante todo o ano), consultoria de profissionais experientes para a realização de investimentos e cartões múltiplos Platinum (BANCO SANTANDER, 2011b).

Já o Itaú Unibanco proporciona o Itaú Personnalité para os clientes com renda mensal a partir de R$ 7 mil ou com R$ 100 mil investidos. As vantagens são consultoria de investimentos com profissionais especializados e familiarizados com o mercado financeiro, disponíveis em uma agência Personnalité, orientador de crédito de acordo com o perfil do cliente e atendimento telefônico 24 horas por dia o ano todo (BANCO ITAÚ UNIBANCO, 2011a).

O Bradesco também oferece uma solução diferenciada: Bradesco Prime. Os serviços do Bradesco Prime estão disponíveis para clientes com renda mensal a partir de R$ 9 mil ou investimentos iguais ou superiores a R$ 100 mil. Entre as vantagens, estão: gerente de relacionamento especializado, espaço exclusivo, consultor *on-line*, programas de fidelidade, fundos de investimento exclusivos e empréstimos e financiamentos com taxas exclusivas (BANCO BRADESCO, 2011).

O Banco do Brasil disponibiliza o BB Estilo para clientes com renda mensal superior a R$ 8 mil ou investimentos de R$ 100 mil. Os serviços oferecidos são assessoramento financeiro com gerentes especializados, taxas de juros diferenciadas, gerenciador financeiro pessoal em ambiente eletrônico e central de atendimento exclusiva para o cliente Estilo (BANCO DO BRASIL, 2011a).

A partir da descrição dos principais serviços desenvolvidos para o segmento de alta renda dos bancos, observa-se a importância desses clientes para a estratégia das instituições bancárias, que realizam grandes investimentos para uma clientela que demanda atendimento personalizado e ambiente diferenciado com discrição e sigilo.

Com a expansão da renda no Brasil, esse grupo de clientes especiais tende a aumentar, tornando-se necessário que os bancos desenvolvam novas plataformas, sistemas avançados e tecnologia de ponta para atender a esse segmento de clientes exigentes que busca um relacionamento de longo prazo baseado na confiança e disponibilidade.

PROFISSIONAIS DO SETOR FINANCEIRO

As mudanças que ocorreram no setor financeiro também afetaram o perfil desejável de profissionais dessa área, e, por isso, eles se tornaram mais pró-ativos, dinâmicos, responsáveis e atualizados com as tendências em âmbito mundial.

Essas características são consideradas essenciais para um profissional que pretende desenvolver uma carreira sólida em instituições financeiras ou grandes empresas nacionais e multinacionais, pois estas vivenciam um ambiente extremamente dinâmico e veloz, em que o conhecimento é prioridade no processo de análise para a tomada de decisão.

Assim, o profissional valorizado é aquele com visão de futuro, pensamento inovador e planejamento de longo prazo. Consultorias de recursos humanos (RH) destacam que as empresas convivem em um ambiente pressionado para alcançar margens de lucro sem desperdiçar recursos e reduzindo despesas. Nesse caso, é necessário que o profissional agregue conhecimento ao departamento financeiro de forma a otimizar processos e estratégias que valorizem a organização (ADMINISTRADORES, 2011).

Com a crise financeira de 2008, houve mudanças no perfil desse profissional, pois as empresas começaram a buscar colaboradores que tivessem capacidade de controlar custos e despesas e que soubessem alocar os recursos escassos da melhor maneira possível.

Uma característica indispensável para o profissional do setor financeiro é a visão global da empresa, já que ele precisa tomar decisões em sua área e pontuar as consequências positivas e negativas em outras, pois, como as corporações são todas integradas, o conhecimento das múltiplas áreas é fundamental para a longevidade e lucratividade da empresa.

O planejamento das ações e estratégias das corporações e a gestão de risco são essenciais para o bom funcionamento do departamento financeiro, que é o guardião das normas a serem seguidas e executor de controles e monitoramentos que afetarão a saúde financeira da empresa.

O *chief financial officer* (CFO) também evoluiu em suas funções e atividades dentro de uma organização. Até o início de 2000, o CFO possuía um perfil típico do *controller*, com muito conhecimento em contabilidade, perspicácia financeira, habilidades com métodos quantitativos e experiência em várias áreas do departamento financeiro, já que era responsável pelos relatórios financeiros. As funções abrangidas por esse profissional eram contabilidade, controladoria, tesouraria, área fiscal, serviços gerais, planejamento e responsabilidade com o imóvel da empresa (IBEF, 2011).

O CFO do presente possui novas características e atribuições, pois precisa lidar com um ambiente moderno que necessita de um indivíduo analítico, parceiro de negócios, bom comunicador, com mentalidade global, integridade para liderar equipes e orientador das áreas estratégicas e operacionais. O CFO colabora diretamente com o CEO e os demais chefes das unidades de negócio na condução de operações e estratégias, desenvolvendo métricas, impondo controles internos e comunicando-se com investidores e bancos. Além disso, responsabilidades na área de TI, *mergers & aquisitions* (fusões e aquisições), centros de serviços compartilhados, relações com investidores, auditoria e área legal também estão no escopo de suas funções (ibidem).

O seminário do Ibef (2011) também destaca as qualidades de um CFO do futuro, como habilidade de gerenciar o balanço e reduzir custos, sensibilidade comercial, flexibilidade, experiência internacional e operacional em finanças, além de passagem por funções de vendas, *marketing*, TI, operações e administração geral de unidades de negócios como diferencial para esse profissional.

Com relação ao salário, um estudo recente da consultoria Robert Walters afirma que a remuneração média para alguns cargos do departamento financeiro das companhias em operações no Brasil já supera os pacotes oferecidos nos Estados Unidos e na Europa. Entre as razões para isso está a dificuldade dos profissionais estrangeiros em lidar com grandes mudanças tributárias e ambientais, além do déficit de profissionais qualificados no mercado brasileiro, o que acaba inflacionando os salários do setor (ABRANTES, 2011).

A Tabela 8 compara os pacotes de remuneração anuais dos executivos brasileiros com os de outros países.

TABELA 8. Remuneração anual dos executivos da área financeira (em US$)

Cargo	Londres	Nova York	São Paulo	Paris	Xangai	Madri
CFO	327 mil	305 mil	272 mil	227 mil	222 mil	149 mil
Chefe de *controlling*	204 mil	245 mil	188 mil	162 mil	154 mil	130 mil
Controller	130 mil	118 mil	113 mil	95 mil	115 mil	74 mil
Chefe de tesouraria	151 mil	103 mil	170 mil	134 mil	123 mil	–

Fonte: adaptada de Abrantes (2011).

A partir dessa análise, nota-se que a experiência de integrar sistemas e operações é uma habilidade muito exigida dos executivos de finanças, sendo fundamental que eles tenham conhecimento de vários idiomas, comunicação fluente, técnicas apuradas e iniciativa para buscar novas oportunidades de negócios que possam criar valor para as empresas, seus funcionários e acionistas.

Certificações dos profissionais do mercado financeiro

O uso de ferramentas mais eficazes na coleta de informações e uma gestão cada vez mais profissional, competente e ética tornaram-se fundamentais para os profissionais que atuam no mercado financeiro. Na tentativa de formar profissionais melhores, alguns órgãos nacionais e internacionais conferem certificações para analistas, executivos e demais profissionais que atuam na área financeira.

Desse modo, as certificações funcionam como um selo de qualidade, atestando que esses profissionais possuem os requisitos mínimos necessários para o desempenho de suas atividades e estão aptos a atuar nos mercados financeiro e de capitais (MATIAS, 2009).

A Apimec foi fundada em junho de 1988 e reúne todas as Apimecs estaduais do país. Seu objetivo principal é conferir certificações para os profissionais do mercado de capitais, desenvolver estudos e pesquisas, e contribuir para o desenvolvimento do mercado de capitais brasileiro. Suas principais certificações são (APIMEC, 2011):

- Certificado Nacional do Profissional de Investimento (CNPI): é obtido pela aprovação em, no mínimo, dois exames e visa a comprovar a qualificação técnica necessária dos profissionais que atuam nos mercados financeiro e de capitais do Brasil. É importante para profissionais que atuam na área de investimentos. Destina-se a todos os profissionais com nível superior completo e com interesse em se desenvolver no mercado financeiro.
- Certified International Investment Analyst (Ciia): é um programa de qualificação reconhecido internacionalmente para profissionais que atuam nos mercados financeiro e de capitais. O diploma Ciia confere ao profissional um elevado padrão de conhecimento, essencial para a atuação na área de investimento, local ou internacional.
- Certificação de Gestores de Regime Próprio de Previdência Social (CGRPPS): o exame visa a comprovar a qualificação técnica necessária dos profissionais que atuam nas instituições de previdência estadual e municipal.

A Anbima é a representante de mais de 340 instituições (bancos comerciais, múltiplos, de investimento, *asset managements*, corretoras, distribuidoras de valores mobiliários e consultores de investimento) e tem como compromisso o desenvolvimento sustentável dos mercados financeiros e de capitais, exercendo as atividades de representação, regulação voluntária e privada, educação, supervisão e oferta de produtos. A associação oferece cursos preparatórios para as seguintes certificações (ANBIMA, 2011):

- Chartered Financial Analyst (CFA®): reconhecido internacionalmente como o padrão de excelência entre as credenciais profissionais existentes para os profissionais que trabalham com investimentos. O CFA Program é composto por três níveis e aplicado em diversos países nos cinco continentes.
- Programa de Qualificação Operacional (PQO): desenvolvido pela BM&FBovespa com o objetivo de certificar os profissionais que atuam nos mercados administrados pela BM&FBovespa nas seguintes áreas: *back office*, risco, *compliance*, operações, comercial e tecnologia. Essa certificação procura estabelecer um processo de atualização contínua dos profissionais, baseado no conhecimento técnico e normativo.

A Associação Nacional de Bancos de Investimentos (Anbid) (2011) integrou suas atividades com a Associação Nacional das Instituições do Mercado Financeiro (Andima), passando ambas a constituir a Anbima a partir de outubro de 2009. Suas principais certificações são:

- Certificação Profissional Anbima – Série 10 (CPA-10): destina-se a profissionais que desempenham atividades de comercialização e distribuição de produtos de investimento junto ao público investidor em agências bancárias. Não existe pré-requisito quanto à formação acadêmica.
- Certificação Profissional Anbima – Série 20 (CPA-20): destina-se a profissionais que desempenham atividades de comercialização e distribuição de produtos de investimento junto a investidores qualificados, além de gerentes de agência que atendam aos seguintes segmentos: *private*, *corporate* e investidores institucionais. Não existe pré-requisito quanto à formação acadêmica.
- Certificado de Especialista em Investimentos (CEA): destina-se a certificar profissionais que assessoram investidores em seu pla-

nejamento de investimentos, podendo atuar em agências bancárias ou plataformas de investimento, sem possuir carteira de clientes. Só pode se inscrever no exame quem já é certificado pelo CPA-10 ou CPA-20.

- Certificado de Gestores Anbima (CGA): certifica o profissional que desempenha atividade de gestão remunerada de recursos de terceiros, possuindo poderes para tomar decisões de investimento. O CGA somente é concedido para o profissional que obtiver aprovação no exame e, adicionalmente, tiver reputação ilibada, possuir graduação em curso superior no país ou no exterior e aderir ao Código de Regulação e Melhores Práticas para o Programa de Certificação Continuada e ao Código de Processos da Anbima.

A Serasa também oferece a seguinte certificação para analistas de crédito: "Certificação Profissional Serasa em Crédito – Nível 1". Esse programa visa ao aperfeiçoamento de processos de análise e gestão de riscos de crédito. Essa certificação destina-se aos profissionais de empresas financeiras e não financeiras que atuam na gestão, análise e concessão de crédito, sendo necessário ter formação em nível superior.

Também existe a Academia de Crédito Serasa Experian (2011), que tem como objetivo a reciclagem e a ampliação do conhecimento para profissionais que atuam direta ou indiretamente no mercado de crédito. Os cursos regulares podem ser abertos ou customizados *in company*.

O Instituto Brasileiro de Certificação de Profissionais Financeiros (IBCPF) é uma entidade de autorregulação, não governamental e sem fins lucrativos. No Brasil, o IBCPF é a única entidade afiliada ao Financial Planning Standards Board (FPSB) e autorizada a conceder a certificação CFP® para profissionais que atendam aos padrões mundiais dessa certificação, resumidos nos quatro E's: exame, educação, experiência profissional e ética. Contudo, em 2004, a Anbima tornou-se associada sênior do IBCPF com a missão de promover, entre os bancos associados, a certificação CFP® e difundir o reconhecimento e a credibilidade dessa marca no Brasil (IBCPF, 2011).

A Certificação de Planejador Financeiro (CFP®) é indicada a todos os profissionais que trabalham na elaboração de planejamento financeiro individual ou familiar ou em uma de suas áreas de especialização: investimentos e gestão de riscos, previdência complementar, seguros, planejamento sucessório, planejamento fiscal e financeiro. Por ser uma certificação de distinção, a CFP® concede aos profissionais padrões internacionais de conduta ética e responsabilidade na prestação de serviços de planejamento financeiro pessoal. Os candidatos devem ter no mínimo três anos de experiência profissional (com documentos que comprovem isso) em atividades relacionadas ao processo de planejamento financeiro pessoal.

Assim, observa-se que existem muitas certificações disponíveis no mercado para os profissionais que atuam no setor financeiro, as quais são importantes para atestar a proficiência dos profissionais em sua área de atuação ou ampliar sua visão estratégica por meio de novos conhecimentos, de modo a abrir muitas oportunidades de trabalho para quem se esforça e procura estar sempre atualizado com as técnicas, os instrumentos de gestão e as notícias nos âmbitos econômico, financeiro, político e social.

CONCLUSÕES

O OBJETIVO DESTE LIVRO FOI ANALISAR AS MUDANÇAS QUE OCORRERAM no Sistema Financeiro Nacional (SFN) durante o período de 1994 a 2010, sob a ótica dos indicadores financeiros do modelo E2S Bancos. Para sustentar os resultados, foi realizada uma pesquisa sobre o período anterior ao objeto do estudo, com o propósito de entender as características do mercado financeiro brasileiro e as medidas políticas, econômicas e legais que respaldaram os momentos econômicos e sociais, e de que forma essa bagagem anterior afetou a configuração das instituições financeiras ao longo do período estudado.

O exame da economia brasileira de 1990 a 2010 foi fundamental para apoiar as análises por porte e origem de capital, pois permitiu relacionar o movimento das principais variáveis econômicas relativas às políticas monetária, fiscal, cambial e de rendas, e as estratégias e decisões dos bancos.

Mesmo em um ambiente econômico adverso, as instituições financeiras se fortaleceram ao longo da década de 1990 e realizaram mudanças em suas estruturas funcionais para que tivessem sucesso em um mercado de competição mais acirrada, principalmente com a maior presença dos bancos estrangeiros no país. A década de 2000 foi resultado do planejamento estratégico e ajustes realizados na década anterior, formando grandes bancos nacionais e estrangeiros com potencial e saúde financeira para serem importantes *players* no cenário mundial.

O movimento de consolidação bancária empreendido no período levou a um sistema bem mais concentrado, com a redução substancial dos bancos estaduais no mercado e fortalecimento dos bancos privados nacionais e estrangeiros. Destaca-se a atuação dos bancos públicos federais como agentes de fomento a setores de risco mais elevado, firmando-se como instituições extremamente importantes para o desenvolvimento da economia brasileira.

Os resultados foram bem interessantes em decorrência da segmentação realizada em relação ao porte e origem de capital, pois foi possível delinear o perfil de cada segmento bancário e evidenciar características e peculiaridades institucionais.

O segmento dos grandes bancos passou por muitas alterações em seu número, porém conquistou ainda mais representatividade nas operações do sistema financeiro. Ainda há um equilíbrio entre os recursos destinados para o crédito e títulos, demonstrando que esses bancos possuem um elevado potencial de oferta de crédito na economia.

Na década de 1990, os bancos médios tinham indicadores financeiros mais próximos aos bancos grandes, tornando-os extremamente vulneráveis em períodos de instabilidade econômica, já que não apresentavam os mesmos níveis de rentabilidade e diversidade no portfólio de produtos. A partir de 2000, foram alvos de um forte processo de fusões e aquisições no setor, reduzindo significativamente seu número no sistema financeiro, além de desenvolverem um comportamento mais conservador, sobretudo após a crise de 2008.

Os bancos pequenos possuíam posicionamento estratégico próximo ao dos bancos médios, sobretudo na década de 2000. As aplica-

448

CONCLUSÕES

ções em operações de crédito cresceram a partir de 2004, com a consolidação do crédito consignado no mercado brasileiro. A partir de 2008, foi realizado um ajuste nas estruturas patrimoniais, optando por ativos de maior liquidez.

Já os emergentes foram os menos alavancados do sistema financeiro, apresentando um comportamento prudente na utilização do capital de terceiros. A captação de curto prazo foi predominante, mas foi observado maior empenho desses bancos em aumentar seus recursos de longo prazo, em razão de sua maior vulnerabilidade em um ambiente econômico adverso.

Quanto à origem de capital, os bancos públicos federais concentram grande parte da captação de depósitos à vista e poupança. No entanto, seus custos estão entre os mais altos, por causa da dificuldade de empreender processos de reestruturação em seu efetivo de funcionários, a maiores investimentos em sua plataforma tecnológica e a estruturas mais pesadas relativas a custos e despesas.

Os bancos estaduais possuíam níveis de alavancagem superiores aos bancos privados na década de 1990, além de serem muito dependentes de recursos de curto prazo em suas operações, comprometendo sua estabilidade. Ao longo da década de 2000, os bancos estaduais que permaneceram ativos melhoraram seus indicadores, mas não resolveram o problema de estruturas dispendiosas e pouco eficientes.

Os bancos privados nacionais foram os principais agentes do processo de fusões e aquisições de bancos estaduais, aumentando inicialmente sua imobilização. Contudo, as instituições estaduais passaram por reestruturações que levaram esse indicador a níveis sustentáveis. As operações de crédito aumentaram nos anos 2000, acompanhando o momento macroeconômico mais favorável.

Já os bancos privados estrangeiros optaram por estruturas menos alavancadas, tendo em vista uma estratégia de crescimento mais sustentável no longo prazo. Além disso, promoveram reestruturações em busca de menores níveis de imobilização, priorizando ativos de maior liquidez. Na década de 2000, ampliaram suas operações de crédito, porém ainda optaram por destinar grande parte de seus recursos para os títulos públicos.

Com relação às tendências do SFN, observa-se um maior comprometimento dos bancos em desenvolver políticas, produtos e serviços que estejam adequados ao momento de maior preocupação socioambiental. Assim, as práticas sustentáveis deixaram de ser meramente acessórias e tornaram-se condições essenciais para as instituições financeiras operarem no mercado e conquistarem o respeito e recursos dos investidores.

O mercado de crédito também possui elevado potencial de crescimento, mesmo enfrentando um ambiente turbulento nos mercados internacionais, pois investimentos em infraestrutura e desenvolvimento de novos negócios são fundamentais para o crescimento do país.

O Acordo de Basileia III é uma forte tendência, em razão do grande poder de alterar as estruturas patrimoniais das instituições financeiras bancárias do mundo. Assim, é importante que haja um planejamento adequado para atender um elevado nível de qualidade da base de capital e liquidez dos bancos, de modo a impedir novas crises e desequilíbrios financeiros.

O *compliance* evidencia a necessidade de maiores controles nas organizações, a fim de aumentar a segurança dos dados e evitar fraudes e perdas substanciais para os bancos e seus diversos *stakeholders*. Já o desenvolvimento de plataformas tecnológicas avançadas é uma condição vital para que os bancos realizem suas atividades com rapidez e qualidade, além de conquistarem novos mercados e clientes.

Uma maior atenção dos bancos para as necessidades de seus clientes, sobretudo os mais rentáveis, também foi abordada como importante tendência do sistema financeiro, em vista da demanda por serviços cada vez mais personalizados e baseados na confiança e disponibilidade. Além disso, nota-se uma mudança no perfil dos profissionais do sistema financeiro, que precisam estar atualizados e desenvolver habilidades e competências para agregar valor às atividades de suas corporações.

Em suma, este trabalho buscou compreender os principais fatos que impactaram a dinâmica competitiva do setor bancário, demonstrando que somente permanecerão ativas as instituições financeiras que desenvolverem um bom gerenciamento de seus recursos financeiros, humanos e materiais, e se adequarem a um ambiente extremamente competitivo, dominado por grandes corporações financeiras com capitais nacionais e internacionais.

APÊNDICE A

AMOSTRA: BANCOS GRANDES

Década de 1990	Década de 2000
00000000 | BANCO DO BRASIL S/A	00000000 | BANCO DO BRASIL S/A
00360305 | CAIXA ECONÔMICA FEDERAL	00360305 | CAIXA ECONÔMICA FEDERAL
61411633 | BANCO DO ESTADO DE SÃO PAULO S/A	60746948 | BANCO BRADESCO S/A
60746948 | BANCO BRADESCO S/A	60701190 | BANCO ITAÚ S/A
60701190 | BANCO ITAÚ S/A	33700394 | UNIBANCO – UNIÃO DE BANCOS BRASILEIROS S/A
76543115 | BANCO BAMERINDUS S/A	33066408 | BANCO ABN AMRO REAL S/A
17157777 | BANCO NACIONAL S/A	90400888 | BANCO SANTANDER S/A
33700394 | UNIBANCO – UNIÃO DE BANCOS BRASILEIROS S/A	43073394 | BANCO NOSSA CAIXA S/A
17156514 | BANCO REAL S/A	01701201 | HSBC BANK BRASIL S/A
15124464 | BANCO ECONÔMICO S/A	60872504 | ITAÚ UNIBANCO - BANCO MÚLTIPLO S/A
60898723 | BANCO BCN S/A	
58160789 | BANCO SAFRA S/A	
43073394 | BANCO NOSSA CAIXA S/A	
21562962 | BANCO DE CRÉDITO REAL DE MINAS GERAIS S/A	
92702067 | BANCO DO ESTADO DO RIO GRANDE DO SUL S/A	
33861840 | BANCO APLICAP S/A	
60942638 | BANCO SUDAMERIS BRASIL S/A	
60394079 | BANKBOSTON BANCO MÚLTIPLO S/A	
01701201 | HSBC BANK BRASIL S/A	
58160789 | BANCO SAFRA S/A	

APÊNDICE B

AMOSTRA: BANCOS MÉDIOS

Década de 1990	Década de 2000
15114366 | BANCO BBM S/A	33885724 | BANCO BANERJ S/A
07207996 | BANCO BMC S/A	60898723 | BANCO BCN S/A
15142490 | BANCO BANEB S/A	33870163 | BANCO BILBAO VIZCAYA ARGENTARIA BRASIL S/A
33885724 | BANCO BANERJ S/A	07207996 | BANCO BMC S/A
33870163 | BANCO BILBAO VIZCAYA ARGENTARIA BRASIL	33485541 | BANCO BOAVISTA INTERATLANTICO S/A
33485541 | BANCO BOAVISTA INTERATLANTICO S/A	33479023 | BANCO CITIBANK S/A
61377677 | BANCO CIDADE S/A	92702067 | BANCO DO ESTADO DO RIO GRANDE DO SUL S/A
33479023 | BANCO CITIBANK S/A	07237373 | BANCO DO NORDESTE DO BRASIL S/A
07237373 | BANCO DO NORDESTE DO BRASIL S/A	58616418 | BANCO FIBRA S/A
76492172 | BANCO DO ESTADO DO PARANÁ S/A	57561615 | BANCO FINASA S/A
61190658 | BANCO FIAT S/A	33172537 | BANCO J.P. MORGAN S/A
07450604 | BANCO INDUSTRIAL E COMERCIAL S/A	61065421 | BANCO MERCANTIL DE SÃO PAULO S/A
33172537 | BANCO J.P. MORGAN S/A	33124959 | BANCO RURAL S/A
61065421 | BANCO MERCANTIL DE SÃO PAULO S/A	58160789 | BANCO SAFRA S/A
17184037 | BANCO MERCANTIL DO BRASIL S/A	58257619 | BANCO SANTOS S/A
42177527 | BANCO MULTIPLIC S/A	60942638 | BANCO SUDAMERIS BRASIL S/A
33124959 | BANCO RURAL S/A	30306294 | BANCO UBS PACTUAL S/A
30306294 | BANCO UBS PACTUAL S/A	59588111 | BANCO VOTORANTIM S/A
59588111 | BANCO VOTORANTIM S/A	60394079 | BANKBOSTON BANCO MÚLTIPLO S/A
61071387 | UNICARD BM S/A	62331228 | DEUTSCHE BANK S/A

APÊNDICE C

AMOSTRA: BANCOS PEQUENOS

Década de 1990

28195667 | BANCO ABC BRASIL S/A

61146577 | BANCO BARCLAYS E GALÍCIA S/A

61186680 | BANCO BMG S/A

33461468 | BANCO CREDIBANCO S/A

75647891 | BANCO CREDIT LYONNAIS BRASIL S/A

61199881 | BANCO DIBENS S/A

04562120 | BANCO DO ESTADO DO AMAZONAS S/A

01540541 | BANCO DO ESTADO DE GOIÁS S/A

10866788 | BANCO DO ESTADO DE PERNAMBUCO S/A

83876003 | BANCO DO ESTADO DE SANTA CATARINA S/A

58616418 | BANCO FIBRA S/A

33098518 | BANCO FININVEST S/A

59438325 | BANCO INTER AMERICAN EXPRESS S/A

33923798 | BANCO MÁXIMA S/A

01023570 | BANCO RABOBANK INTERNATIONAL BRASIL S/A

92816560 | BANCO REGIONAL DE DESENVOLVIMENTO DO EXTREMO SUL

58257619 | BANCO SANTOS S/A

61533584 | BANCO SOCIÉTÉ GÉNÉRALE BRASIL S/A

33074683 | BANCO SUL AMÉRICA S/A

60518222 | BANCO SUMITOMO MITSUI BRASILEIRO S/A

61088183 | BANCO WESTLB DO BRASIL S/A

28127603 | BANCO DO ESTADO DO ESPÍRITO SANTO S/A

92791813 | BANK OF AMERICA – BRASIL S/A

00000208 | BANCO DE BRASÍLIA S/A

62331228 | DEUTSCHE BANK S/A

Década de 2000

28195667 | BANCO ABC BRASIL S/A

61146577 | BANCO BARCLAYS E GALÍCIA S/A

15114366 | BANCO BBM S/A

61186680 | BANCO BMG S/A

31597552 | BANCO CLÁSSICO S/A

02038232 | BANCO COOPERATIVO DO BRASIL S/A

01181521 | BANCO COOPERATIVO SICREDI S/A

62136254 | BANCO CRUZEIRO DO SUL S/A

61199881 | BANCO DIBENS S/A

04184779 | BANCO IBI S/A

07450604 | BANCO INDUSTRIAL E COMERCIAL S/A

17184037 | BANCO MERCANTIL DO BRASIL S/A

59285411 | BANCO PANAMERICANO S/A

62144175 | BANCO PINE S/A

01023570 | BANCO RABOBANK INTERNATIONAL BRASIL S/A

61533584 | BANCO SOCIÉTÉ GÉNÉRALE BRASIL S/A

61088183 | BANCO WESTLB DO BRASIL S/A

00000208 | BANCO DE BRASÍLIA S/A

03012230 | HIPERCARD

61071387 | UNICARD BM S/A

457

APÊNDICE D

AMOSTRA: BANCOS EMERGENTES

Década de 1990		Década de 2000	
92874270	BANCO A. J. RENNER S/A	92874270	BANCO A. J. RENNER S/A
33884941	BANCO BANIF PRIMUS S/A	33884941	BANCO BANIF PRIMUS S/A
60419645	BANCO BANKPAR S/A	60419645	BANCO BANKPAR S/A
00086413	BANCO BNL DO BRASIL S/A	00086413	BANCO BNL DO BRASIL S/A
01522368	BANCO BNP PARIBAS BRASIL S/A	01522368	BANCO BNP PARIBAS BRASIL S/A
32254738	BANCO BVA S/A	32254738	BANCO BVA S/A
33349358	BANCO CACIQUE S/A	33349358	BANCO CACIQUE S/A
69141539	BANCO CREDIBEL S/A	69141539	BANCO CREDIBEL S/A
62136254	BANCO CRUZEIRO DO SUL S/A	62136254	BANCO CRUZEIRO DO SUL S/A
33042151	BANCO DE LA NACIÓN ARGENTINA	33042151	BANCO DE LA NACIÓN ARGENTINA
44189447	BANCO DE LA PROVINCIA DE BUENOS AIRES	44189447	BANCO DE LA PROVINCIA DE BUENOS AIRES
51938876	BANCO DE LA REPUBLICA ORIENTAL DEL URUGUAY	51938876	BANCO DE LA REPUBLICA ORIENTAL DEL URUGUAY
33644196	BANCO FATOR S/A	33644196	BANCO FATOR S/A
61190658	BANCO FIAT S/A	61190658	BANCO FIAT S/A
90731688	BANCO FORD S/A	90731688	BANCO FORD S/A
00183938	BANCO GERDAU S/A	00183938	BANCO GERDAU S/A
62421979	BANCO GE CAPITAL S/A	62421979	BANCO GE CAPITAL S/A

(continua)

AMOSTRA: BANCOS EMERGENTES (*CONTINUAÇÃO*)

Década de 1990		Década de 2000	
33588252	BANCO INDUSCRED S/A	33588252	BANCO INDUSCRED S/A
31895683	BANCO INDUSTRIAL DO BRASIL S/A	31895683	BANCO INDUSTRIAL DO BRASIL S/A
92894922	BANCO MATONE S/A	92894922	BANCO MATONE S/A
78632767	BANCO ORINVEST S/A	78632767	BANCO ORINVEST S/A
00253448	BANCO POTTENCIAL S/A	00253448	BANCO POTTENCIAL S/A
33876475	BANCO PROSPER S/A	33876475	BANCO PROSPER S/A
33603457	BANCO REDE S/A	33603457	BANCO REDE S/A
60883128	BANC SOFISA S/A	60883128	BANC SOFISA S/A
17351180	BANCO TRIÂNGULO S/A	17351180	BANCO TRIÂNGULO S/A
57839805	BANCO TRICURY S/A	57839805	BANCO TRICURY S/A
00517645	BANCO RIBEIRÃO PRETO S/A	00517645	BANCO RIBEIRÃO PRETO S/A
29030467	DRESDNER BANK BRASIL S/A	29030467	DRESDNER BANK BRASIL S/A
48795256	LEMON BANK	48795256	LEMON BANK

APÊNDICE E

AMOSTRA: BANCOS PÚBLICOS FEDERAIS

Década de 1990	Década de 2000
00000000 | BANCO DO BRASIL S/A	00000000 | BANCO DO BRASIL S/A
00360305 | CAIXA ECONÔMICA FEDERAL	00360305 | CAIXA ECONÔMICA FEDERAL
04902979 | BANCO DA AMAZÔNIA S/A	04902979 | BANCO DA AMAZÔNIA S/A
07237373 | BANCO DO NORDESTE DO BRASIL S/A	07237373 | BANCO DO NORDESTE DO BRASIL S/A
61411633 | BANCO DO ESTADO DE SÃO PAULO S/A	83876003 | BANCO DO ESTADO DE SANTA CATARINA S/A
01540541 | BANCO DO ESTADO DE GOIÁS S/A	07196934 | BANCO DO ESTADO DO CEARÁ S/A

APÊNDICE F

AMOSTRA: BANCOS PÚBLICOS ESTADUAIS

Década de 1990		Década de 2000	
15142490	BANCO BANEB S/A	13009717	BANCO DO ESTADO DE SERGIPE S/A
33885724	BANCO BANERJ S/A	04562120	BANCO DO ESTADO DO AMAZONAS S/A
10781532	BANCO BANORTE S/A	04913711	BANCO DO ESTADO DO PARÁ S/A
27937333	BANCO BRJ S/A	06833131	BANCO DO ESTADO DO PIAUÍ S/A
21562962	BANCO DE CRÉDITO REAL DE MINAS GERAIS S/A	92702067	BANCO DO ESTADO DO RIO GRANDE DO SUL S/A
12275749	BANCO DO ESTADO DE ALAGOAS S/A	43073394	BANCO NOSSA CAIXA S/A
01540541	BANCO DO ESTADO DE GOIÁS S/A	92186560	BANCO REGIONAL DE DESENVOLVIMENTO DO EXTREMO SUL
03468907	BANCO DO ESTADO DE MATO GROSSO S/A	00000208	BANCO DE BRASÍLIA S/A
10866788	BANCO DO ESTADO DE PERNAMBUCO S/A	28127603	BANCO DO ESTADO DO ESPÍRITO SANTO S/A
04797262	BANCO DO ESTADO DE RONDÔNIA S/A		
34794644	BANCO DO ESTADO DE RORAIMA S/A		
83876003	BANCO DO ESTADO DE SANTA CATARINA S/A		

(continua)

AMOSTRA: BANCOS PÚBLICOS ESTADUAIS (*CONTINUAÇÃO*)

Década de 1990

61411633	BANCO DO ESTADO DE SÃO PAULO S/A
13009717	BANCO DO ESTADO DE SERGIPE S/A
04064077	BANCO DO ESTADO DO ACRE S/A
04562120	BANCO DO ESTADO DO AMAZONAS S/A
07196934	BANCO DO ESTADO DO CEARÁ S/A
06271464	BANCO DO ESTADO DO MARANHÃO S/A
04913711	BANCO DO ESTADO DO PARÁ S/A
76492172	BANCO DO ESTADO DO PARANÁ S/A
06833131	BANCO DO ESTADO DO PIAUÍ S/A
92702067	BANCO DO ESTADO DO RIO GRANDE DO SUL S/A
42972760	BANCO MINAS S/A
43073394	BANCO NOSSA CAIXA S/A
92816560	BANCO REGIONAL DE DESENVOLVIMENTO DO EXTREMO SUL
28127603	BANCO DO ESTADO DO ESPÍRITO SANTO S/A
07216674	BANCO FORTALEZA S/A
00000208	BANCO DE BRASÍLIA S/A
09093352	BANCO DO ESTADO DA PARAÍBA S/A
14388334	PARANÁ BANCO S/A

APÊNDICE G

AMOSTRA: BANCOS PRIVADOS NACIONAIS

Década de 1990		Década de 2000	
60746948	BANCO BRADESCO S/A	60746948	BANCO BRADESCO S/A
60701190	BANCO ITAÚ S/A	60701190	BANCO ITAÚ S/A
33700394	UNIÃO DE BANCOS BRASILEIROS S/A	33700394	UNIÃO DE BANCOS BRASILEIROS S/A
76543115	BANCO BAMERINDUS S/A	60872504	ITAÚ UNIBANCO S/A
15114366	BANCO BBM S/A	91874270	BANCO A. J. RENNER S/A
60898723	BANCO BCN S/A	15114366	BANCO BBM S/A
61186680	BANCO BMG S/A	07207996	BANCO BMC S/A
33485541	BANCO BOAVISTA INTERATLaNTICO S/A	61186680	BANCO BMG S/A
71027866	BANCO BONSUCESSO S/A	33485541	BANCO BOAVISTA INTERATLANTICO S/A
32254138	BANCO BVA S/A	71027866	BANCO BONSUCESSO S/A
33349358	BANCO CACIQUE S/A	69141539	BANCO CREDIBEL S/A
61377677	BANCO CIDADE S/A	02038232	BANCO COOPERATIVO DO BRASIL S/A
33461468	BANCO CREDIBANCO S/A	01182521	BANCO COOPERATIVO SICREDI S/A
69141539	BANCO CREDIBEL S/A	61199881	BANCO DIBENS S/A
52940350	BANCO CREFISUL S/A	58616418	BANCO FIBRA S/A
62136254	BANCO CRUZEIRO DO SUL S/A	00183938	BANCO GERDAU S/A
61199881	BANCO DIBENS S/A	33588252	BANCO INDUSCRED S/A
33644196	BANCO FATOR S/A	31895683	BANCO INDUSTRIAL DO BRASIL S/A
57561615	BANCO FINASA S/A	07450604	BANCO INDUSTRIAL E COMERCIAL S/A

(continua)

AMOSTRA: BANCOS PRIVADOS NACIONAIS (*CONTINUAÇÃO*)

Década de 1990		Década de 2000	
33095818	BANCO FININVEST S/A	61065421	BANCO MERCANTIL DE SÃO PAULO S/A
33588252	BANCO INDUSCRED S/A	17184037	BANCO MERCANTIL DO BRASIL S/A
31895683	BANCO INDUSTRIAL DO BRASIL S/A	78632767	BANCO OURINVEST S/A
07450604	BANCO INDUSTRIAL E COMERCIAL S/A	59285411	BANCO PANAMERICANO S/A
92894922	BANCO MATONE S/A	60850229	BANCO PECÚNIA S/A
57869166	BANCO MATRIX S/A	62144175	BANCO PINE S/A
61065421	BANCO MERCANTIL DE SÃO PAULO S/A	33124959	BANCO RURAL S/A
17184037	BANCO MERCANTIL DO BRASIL S/A	58160789	BANCO SAFRA S/A
78632767	BANCO OURINVEST S/A	60889128	BANCO SOFISA S/A
59285411	BANCO PANAMERICANO S/A	17351180	BANCO TRIÂNGULO S/A
61820817	BANCO PAULISTA S/A	59588111	BANCO VOTORANTIM S/A
39114764	BANCO PEBB S/A	61071387	UNICARD BM S/A
60850229	BANCO PECÚNIA S/A		
62144175	BANCO PINE S/A		
17156514	BANCO REAL S/A		
33603457	BANCO REDE S/A		
33124959	BANCO RURAL S/A		
58160789	BANCO SAFRA S/A		
58257619	BANCO SANTOS S/A		
50585090	BANCO SCHAHIN S/A		
33074683	BANCO SUL AMÉRICA S/A		
00517645	BANCO RIBEIRÃO PRETO S/A		

APÊNDICE H

AMOSTRA: BANCOS PRIVADOS ESTRANGEIROS

Década de 1990		Década de 2000	
28195667	BANCO ABC BRASIL S/A	28195667	BANCO ABC BRASIL S/A
33884941	BANCO BANIF PRIMUS S/A	33066408	BANCO ABN AMRO REAL S/A
61146577	BANCO BARCLAYS E GALÍCIA S/A	33884941	BANCO BANIF PRIMUS S/A
33870163	BANCO BILBAO VIZCAYA ARGENTARIA BRASIL S/A	61146577	BANCO BARCLAYS E GALICIA S/A
00086413	BANCO BNL DO BRASIL S/A	33870163	BANCO BILBAO VIZCAYA ARGENTARIA BRASIL S/A
33923111	BANCO BRASCAN S/A	00086413	BANCO BNL DO BRASIL S/A
33760497	BANCO CHASE FLEMING S/A	01522368	BANCO BNP PARIBAS BRASIL S/A
33479023	BANCO CITIBANK S/A	33923111	BANCO BRASCAN S/A
75647891	BANCO CREDIT LYONNAIS BRASIL S/A	33479023	BANCO CITIBANK S/A
32062580	BANCO CREDIT SUISSE S/A	75647891	BANCO CREDIT LYONNAIS BRASIL S/A
44189447	BANCO DE LA PROVINCIA DE BUENOS AIRES	32062580	BANCO CREDIT SUISSE S/A
51938876	BANCO DE LA REPUBLICA ORIENTAL DEL URUGUAY	90731688	BANCO FORD S/A
61190658	BANCO FIAT S/A	03634220	BANCO HONDA S/A
42593459	BANCO FRANCES INTERNATIONAL (BRASIL) S/A	04184779	BANCO IBI S/A
62421979	BANCO GE CAPITAL S/A	59438325	BANCO INTER AMERICAN EXPRESS S/A
17352667	BANCO GENERAL MOTORS S/A	33172537	BANCO J. P. MORGAN S/A

(*continua*)

AMOSTRA: BANCOS PRIVADOS ESTRANGEIROS (*CONTINUAÇÃO*)

Década de 1990		Década de 2000	
33852567	BANCO HSBC S/A	91884981	BANCO JOHN DEERE S/A
59438325	BANCO INTER AMERICAN EXPRESS S/A	02318507	BANCO KEB DO BRASIL S/A
33172537	BANCO J. P. MORGAN S/A	02801938	BANCO MORGAN STANLEY DEAN WITTER S/A
37884981	BANCO JOHN DEERE S/A	02992446	BANCO NEW HOLLAND BRASIL S/A
51035004	BANCO SANTANDER DE NEGÓCIOS S/A	01023570	BANCO RABOBANK INTERNATIONAL BRASIL S/A
61533584	BANCO SOCIÉTÉ GÉNÉRALE BRASIL S/A	90400888	BANCO SANTANDER S/A
60942638	BANCO SUDAMERIS BRASIL S/A	61533584	BANCO SOCIÉTÉ GÉNÉRALE BRASIL S/A
30306294	BANCO UBS PACTUAL S/A	60518222	BANCO SUMITOMO MITSUI BRASILEIRO S/A
30131502	BANCO UBS WARBURG S/A	30306294	BANCO UBS PACTUAL S/A
61088183	BANCO WESTLB DO BRASIL S/A	61088183	BANCO WESTLB DO BRASIL S/A
59109165	BANCO VOLKSWAGEN S/A	60394079	BANKBOSTON S/A
92791813	BANK OF AMERICA – BRASIL S/A	62331228	DEUTSCHE BANK S/A
60394079	BANKBOSTON BANCO – MÚLTIPLO S/A	29030467	DRESDNER BANK BRASIL S/A
62331228	DEUTSCHE BANK S/A	01701201	HSBC BANK BRASIL S/A

BIBLIOGRAFIA

1. ABBI; FEBRABAN. Função de compliance. 2004. Disponível em: <http://www.febraban.org.br/p5a_52gt34++5cv8_4466+ff145afbb52ffrtg33fe36455li5411pp+e/sitefebraban/Funcao_de_Compliance.pdf>. Acesso em: 27 jul. 2011.

2. ABRANTES, Talita. Profissionais de finanças de SP estão entre os mais bem pagos do mundo. Exame Carreira, 07 jul. 2011. Disponível em: <http://exame.abril.com.br/carreira/salarios/noticias/profissionais-de-financas-de-sp-estao-entre-os-mais-bem-pagos-do-mundo>.Acesso em: 03 ago. 2011.

3. ADMINISTRADORES. Aumenta procura por profissionais de finanças com visão de negócios. Disponível em: <http://www.administradores.com.br/informe-se/administracao-e-negocios/aumenta-procura-por-profissionais-de-financas-com-visao-de-negocios/40340/>. Acesso em: 03 ago. 2011.

4. ADVOCACIA GERAL DA UNIÃO. Parcelamento Extraordinário Lei 12.249/2010. Disponível em: <http://www.agu.gov.br/sistemas/site/TemplateTexto.aspx?idConteudo=152521&ordenacao=1&id_site=4123>. Acesso em: 29 mai. 2011.

5. AGÊNCIA BRASIL. Injeção de recursos com medidas do BC alcança R$ 25 bilhões. 20 ago. 2014. Disponível em: <http://revistagloborural.globo.com/Noticias/Economia-e-Negocios/noticia/2014/08/injecao-de-recursos-com-medidas-do-bc-alcanca-r-25-bilhoes.html>.

6. ANBID. Certificação. Disponível em: <http://certificacao.anbid.com.br/home. asp>. Acesso em: 24 ago. 2011.

7. ANBIMA. Cursos preparatórios. Disponível em: <http://www.anbima.com. br/educacao/capacitacao.asp>. Acesso em: 24 ago. 2011.

8. _____. Basileia III no Brasil. 2013a. Disponível em: <http://www.anbima. com.br/informe_legislacao/2013_015.asp>. Acesso em: 24 set. 2014.

9. _____. Comitê de Basileia flexibiliza as regras para o índice de liquidez de curto prazo. 2013b. Disponível em: <http://portal.anbima.com.br/informa-coes-tecnicas/estudos/radar/Documents/201301_radar.pdf#page=4>. Acesso em: 27 set. 2014.

10. ANTÔNIO DIAS, M.; MACHADO, E. L. Princípios do Equador: sustentabilida-de e impactos na conduta ambiental dos bancos signatários brasileiros. Dis-ponível em: <http://www.financassustentaveis.com.br/download/ArtigoMar-coAntonio.pdf>. Acesso em: 20 jul. 2011.

11. APIMEC. Certificação. Disponível em: <http://www.apimec.com.br/>. Acesso em: 24 ago. 2011.

12. ARCOVERDE, G. L. O mercado de crédito no Brasil. Notas Técnicas do Banco Central, n. 15, mar. 2012. Disponível em: <http://www.bcb.gov.br/pec/notas-tecnicas/port/2002nt15creditmarketbrazilp.pdf>. Acesso em: 15 ago. 2012.

13. ASSAF NETO, A. Mercado financeiro. 9. ed. São Paulo: Atlas, 2003. 318 p.

14. BANCO BRADESCO. Bradesco Prime. Disponível em: <http://www.bradesco-prime.com.br/>. Acesso em: 03 ago. 2011.

15. BANCO CENTRAL DO BRASIL. Resolução n. 2.099, de 17 de agosto de 1994. Aprova Regulamentosque dispõem sobre as condições relativamente ao acesso ao Sistema FinanceiroNacional, aos valores mínimos de capital e pa-trimônio líquido ajustado,à instalação de dependências e à obrigatoriedade da manutenção depatrimônio líquido ajustado em valor compatível com o grau de risco dasoperações ativas das instituições financeiras e demais insti-tuições autorizadasa funcionar pelo Banco Central. Disponível em: <http:// www.bcb.gov.br/pre/normativos/busca/normativo.asp?tipo=res&ano=1994& numero=2099>. Acesso em: 29 set. 2011.

16. _____. Resolução n. 2.208, de 03 de novembro de 1995. 1995. Institui Programade Estímulo à Reestruturação e ao Fortalecimento do Sistema FinanceiroNacional (PROER). & Alterado pela Resolução n. 2253/96. Disponível em: <http://www.cnb.org.br/CNBV/resolucoes/res2208-1995.htm>. Acesso em: 19 set. 2012.

17. _____. Relatório Anual 1996. 1996a. Disponível em: <http://www.bcb.gov.br/?id=BOLETIMANO&ano=1996>. Acesso em: 12 mar. 2011.

18. _____. Resolução n. 2.234, de 30 de janeiro de 1996. 1996b. Regula a atuação do Banco Central do Brasil no mercado de câmbio e revoga a Resolução n.. 2.110, de 20.09.94. Disponível em: <http://www.bcb.gov.br/pre/normativos/res/1996/pdf/res_2234_v1_o.pdf>. Acesso em: 18 set. 2012.

19. _____. Relatório Anual 1997. 1997. Disponível em: <http://www.bcb.gov.br/?id=BOLETIMANO&ano=1997>. Acesso em: 12 mar. 2011.

20. _____. Relatório Anual 1998. 1998a. Disponível em: <http://www.bcb.gov.br/?id=BOLETIMANO&ano=1998>. Acesso em: 12 mar. 2011.

21. _____. Relatório de evolução do SFN. 1998b. Disponível em: <http://www.bcb.gov.br/?REVSFN199812>. Acesso em: 18 ago. 2011.

22. _____. Carta Circular n. 2821, de 30 de novembro de 1998. 1998c. Esclarece acerca da antecipação voluntária das contribuições ordinárias ao Fundo Garantidoras de Credito (FGC) de que trata a Circular n. 2.846, de 30.10.98. Disponível em: <http://www.bacen.gov.br/pre/normativos/c_circ/1998/pdf/c_circ_2821_v1_O.pdf>. Acesso em: 19 set. 2012.

23. _____. Relatório Anual 1999. 1999a. Disponível em: <http://www.bcb.gov.br/?id=BOLETIMANO&ano=1999>. Acesso em: 12 mar. 2011.

24. _____. Resolução n. 2.682, de 21 de dezembro de 1999. 1999b. Dispõe sobre critérios de classificação das operações de crédito e regras para constituição de provisão para créditos de liquidação duvidosa. Disponível em: <http://www.bcb.gov.br/pre/normativos/res/1999/pdf/res_2682_v1_O.pdf>. Acesso em: 25 set. 2012.

25. _____. Relatório Anual 2000. 2000. Disponível em: <http://www.bcb.gov.br/?id=BOLETIMANO&ano=2000>. Acesso em: 12 mar. 2011.

26. _____. Relatório Anual 2001. 2001a. Disponível em: <http://www.bcb.gov.br/?id=BOLETIMANO&ano=2001>. Acesso em: 12 mar. 2011.

27. _____. Relatório de inflação. 2001b. Disponível em: <http://www.bcb.gov.br/htms/relinf/port/2001/09/ri200109c2p.pdf>. Acesso em: 10 out. 2011.

28. _____. Relatório Anual 2002. 2002. Disponível em: <http://www.bcb.gov.br/?id=BOLETIMANO&ano=2002>. Acesso em: 12 mar. 2011.

29. _____. Relatório Anual 2003. 2003. Disponível em: <http://www.bcb.gov.br/?id=BOLETIMANO&ano=2003>. Acesso em: 12 mar. 2011.

30. _____. Comunicado 12.746, de 09 de dezembro de 2004. 2004a. Disponível em: <https://www3.bcb.gov.br/normativo/detalharNormativo.do?N=104206982&method=detalharNormativo>. Acesso em: 12 jun. 2011.

31. _____. Relatório Anual 2004. 2004b. Disponível em: <http://www.bcb.gov.br/?id=BOLETIMANO&ano=2004>. Acesso em: 12 mar. 2011.

32. _____. Resolução n. 3.198, de 27 de maio de 2004. 2004c. Altera e consolida a regulamentação relativa à prestação de serviços de auditoria independente para as instituições financeiras, demais instituições autorizadas a funcionar pelo Banco Central do Brasil e para as câmaras e prestadores de serviços de compensação e de liquidação. Disponível em: <http://www.bcb.gov.br/pre/normativos/res/2004/pdf/res_3198_v1_O.pdf>. Acesso em: 25 set. 2012.

33. _____. Relatório Anual 2005. 2005. Disponível em: <http://www.bcb.gov.br/?id=BOLETIMANO&ano=2005>. Acesso em: 12 mar. 2011.

34. _____. Relatório Anual 2006. 2006. Disponível em: <http://www.bcb.gov.br/?id=BOLETIMANO&ano=2006>. Acesso em: 12 mar. 2011.

35. _____. Relatório Anual 2007. 2007. Disponível em: <http://www.bcb.gov.br/?id=BOLETIMANO&ano=2007>. Acesso em: 12 mar. 2011.

36. _____. Relatório Anual 2008. 2008. Disponível em: <http://www.bcb.gov.br/?id=BOLETIMANO&ano=2008>. Acesso em: 12 mar. 2011.

37. _____. Relatório Anual 2009. 2009. Disponível em: <http://www.bcb.gov.br/?id=BOLETIMANO&ano=2009>. Acesso em: 12 mar. 2011.

38. _____. Relatório de evolução do SFN. 2010. Disponível em: <http://www.bcb.gov.br/?REVSFN201012 >. Acesso em: 18 ago. 2011.

39. _____. BC divulga orientações preliminares e cronograma de implementação das recomendações de Basileia III. 2011a. Disponívelem: <http://www.bcb.gov.br/textonoticia.asp?codigo=2927&IDPAI=NOTICIAS>. Acesso em: 07 ago. 2011.

40. _____. Composição e evolução do SFN. 2011b. Disponível em: <http://www.bcb.gov.br/?SFNCOMP>. Acesso em: 11 mar. 2011.

41. _____. Comunicado n. 20.615. 2011c. Disponível em: <https://www3.bcb.gov.br/normativo/detalharNormativo.do?method=detalharNormativo&N=111011733>. Acesso em: 07 ago. 2011.

42. _____. Informações contábeis: 50 maiores bancos. 2011d. Disponível em: <http://www4.bcb.gov.br/top50/port/top50.asp>. Acesso em: 24 mai. 2011.

43. _____. Nota para a imprensa: política monetária e operações de crédito do SFN. 2011e. Disponível em:< http://www.bcb.gov.br/?ECOIMPOM>. Acesso em: 15 ago. 2011.

44. _____. PROER. 2011f. Disponível em: <http://www.bcb.gov.br/?PROER>. Acesso em: 14 mai. 2011.

45. _____. Sistema gerenciador de séries temporais. 2011g. Disponível em: <http://www4.bcb.gov.br/pec/series/port/aviso.asp>. Acesso em: 17 ago. 2011.

46. _____. Relatório de estabilidade financeira: Abril/2011. 2011h. Disponível em: <http://www.bcb.gov.br/?RELESTAB201104>. Acesso em: 18 ago. 2011.

47. _____. Relatório Anual 2011. 2011i. Disponível em: <http://www.bcb.gov.br/pec/boletim/banual2011/rel2011p.pdf>. Acesso em: 28 set. 2014.

48. _____. Resolução n. 4.172, de 20 de dezembro de 2012. 2012a. Dispõe sobre o fornecimento, pelas instituições financeiras e demais instituições autorizadas a funcionar pelo Banco Central do Brasil, das informações de adimplemento de pessoas naturais e de pessoas jurídicas aos bancos de dados de que trata a Lei n. 12.414, de 9 de junho de 2011, para formação de histórico de crédito. Disponível em: <http://www.bcb.gov.br/pre/normativos/res/2012/pdf/res_4172_v2_L.pdf>. Acesso em: 28 set. 2014.

49. _____. Relatório Anual 2012. 2012b. Disponível em: <http://www.bcb.gov.br/pec/boletim/banual2012/rel2012p.pdf>. Acesso em: 28 set. 2014.

50. _____. Resolução n. 4.192, de 01 de março de 2013. 2013a. Dispõe sobre a metodologia para apuração do Patrimônio de Referência (PR). Disponível em: <http://www.bcb.gov.br/pre/normativos/res/2013/pdf/res_4192_v3_P.pdf>. Acesso em: 27 set. 2014.

51. _____. Resolução n. 4.194, de 01 de março de 2013. 2013b. Dispõe sobre a metodologia facultativa para apuração dos requerimentos mínimos de Patrimônio de Referência (PR), de Nível I e de Capital Principal para as cooperativas de crédito que optarem pela apuração do montante dos ativos ponderados pelo risco na forma simplificada (RWARPS) e institui o Adicional de Capital Principal para essas cooperativas. Disponível em: <http://www.bcb.gov.br/pre/normativos/res/2013/pdf/res_4194_v1_O.pdf>. Acesso em: 27 set. 2014.

52. _____. Relatório Anual 2013. 2013c. Disponível em: <http://www.bcb.gov.br/pec/boletim/banual2013/rel2013p.pdf>. Acesso em: 28 set. 2014.

53. _____. Relatório de Estabilidade Financeira. Setembro 2014, Volume 13, n. 2. 2014a. Disponível em: <http://www.bcb.gov.br/htms/estabilidade/2014_09/refP.pdf>. Acesso em: 24 set. 2014.

54. _____. Cadastro Positivo. 2014b. Disponível em: <http://www.bcb.gov.br/?FAQCADPOSITIVO>. Acesso em: 28 set. 2014.

55. BANCO DO BRASIL. Relatório anual 2009. 2009. Disponível em: <http://www.bb.com.br/portalbb/page3,136,3433,0,0,1,8.bb?codigoMenu=198&codigoNoticia=10805&codigoRet=214&bread=1>. Acesso em: 01 mai. 2011.

56. _____. BB Estilo. 2011a. Disponível em: <http://www.bb.com.br/portalbb/home23,114,114,6,1,1,1.bb>. Acesso em: 03 ago. 2011.

57. BANCO ITAÚ UNIBANCO. Itaú Personnalité. 2011a. Disponível em: <http://www.itaupersonnalite.com.br/index.jsp>. Acesso em: 03 ago. 2011.

58. _____. Formulários de compliance. 2011b. Disponível em: <http://ww13.itau.com.br/portalri/index.aspx?idioma=port>. Acesso em: 28 ago. 2011.

59. BANCO SANTANDER. Relatório anual 2010. 2010. Disponível em: <http://www.ri.santander.com.br/web/conteudo_pt.asp?tipo=230&id=0&idioma=0&conta=28&submenu=&img=&ano=2011>. Acesso em: 27 jul. 2011.

60. _____. Histórico. 2011a. Disponível em: <http://www.santander.com.br/portal/gsb/script/templates/GCMRequest.do?page=1241>. Acesso em: 18 mai. 2011.

61. _____. Van Gogh. 2011b. Disponível em: <http://www.santander.com.br/portal/wps/script/templates/GCMRequest.do?page=5869>. Acesso em: 03 ago. 2011.

62. BANK FOR INTERNATIONAL SETTLEMENTS (BIS). Basel III: a global regulatory framework for more resilient banks and banking systems. Basel: Bank for International Settlements, 2010. Disponível em: <http://www.bis.org/publ/bcbs189.htm>. Acesso em: 05 ago. 2011.

63. _____. Basel committee on banking supervision. 2011. Disponível em: <http://www.bis.org/bcbs/history.htm>. Acesso em: 01 mai. 2011.

64. BAUER, M. W.; GASKELL, G.; ALLUM, N. C. Qualidade, quantidade e interesses do conhecimento: evitando confusões. In: BAUER, M. W.; GASKELL, N. C. (Orgs.). Pesquisa qualitativa com texto, imagem e som: um manual prático. Petrópolis: Vozes, 2002.

65. BBC BRASIL. Entenda a quebra do Banco Lehman Brothers. Extra Economia, 16 set. 2008. Disponível em: <http://extra.globo.com/noticias/economia/entenda-quebra-do-banco-lehman-brothers-576433.html>. Acesso em: 29 ago. 2011.

66. BBVA BRASIL. Quem somos. Disponível em: <http://www.bbva.com.br/TLEU/tleu/jsp/br/por/conheca/quem/index.jsp>. Acesso em: 20 mai. 2011.

67. BM&FBOVESPA. Índice de sustentabilidade empresarial. 2014a. Disponível em: <http://www.bmfbovespa.com.br/indices/ResumoCarteiraTeorica.aspx?Indice=ISE&idioma=pt-br>. Acesso em: 18 set. 2014.

68. _____. Evolução Mensal ISE. 2014b. Disponível em: <http://www.bmfbovespa.com.br/indices/EvolucaoMensal.aspx?Indice=ISE&idioma=pt-br>. Acesso em: 18 set. 2014.

69. BOLT, W.; TIEMAN, A. Banking competition, risk and regulation. The Scandinavian Journal of Economics, v. 106, n. 4, p. 783-804, dez. 2004.

70. BORGES, R.; QUEIROZ, R. Um modelo inovador. Isto É Dinheiro, Edição 684, 12 nov. 2010. Disponível em: <http://www.istoedinheiro.com.br/noticias/41061_UM+MODELO+INOVADOR>. Acesso em: 29 mai. 2011.

71. BRANCO, R. Paraísos fiscais: mitos, medos e verdades. O Globo, 09 fev. 2010. Disponível em: <http://oglobo.globo.com/blogs/fisco/posts/2010/02/09/paraisos-fiscais-mitos-medo-verdades-265010.asp>. Acesso em: 27 jul. 2011.

72. BRASIL. Lei n. 4.595, de 31 de dezembro de 1964. Dispõe sobre a política e as instituições monetárias, bancárias e creditícias, cria o conselho monetário nacional e dá outras providências. Disponível em: <http://www.planalto.gov.br/ccivil_03/leis/l4595.htm>. Acesso em: 17 jul. 2012.

73. _____. Lei n. 4.728, de 14 de julho de 1965. Disciplina o mercado de capitais e estabelece medidas para o seu desenvolvimento. Disponível em: <http://www.planalto.gov.br/ccivil_03/leis/l4728.htm>. Acesso em: 17 jul. 2012.

74. _____. Lei n. 6.024, de 13 de março de 1974. Dispõe sobre a intervenção e a liquidação extrajudicial de instituições financeiras, e dá outras providências. Disponível em: <http://www.jusbrasil.com.br/legislacao/108040/lei-6024-74>. Acesso em: 19 set. 2012.

75. _____. Lei n. 6.404, de 15 de dezembro de 1976. Dispõe sobre as Sociedades por Ações. Disponível em: < http://www.planalto.gov.br/ccivil_03/leis/l6404consol.htm>. Acesso em: 30 jul. 2012.

76. _____. Lei n. 6.938, de 31 de agosto de 1981. Dispõe sobre a Política Nacional do Meio Ambiente, seus fins e mecanismos de formulação e aplicação, e dá outras providências. Disponível em: <http://www.planalto.gov.br/ccivil_03/leis/L6938.htm>. Acesso em: 25 set. 2012.

77. _____. Constituição da República Federativa do Brasil de 1988. 1988a. Disponívelem: <http://www.planalto.gov.br/ccivil_03/constituicao/constituicao.htm>. Acesso em: 17 jul. 2012.

78. _____. Ato das Disposições Constitucionais Transitórias Artigo 52. 1988b. Disponível em: <http://www.dji.com.br/constituicao_federal/cfdistra.htm>. Acesso em: 16 set. 2012.

79. _____. Medida Provisória n. 1.179, de 03 de novembro de 1995. 1995a. Dispõe sobre medidas de fortalecimento do Sistema Financeiro Nacional e dá outras providências. Disponível em: <http://www2.camara.gov.br/legin/fed/medpro/1995/medidaprovisoria-1179-3-novembro-1995-362593-publicacaooriginal-1-pe.html>. Acesso em: 19 set. 2012.

80. _____. Medida Provisória n. 1.182, de 17 de novembro de 1995. 1995b. Dispõe sobre a responsabilidade solidária de controladores de instituições submetidas aos regimes de que tratam a Lei n. 6.024, de 13 de março de 1974, e o Decreto-lei n. 2.321, de 25 de fevereiro de 1987; sobre a indisponibilidade de seus bens; sobre privatização de instituições cujas ações sejam desapropriadas, na forma do Decreto-lei n. 2.321, de 1987, e dá outras providências. Disponível em: <http://www2.camara.gov.br/legin/fed/medpro/1995/medidaprovisoria-1182-17-novembro-1995-362597-publicacaooriginal-1-pe.html>.Acesso em: 19 set. 2012.

81. _____. Medida Provisória 1.514, de 07 de agosto de 1996. Estabelece mecanismos objetivando incentivar a redução da presença do setor público estadual na atividade financeira bancária, dispõe sobre a privatização de instituições financeiras, e dá outras providências. Disponível em: <http://www.jusbrasil.com.br/legislacao/104322/medida-provisoria-1514-96>. Acesso em: 20 set. 2012.

82. _____. Lei n. 9.605, de 12 de fevereiro de 1998. 1998a. Dispõe sobre as sanções penais e administrativas derivadas de condutas e atividades lesivas ao meio ambiente, e dá outras providências. Disponível em: <http://www.planalto.gov.br/ccivil_03/leis/L9605.htm>. Acesso em: 25 set. 2012.

83. _____. Lei n. 9.613, de 3 de março de 1998. 1998b. Dispõe sobre os crimes de "lavagem" ou ocultação de bens, direitos e valores; a prevenção da utilização do sistema financeiro para os ilícitos previstos nesta Lei; cria o Conselho de Controle de Atividades Financeiras – COAF, e dá outras providências. Disponível em: <http://www.planalto.gov.br/ccivil_03/leis/l9613.htm>. Acesso em: 24 jul. 2012.

84. _____. Lei Complementar n. 101, de 04 de maio de 2000. Estabelece normas de finanças públicas voltadas para a responsabilidade na gestão fiscal e dá outras providências. Disponível em: <http://www.planalto.gov.br/ccivil_03/leis/lcp/lcp101.htm>. Acesso em: 18 set. 2012.

85. _____. Lei Complementar n. 105, de 10 de janeiro de 2001. 2001a. Dispõe sobre o sigilo das operações de instituições financeiras e dá outras providências. Disponível em: <http://www.planalto.gov.br/ccivil_03/leis/lcp/Lcp105.htm>. Acesso em: 24 jul. 2012.

86. _____. Medida Provisória n. 2.155, de 22 de junho de 2001. 2001b. Estabelece o Programa de Fortalecimento das Instituições Financeiras Federais e autoriza a criação da Empresa Gestora de Ativos – EMGEA. Disponível em: <http://www.planalto.gov.br/ccivil_03/mpv/Antigas_2001/2155.htm>. Acesso em: 10 out. 2011.

87. _____. Medida Provisória n. 2.196-3, de 24 de agosto de 2001. 2001c. Estabelece o Programa de Fortalecimento das Instituições Financeiras Federais e autoriza a criação da Empresa Gestora de Ativos – EMGEA. Disponível em: <http://www.planalto.gov.br/ccivil_03/mpv/2196-3.htm>. Acesso em: 10 out. 2011.

88. _____. Lei n. 10.701, de 9 de julho de 2003. 2003a. Altera e acrescenta dispositivos à Lei no 9.613, de 3 de março de 1998, que dispõe sobre os crimes de lavagem ou ocultação de bens, direitos e valores; a prevenção da utilização do sistema financeiro para os ilícitos previstos nesta Lei; cria o Conselho de Controle de Atividades Financeiras – Coaf, e dá outras providências. Disponível em: <http://www.planalto.gov.br/ccivil_03/leis/2003/l10.701.htm>. Acesso em: 24 jul. 2012.

89. _____. Lei n. 10.820, de 17 de dezembro de 2003. 2003b. Dispõe sobre a autorização para desconto de prestações em folha de pagamento, e dá outras providências. Disponível em: <http://www.planalto.gov.br/ccivil_03/leis/2003/l10.820.htm>. Acesso em: 25 set. 2012.

90. _____. Medida Provisória n. 443, de 22 de outubro de 2008. Autoriza o Banco do Brasil S.A. e a Caixa Econômica Federal a constituírem subsidiárias e a adquirirem participação em instituições financeiras sediadas no Brasil, e

dá outras providências. Disponível em: <http://www.camara.gov.br/proposi-coesWeb/fichadetramitacao?idProposicao=413095>. Acesso em: 20 set. 2012.

91. _____. Lei n. 11.977, de 7 de julho de 2009. Dispõe sobre o Programa Minha Casa, Minha Vida – PMCMV. Disponível em: <http://www.cidades.gov.br/images/stories/ArquivosSNH/ArquivosPDF/Leis/L11977compilada.pdf>. Acesso em: 24 jul. 2012.

92. _____. Lei n. 12.249, de 11 de junho de 2010. Institui o Regime Especial de Incentivos para o Desenvolvimento de Infraestrutura da Indústria Petrolífera nas Regiões Norte, Nordeste e Centro-Oeste – REPENEC; cria o Programa Um Computador por Aluno – PROUCA e institui o Regime Especial de Aquisição de Computadores para Uso Educacional – RECOMPE; prorroga benefícios fiscais; constitui fonte de recursos adicional aos agentes financeiros do Fundo da Marinha Mercante – FMM para financiamentos de projetos aprovados pelo Conselho Diretor do Fundo da Marinha Mercante – CDFMM; institui o Regime Especial para a Indústria Aeronáutica Brasileira – RETAERO; dispõe sobre a Letra Financeira e o Certificado de Operações Estruturadas; ajusta o Programa Minha Casa Minha Vida – PMCMV; altera as Leis ns. 8.248, de 23 de outubro de 1991, 8.387, de 30 de dezembro de 1991, 11.196, de 21 de novembro de 2005, 10.865, de 30 de abril de 2004, 11.484, de 31 de maio de 2007, 11.488, de 15 de junho de 2007, 9.718, de 27 de novembro de 1998, 9.430, de 27 de dezembro de 1996, 11.948, de 16 de junho de 2009, 11.977, de 7 de julho de 2009, 11.326, de 24 de julho de 2006, 11.941, de 27 de maio de 2009, 5.615, de 13 de outubro de 1970, 9.126, de 10 de novembro de 1995, 11.110, de 25 de abril de 2005, 7.940, de 20 de dezembro de 1989, 9.469, de 10 de julho de 1997, 12.029, de 15 de setembro de 2009, 12.189, de 12 de janeiro de 2010, 11.442, de 5 de janeiro de 2007, 11.775, de 17 de setembro de 2008, os Decretos-Leis ns. 9.295, de 27 de maio de 1946, 1.040, de 21 de outubro de 1969, e a Medida Provisória n. 2.158-35, de 24 de agosto de 2001; revoga as Leis nos 7.944, de 20 de dezembro de 1989, 10.829, de 23 de dezembro de 2003, o Decreto-Lei n. 423, de 21 de janeiro de 1969; revoga dispositivos das Leis ns. 8.003, de 14 de março de 1990, 8.981, de 20 de janeiro de 1995,

5.025, de 10 de junho de 1966, 6.704, de 26 de outubro de 1979, 9.503, de 23 de setembro de 1997; e dá outras providências. Disponível em: <http://www.planalto.gov.br/ccivil_03/_ato2007-2010/2010/lei/l12249.htm>. Acesso em: 29 ago. 2011.

93. _____. Lei n. 12.414, de 09 de junho de 2011. Disciplina a formação e consulta a bancos de dados com informações de adimplemento, de pessoas naturaisou de pessoas jurídicas, para formação de histórico de crédito. Disponível em: <http://www.planalto.gov.br/ccivil_03/_Ato2011-2014/2011/Lei/L12414.htm>. Acesso em: 25 set. 2012.

94. _____. Decreto n. 7.829, de 17 de outubro de 2012. Regulamenta a Lei n. 12.414, de 9 de junho de 2011, que disciplina a formação e consulta a bancos de dados com informações de adimplemento, de pessoas naturais ou de pessoas jurídicas, para formação de histórico de crédito. Disponível em: <http://www.planalto.gov.br/ccivil_03/_Ato2011-2014/2012/Decreto/D7829.htm>. Acesso em: 28 set. 2014.

95. _____. Medida Provisória n. 608, de 28 de fevereiro de 2013. Dispõe sobre crédito presumido apurado com base em créditos decorrentes de diferenças temporárias oriundos de provisões para créditos de liquidação duvidosa nas condições que estabelece e dispõe sobre os títulos de crédito e instrumentos emitidos por instituições financeiras e demais instituições autorizadas a funcionar pelo Banco Central do Brasil, para composição de seu patrimônio de referência, e altera a Lei n. 12.249, de 11 de junho de 2010. Vigência Prorrogada pelo APMCN n. 23, de 16 de abril de 2013. Disponível em: <http://www.receita.fazenda.gov.br/Legislacao/MPs/2013/mp608.htm>. Acesso em: 27 set. 2014.

96. BREALEY, R. A.; MYERS, S. C.; ALLEN, F. Princípios de finanças corporativas. 8. ed. São Paulo: McGraw-Hill, 2008. 918 p.

97. CAMARGO JÚNIOR, A. S.; MATIAS, A. B.; MERLO, E. M. Discriminação de eficiência de bancos da América Latina e EUA. Cepefin, 2005. Disponível em: <http://www.cepefin.com.br/areas_banking.htm>. Acesso em: 08 mar. 2011.

98. CARVALHO, C. E.; STUDART, R.; ALVES JÚNIOR, A. J. Desnacionalização do setor bancário e financiamento das empresas: a experiência brasileira recente. Texto

para Discussão, n. 882. Rio de Janeiro: IPEA, 2002. Disponível em: <http://getinternet.ipea.gov.br/pub/td/2002/td_0882.pdf>. Acesso em: 30 abr. 2011.

99. CHAVES, D. Índice Dow Jones de Sustentabilidade mantém sete companhias brasileiras. O Estado de S.Paulo, 09 set. 2010. Economia & Negócios. Disponível em: <http://economia.estadao.com.br/noticias/not_34704.htm>. Acesso em: 23 jul. 2011.

100. CHEN, S.; LIAO, C. Are foreign banks more profitable than domestic banks? Home- and host-country effects of banking market structure, governance and supervision. Journal of Banking & Finance, v. 35, n. 4, p. 819-839, mar. 2011.

101. COAF. Relatório de Atividades 2010. 2010. Disponível em: <https://www.coaf.fazenda.gov.br/downloads/relatorios-coaf/RelatorioAtividades2010.pdf/view>. Acesso em: 23 ago. 2011.

102. _____. Institucional: sistema brasileiro de prevenção combate a lavagem de dinheiro e ao financiamento ao terrorismo. 2011. Disponível em: <https://www.coaf.fazenda.gov.br/conteudo/institucional/sistema-brasileiro-de-prevencao-combate-a-lavagem-de-dinheiro-e-ao-financiamento-ao-terrorismo/>. Acesso em: 23 ago. 2011.

103. COLON, L. Roseana só regularizou acordo pouco antes da intervenção do Banco Santos. O Estado de S.Paulo, 16 ago. 2010. Brasil. Disponível em: <http://www.estadao.com.br/noticias/impresso,roseana-so-regularizou-acordo-pouco-antes-da-intervencao-no-banco-santos,595629,0.htm>. Acesso em: 29 ago. 2011.

104. CORAZZA, Gentil; OLIVEIRA, Reci. Os bancos nacionais face à internacionalização do sistema bancário brasileiro. Revista Análise Econômica, Porto Alegre, ano 25, n. 47, p. 151-184, mar. 2007.

105. CUCOLO, E.; D'AMORIN, S. Crise no Panamericano deve acabar em ação criminal, diz BC. Folha Online, 10 nov. 2010. Mercado. Disponível em: <http://www1.folha.uol.com.br/mercado/828805-crise-no-panamericano-deve-acabar-em-acao-criminal-diz-bc.shtml>. Acesso em: 20 mai. 2011.

106. DELOITTE. Adequações finais ao Acordo de Basileia II. Brasília: Banco Central do Brasil, 2004. Disponível em: <http://www4.bcb.gov.br/pre/inscricao-

ContaB/trabalhos/Apresentacao_Basileia%20II%20BACEN_Deloitte.pdf>. Acesso em: 01 mai. 2011.

107. DE PAULA, L. F.; MARQUES, M. B. L. Tendências recentes da consolidação bancária no Brasil. Revista Análise Econômica, Porto Alegre, ano 24, n. 45, p. 235-263, mar. 2006. Disponível em: <http://seer.ufrgs.br/AnaliseEconomica/article/view/10861/www.ufrgs.br>. Acesso em: 08 mar. 2011.

108. DIAS, L. C.; LENZI, M. H. Reorganização espacial de redes bancárias no Brasil: processos adaptativos e inovadores. Caderno CRH, Salvador, v. 22, n. 55, p. 97-117, jan./abr. 2009. Disponível em: <http://www.cadernocrh.ufba.br/viewarticle.php?id=620>. Acesso em: 17 mar. 2011.

109. DOW JONES SUSTAINABILITY INDICES. Sobre nós. 2014a. Disponível em: <http://www.sustainability-indices.com/about-us/dow-jones-sustainability-indices.jsp>. Acesso em: 18 set. 2014.

110._____. The Sustainability Yearbook 2014. 2014b. Disponível em: <http://yearbook.robecosam.com/?file=files/rs_data/pdf/RobecoSAM_Sustainability_Yearbook_2014.pdf>. Acesso em: 18 set. 2014.

111. EICHLER, S.; KARMANN, A.; MALTRITZ, D. The term structure of banking crisis risk in the United States: a market data based compound option approach. Journal of Banking & Finance, v. 35, n. 4, p. 876-885, abr. 2011.

112. EQUATOR PRINCIPLES. Bancos-membros. 2011a. Disponível em: <http://www.equator-principles.com/index.php/members-reporting>. Acesso em: 23 jul. 2011.

113._____. Benefícios. 2011b. Disponível em: <http://www.equator-principles.com/index.php/adoption/benefits>. Acesso em: 23 jul. 2011.

114._____. História. 2011c. Disponível em: <http://www.equator-principles.com/index.php/history>. Acesso em: 23 jul. 2011.

115._____. Princípios. 2011d. Disponível em: <http://www.equator-principles.com/resources/equator_principles_portuguese.pdf>. Acesso em: 23 jul. 2011.

116. ERCOLIN, T. M. Evolução da estrutura de mercado bancário e de crédito no Brasil no período de 2001 a 2007. 2009. 146 f. Dissertação (Mestrado em

Economia Aplicada) – Escola Superior de Agricultura Luiz de Queiroz, Universidade de São Paulo, Piracicaba, 2009.

117. ESTADÃO. Brasil recupera obras de arte do Banco Santos. G1, 21 set. 2010. Economia e Negócios. Disponível em: <http://g1.globo.com/economia-e-negocios/noticia/2010/09/brasil-recupera-obras-de-arte-do-banco-santos.html>. Acesso em: 29 ago. 2011.

118. FEDERAÇÃO BRASILEIRA DE BANCOS (FEBRABAN). Relatório Anual 2009. Disponível em: <http://www.febraban.org.br/p5a_52gt34++5cv8_4466+ff1 45afbb52ffrtg33fe364551i5411pp+e/sitefebraban/Febraban_completo.pdf>. Acesso em: 17 ago. 2011.

119._____. Ciab Febraban 2010: mPayment e os bancos. 2010a. Disponível em: <http://www.febraban.org.br/7Rof7SWg6qmyvwJcFwF7I0aSDf9jyV/sitefebraban/Cl%E1udio%20Almeida%20Prado%20-%20AF%2011.06%20Payment%20Febraban.pdf>. Acesso em: 29 jul. 2011.

120._____. Ciab Febraban 2010: prevenção de fraudes em documentos eletrônicos. 2010b. Disponível em: <http://www.febraban.org.br/7Rof7SWg6qm yvwJcFwF7I0aSDf9jyV/sitefebraban/LN%20-%20Wander%20Blanco%20-%20 vers%E3o%20autorizada%20para%20site.pdf>. Acesso em: 29 jul. 2011.

121._____. 20° Café com Sustentabilidade. 2011a. São Paulo. Disponível em: <http://www.febraban.org.br/Febraban.asp?id_pagina=93&id_texto =0&palavra=Caf%E9%20com%20sustentabilidade>. Acesso em: 21 jul. 2011.

122._____. Ciab Febraban 2011: Brazilian banks after the web – new challenges managing IT. 2011b. Disponível em: <http://www.febraban.org.br/7Rof 7SWg6qmyvwJcFwF7I0aSDf9jyV/sitefebraban/Cassio%20Dreyfuss%20-%20 1%BA%20painel%20-%20Divulga%E7%E3o.pdf>. Acesso em: 29 jul. 2011.

123._____. Ciab Febraban 2011: a tecnologia além da web - Accenture do Brasil. 2011c. Disponível em: <http://www.febraban.org.br/7Rof7SWg6qmyvwJ cFwF7I0aSDf9jyV/sitefebraban/CIAB_DAY_JAIR_vFINAL_2.pdf>. Acesso em: 29 jul. 2011.

124._____. Dados estatísticos e séries temporais. 2011d. Disponível em: <http:// www.febraban.org.br/bd/>. Acesso em: 17 ago. 2011.

125. _____. Balanço consolidado do sistema. 2011e. Portal de Informações Febraban. 17 p.

126. FOLHA ONLINE. Bradesco compra filial brasileira do BBVA por R$ 2,63 bilhões. Folha de S.Paulo, 13 jan. 2003. Mercado. Disponível em: <http://www1.folha.uol.com.br/folha/dinheiro/ult91u61845.shtml>. Acesso em: 20 mai. 2011.

127. _____. Banco Central decreta intervenção no Banco Santos. Folha de S.Paulo, 12 nov. 2004. Mercado. Disponível em: <http://www1.folha.uol.com.br/folha/dinheiro/ult91u90704.shtml>. Acesso em: 29 ago. 2011.

128. _____. Grupo irlandês Experian compra Serasa por US$ 1,2 bilhão. Folha de S.Paulo, 26 jun. 2007. Mercado. Disponível em: <http://www1.folha.uol.com.br/folha/dinheiro/ult91u307203.shtml>. Acesso em: 23 ago. 2011.

129. _____. Banco do Brasil fecha compra da Nossa Caixa por R$ 5,4 bilhões. Folha de S.Paulo, 20 nov. 2008a. Mercado. Disponível em: <http://www1.folha.uol.com.br/folha/dinheiro/ult91u469812.shtml>. Acesso em: 20 mai. 2011.

130. _____. Lehman Brothers anuncia que vai declarar concordata. Folha de São Paulo, 15 set. 2008b. Mercado. Disponível em: <http://www1.folha.uol.com.br/folha/dinheiro/ult91u444893.shtml>. Acesso em: 29 ago. 2011.

131. _____. Caixa compra 35% do Banco Panamericano por R$ 740 milhões. Folha de S.Paulo, 01 dez. 2009. Mercado. Disponível em: <http://www1.folha.uol.com.br/folha/dinheiro/ult91u660326.shtml>. Acesso em: 20 mai. 2011.

132. FORTUNA, E. Mercado financeiro: produtos e serviços. 18. ed. Rio de Janeiro: Qualitymark, 2010. 1024 p.

133. FRIEDLANDER, D.; MODÉ, L. Proer privado resgata Silvio Santos. O Estado de S. Paulo, 01 fev. 2011. Economia & Negócios. Disponível em: <http://economia.estadao.com.br/noticias/Neg%C3%B3cios+Setor%20Financeiro,proer--privado-resgata-silvio-santos,not_53186.htm>. Acesso em: 29 mai. 2011.

134. FUNDAP. O mercado de crédito no Brasil. Disponível em: <http://www.fundap.sp.gov.br/debatesfundap/pdf/conjuntura/O_mercado_de_cr%C3%A9dito_no_Brasil.pdf>. Acesso em: 14 ago. 2011.

135. FUNDO GARANTIDOR DE CRÉDITO (FGC). Garantia. Disponível em: <http://www.fgc.org.br/?ci_menu=59&conteudo=1>. Acesso em: 23 set. 2011.

136. GIL, A. C. Como elaborar projetos de pesquisa. 4. ed. São Paulo: Atlas, 2002. 175 p.

137. G1. Ex-banqueiro Edemar Cid Ferreira é preso em São Paulo. G1, 12 dez. 2006. São Paulo. Disponível em: <http://g1.globo.com/Noticias/ SaoPaulo/0,,AA1384130-5605,00.html>. Acesso em: 11 set. 2011.

138. _____. Unibanco e Itaú anunciam fusão e criam gigante financeiro. G1, 03 nov. 2008. Economia e Negócios. Disponível em: <http://g1.globo.com/Noticias/Economia_Negocios/0,,MUL846978-9356,00-UNIBANCO+E+ITAU+AN UNCIAM+FUSAO+E+CRIAM+GIGANTE+FINANCEIRO.htm>. Acesso em: 25 mai. 2011.

139. _____. Banco do Brasil conclui compra de 50% do Votorantim, anunciam bancos. G1, 28 set. 2009. Economia e Negócios. Disponível em: <http:// g1.globo.com/Noticias/Economia_Negocios/0,,MUL1320824-9356,00-BANCO +DO+BRASIL+CONCLUI+COMPRA+DE+DO+VOTORANTIM+ANUNCIAM+BA NCOS.html>. Acesso em: 01 set. 2011.

140. _____. Economia brasileira cresce 7,5% em 2010, mostra IBGE. G1, 03 mar. 2011a. Economia. Disponível em: <http://g1.globo.com/economia/noticia/2011/03/economia-brasileira-cresce-75-em-2010-mostra-ibge.html>. Acesso em: 25 mar. 2011.

141. _____. Cade aprova a compra do Panamericano pelo BTG Pactual. G1, 04 mai. 2011b. Economia. Disponível em: <http://g1.globo.com/economia/noticia/2011/05/cade-aprova-compra-do-panamericano-pelo-btg-pactual.html>. Acesso em: 26 mai. 2011.

142. GOLDNER, F.; ARAÚJO, C. A. G. Estratégia de fusão e aquisição bancária no Brasil: evidências empíricas sobre retornos. In: SIMPÓSIO DE PRODUÇÃO CIENTÍFICA, 3.,Vitória, 2005. Anais do III FUCAPE. Disponível em: <http:// www.fucape.br/simposio/3/artigos/fabio%20goldner%20e%20carlos%20alberto%20araujo.pdf>. Acesso em: 18 abr. 2011.

143. GREMAUD, A. P.; VASCONCELLOS, M. A. S.; TONETO JÚNIOR, R. Economia brasileira contemporânea. 7. ed. São Paulo: Atlas, 2010. 659 p.

144. HRYNIEWICZ, M. R. Estágio ABN Amro Real S/A. 2000. 12 f. Trabalho de Formatura Supervisionado. Instituto de Matemática e Estatística, Universidade de São Paulo, São Paulo, 2000. Disponível em: <http://www.linux.ime.usp.br/~cef/mac499-03/monografias/mrh/>. Acesso em: 20 mai. 2011.

145. HUTCHISON, M. M.; NOY, I. How bad are twins? Output costs of currency and banking crises. Journal of Money, Credit and Banking, v. 37, n. 4, p. 725-752, ago. 2005.

146. IBCPF. Certificação CFP. Disponível em: <http://www.ibcpf.org.br/home/default.aspx>. Acesso em: 24 ago. 2011.

147. IBEF. O novo papel do CFO. Disponível em: <http://www.ibef.com.br/ibef-news/pdfs/153/seminario.pdf>. Acesso em: 03 ago. 2011.

148. INEPAD. Visionarium. Disponível em: <http://inepad.org.br/site/visionarium>. Acesso em: 15 abr. 2011a.

149. _____. Desafios da economia brasileira: uma visão com perspectiva internacional. Apresentação Interna Prof. Alberto Borges Matias. Ribeirão Preto, 2011b.

150. INSTITUTO BRASILEIRO DE GOVERNANÇA CORPORATIVA (IBGC). Origem da boa governança. Disponível em: <http://www.ibgc.org.br/Home.aspx>. Acesso em: 27 jul. 2011.

151. IPEADATA. Macroeconômico. Rio de Janeiro, 2011. Disponível em: <http://www.ipeadata.gov.br> Acesso em: 13 mai. 2011.

152. IPEA. Comunicado n. 105 – Banco do Brasil, BNDES e Caixa Econômica Federal: a atuação dos bancos públicos federais no período 2003-2010. Disponível em: <http://www.ipea.gov.br/portal/images/stories/PDFs/comunicado/110810_comunicadoipea105.pdf>. Acesso em: 17 ago. 2011.

153. LINS, C.; WAJNBERG, D. Sustentabilidade corporativa no setor financeiro. Fundação Brasileira para o Desenvolvimento Sustentável (FBDS), 2007. 63 p. Disponível em: <http://www.fbds.org.br/fbds/IMG/pdf/doc-243.pdf>. Acesso em: 23 jul. 2011.

154. LUNDBERG, E. Rede de proteção e saneamento do sistema bancário. Brasília: Banco Central do Brasil, 1999. 25 p. Disponível em: <http://www.bcb.gov.br/ftp/redeprot.pdf>. Acesso em: 30 abr. 2011.

155._____. Saneamento do sistema financeiro: a experiência brasileira dos últimos 25 anos. Brasília: Banco Central do Brasil, 2000. 17 p. Disponível em: <http://www.bcb.gov.br/ftp/saneamento.pdf>. Acesso em: 30 abr. 2011.

156. MACHADO FILHO, C. P. Responsabilidade social e governança. São Paulo: Thomson Learning, 2006. 192 p.

157. MARTELLO, A. Fiscalização do BC melhorou nos últimos anos, diz Meirelles. G1, 25 set. 2007. Economia e Negócios. Disponível em: <http://g1.globo.com/Noticias/Economia_Negocios/0,,MUL109905-9356,00-FISCALIZACAO+DO+BC+MELHOROU+NOS+ULTIMOS+ANOS+DIZ+MEIRELLES.html>. Acesso em: 29 ago. 2011.

158._____. Mercado reduz previsão de alta do PIB de 2014 pela 12ª semana seguida. G1 Mercado. 18 ago. 2014. 2014a. Disponível em: <http://g1.globo.com/economia/mercados/noticia/2014/08/mercado-baixa-previsao-de-alta-do-pib-pela-12a-semana-seguida.html>. Acesso em: 28 set. 2014.

159._____. Mesmo com medidas, BC ainda espera que crédito cresça menos. G1 Economia. 26 set. 2014. 2014b. Disponível em: <http://g1.globo.com/economia/noticia/2014/09/mesmo-com-medidas-bc-segue-prevendo-desaceleracao-do-credito.html>. Acesso em: 28 set. 2014.

160. MATIAS, A. B. Estudo técnico sobre as taxas de juros vigentes no Brasil: uma análise das hipóteses convencionais. 2004. 20 p. Disponível em: <http://www.cepefin.org.br/estudo_tecnico_razoes_dos_elevados_juros_versao_3.pdf>. Acesso em: 17 jul. 2012.

161._____. (Coord.). Finanças corporativas de curto prazo: a gestão do valor do capital de giro. São Paulo: Atlas, 2007. 304 p.

162._____. Análise financeira fundamentalista de empresas. São Paulo: Atlas, 2009. 370 p.

163. MATIAS, A. B.; PEIXOTO, M. A. T. A Indústria bancária brasileira na década de 90. São Paulo, 2000. 132 p. Estudo não publicado.

164. MENDONÇA, A. R. R.; AUGUSTO, A. F.; VLATKOVIC, G. C. Basiléia III: alterações propostas, institucionalidade europeia e adoção no Reino Unido. In: ENCONTRO INTERNACIONAL DA ASSOCIAÇÃO KEYNESIANA BRASILEIRA,

4., Rio de Janeiro, 2011. Anais... Rio de Janeiro: 2011. Disponível em: <http:// www.ppge.ufrgs.br/akb/encontros/2011/47.pdf>. Acesso em: 07 ago. 2011.

165. MINELLA, A. C. Maiores bancos privados no Brasil: um perfil econômico e sociopolítico. Revista Sociologias, Porto Alegre, ano 9, n. 18, p. 100-125, jul./dez. 2007. Disponível em: <http://seer.ufrgs.br/sociologias/article/view/5650>. Acesso em: 18 mar. 2011.

166. MURTEIRA, B. J. F.; BLACK, G. H. J. Estatística descritiva. Lisboa: McGrawHill, 1983. 329 p.

167. NAKANE, M. I.; ALENCAR, L. S. Análise de fusões e aquisições horizontais no setor bancário: uma reflexão a partir da experiência internacional. Brasília: Banco Central do Brasil, 2004. 11 p. Disponível em: <www.bcb.gov.br/pec/semecobancred2004/port/paperVIII.pdf>. Acesso em: 18 abr. 2011.

168. NAPOLITANO, G. BBVA ampliará operações no Brasil. Exame Negócios, 06 mar. 2008. Disponível em: <http://exame.abril.com.br/negocios/empresas/noticias/bbva-ampliara-operacoes-no-brasil-m0153820>. Acesso em: 20 mai. 2011.

169. NASSER, A. A. M. Competição e Concentração no Setor Bancário Brasileiro atual: estrutura e evolução ao longo do tempo. 2008. 84 f. Monografia em Defesa da Concorrência e Regulação Econômica SEAE. São Paulo, 2008.

170. OBSERVATÓRIO SOCIAL. Relatório geral de observação ABN Amro Bank. 2002. Disponível em: <http://www.observatoriosocial.org.br/arquivos_biblioteca/conteudo/18532002novGerABNAMROport.pdf>. Acesso em: 18 mai. 2011.

171. O GLOBO. Santander deve encostar no Bradesco e forçar mudanças no sistema bancário brasileiro. Extra Economia, 05 out. 2007. Disponível em: <http://extra.globo.com/noticias/economia/santander-deve-encostar-no-bradesco-forcar-mudancas-no-setor-bancario-brasileiro-727158.html>. Acesso em: 20 mai. 2011.

172. _____. Banco do Brasil acerta compra da Nossa Caixa por R$ 5,386 bi. Extra Economia, 20 nov. 2008. Disponível em: <http://extra.globo.com/noticias/economia/banco-do-brasil-acerta-compra-da-nossa-caixa-por-5386-bi-613218.html>. Acesso em: 20 mai. 2011.

173. OLIVERO, M. P.; LI, Y.; JEON, B. N. Competition in banking and the lending channel: evidence from bank-level data in Asia and Latin America. Journal of Banking & Finance, v. 35, n. 3, p. 560-571, mar. 2011.

174. PINHEIRO, A. C. Impactos microeconômicos da privatização no Brasil. Pesquisa e Planejamento Econômico. Rio de Janeiro: IPEA, v. 26, n. 3, p. 357-398, dez.1996. Disponível em: <http://www.ppe.ipea.gov.br/index.php/ppe/article/view/744>. Acesso em: 15 abr. 2011.

175. PLANETA SUSTENTÁVEL. Itaú e Unibanco: a construção de uma imagem em comum. 2009. Disponível em: <http://planetasustentavel.abril.com.br/noticia/desenvolvimento/fusao-banco-sustentabilidade-credito-projetos-520336.shtml>. Acesso em: 24 jul. 2011.

176. PORTAL DE CONTABILIDADE. Normas de consolidação. Disponível em: <http://www.portaldecontabilidade.com.br/ibracon/npc21.htm>. Acesso em: 05 set. 2011.

177. REUTERS. Com fusão, Itaú Unibanco se lança como player global. Reuters Brasil, 03 nov. 2008. Disponível em:<http://br.reuters.com/article/newsOne/idBRSPE4A300G20081104?pageNumber=1&virtualBrandChannel=0 >. Acesso em: 25 mai. 2011.

178._____. Ganhos da fusão Itaú Unibanco vão aparecer em 2011. Extra Economia, 24 nov. 2010. Disponível em: <http://extra.globo.com/noticias/economia/ganhos-da-fusao-itau-unibanco-vao-aparecer-em-2011-21790.html>. Acesso em: 25 mai. 2011.

179._____. Arrecadação de impostos cresce 9,8% e bate recorde em 2010. Terra, 20 jan. 2011. Disponível em: <http://economia.terra.com.br/noticias/noticia.aspx?idNoticia=201101201738_RTR_1295544618nN20123293>. Acesso em: 30 jul. 2011.

180. REVISTA ÉPOCA. Bradesco acerta compra do BBV Brasil e aumenta em R$ 2,450 bilhões o seu patrimônio líquido. Época, 13 jan. 2003. Disponível: <http://revistaepoca.globo.com/Revista/Epoca/0,,EDG54983-6012,00.html>. Acesso em: 20 maio 2011.

181. RIBEIRO, M. S.; DIAS DE OLIVEIRA, O. J. Os Princípios do Equador e a concessão de crédito socioambiental. In: CONGRESSO FIPECAFI, 8. São Paulo, 2008. Anais... São Paulo: 2008. Disponível em: <http://www.congressousp.fipecafi.org/artigos82008/594.pdf>. Acesso em: 21 jul. 2011.

182. RISKBANK. O novo acordo de capital da Basiléia (Basiléia II). 21 ago. 2002. Disponível em: <http://www.riskbank.com.br/anexo/basileia2.pdf>. Acesso em: 01 mai. 2011.

183. _____. Boletim Entendendo o Basiléia III. 21 set. 2010. Disponível em: <http://www.riskbank.com.br/anexo/boletim0910.pdf>. Acesso em: 07 ago. 2011

184. _____. Fusões e aquisições. 2011. Disponível em: <http://www.riskbank.com.br/anexo/fusoes.pdf>. Acesso em: 10 mai. 2011.

185. ROSSIN, C.; SCHMAL, D.; CALABREZ, T. A sustentabilidade do setor financeiro. IBEF News, p. 36-38, ago. 2009.

186. SALVIANO JUNIOR, C. Bancos estaduais: dos problemas crônicos ao PROES. Brasília: Banco Central do Brasil, 2004. 153 p. Disponível em: <http://www.bcb.gov.br/htms/public/BancosEstaduais/livro_bancos_estaduais.pdf>. Acesso em: 14 mai. 2011.

187. SAMPAIO, M. A. Macrofinanças bancárias: dívida pública e gestão bancária no Brasil. 2007. 80 f. Dissertação (Mestrado em Administração de Organizações) – Faculdade de Economia, Administração e Contabilidade de Ribeirão Preto, Universidade de São Paulo, Ribeirão Preto, 2007.

188. SANT'ANNA, A. A.; BORÇA JÚNIOR, G. R.; ARAÚJO, P. Q. Mercado de crédito no Brasil: evolução recente e o papel do BNDES (2004-2008). Revista do BNDES, Rio de Janeiro, v. 16, n. 31, p. 41-60, jun. 2009.

189. SANTIN, R. I. A. Evolução da regulação bancária: do Acordo de Basiléia I ao Acordo de Basiléia III. 2010. 74 f. Monografia (Graduação em Ciências Contábeis) – Faculdade de Ciências Econômicas, Universidade Federal do Rio Grande do Sul, Rio Grande do Sul, 2010. Disponível em: <http://www.lume.ufrgs.br/handle/10183/28145>. Acesso em: 07 ago. 2011.

BIBLIOGRAFIA

190. SANTOS, P. M. F.; FINAZZI, S. V. M. Análise do discurso ambiental dos bancos brasileiros de varejo cujas ações são negociadas na Bovespa. In: ENCONTRO NACIONAL DA ANPPAS, 4., 2008, Brasília. Anais... Brasília: 2008, 20 p.

191. SAUNDERS, A. Administração de instituições financeiras. São Paulo: Atlas, 2007. 663 p.

192. SCHRICHEL, W. K. Análise de crédito: concessão e gerência de empréstimos. 5. ed. São Paulo: Atlas, 2000. 360 p.

193. SENADO FEDERAL. Relatório Final da Comissão de Meio Ambiente, Defesa do Consumidor e Fiscalização e Controle 2012. Disponível em: <http://legis.senado.leg.br/mateweb/arquivos/mate-pdf/114231.pdf>. Acesso em: 10 out. 2011.

194. SERASA EXPERIAN. Academia de crédito. 2011. Disponível em: <http://www.serasaexperian.com.br/cursosinteresses/academia/index.htm>. Acesso em: 24 ago. 2011.

195. SILBER, S. D. Mudanças estruturais na economia brasileira (1988-2002): abertura, estabilização e crescimento. 2002. Disponível em: <http://www.usp.br/prolam/simao.pdf>. Acesso em: 17 abr. 2011.

196. SUPERLÓGICA. O que é CNAB 400? O que é CNAB 240? Disponível em: <http://superlogica.com/faq/00306>. Acesso em: 29 jul. 2011.

197. TAVARES, M. Estatística aplicada à administração. 2007. Disponível em: <http://www.ufpi.br/uapi/conteudo/disciplinas/estatistica/download/Estatistica_completo_revisado.pdf>. Acesso em: 05 set. 2011.

198. UOL. Cade aprova fusão entre Itaú e Unibanco sem restrições. Uol, 18 ago. 2010. Última Instância. Disponível em: <http://ultimainstancia.uol.com.br/noticia/CADE+APROVA+FUSAO+ENTRE+ITAU+E+UNIBANCO+SEM+RESTRIC OES_70763.shtml>. Acesso em: 26 mai. 2011.

199. _____. BTG Pactual diz que compra do Panamericano custou R$ 450 milhões. Uol, 31 jan. 2011. Economia. Disponível em: <http://economia.uol.com.br/ultimas-noticias/redacao/2011/01/31/btg-pactual-disse-que-compra-do-panamericano-custou-r-450-milhoes.jhtm>. Acesso em: 26 mai. 2011.

200. VALOR ONLINE. Administrações aprovam incorporação do Real pelo Santander. G1, 15 abr. 2009. Economia e Negócios. Disponível em: <http://g1.globo. com/Noticias/Economia_Negocios/0,,MUL1086197-9356,00-ADMINISTRAC OES+APROVAM+INCORPORACAO+DO+REAL+PELO+SANTANDER.html>. Acesso em: 20 mai. 2011.

201._____. Ex-banqueiro elogia parcelamento de dívida com o BC. Valor Econômico, 25 jan. 2011a. Finanças. Disponível em: <http://www.valoronline. com.br/online/banco-central/4676/373515/ex-banqueiro-elogia-parcelamento-de-divida-com-o-bc>. Acesso em: 29 mai. 2011.

202._____. Banco Panamericano registra lucro de R$ 76,1 milhões no 1º trimestre. G1, 16 mai. 2011b. Economia. Disponível em: <http://g1.globo.com/economia/noticia/2011/05/banco-panamericano-registra-lucro-de-r-761-milhoes-no-1o-trimestre.html>. Acesso em: 26 mai. 2011.

203. VEJA. Taxa de desemprego em 2010 é a menor em oito anos. Veja, 27 jan. 2011. Economia. Disponível em: <http://veja.abril.com.br/noticia/economia/ taxa-de-desemprego-em-2010-e-a-menor-em-oito-anos>. Acesso em: 30 abr. 2011.

204. YEYATI, E. L.; MICCO, A. Concentration and foreign penetration in Latin American banking sectors: impact on competition and risk. Journal of Banking & Finance, v. 31, n. 6, p. 1633-1647, jan. 2007.

205. WAJNBERG, D. Sustentabilidade nos bancos brasileiros: exame da divulgação do relacionamento entre iniciativas socioambientais e o desempenho financeiro corporativo. 2008. 67 f. Dissertação (Mestrado em Administração) – Instituto COPPEAD de Administração, Universidade Federal do Rio de Janeiro, Rio de Janeiro, 2008.

ÍNDICE REMISSIVO

A
abertura comercial 30, 79, 85, 86, 87, 122, 222, 421
aceleração inflacionária 34, 85, 104, 117, 170
Acordo de Basileia 20, 22, 74, 152, 153, 154, 155, 332, 365, 384, 385, 389, 393, 450, 481
administração bancária 65, 74
ato das Disposições Constitucionais Transitórias 28

B
Banco
   Comercial 22, 25, 40, 218
   Múltiplo 41, 174, 218, 453, 455
base monetária 120, 126, 127, 134, 135

C
Cadastro Positivo 405, 408, 409
câmbio flutuante 85, 97, 99, 122, 243

ciclo de expansão do mercado bancário brasileiro 34
comitê da Basileia 151, 152, 154, 385, 389, 391, 397, 421, 422
compliance 20, 365, 420, 421, 422, 423, 424, 425, 443
concentração bancária 66, 81, 145, 202, 203
confisco de liquidez 84, 119
consolidação bancária 38, 59, 77, 79, 80, 448
Constituição de 1988 83, 160, 166
corrida bancária 192
crise
   cambial brasileira 33, 237
   da Argentina 34
   do México 33, 79, 87, 127
   financeira dos mercados *subprime* dos Estados Unidos 35
   russa 33, 127, 128
custos de *agency* 68

D

desintermediação financeira 77, 145, 215, 216
desregulamentação dos serviços financeiros 77
diversificação dos riscos 68
dívida líquida do setor público 90, 95, 97, 101, 103, 105, 127, 130, 180

E

externalidades negativas 67, 156

F

firma bancária 66
Funding internacional 146, 151, 182, 231, 267, 300, 319
fusões e aquisições 21, 27, 38, 59, 77, 78, 79, 80, 81, 82, 145, 181, 182, 195, 196, 197, 202, 204, 214, 223, 255, 262, 268, 271, 286, 288, 291, 322, 323, 324, 331, 337, 351, 440, 448, 449

G

ganhos com *floating* 28, 29, 30, 31
gestão de riscos 155, 426, 444, 445
globalização dos mercados 145, 436
governança corporativa 374, 375, 420, 425

I

indicadores financeiros patrimoniais e de resultado 38
Índice
de Sustentabilidade Empresarial (ISE) 375
Dow Jones de Sustentabilidade 374
Herfindahl-Hirschman (IHH) 81
informatização bancária 77

instituições financeiras
auxiliares 63
monetárias ou bancárias 62
não monetárias 63
intermediários financeiros 24, 67, 68, 69, 70, 71, 72
internacionalização dos bancos brasileiros 21
investimento estrangeiro direto (IED) 108

L

lavagem de dinheiro 135, 423 425, 427
Lei da Responsabilidade Fiscal 99
lucros inflacionários 26, 170, 179

M

mercado
cambial 34, 102, 111, 131
de capitais 23, 25, 33, 64, 137, 145, 151, 185, 216, 367, 374, 375, 442
de crédito 20, 33, 105, 113, 114, 115, 135, 142, 192, 313, 341, 365, 398, 399, 401, 406, 417, 418, 419, 420, 444, 450
metas de inflação 98, 99, 100, 101, 111, 112, 141
multiplicador monetário 120, 121

P

passivos bancários 65, 70
Plano
Collor I 84, 117
Collor II 85
Cruzado 26, 86
Real 20, 21, 27, 28, 30, 38, 78, 80, 83, 85, 86, 87, 88, 120, 121, 123, 125, 126, 145, 158, 179, 202, 203, 222, 228, 230, 232, 236, 245, 254, 321, 399

ÍNDICE REMISSIVO

política
 cambial 90, 93, 94, 103, 156
 de rendas 101
 fiscal 97, 99, 108
 monetária 26, 68, 84, 88, 89, 91, 94,
  96, 97, 98, 100, 102, 104, 105, 106,
  108, 109, 110, 112, 138, 140, 144,
  145, 157
princípios
 de Basileia 154
 do Equador 369, 370, 372, 373, 383,
  384
privatização 22, 38, 59, 74, 75, 76, 78,
  80, 90, 160, 172, 173, 174, 175 ,176,
  177, 178, 179, 411
Programa
 de Desestatização 90
 de Estímulo à Reestruturação e ao
  Fortalecimento do Sistema 158,
  320
 de Fortalecimento das Instituições
  Financeiras Federais 180
 de Incentivo à Redução do Setor
  Público Estadual na Atividade
  Bancária 169, 221

R

receita inflacionária 28, 87

recursos
 direcionados 121, 400, 415, 418
 livres 400, 401, 402, 404, 416, 417
reforma bancária de 1964 22, 23
regime de câmbio flutuante 97, 99, 243
renúncia fiscal 35, 113, 114, 140
reservas internacionais 86, 94, 95, 111
risco(s)
 de câmbio 72
 de crédito 39, 71, 72, 152, 154, 172,
  180, 231, 390, 393, 399, 409
 de insolvência 72
 de intermediação financeira 38, 59, 70
 de liquidez 72
 de mercado 70, 154, 393
 de operações fora do balanço 71
 de variação da taxa de juros 70
 soberano 72
 tecnológico e operacional 70

S

segmento *premium* de clientes 20, 436,
 437
socorro de liquidez 145, 155
sustentabilidade socioambiental 20,
 365, 366, 379, 382, 384

T

tecnologia da informação 22, 27, 430